中華古籍保護計劃

ZHONG HUA GU JI BAO HU JI HUA CHENG GUO

·成果·

孔子博物館藏孔府檔案彙編

衢州孔氏卷

上

孔子博物館／衢州南孔文化發展中心 編

國家圖書館出版社

圖書在版編目（CIP）數據

孔子博物館藏孔府檔案彙編．衢州孔氏卷：上下册 / 孔子博物館，衢州南孔文化發展中心編．— 北京：國家圖書館出版社，2023.12

ISBN 978-7-5013-7831-9

Ⅰ．①孔… Ⅱ．①孔… ②衢… Ⅲ．①孔府—文書檔案—史料—彙編 Ⅳ．① G279.275.23

中國國家版本館 CIP 數據核字 (2023) 第 112147 號

國家圖書館出版社
官方微信

書　　名　孔子博物館藏孔府檔案彙編·衢州孔氏卷（上下册）
著　　者　孔子博物館　衢州南孔文化發展中心　編
責任編輯　王亞宏
助理編輯　鄭小笛
裝幀設計　敬人書籍設計工作室

出版發行　國家圖書館出版社（北京市西城區文津街 7 號　100034）
（原書目文獻出版社　北京圖書館出版社）
010-66114536　63802249　nlcpress@nlc.cn（郵購）
網　　址　http://www.nlcpress.com
印　　裝　北京金康利印刷有限公司
版次印次　2023 年 12 月第 1 版　2023 年 12 月第 1 次印刷

開　　本　889 × 1194　1/16
印　　張　67
書　　號　ISBN 978-7-5013-7831-9
定　　價　1600.00 圓

《孔子博物館藏孔府檔案彙編·衢州孔氏卷》編纂委員會

序一

衢州孔氏始於孔子四十八代孫衍聖公孔端友扈送宋高宗趙構南遷，蒙賜家廟、宅田，定居浙江衢州，綿延至今已近九百年。

衢州孔氏與闕里孔氏同宗同源，按照封建宗法制度，衍聖公作爲大宗主，擔負着統攝宗族和維護孔氏族人權益的職責。衍聖公府爲處理與衢州孔氏相關的事務，與禮部、吏部等中央衙署，與浙江巡撫、衢州府知府、西安縣知縣等地方官員及衢州孔氏翰林院五經博士之間往來頻繁，留存了大量文書檔案。就文書種類而言，有咨、移、劄付、申、稟、親供、甘結、印結等；在用紙形式上，有摺式、狀式、書册式等，是研究明代以來衢州孔氏非常重要的文書資料。

孔子博物館現存孔府檔案共計九千零二十一卷，近三十萬件。其中與衢州孔氏相關的文書檔案始於清康熙三十八年（一六九九），止於民國十四年（一九二五），共計二十五卷四百六十五件。内容上，涉及翰林院五經博士的襲封、丁憂及衢州孔廟的祭祀、林廟、祀田等，蘊含着豐富的歷史文化信息，反映了衍聖公府與衢州孔氏族人的密切聯繫，體現了清王朝和民國政府對聖裔的重視和優渥，彰顯了衢州孔氏後裔崇德明禮的家道傳承和精神品格。翻開這些歷史檔案，我們仿佛走近了一個個鮮活的歷史人物，感受着他們或富貴通達、或命運多舛的人生際遇，以及衢州孔氏家族在歷史變遷中的興衰榮辱。

『春發其華，秋收其實』。歷史上的曲阜與衢州有着良好的交流、互動，延續至今。二〇二一年，孔子博物館與衢州南孔文化發展中心、衢州市博物館等單位共同合作，成功策劃并舉辦『泗淛同源——孔子文化交流展』。二〇二二年，爲進一步深化雙方的交流與合作，促進衢州孔氏文化研究，經雙方商定，在孔府檔案整理與研究的基礎上，出版《孔子博物館藏孔府檔案彙編·衢州孔氏卷》。經過一年多的精心謀劃、協同運作和潛心編纂，《孔子博物館藏孔府檔案彙編·衢州孔氏卷》得以正式出版。該書出版意義重大，概而言之，有以下兩點：

其一，該書是對孔府檔案中關於衢州孔氏檔案的首次系統性整理，做到了應收盡收、原貌呈現，爲孔府檔案和衢州孔氏文化的研究提供了大量第一手寶貴史料。

其二，該書也是孔子博物館和衢州市委宣傳部、衢州南孔文化發展中心認真落實《關於推進新時代古籍工作的意見》，

『讓書寫在古籍裏的文字活起來』的重要舉措，凝聚了曲阜、衢州兩地和國家圖書館出版社工作人員的心血和汗水，承載着孔氏族人探尋先祖生活痕迹的渴望。

我們相信，此書的出版，必將爲衢州孔氏文化的研究以及清代以來的歷史研究注入新的活力。

是爲序！

郭思克

二〇二三年十月

序二

《孔子博物館藏孔府檔案彙編・衢州孔氏卷》的整理、編纂和出版發行，是衢州與曲阜、南孔與北孔文化交流合作的一項重要成果，對於弘揚中華優秀傳統文化、促進儒學繁榮與發展、推動孔子與儒家文化重重落地，具有重要意義。我一向堅持南孔、北孔是一家的理念，在此，謹對該書的出版發行致以誠摯的祝賀！

孔子是中國古代最偉大的思想家、教育家，儒家學派的創始人與思想奠基者。他開創了私人講學之風，宣導仁義禮智與孝悌忠信之教，號稱弟子三千，賢人七十二，被尊奉爲『大成至聖先師』『萬世師表』。孔子奠基的儒家學說，源遠流長，不僅在中國歷史上具有非常重要的地位，在世界範圍内也産生了深遠的影響，是人類文明史上的重要精神財富。

衢州歷史悠久、文化厚重，素有『東南闕里、南孔聖地』之美譽。位於市區的孔氏南宗家廟是僅次於曲阜家廟的孔氏家廟。這裏不僅是儒學文化在江南的傳播中心，還是中國圍棋文化的發源地。衢州於一九九四年被列爲國家歷史文化名城，擁有江南地區保存最好并被認定爲全國重點文物保護單位的古代州級城池——衢州府城牆，故又有『儒城軍鎮』之稱。

近年來，衢州市不斷加强南孔文化的内涵挖掘，持續深入開展南孔文化穿透性研究，先後出版了《孔氏南宗譜》《孔氏南宗志》《孔氏南宗文獻叢書》《孔氏南宗史料》等一大批文獻志書，有序推進國家社科基金課題『孔氏南宗與孔氏南宗文化的傳承發展研究』、浙江文化研究工程『南孔文化傳承發展系列研究』，努力打造一批南孔文化研究標志性成果，開拓了南孔文化學術研究新局面。

本次出版的《孔子博物館藏孔府檔案彙編・衢州孔氏卷》，皆來自衍聖公府檔案典藏，内容包括題授浙江衢州孔氏翰林院五經博士（一至十五）、選補浙江衢州孔氏家廟兩廡配享及書院奉祀生、衢州孔氏翰林院五經博士請添設浙江衢郡孔廟禮生、衢州孔氏翰林院五經博士請增設衢州聖廟祭享鍘鹽、浙江衢州孔氏後裔承襲奉祀官、浙江衢縣孔氏祀田准免提歸國有等，涵蓋襲封、祭祀、配享、奉祀、禮生、祀田等諸多方面的重要事項，時間跨度自清康熙三十八年（一六九九）至民國十四年（一九二五），共二百二十七年，歷經清康熙、雍正、乾隆、嘉慶、道光、咸豐、同治、光緒、宣統各朝及民國時期，共收録檔案二十五卷四百六十五件，可謂文獻淵藪、學術津梁，極富文獻與社會歷史價值。

總之，《孔子博物館藏孔府檔案彙編・衢州孔氏卷》的出版發行，對衢州南孔文化研究和歷史檔案建設發揮了積極的推動作用。這既是對南孔歷史檔案的搜集彙編，又是對孔子文化及儒家思想的理論拓展。相信此書會讓大家更深刻地理解南孔文化的歷史內涵、思想理念和時代價值。

二〇〇五年九月六日，時任浙江省委書記的習近平同志第五次來衢州視察時作出重要指示：『衢州歷史悠久，是南孔聖地，孔子文化值得很好挖掘、大力弘揚。這一「子」要重重地落下去。』衢州市始終牢記習近平總書記寄予的『讓孔子文化重重落地』的殷殷囑托，深入挖掘南孔文化的歷史內涵和時代價值，不斷推動南孔文化的創造性轉化、創新性發展。該書的出版也是衢州市幹部群衆深化孔子與儒家文化研究的重要成果。我們將以傳承、弘揚孔子與儒家思想文化爲己任，把馬克思主義思想精髓同中華優秀傳統文化有機結合，立足於南孔基地，勇扛新時代的文化使命，爲進一步打響『南孔聖地・衢州有禮』城市品牌、加快建設四省邊際中心城市、推進社會主義文化强國和中華民族現代文明建設貢獻綿薄之力！

我曾於一九八二年秋赴衢州市調研南孔史料，其後又與朋友合作撰成《衢州孔氏南宗述略》一文（該文發表於《孔子研究》一九八八年第三期），一九八八年四月應聘新加坡東亞哲學研究所專任研究員并撰寫《儒家哲學片論——東方道德人文主義之研究》一書（該書於一九八九年在新加坡、一九九〇年在中國臺北分別出版），自那時起，我便開始認真研究孔子與儒家思想，也算是較早研究南孔歷史文化的學者之一。今受衢州市南孔研究中心盛雄生主任之邀撰寫序文，也是表達我對孔子與南宗文化的一份敬意與誠意吧。

是爲序。

吴 光

敬呈於二〇二三年八月二十五日

作者係浙江省社會科學院二級研究員、浙江省文史研究館館員，兼任國際儒學聯合會榮譽顧問、浙江省儒學學會名譽會長（曾任會長）。

前言

孔府檔案是明代以來孔子嫡系後裔在社會活動中纍積留存下來的各類官私文書檔案的總稱，是孔府舊藏文物的典型代表，是孔子博物館館藏文物的重要組成部分，具有極高的歷史價值、文獻價值和科學價值。二〇一五年入選第四批《中國檔案文獻遺産名録》，二〇一六年入選《世界記憶亞太地區名録》。

《孔子博物館藏孔府檔案彙編・衢州孔氏卷》（以下簡稱《衢州孔氏卷》）共收録與衢州孔氏相關的孔府檔案二十五卷，計四百六十五件；時間自清康熙三十八年（一六九九）至中華民國十四年（一九二五），跨越二百二十七年的歷史。其中，有關清代衢州孔氏世襲翰林院五經博士承襲的檔案十八卷，有關衢州奉祀生及禮樂生選補、家廟管理的檔案三卷，有關衢州孔氏家規的檔案一卷，有關祀田管理的檔案二卷，有關民國時期奉祀官承襲的檔案一卷。縱觀《衢州孔氏卷》，以翰林院五經博士承襲内容居多，同時涉及朝覲、丁憂、陪祀觀禮、家譜編修、祀田管理、世職改革等方面的内容，且絶大部分尚未公開，具有極高的史料價值和研究價值。

從宗族角度講，衢州孔氏是孔子世家的一個重要分支，受大宗衍聖公的管理；從職官角度講，世襲翰林院五經博士屬於衍聖公府的屬官，由衍聖公保舉并受衍聖公府管理節制，因而孔府檔案中保存了大量衢州孔氏與衍聖公府以及衍聖公府與禮部、吏部、浙江巡撫、衢州知府、西安縣[一]知縣等來往的各種公私文書。由於歷史原因，衢州孔氏文獻保存下來的并不多，因而孔府檔案中的相關記載更顯彌足珍貴。

衢州孔氏源於宋、金、元對峙的特殊歷史時期，是歷史大環境的産物。北宋末年，金兵南侵，王室南渡，宋建炎二年（一一二八），孔子四十八代孫衍聖公孔端友南下揚州扈蹕，隨後定居衢州，建家廟奉祀孔子。元朝統一全國後，至

[一] 歷史上西安縣位於今浙江省衢州市境内，曾爲閩浙總督府、金衢嚴道、衢州府、金華道駐地。其轄地自隋唐時期建縣基本保持到民國時期，民國時期將西安縣改爲衢縣，中華人民共和國成立後，因管理需要曾做了一些調整，但其範圍基本不變，即現在的衢江區。

元十九年（一二八二），曲阜五十三代孫孔治承襲衍聖公爵位，衢州孔氏失去奉祀主廟的封號，其政治、經濟地位逐漸衰落，『衣冠禮儀，猥同氓庶』[一]。明弘治十八年（一五〇五），衢州知府沈傑上書朝廷，請求爲衢州孔氏設官以奉祀家廟。根據孔府檔案記載：『郡守沈公以衢有廟無官，先聖嫡派子孫混同流俗，特疏具題，奉旨查勘孔端友嫡派子孫孔彦繩，授以翰林院五經博士，以主廟祀。』[二]經朝廷同意，孔子五十九代孫孔彦繩於明正德元年（一五〇六）受封衢州孔氏翰林院五經博士，主奉衢州孔廟，此爲衢州孔氏翰林院五經博士的開端。中華民國三年（一九一四），翰林院五經博士改爲奉祀官，一直傳至第七十五代孫孔祥楷先生。

從《衢州孔氏卷》的相關檔案記載可知，衢州孔氏翰林院五經博士承襲過程的每一環節均可見衍聖公的管理作用，且這種管理并非流於形式，而是切實有效的。

（一）生子循例報明。嫡長子繼承制是宗法制度最基本的一項原則，嫡子誕育爲宗族重要事件。衢州孔氏翰林院五經博士爲世襲官員，也實行嫡長子繼承制。所以五經博士成婚後生子需上報衍聖公。如孔府檔案記載了孔傳錦報備其長子孔繼湯出生之事：『錦於乾隆六年九月初八日告娶□□□成婚，於乾隆七年七月十二日卯時生長子繼湯，理合循例報明。』[三]

（二）赴部考試。凡應襲博士者十五歲以上送禮部考試，合格後方准承襲。『查例載，聖賢後裔五經博士均由嫡長子孫承襲，年十五歲以上者具文申送給咨赴部試，以四書文一篇，如文理明順題請承襲。』[四]考試内容爲四書，如文

[一]《明史》卷二八四《儒林三》。

[二]《衍聖公府爲請題授孔興㸆承襲翰林院五經博士事致吏部咨》，清康熙四十一年七月初三日，孔子博物館藏孔府檔案，卷一〇七。

[三]《衢州孔氏翰林院五經博士孔傳錦爲報明誕育嫡長子孔繼湯事致衍聖公孔［廣棨］申》，清乾隆七年七月十六日，孔子博物館藏孔府檔案，卷一一〇。

[四]《禮部爲查明孔憲坤是否及歲以便赴部考試事致衍聖公［孔慶鎔］咨》，清道光十七年六月，孔子博物館藏孔府檔案，卷一一一五。

理明順，題請承襲，不合格者，令回家學習三年後襲職。對於一些年齡比較小的承襲人員，可先承襲，待及齡後再行補考。孔府檔案記載了孔傳錦補行考試事宜：『孔傳錦年僅十三歲，未能赴禮部考試，俟其承襲後，讀書三年，送部補行考試。』[一]

（三）題奏承襲。衍聖公查明相關人員應否承襲，并取具親供、族鄰甘結、官府印結及宗圖世系，題奏承襲，禮部將劄付發與衍聖公，并由衍聖公轉行應襲之人。

（四）到任報備。五經博士收到劄付後，按照規定時間到任，并將到任日期上報衍聖公府，衍聖公府需行文禮部存案。劄付中對到任日期做了詳細規定，若未能按時到任，需做出逾期説明，如：『孔傳錦遵於雍正十三年七月二十一日到任……緣宗主賫捧文憑來差，時值天暑，在途患病，於本月十三日到衢，錦莅任逾限未及一月，合并聲明。』[二]

（五）銷劄[三]。在任翰林院五經博士去世後，衍聖公查明緣由并報備禮部、吏部，收回所發劄付。

五經博士本爲學官名。博士源於戰國，秦及漢初，博士的職務主要是掌管圖書，通古今以備顧問。漢武帝罷黜百家，獨尊儒術，專立五經博士，教授弟子，從此博士成爲專門傳授儒家經學的學官。漢初，《詩》《書》《禮》《易》《春秋》每經祗有一家，每經置一博士，各以家法教授，故稱五經博士。明朝始設世襲翰林院五經博士。起初，翰林院五經博士各掌專經講義，繼以優給先賢先儒後裔世襲，主祭祀、看護林廟，不治院事，受衍聖公管理，爲衍聖公屬官，品級爲正八品。

衢州孔氏翰林院五經博士承襲過程中，會出現争襲的情況，綜合檔案記載，在嫡長子孫早殁或庶子承襲的情況下，争襲的情況比較容易出現。如孔府檔案一〇三卷記載，孔子六十五代孫孔衍楨爲清朝第一位衢州孔氏世襲翰林院五經博士，生子三人：長子興燦，次子興爃，三子興燧。長子興燦早亡，其子毓培繼殁。孔衍楨於康熙三十七年（一六九八）

[一]《衍聖公府爲孔傳錦先承襲後補行考試事致吏部咨》，清雍正十三年三月十五日，孔子博物館藏孔府檔案，卷一〇九。

[二]《衢州孔氏翰林院五經博士孔傳錦爲呈報到任日期及逾期緣由并申繳原領文憑事致衍聖公府申》，清雍正十三年七月二十三日，孔子博物館藏孔府檔案，卷一〇九。

[三] 劄，又稱劄付，是一種下行文書，一般是上級官府對所屬下級發布命令指示、通知事項時使用。

六月病故後，遵照襲典序應嫡長曾孫承襲。孔傳鍾於康熙三十八年（一六九九）受職，不久後患痘症殤亡，年僅十二歲。傳鍾係單傳，并無弟侄，且未婚未娶，從無立繼，至此衍楨長支已絶。孔興爃認爲嫡長子孫有故，應序嫡次子興爃襲職。族人孔毓芬認爲，因『傳』輩之下無人，應其子傳詩襲繼。雙方發生了争襲事件，經衍聖公裁定，最後由孔興爃襲職。孔府檔案一〇五卷記載，孔興爃病故後，孔毓垣以庶長子身份襲職，但孔興詩對其身份提出疑問，認爲孔毓垣假冒亂宗，應由自己兒子孔毓埧繼襲，經衍聖公核查，對孔興詩的污蠛行爲做出了處罰，孔毓垣得以順利襲職。

明清時期的翰林院五經博士是歷代聖賢先儒後嗣子孫的封號，孔、孟、顔、曾及周公、朱熹、關羽等後裔均設有翰林院五經博士，以主祭祀。十三氏五經博士，共十五員，其中孔氏二員，顔子、孟子、曾子、閔子、冉伯牛、冉仲弓、端木子、仲子、言子、卜子、顓孫子、有子後裔各一員，東野氏一員，均受衍聖公管理。據史料記載，曲阜孔氏世襲翰林院五經博士於明弘治十六年（一五〇三）設立，主奉述聖子思。衢州孔氏世襲翰林院五經博士於明正德元年（一五〇六）設立，主奉衢州孔廟。顔氏和孟氏世襲翰林院五經博士於明景泰三年（一四五二）設立，分别主奉復聖顔回、亞聖孟軻。曾氏世襲翰林院五經博士於明嘉靖十八年（一五三九）設立，主奉宗聖曾參。仲氏世襲翰林院五經博士於明崇禎十六年（一六四三）設立，主奉仲由。東野氏世襲翰林院五經博士於清康熙二十四年（一六八五）設立，主奉周公。端木氏和閔氏世襲翰林院五經博士於清康熙三十八年（一六九九）設立，分别主奉端木賜和閔損。言氏世襲翰林院五經博士於清康熙五十一年（一七一二）設立，主奉言偃。卜氏世襲翰林院五經博士於清康熙五十九（一七二〇）設立，主奉卜商。冉（仲弓）氏、冉（伯牛）氏、顓孫氏世襲翰林院五經博士於清雍正二年（一七二四）設立，分别主奉冉雍、冉耕和顓孫師。有氏世襲翰林院五經博士於清乾隆五十三年（一七八八）設立，主奉有若。

十三氏五經博士有相同之處：統一歸衍聖公直接管理；吏部、禮部等部門文書由衍聖公轉發各氏五經博士；十三氏五經博士的襲封均由衍聖公保舉；病故、丁憂、生子等均需上報衍聖公；五經博士凡進京陪祀、在曲阜接駕、孔廟祭祀等均由衍聖公率領。不同之處在於：

（一）述聖世襲翰林院五經博士以衍聖公次子承襲，每代隨衍聖公更授；其他均爲嫡長子承襲，無嫡長子方許以次子，無嫡子則以庶子承襲。

（二）和其他五經博士相比，衢州孔氏有一些特殊權益，如幼子襲職、添設禮生、添設鉶鹽等，而其種種特權是援引衍聖公府特權之例申請而來。根據孔府檔案記載，衢州孔氏世襲翰林院五經博士幼子襲職、乾隆年間添設四十名禮生、嘉慶年間衢州孔廟祭祀添設鉶鹽等事，都是援引衍聖公及曲阜孔廟之例，并在衍聖公積極溝通協調下得以實現。

幼子襲職。孔傳鍾承襲時年僅十歲，浙江巡撫張勄對其應否承襲、有無成例可循存有疑問，行文咨請吏部。『查得從前五十代衍聖公孔搢於紹興二十四年九歲承襲，五十一代衍聖公孔文遠於紹熙四年八歲承襲，六十代翰林院五經博士孔承美於正德二年九歲承襲，宗譜載據，有例可循。』[一]但這些記載都是宋明兩朝之事，并非本朝憲章，『茲按官員襲蔭律內祇有軍官子孫年幼未能承襲者，申奏紀録姓名，候年十六歲方准襲職……但今聖裔世襲博士之例，本司無案可稽』[二]。因此事隸衍聖公定奪，張勄又咨文衍聖公孔毓圻，衍聖公回覆稱：『聖裔世襲以奉蒸嘗，與軍官待年之例不同，即如本爵於康熙七年承襲，止十二歲，此本朝成例可稽者也。』[三]在衍聖公的支持下，孔傳鍾得以順利襲職。

添設禮生。衢州孔廟自建立以來，一直設有禮生及樂舞生，其他五經博士所奉祠廟，僅有禮生，無樂舞生，『查衢郡自宋南遷奉建至聖廟庭，向設相禮樂舞各生』，『樂舞各祠皆無，唯衢郡獨有』[四]。乾隆十六年（一七五一），因

[一]《浙江巡撫張〔勄〕爲孔傳鍾年幼能否承襲事致衍聖公孔〔毓圻〕咨》，清康熙三十八年四月二十五日，孔子博物館藏孔府檔案，卷一〇六。

[二]《浙江巡撫張〔勄〕爲孔傳鍾年幼能否承襲事致衍聖公孔〔毓圻〕咨》，清康熙三十八年四月二十五日，孔子博物館藏孔府檔案，卷一〇六。

[三]《衍聖公府爲孔傳鍾年幼承襲有本朝成例可稽事致浙江巡撫張〔勄〕咨》，清康熙三十八年七月十八日，孔子博物館藏孔府檔案，卷一〇六。

[四]《衢州孔氏翰林院五經博士孔傳錦爲衢州至聖廟循舊制選用禮生事致衍聖公府呈及批》，清乾隆二十年十一月二十七日，孔子博物館藏孔府檔案，卷二九二二。

有人僞造禮生關防，禮部於是下令追銷所有五經博士的禮生執照。『今因張書僞造仲氏關防、禮生執照，誆騙楊國英銀兩被獲，致奉大部議令，各五經博士無論真僞，追銷禮生執照。』〔一〕衢州翰林院五經博士認爲，自己與其他先賢先儒五經博士不同，『按名給照，呈送撫院衙門，列號用印准充，以杜假冒，從無濫行私給，由來已久，歷沿無异』〔二〕，且衢州孔廟體例與先賢先儒不同，禮制繁多，希望可以添設禮生。乾隆二十年（一七五五）其請被禮部駁回，衢州翰林院五經博士於乾隆三十六年（一七七一）再次請求添設禮生四十名。衍聖公府『查浙江西安聖廟需用禮生一項，原與闕里事同一例，應否如該博士所請，應用禮生四十名，在本氏族人中儘數挑取』〔三〕，請禮部核准。在衍聖公府的支持下，最終於乾隆三十八年（一七七三）十一月禮部准其造送四十名禮生清册申送。

添設銏鹽。銏鹽是清代祭祀孔子的專用鹽，又名孔府銏鹽。嘉慶三年（一七九八）二月十五日，衢州翰林院五經博士孔廣杓呈文衍聖公，認爲衢州孔廟制同闕里，『其祭品與闕里同，惟需用銏鹽并未設及。查闕里祭典，蒙聖主隆恩，有歲給銏鹽四十引之例，浙省素稱産鹽之區，可否援例歲給銏鹽』〔四〕。事關祀典，衍聖公向禮部咨請，『查闕里至聖廟祀典，額設銏鹽，每歲四十引，例於山東鹽司咨領，以供祭祀在案。定例已久……可否添設……請查核示覆』〔五〕。這件事在衍聖公的協調下最終得到了解决。

〔一〕《衢州孔氏翰林院五經博士孔傳錦爲衢州至聖廟循舊制選用禮生事致衍聖公府呈及批》，清乾隆二十年十一月二十七日，孔子博物館藏孔府檔案，卷二九二二。

〔二〕《衍聖公府爲應否如孔傳錦所請挑選禮生事致禮部咨》，清乾隆三十六年四月，孔子博物館藏孔府檔案，卷二九二二。

〔三〕《衍聖公府爲應否如孔傳錦所請挑選禮生事致禮部咨》，清乾隆三十六年四月，孔子博物館藏孔府檔案，卷二九二二。

〔四〕《衢州孔氏翰林院五經博士孔廣杓爲援例請設銏鹽以供祭祀事致衍聖公府申》，清嘉慶三年二月十五日，孔子博物館藏孔府檔案，卷五二二〇。

〔五〕《衍聖公府爲循例申請部示添設銏鹽以供祭祀事致禮部咨》，清嘉慶三年四月二十八日，孔子博物館藏孔府檔案，卷五二二〇。

衍聖公對衢州孔氏的管理還體現在很多方面，如家譜編修、祭田管理、家廟祭祀等。以祭田管理爲例，五經博士是祭祀先賢先儒的主奉人員，祭田是祭祀的經濟基礎，宋時朝廷欽賜衢州孔氏祭田五頃，編定仁、義、禮、智、信五字號，五房各承管一號。清嘉慶年間孔毓詔將『義』枝祭田典盗與异姓，孔府檔案記載：『族内有不肖子孫毓詔者，儼恃輩尊入泮，霸持族務，膽敢將義枝祭田典盗與异姓。』[一]時任五經博士孔廣杓出資贖回，不料孔毓詔不思悔改，竟伙同他人鬧入孔廣杓家，要求歸還田地，却不還代贖之價。孔廣杓向衢州府西安縣報備後没有得到解决，以至於『仁』字號子孫繼而效尤，『似此盗典盗賣隨之，兩號已盗，三號旋踵，祀典無資』[二]。孔廣杓無奈上報衍聖公，請求其出面與地方官協調，清查祭田。衍聖公通過禮部轉行浙江巡撫對祭田進行了清理，確保了祭田『如數清理，并無缺額』[三]。

通過對《衢州孔氏卷》的整理，可知孔府檔案在填補空白、互證史料、糾正錯漏等方面發揮了重要作用，這印證了孔府檔案作爲第一手文獻的重要性及無可替代性，具有非常高的史料價值和研究價值，值得我們進一步挖掘和研究利用。孔子博物館抽調專業人員，歷時一年有餘，完成了《衢州孔氏卷》的整理、著録工作。該書以高清圖片影印出版的形式，將孔府檔案中衢州孔氏相關内容系統而完整地呈現出來，爲曲阜與衢州架起了溝通的橋梁，爲儒家文化、孔氏家族文化、衢州孔氏文化的研究提供了史料和支持。這是館藏文物活化利用的積極探索和生動實例，讓孔府舊藏文物成爲社會共用的文化資源，真正讓文物『活』了起來。

曲阜作爲孔子故里，是儒家文化的發源地，也是中華文明的重要發祥地，歷史悠久、人文薈萃，是享譽中外的文化聖地。

[一]《衢州孔氏翰林院五經博士孔廣杓爲請移咨浙江學院將孔毓詔先行發學收管并轉飭地方官查辦事致衍聖公府申》，清嘉慶十二年二月十七日，孔子博物館藏孔府檔案，卷四〇七〇。

[二]《衢州孔氏翰林院五經博士［孔廣杓］爲請清查祭田事致衍聖公府申》，清嘉慶十四年十月初七日，孔子博物館藏孔府檔案，卷四〇七〇。

[三]《禮部爲衢州至聖廟祭田清厘結束銷案事致衍聖公［孔慶鎔］咨》，清嘉慶十六年九月，孔子博物館藏孔府檔案，卷四〇七〇。

衢州是儒學文化在江南的傳播中心，歷史上儒風浩蕩、人才輩出，素有『東南闕里』的美譽。我們研究利用孔府檔案，回顧歷史，不僅探討歷史上衍聖公對衢州孔氏的管理，也是在强化新時代背景下雙方的合作。願這種合作能爲傳統文化的傳承與弘揚貢獻應有之力，努力譜寫美美與共的新篇章。

編　者

二〇二三年十月

凡例

一、本書爲孔府檔案中衢州孔氏專題内容，按清代衢州孔氏世襲翰林院五經博士承襲檔案，衢州奉祀生及禮樂生選補、家廟管理檔案，衢州孔氏家規檔案，祀田管理檔案，民國時期奉祀官承襲檔案五類分類編排。

二、檔案題名以《明清檔案著録細則》（DA/T 8—2022）、《檔案著録規則》（DA/T 18—2022）爲依據，并結合孔府檔案的具體特點做適當調整。

三、各件檔案重新擬定題名，由責任者、事由、受文者、文種、時間組成。

（一）機關責任者和受文者一般著録其約定俗成的簡稱；個人責任者和受文者，有官職爵位者，使用簡稱，實銜和虚銜同時出現時，著録與檔案内容相應的實銜。

（二）個人責任者和受文者著録規範的人名全稱，若原檔中衹有姓氏無名字，則考證出其姓名，并加［］，無法考證者，按原檔著録。

（三）原檔中責任者和受文者有兩個及以下的，全部録入，中間以「、」相隔，三個及以上時，衹寫兩個，其他以「等」代替。

（四）「衢州世襲翰林院五經博士」「五經博士」「衢州博士」「衢州府翰博」「博士」「翰博」等統一爲「衢州孔氏翰林院五經博士」，「世襲衍聖公」「宗主」「公爺」等統一爲「衍聖公」，并著録其全名；「南渡聖裔」「南支」等統一爲「衢州孔氏」。

（五）文種照録原文，若原檔前後不一致者，由編者依據文中内容加以斷定；若原檔因殘缺等因未明確指明者，由編者斷定并在文種處用［］標注。

（六）原檔中有兩件内容幾乎完全相同但形式不同的檔案，若無法通過題名區别，則以時間項進行區分。

（七）附件單獨題名。

（八）一件檔案上有多份内容，則分别題名。

四、各件檔案根據原檔標注時間，采用年號紀年或民國紀年。

（一）一件檔案衹有一個時間的，照録原檔；若公文中有多個時間的，則衹録發文時間。

（二）一件檔案年、月、日俱全或有年、月者，照録原檔；若衹有月或日，缺少年或月者，則考證補充，并加［］，考證不出的，以□表示。

（三）原檔没有時間或形成時間殘缺的檔案，根據其内容、形式等能考證出形成時間的，直接著録考證出的時間，并加［］；考證不出的，則以□表示；考證無結果的，則著録爲『無朝年』。

五、個别檔案有多個副本，皆予以保留。

六、本書卷内按二十世紀七十年代整理順序編排。

總目録

上册

下册

目録

上册

○一二 ◆ **題授浙江衢州孔氏翰林院五經博士（七）**

〇一一六 ◆ 題授浙江衢州孔氏翰林院五經博士（十一）

〇一〇六 ◆ 題授浙江衢州孔氏翰林院五經博士（一）

清康熙三十八年

孔傳鍾爲謝咨請承襲得允事致衍聖公[孔毓圻]啓

[清康熙年間]

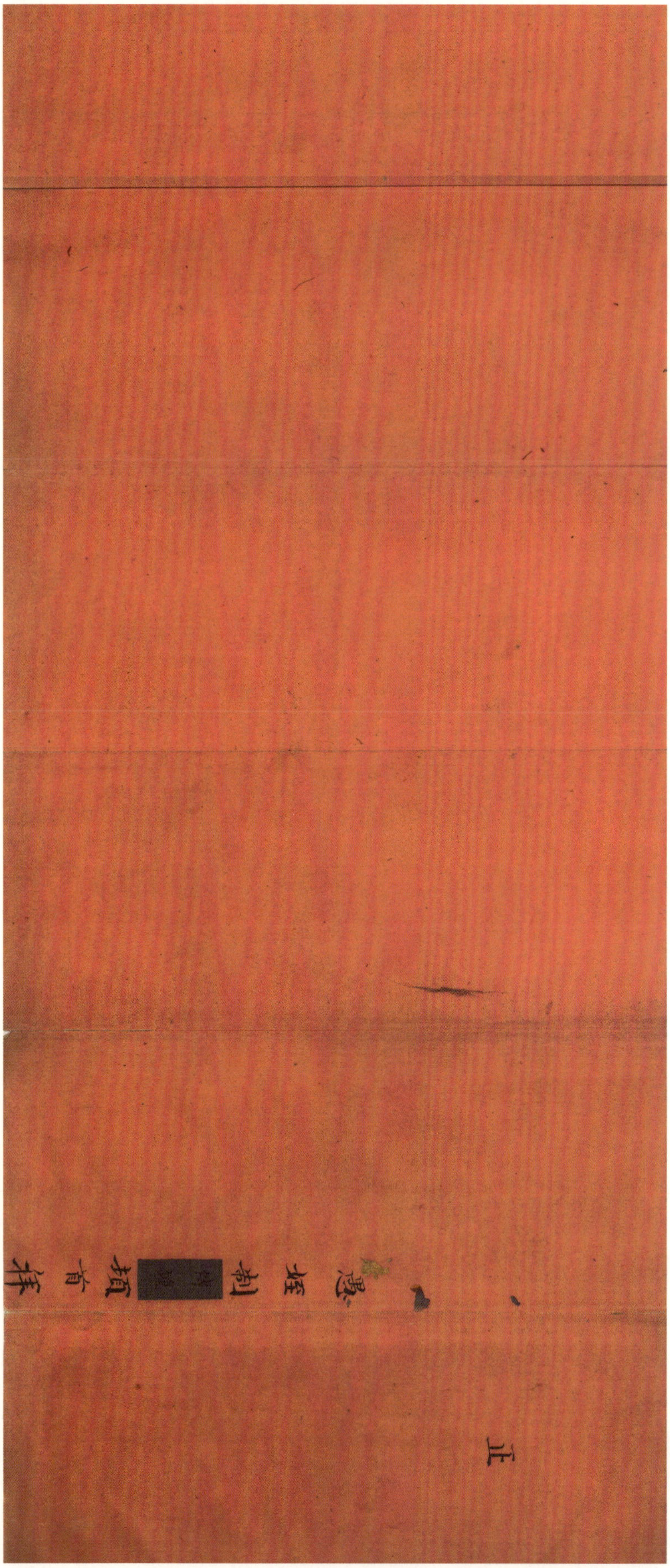

孔傳鍾爲謝咨請承襲得允事致衍聖公［孔毓圻］啓

［清康熙年間］

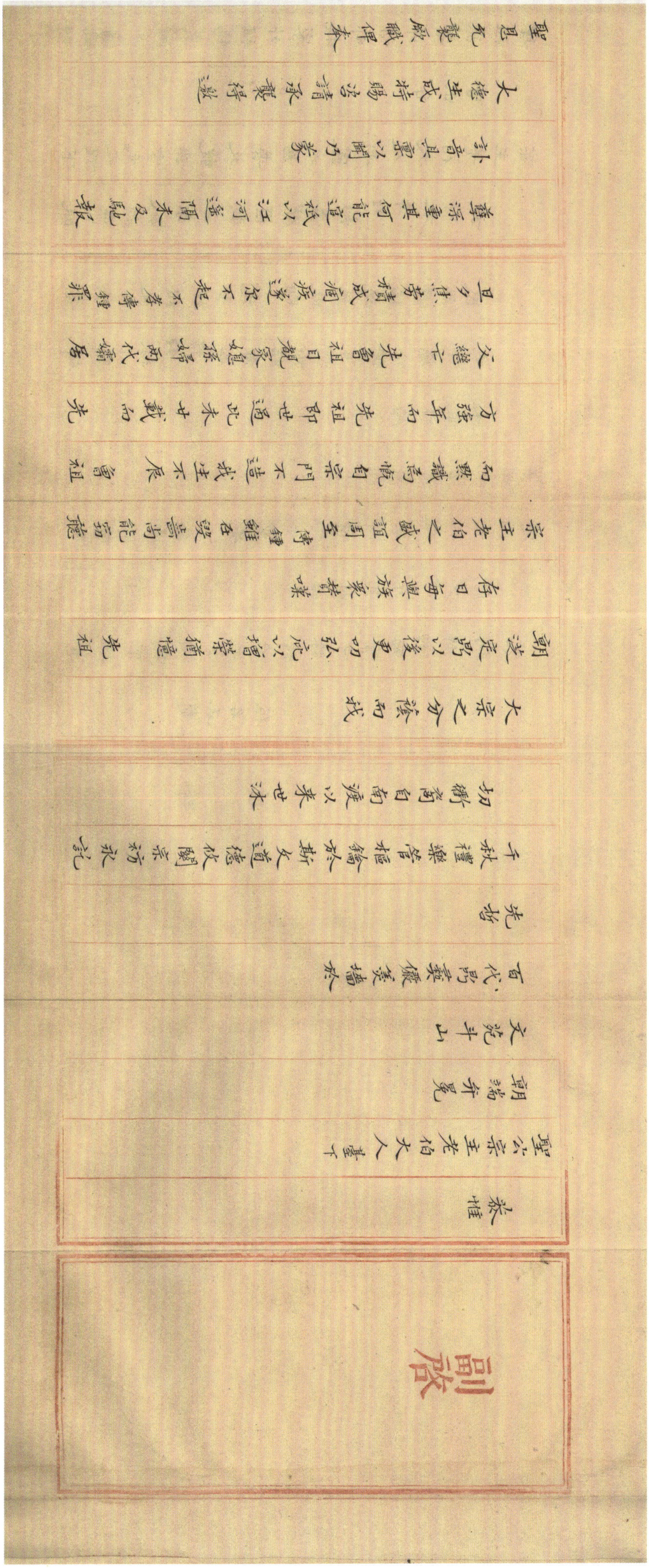

副啓

恭惟

聖公宗主老伯大人臺下

朝端弁冕

文苑斗山

百代昂羹儀羹墻於

先哲

千秋禮樂管樞鑰於斯文道德攸關宗祊永託

切衛裔自南渡以来世沐

大宗之分蔭而我

朝定鼎以後更叨弘庇以增榮猶憶　先祖

存日每與族衆替嘆

宗主老伯之盛誼周至　傳鍾雖在毀齒尚能窃聽

而默識焉慨自宗門不造我生不辰　曾祖

方強年而　先祖即世適此未廿載而　先

父繼亡　先曾祖目覩冢媳孫婦兩代孀居

旦夕焦劳積成痼疾遂尔不起　不孝傳鍾罪

孽深重其何能逭祇以江河遥隔未及馳報

訃音具稟以聞乃蒙

大德生成特賜咨請承襲得邀

聖恩允襲厥職俾奉

孔傳鍾爲謝咨請承襲得允事致衍聖公［孔毓圻］啓

［清康熙年間］

聖祖蒸嘗弗替昨接家外祖楊農部手書始知
皆出自
宗主老伯大人雨露之恩普及藐諸雲天之誼下
旋同本傳鍾雖蠢然匪頼孑尔孤孩亦知佩
感無涯銘勒無旣即先曾祖祖父在泉臺
之下應亦俯首而啣結者也傳鍾縁以弱攡
未能叩謁
聖祖之壟并百頃
老伯大人之崇階特脩寸禀先泐愚忱所有不
腆少伸芹意統希
茹納傳鍾臨禀可勝惶悚之至須至禀啟者
侄名正肅
愼餘

衢州府西安縣知縣陳鵬年造送孔傳鍾三代履歷年歲文册

清康熙三十八年二月

衢州府西安縣造送孔傳
鍾三代履歷年歲文册

衢州府西安縣知縣陳鵬年造送孔傳鍾三代履歷年歲文册

清康熙三十八年二月

衢州府西安縣

呈為呈送履歷事遵將卑縣應席世襲翰林院五經博士孔傳鍾年歲三代履歷理
合造册呈送施行須至册者

今開

孔傳鍾年壹拾壹歲

曾祖孔衍楨年陸拾肆歲於順治玖年貳月内承襲於康熙叁拾柒年陸月
拾肆日殁

祖孔興燦年壹拾柒歲於康熙拾壹年捌月貳拾壹日殁

父孔毓培年貳拾歲於康熙貳拾玖年柒月拾玖日殁

衢州府西安縣知縣陳鵬年造送孔傳鍾三代履歷年歲文册

清康熙三十八年二月

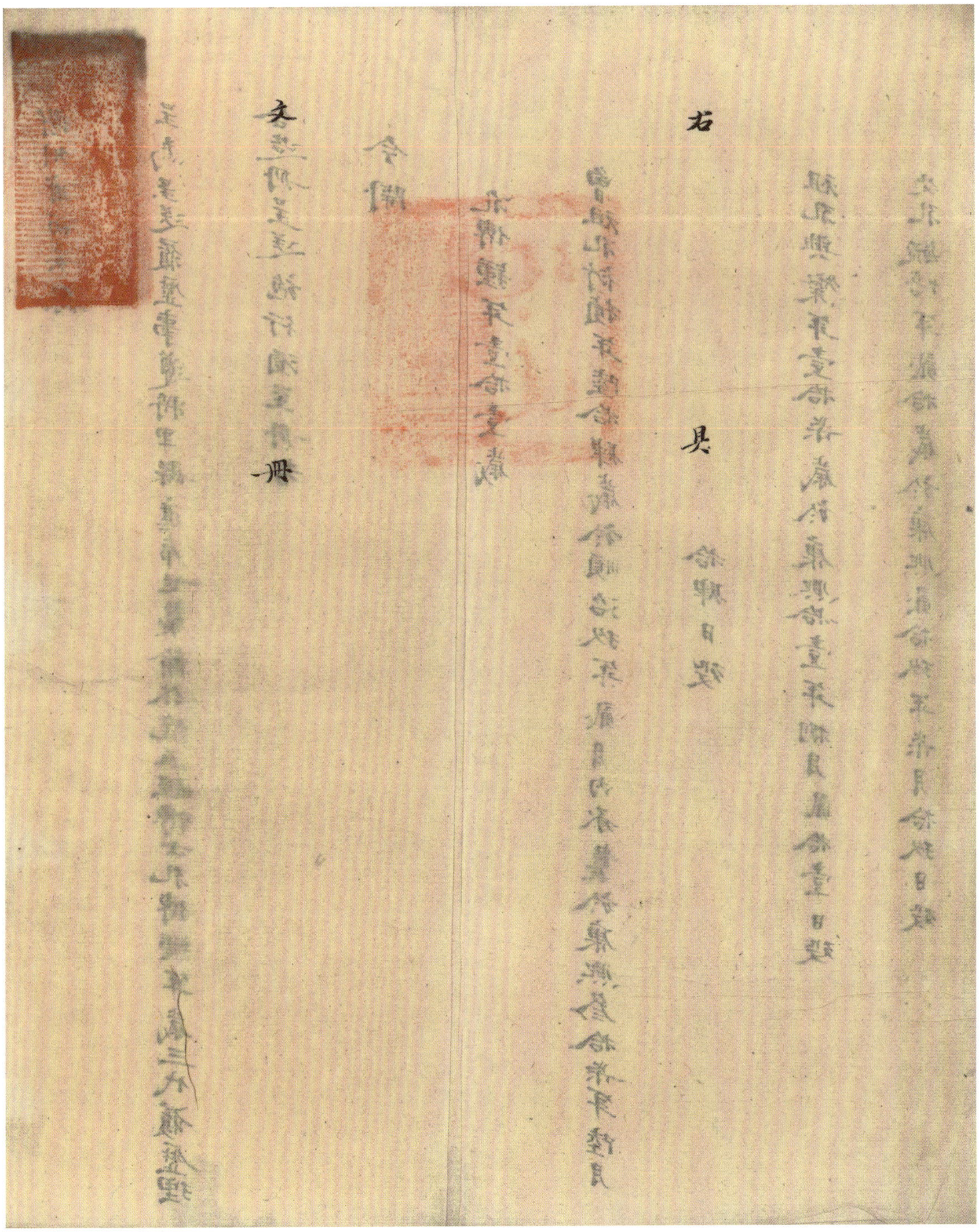

衢州府西安縣知縣陳鵬年造送孔傳鍾三代履歷年歲文册

清康熙三十八年二月

康熙叁拾捌年貳月

日知縣陳鵬年

衢州府西安縣知縣陳鵬年造送孔傳鍾三代履歷年歲文冊

清康熙三十八年二月

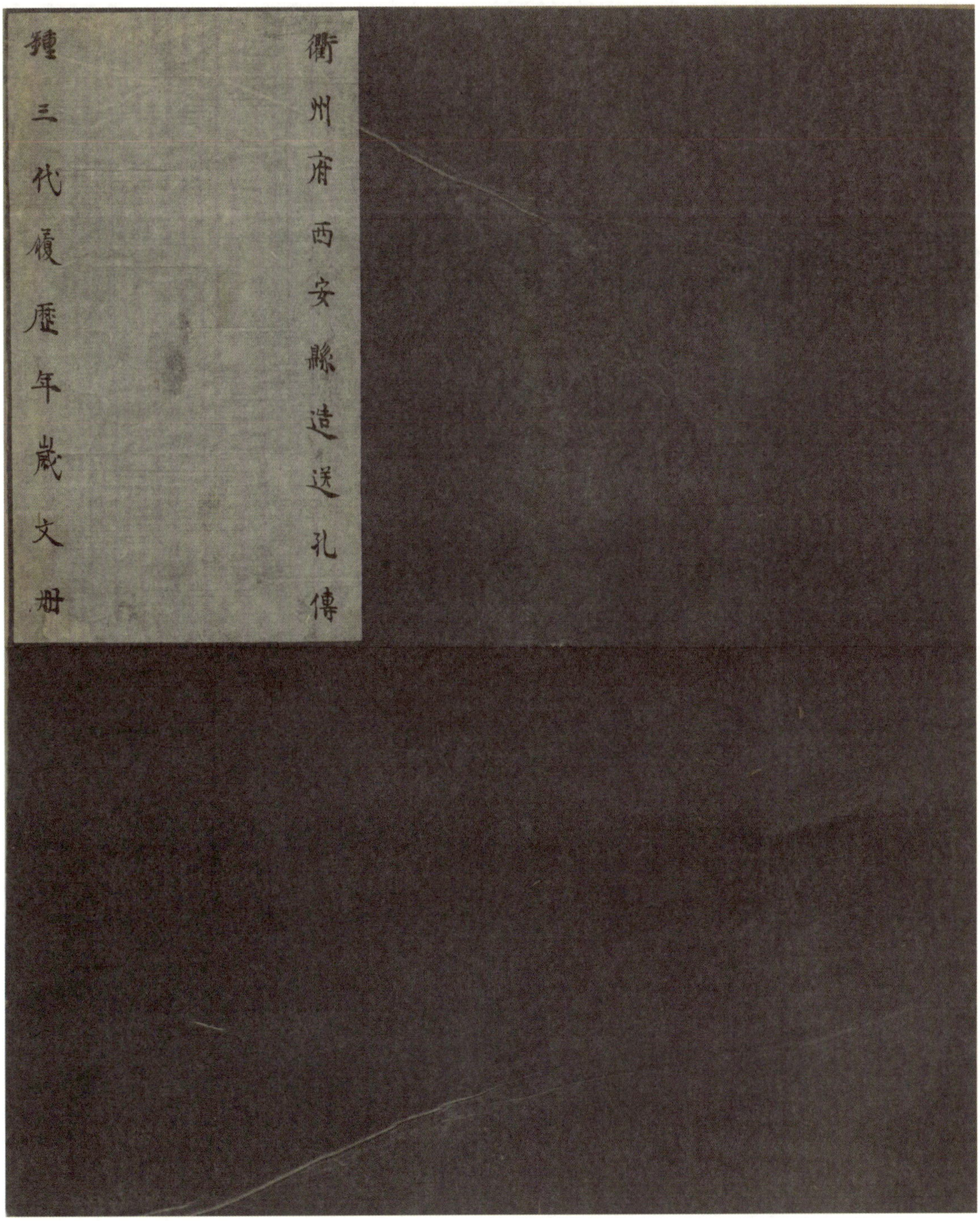

衢州府西安縣知縣陳鵬年造送孔傳鍾三代履歷年歲文册

清康熙三十八年二月

衢州府西安縣

呈為呈送履歷事遵將卑縣應序世襲翰林院五經博士孔傳鍾年
歲三代履歷理合造册呈送施行須至册者

今開

孔傳鍾年壹拾壹歲

曾祖孔衍楨年陸拾肆歲於順治九年貳月內承襲於康熙叁拾柒年陸
月拾肆日歿

祖孔興燦年壹拾柒歲於康熙拾壹年捌月二十一日歿

父孔毓培年貳拾歲於康熙貳拾玖年柒月拾玖日歿

衢州府西安縣知縣陳鵬年造送孔傳鍾三代履歷年歲文册

清康熙三十八年二月

右　具

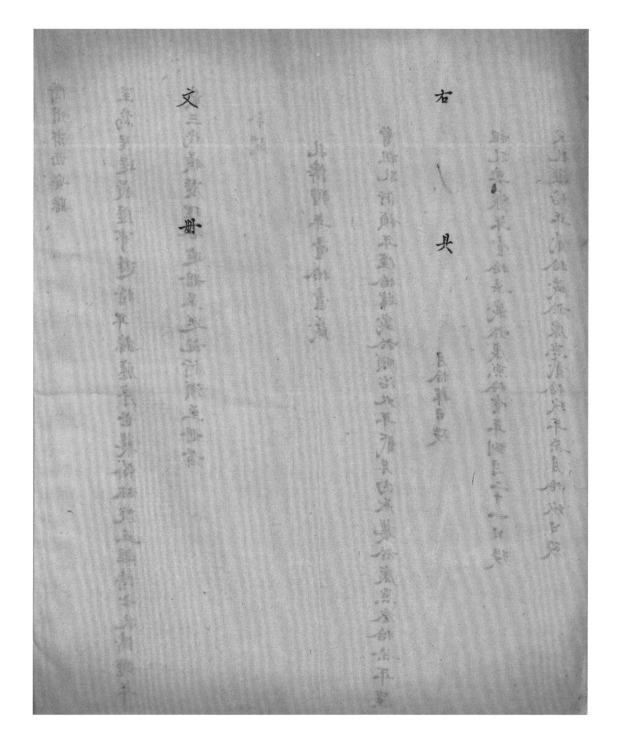

文　册

衢州府西安縣知縣陳鵬年造送孔傳鍾三代履歷年歲文册

清康熙三十八年二月

康熙叁拾捌年貳月　日知縣陳鵬年

浙江巡撫張［勄］爲孔傳鍾年幼能否承襲事致衍聖公孔［毓圻］咨

清康熙三十八年四月二十五日

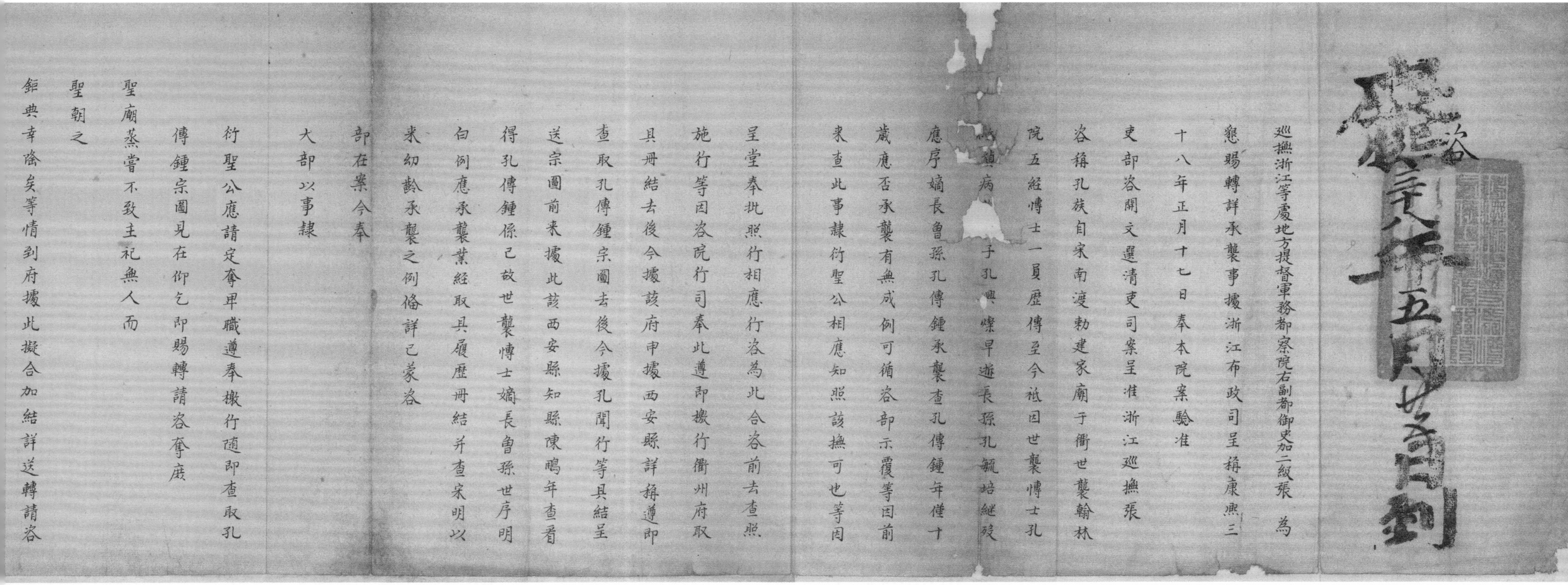
巡撫浙江等處地方提督軍務都察院右副都御史加二級張　為
懇賜轉詳承襲事據浙江布政司呈稱康熙三
十八年正月十七日奉本院案驗准
吏部咨開文選清吏司案呈准浙江巡撫張
咨稱孔族自宋南渡勅建家廟于衢世襲翰林
院五經博士一員歷傳至今祗因世襲博士孔
[illegible]禎病[illegible]子孔興燁早逝長孫孔毓垿繼歿
應序嫡長曾孫孔傳鍾承襲查孔傳鍾年僅十
歲應否承襲有無成例可循咨部示覆等因前
來查此事隸衍聖公相應知照該撫可也等因
呈堂奉批照行相應行咨為此合咨前去查照
施行等因咨院行司奉此遵即檄行衢州府取
具冊結去後今據該府申據西安縣詳稱遵即
查取孔傳鍾宗圖去後今據孔聞衎等具結呈
送宗圖前來據此該西安縣知縣陳鵬年查看
得孔傳鍾係已故世襲博士嫡長曾孫世序明
白例應承襲業經取具履歷冊結并查宋明以
來幼齡承襲之例備詳已蒙咨
部在案今奉
大部以事隸
衍聖公應請定奪早賜遵奉檄行隨即查取孔
傳鍾宗圖見在仰乞即賜轉請咨奪庶
聖廟蒸嘗不致主祀無人而
聖朝之
鉅典幸隆矣等情到府據此擬合加結詳送轉請咨
咨
康熙三十八年五月廿[illegible]日到

浙江巡撫張［勄］爲孔傳鍾年幼能否承襲事致衍聖公孔［毓圻］咨

清康熙三十八年四月二十五日

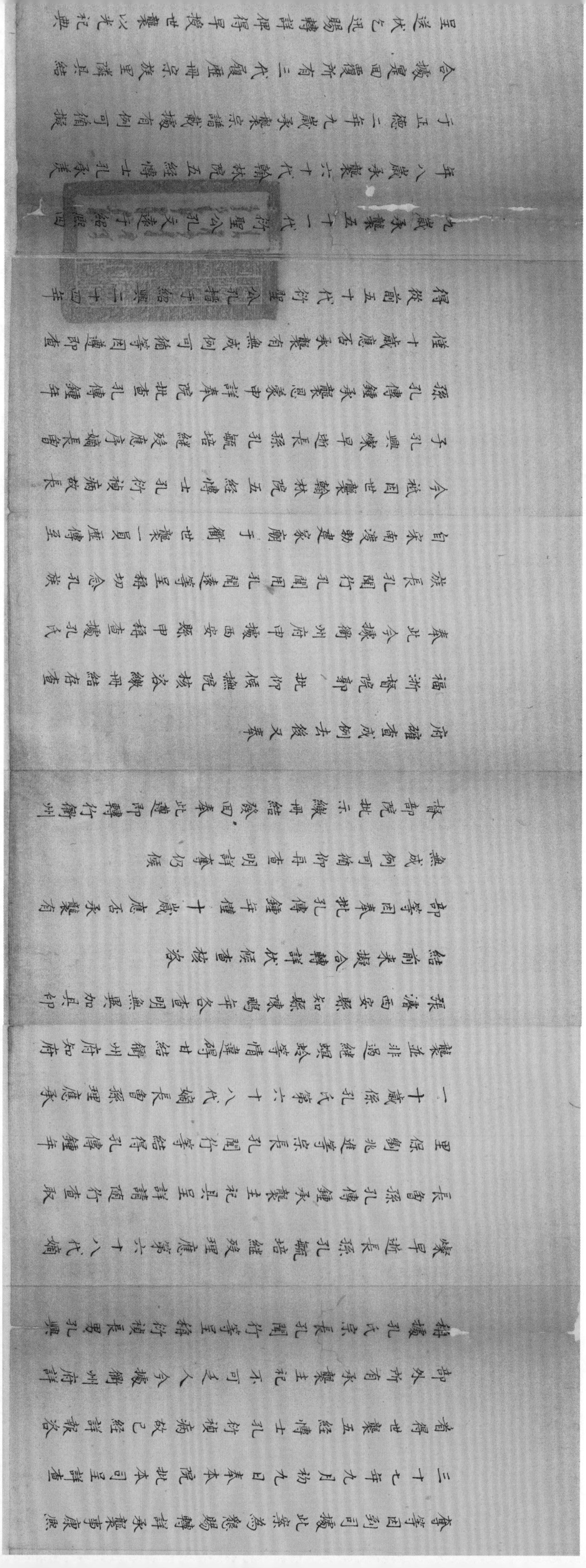

奪等因到司據此案為懇賜轉詳承襲事康熙
三十七年九月初九日奉本院批本司呈詳查
看得世襲五經博士孔衍禎病故已經詳報咨
部外所有承襲主祀不可乏人今據衢州府詳
稱據孔氏宗長孔閒行等呈稱衍禎長男孔興
燦早逝長孫孔毓培繼歿理應第六十八代嫡
長曾孫孔傳鍾承襲主祀具呈詳請隨行查取
里保劉兆進等宗長孔閒行等結得孔傳鍾年
一十歲係孔氏第六十八代嫡長曾孫理應承
襲並非過繼螟蛉等情違碍甘結衢州府知府
張濬西安縣知縣陳鵬年各查明無異加具印
結前來擬合轉詳伏候查核咨
部等因奉批孔傳鍾年僅十歲應否承襲有
無成例可循仰再查明詳奪仍候
督部院批示繳冊結發回奉此遵即轉行衢州
府確查成例去後又奉
福浙督院郭批仰候撫院核咨繳冊結存查
奉此今據衢州府申據西安縣申稱查據孔氏
族長孔閒行孔閒用孔閒遠等呈稱切念孔族
自宋南渡勅建家廟于衢世襲一員歷傳至
今祇因世襲翰林院五經博士孔衍禎病故長
子孔興燦早逝長孫孔毓培繼歿應序嫡長曾
孫孔傳鍾承襲恩蒙申詳奉院批查孔傳鍾年
僅十歲應否承襲有無成例可循等因遵即查
得從前五十代衍聖公孔搢于紹興二十四年
九歲承襲五十一代衍聖公孔文遠于紹熙四
年八歲承襲六十代翰林院五經博士孔承美
于正德二年九歲承襲宗譜載據有例可循擬
合據寔回覆所有三代履歷冊宗族里鄰具結
呈送伏乞迅賜轉詳俾得早授世襲以光祀典

浙江巡撫張［勈］爲孔傳鍾年幼能否承襲事致衍聖公孔［毓圻］咨

清康熙三十八年四月二十五日

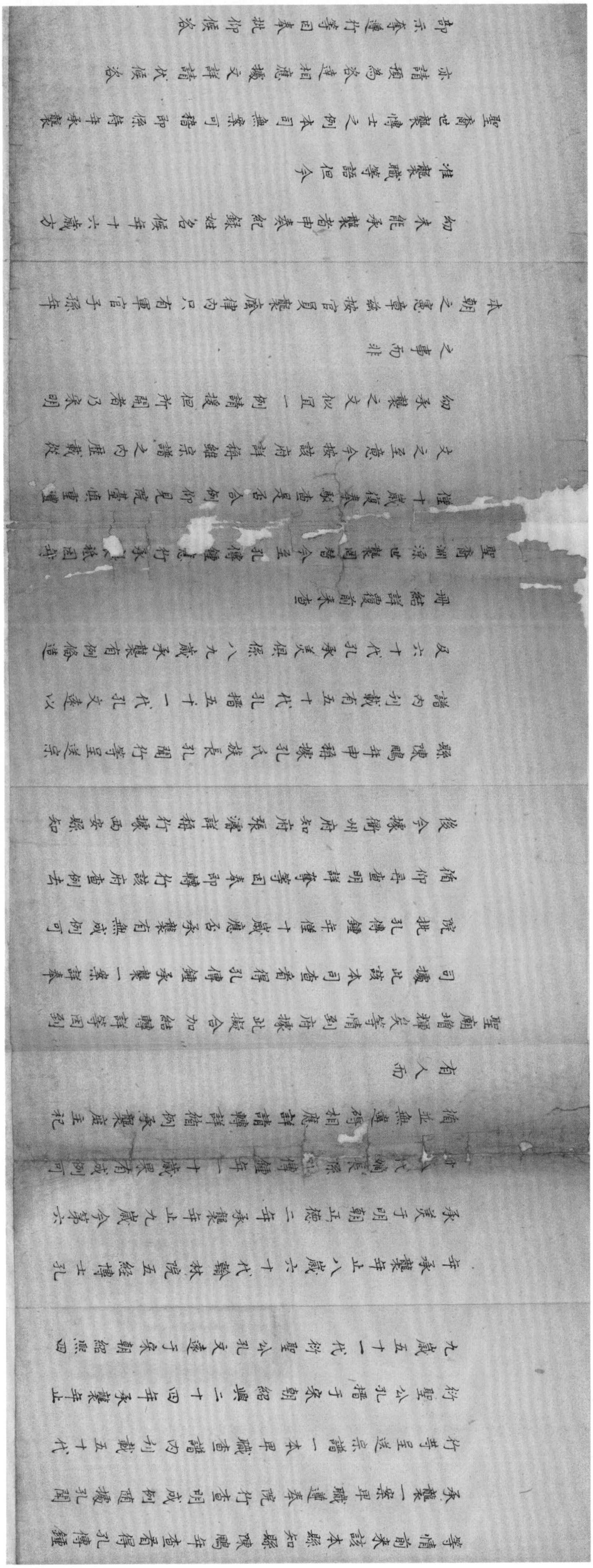
等情前來該本縣知縣陳鵬年查看得孔傳鍾
承襲一案卑職遵奉院行查明成例隨據孔聞
竹等呈送宗譜一本卑職查譜內刊載五十代
衍聖公孔揩于宋朝紹興二十四年承襲年止
九歲五十一代衍聖公孔文遠于宋朝紹熙四
年承襲年止八歲六十代翰林院五經博士孔
承美于明朝正德二年承襲年止九歲今第六
十八代嫡長孫孔傳鍾年一十歲果有成例可
循並無違礙相應詳請轉詳循例承襲庶主祀
有人而
聖廟增輝矣等情到府據此擬合加結轉詳等因到
司據此該本司查看得孔傳鍾承襲一案詳奉
院批孔傳鍾年僅十歲應否承襲有無成例可
循仰再查明詳奪等因奉即轉行該府查例去
後今據衢州府知府張濬詳稱行據西安縣知
縣陳鵬年申稱據孔氏族長孔聞竹等呈送宗
譜內刊載有五十代孔揩五十一代孔文遠以
及六十代孔承美俱係八九歲承襲有例備造
冊結詳覆前來查
聖裔淵源世襲罔替今至孔傳鍾意衍承[illegible]祇困年
僅十歲復奉駁查是否合例仰見院臺慎重禮
文之至意今按該府詳稱雖宗譜之內歷載從
幼承襲之文似宜一例請援但所開者乃宋明
之事而非
本朝之憲章茲按官員襲廕律內只有軍官子孫年
幼未能承襲者申奏紀錄姓名候年十六歲方
准襲職等語但今
聖裔世襲博士之例本司無案可稽即係待年承襲
亦請預為咨達相應據文詳請伏候咨
部示奪遵行等因奉批仰候咨

浙江巡撫張[勄]爲孔傳鍾年幼能否承襲事致衍聖公孔[毓圻]咨

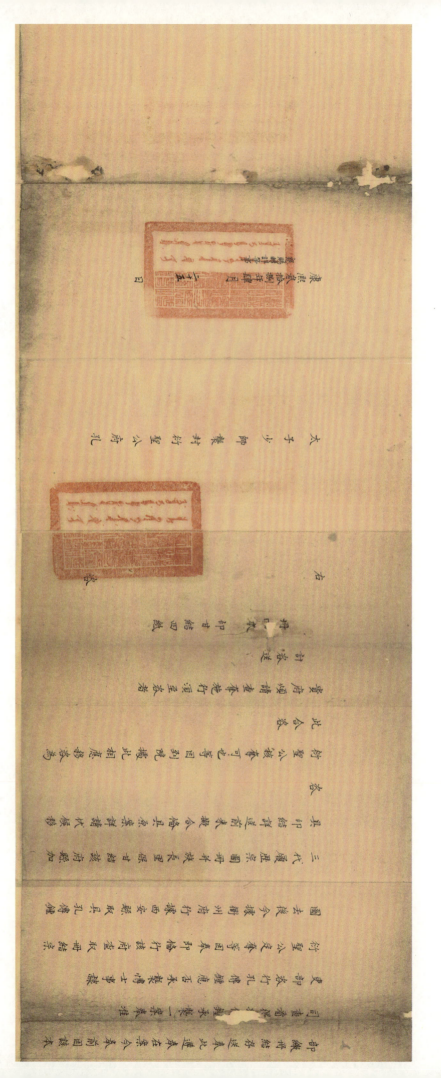

清康熙三十八年四月二十五日

部繳冊結存送奉此遵奉在案今奉前因該本
司查看得孔傳鍾承襲一案奉准
吏部咨行孔傳鍾應否承襲博士事隷
衍聖公定奪等因奉即備行該府查取冊結宗
圖去後今據衢州府行據西安縣取具孔傳鍾
三代履歷宗圖冊并族長里保甘結該府縣加
具印結詳送前來擬合備具原案詳請代候移
咨
衍聖公核奪可也等因到院據此相應移咨爲
此合咨
貴府煩請查奪施行須至咨者
計咨送
冊□本
印甘結四紙
右　咨
太子少師襲封衍聖公府孔
康熙叁拾捌年肆月二十五日
懇賜轉詳等事

衍聖公府爲孔傳鍾年幼承襲有本朝成例可稽并請授職給憑事致吏部咨

清康熙三十八年六月初六日

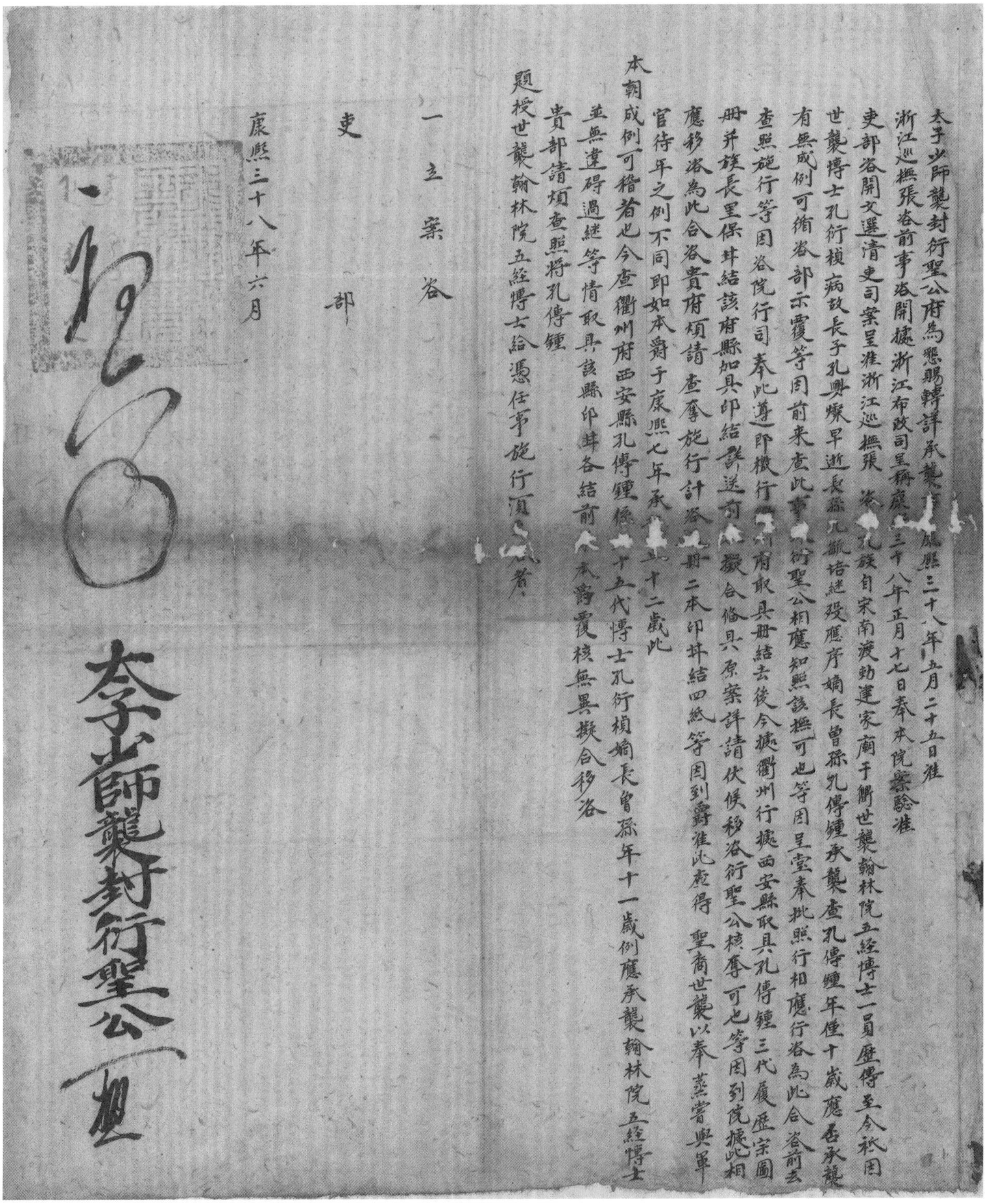

太子少師襲封衍聖公府為懇賜轉詳承襲［?］康熙三十八年五月二十五日准
浙江巡撫張咨前事咨開據浙江布政司呈稱康［熙］三十八年正月十七日奉本院案驗准
吏部咨開文選清吏司案呈准浙江巡撫張［?］咨［?］孔鋐自宋南渡勅建家廟于衢世襲翰林院五經博士一員歷傳至今祇因
世襲博士孔衍楨病故長子孔興燦早逝長孫孔毓誥繼歿應序嫡長曾孫孔傳鍾承襲查孔傳鍾年僅十歲應否承襲
有無成例可循咨部示覆等因前來查此事［?］衍聖公相應知照該撫可也等因呈堂奉批照行相應行咨為此合咨前去
查照施行等因咨院行司奉此遵即檄行［?］州府取具冊結去後今據衢州行據西安縣取具孔傳鍾三代履歷宗圖
冊并族長里保井結該府縣加具印結詳送前［?］擬合備具原案詳請伏候移咨衍聖公核奪可也等因到院據此相
應移咨為此合咨貴府煩請查奪施行計咨［?］冊二本印井結四紙等因到爵准此應得聖裔世襲以奉蒸嘗與單
官待年之例不同即如本爵于康熙七年承［?］止十二歲此
本朝成例可稽者也今查衢州府西安縣孔傳鍾係［?］十五代博士孔衍楨嫡長曾孫年十一歲例應承襲翰林院五經博士
並無違碍過繼等情取具該縣印井各結前［?］本爵覆核無異擬合移咨
貴部請煩查照將孔傳鍾
題授世襲翰林院五經博士給憑任事施行須［?］咨者

一立案咨

吏 部

康熙三十八年六月

太子少師襲封衍聖公（押）

吏部爲奉旨准孔傳鍾頂補衢州翰林院五經博士事致衍聖公府咨

清康熙三十八年七月二十一日

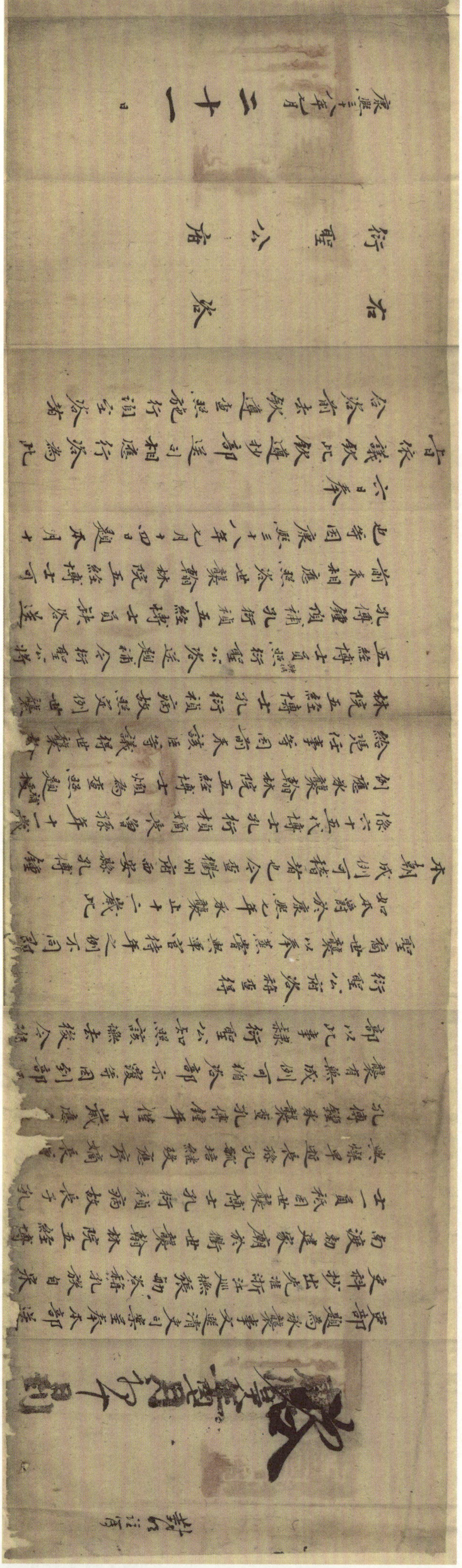

吏部題為承襲事文選清吏司案呈奉本部送
吏科抄出先准浙江巡撫張勄咨稱孔氏自宋
南渡勅建家廟於衢世襲翰林院五經博
士一員祇因世襲博士孔衍禎病故長子孔
興燦早逝長孫孔毓培繼殁應序嫡長曾
孫孔傳鍾承襲查孔傳鍾年僅十歲應□
襲有無成例可循咨部示覆等因到部□
部以此事隸衍聖公知照該撫去後今准
衍聖公府咨稱查得
聖裔世襲以奉蒸嘗與準官待年之例不同況
如本爵於康熙七年承襲止十二歲此
本朝成例可稽者也今查衢州府西安縣孔傳鍾
係六十五代博士孔衍禎嫡長曾孫年十一歲
例應承襲翰林院五經博士煩為查照題授
給憑任事等因前來該臣等議得世襲□
林院五經博士孔衍禎病故照定例世襲
五經博士員缺照衍聖公咨送題補令衍聖公將
孔傳鍾頂補孔衍禎五經博士員缺咨送
前來相應照咨世襲翰林院五經博士可
也等因康熙三十八年七月十四日題本月十
六日奉
旨依議欽此欽遵抄部送司相應行咨為此
合咨前去欽遵查照施行須至咨者
右咨
衍聖公府
康熙三十八年七月 二十一 日

衍聖公府爲孔傳鍾年幼承襲有本朝成例可稽事致浙江巡撫張[勅]咨

清康熙三十八年七月十八日

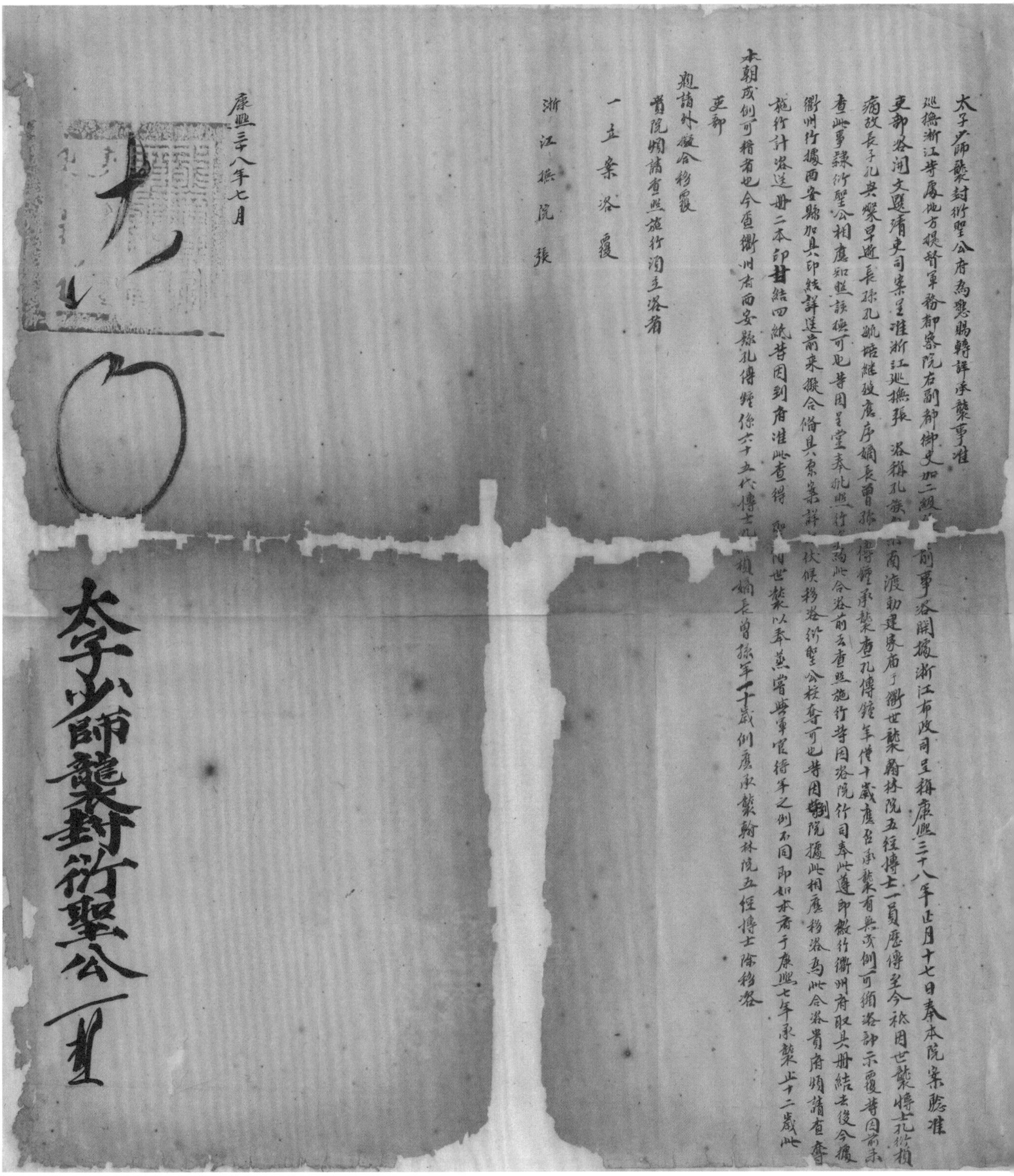
太子少師襲封衍聖公府為懇賜轉詳承襲事准
巡撫浙江等處地方提督軍務都察院右副都御史加二級□前事咨開據浙江布政司呈稱康熙三十八年正月十七日奉本院案驗准
吏部咨開文選清吏司案呈准浙江巡撫張　咨稱孔毓□□南渡勅建家廟于衢世襲翰林院五經博士一員歷傳至今祇因世襲博士孔衍楨
病故長子孔興燦早逝長孫孔毓垿繼故應序嫡長曾孫傳鍾承襲查孔傳鍾年僅十歲應否承襲有無成例可循咨部示覆等因前來
查此事隸衍聖公相應知照該撫可也等因呈堂奉批照行□為此合咨前去查照施行等因咨院行司奉此遵即檄行衢州府取具冊結去後今據
衢州府據西安縣加具印結詳送前來擬合備具原案詳□伏候移咨衍聖公核奪可也等因到院據此相應移咨為此合咨貴府煩請查奪
施行計咨送冊二本印甘結四紙等因到府准此查得　聖裔世襲以奉蒸嘗與軍官待年之例不同即如本府于康熙七年承襲止十二歲此
本朝成例可稽者也今查衢州府西安縣孔傳鍾係六十五代博士孔衍楨嫡長曾孫年一十歲例應承襲翰林院五經博士除移咨
吏部
題請外擬合移覆
貴院煩請查照施行須至咨者
一　咨　　咨　覆
浙　江　撫　院　張
康熙三十八年七月
太子少師襲封衍聖公

衍聖公府爲孔傳鍾奉旨頂補翰林院五經博士事致浙江巡撫[張勄]咨

清康熙三十八年閏七月十九日

太子少師襲封衍聖公府爲承襲博士……熙三十八年閏七月初十日准
吏部咨前事内開文選清吏司案呈奉本……送吏科抄出先准浙江巡撫張　咨稱孔族自宋南渡敕建
家廟於衢世襲翰林院五經博士一員祇……世襲博士孔衍楨病故長子孔興燦早逝長孫孔毓培繼歿
應序嫡長曾孫孔傳鍾承襲查孔傳鍾僅十歲應否承襲有無成例可循咨部示覆等因到部臣
部以此事隸衍聖公知照該撫去後今准衍聖公府咨稱查得　聖裔世襲以奉蒸嘗與軍官待年
之例不同即如本爵於康熙七年承襲……二歲此
本朝成例可稽者也今查衢州府西安縣孔……係六十五代博士孔衍楨嫡長曾孫年十一歲例應承襲翰
林院五經博士煩爲查照題補給憑任……因前來該臣等議得世襲翰林院五經博士孔衍楨病故
照定例世襲翰林院五經博士員缺俱……聖公咨送題補今衍聖公將孔傳鍾頂補孔衍楨五經
博士員缺咨送前來相應照咨世襲翰……五經博士可也等因康熙三十八年七月十四日題本月十六
日奉
旨依議欽此欽遵抄部送司相應行咨爲此合……咨去欽遵查照施行等因到府准此除欽遵外擬合移咨
貴院煩爲欽遵查照施行須至咨者

一　立　案

浙江巡撫

康熙叁拾捌年閏柒月

孔

太子少師襲封衍聖公

衍聖公府爲頂補員缺知照事致衢州孔氏翰林院五經博士孔傳鍾劄付

清康熙三十八年八月二十三日

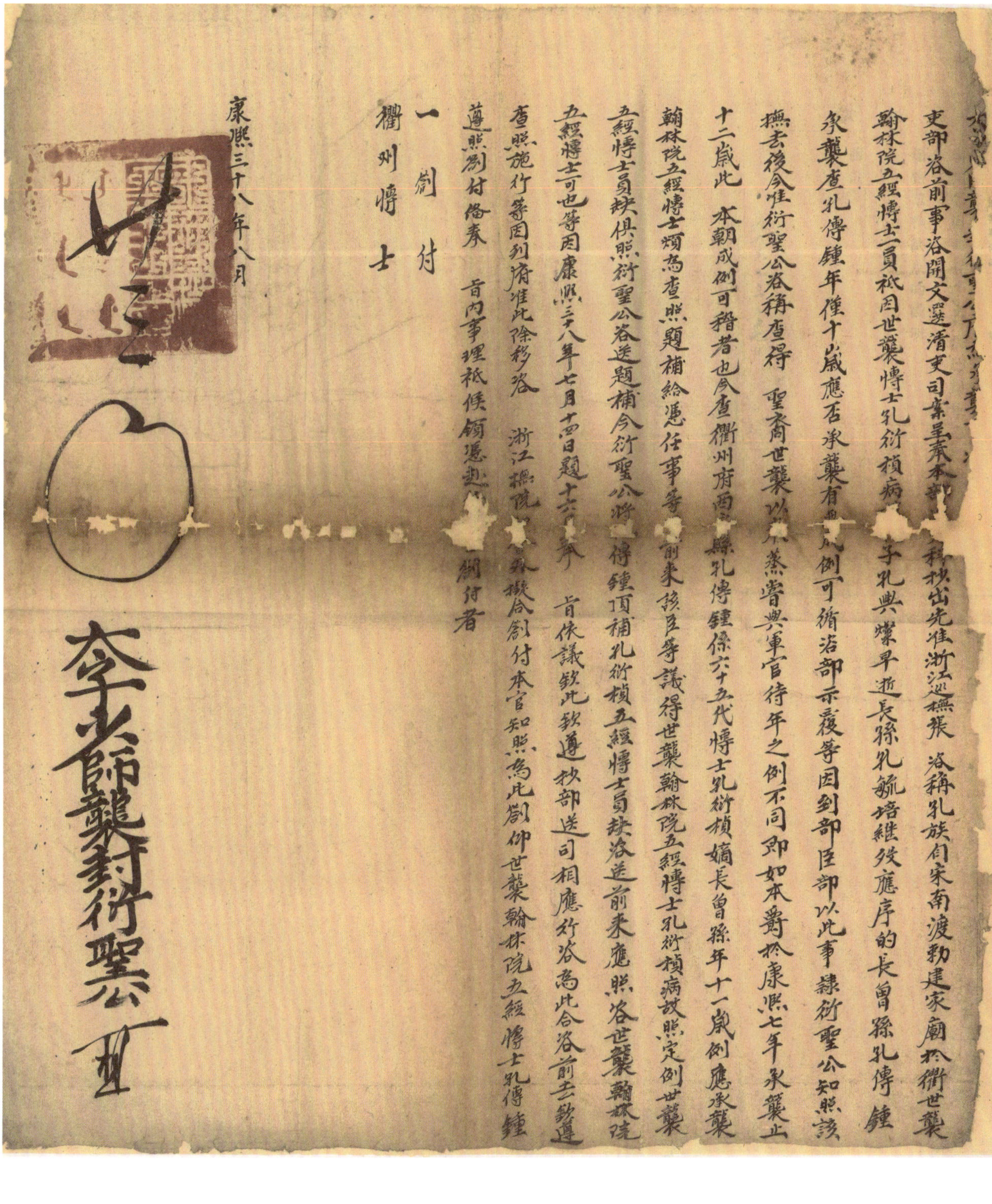
吏部咨前事咨開文選清吏司案呈奉本部[illegible]科抄出先准浙江巡撫張　咨稱孔族自宋南渡勅建家廟於衢世襲
翰林院五經博士一員祇因世襲博士孔衍楨病[illegible]子孔興燦早逝長孫孔毓培繼歿應序的長曾孫孔傳鍾
承襲查孔傳鍾年僅十歲應否承襲有無成例可循咨部示覆等因到部臣部以此事隸衍聖公知照該
撫去後今准衍聖公咨稱查得　聖裔世襲以[illegible]蒸嘗與軍官待年之例不同即如本爵於康熙七年承襲止
十二歲此　本朝成例可稽者也今查衢州府西安縣孔傳鍾係六十五代博士孔衍楨嫡長曾孫年十一歲例應承襲
翰林院五經博士頂為查照題補給憑任事等[illegible]前來該臣等議得世襲翰林院五經博士孔衍楨病故照定例世襲
五經博士員缺俱照衍聖公咨送題補今衍聖公將[illegible]傳鍾頂補孔衍楨五經博士員缺咨送前來應照咨世襲翰林院
五經博士可也等因康熙三十八年七月十四日題十六日奉　旨依議欽此欽遵抄部送司相應行咨為此合咨前去欽遵
查照施行等因到府准此除移咨　浙江撫院[illegible]外擬合劄付本官知照為此劄仰世襲翰林院五經博士孔傳鍾
遵照劄付備奉　旨內事理祇候領憑赴[illegible]劄付者
一劄付
衢州博士
康熙三十八年八月
太子太師襲封衍聖公　押

一〇七 ◆ 題授浙江衢州孔氏翰林院五經博士（二）

清康熙四十年至四十一年

咨

巡撫浙江等處地方提督軍務都察院右副都御史加五級張　為
違例篡襲滅繼逼命三世寃奇死生慘變事據
浙江布政司呈稱據衢州府詳稱康熙四十年
二月十四日奉
提督學院姜　批故博士孔衍楨長媳詹氏孫
媳楊氏呈稱承襲大典律例久定攙越冒篡屠
寡逼命泣奏天討痛夫孔興燦乃故博士孔衍
楨嫡長子男孔毓垿乃氏翁孔衍楨嫡孫命罹
不辰夫男早逝幸媳楊氏生孫孔傳鍾翁故應
孫傳鍾承襲叨沐
皇恩于三十七年閏七月承襲翰林院五經博士奉
部給憑于三十八年十月初十日到任主祀
先聖蒸嘗甫及載餘更不幸于康熙四十年正月

浙江巡撫張［志棟］爲請裁奪孔傳詩或孔興爃承襲衢州孔氏翰林院五經博士事致衍聖公孔［毓圻］咨

清康熙四十年九月十六日

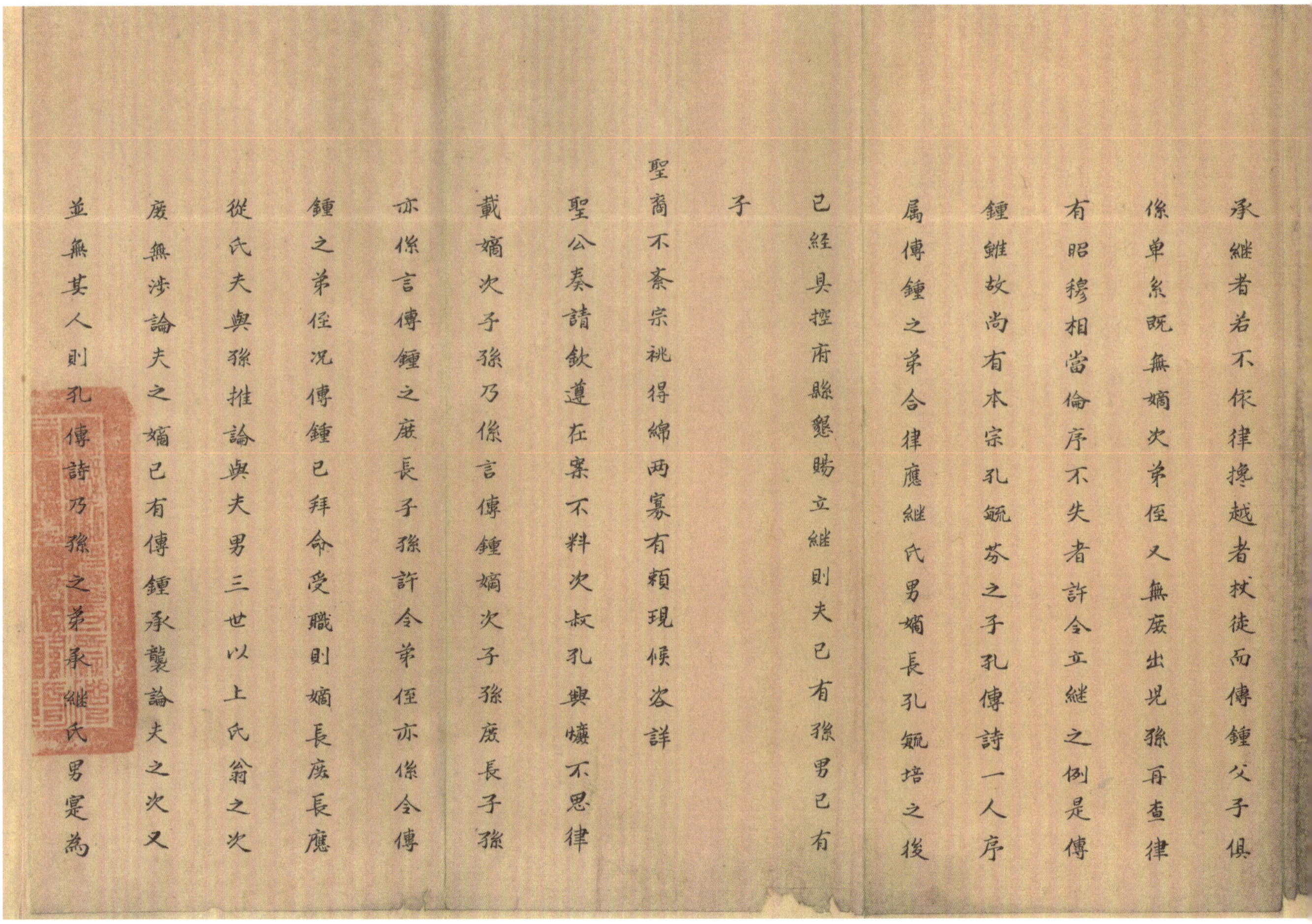
承繼者若不依律擅越者杖徒而傳鍾父子俱
係单系既無嫡次弟侄又無庶出兒孫再查律
有昭穆相當倫序不失者許令立繼之例是傳
鍾雖故尚有本宗孔毓芬之子孔傳詩一人序
屬傳鍾之弟合律應繼氏男嫡長孔毓培之後
已經具控府縣懇賜立繼則夫已有孫男已有
子
聖裔不紊宗祧得綿兩寡有賴現候咨詳
聖公奏請欽遵在案不料次叔孔興爃不思律
載嫡次子孫乃係言傳鍾嫡次子孫庶長子孫
亦係言傳鍾之庶長子孫許令弟侄亦係令傳
鍾之弟侄况傳鍾已拜命受職則嫡長庶長應
從氏夫與孫推論與夫男三世以上氏翁之次
庶無涉論夫之嫡已有傳鍾承襲論夫之次又
並無其人則孔傳詩乃孫之弟承繼氏男寔為

卷〇一〇七

昭穆相當倫序不失禮應承夫之後並無違律
攙越之弊氏隨于昨初九日春祭家廟族衆齊
集氏昔與媳楊氏哀懇立繼承襲各皆默默箝
口而次叔與嬸欺氏兩寡死蟹百喙並不一理
罔顧長嫂咆哮不遜抑制侄媳辱詈難堪不惟
圖篡世襲竟欲斬絕氏嗣三代血脉致媳楊氏
受逼痛慘于初十日服滷自盡幾殞至午幸醫
將藥灌救得甦可憐兩寡屢遭磨滅氏之夫男
既亡已慘楊氏乃宦門之女其夫既故承襲之
子又亡氏老無倚媳寡更慘似此篡襲滅繼斬
祧逼命冤切飛霜今媳雖得稍甦而奄奄一息

浙江巡撫張[志棟]爲請裁奪孔傳詩或孔興㒞承襲衢州孔氏翰林院五經博士事致衍聖公孔[毓圻]咨

清康熙四十年九月十六日

正

聖祚以恤死生則列祖雖在九京自當焚頂氏等

兩寡永矢啣結無涯哀切望光上呈等情奉批

仰衢州府確查

聖裔宗支速報等因又為族梟滅制紊宗搀越謀

襲事本年二月二十日奉本院批呈狀故世襲

翰林院五經博士孔衍楨嫡次子西安縣儒學

生員孔興㒞呈稱切祖故宋衍聖公孔端友扈

蹕南遷勅建家廟于衢陸襲公爵傳至孔洙因

以五代聖公陵墓在衢不忍遠離讓封歸魯族

弟孔治承襲自兹以後遂與齊民無異迨至故

明弘治年間郡守沈公以衢有廟無官先聖嫡

派子孫混同流俗特疏具題奉
旨查勘孔端友嫡派子孫孔彥繩授以翰林院五經
博士以主廟祀至生曾祖孔貞運悉皆子承父
廕惟生父孔衍楨因大父孔尚乾早歿以嫡孫
承祖廕生子三人長兄興燦次即生興爔三興
燧長兄夭亡侄毓培繼歿不幸先大人孔衍楨
于三十七年六月間病卒序應嫡長曾孫孔傳
鍾承襲生族具結請詳邀沐
綸恩已于三十八年十月間受職矣不虞今歲正月
初六日痘症倏亡年僅一十二歲禮曰中殤長
枝倏絕主鬯乏員廟祀無主生居嫡次分難緘

清康熙四十年九月十六日

覬覦世職以五歲之子孔傳詩謀繼妄希承襲
唆生長嫂詹氏具控憲天蒙批仰衢州府確查
孔氏宗支速報切念三衢家廟因衍聖公孔端
友而建三衢襲博士查孔端友嫡派子孫而設
是端友嫡派子孫方可承襲非端友嫡派子孫
不可承襲況
本朝定律凡文武官員應合襲廕職事並令嫡長子
孫承襲如嫡長子孫有故嫡次子孫承襲又查
定例內開一軍職抱養族屬疏遠之人用財買
囑冒襲及受財賣與同姓冒襲已經到部襲過
者其冒襲之人永不得襲等語此雖指軍職言
之其爲襲廕則一也律例煌煌炳如星日普天

同文孰敢不遵且先大人現今停柩在堂尚未
安厝而長嫂詹氏置若罔聞惑聽毓芬唆使止
念殤亡故絶之幼孫勿顧歷祖嫡派之血脉不
但與
本朝承襲律例相違亦大非衢廟設官重嫡至意况
生係南渡四十八代祖衍聖公孔端友嫡派子
孫傳詩係四十七代祖開國男孔傳旁支子孫
分派已經二十六代明明疎遠族屬之人何得
紊亂宗支妄希謀襲今將生與傳詩兩派系圖
呈送憲天賜電伏乞酌裁上得以妥聖靈而下

法云今衢族皆傳之苗裔何得謂傳詩為孔傳四十七代祖開國男孔傳旁支子孫分派已經二十
六代明明疎遠族屬之人家譜開載甚明

浙江巡撫張[志棟]爲請裁奪孔傳詩或孔興燫承襲衢州孔氏翰林院五經博士事致衍聖公孔[毓圻]咨

清康熙四十年九月十六日

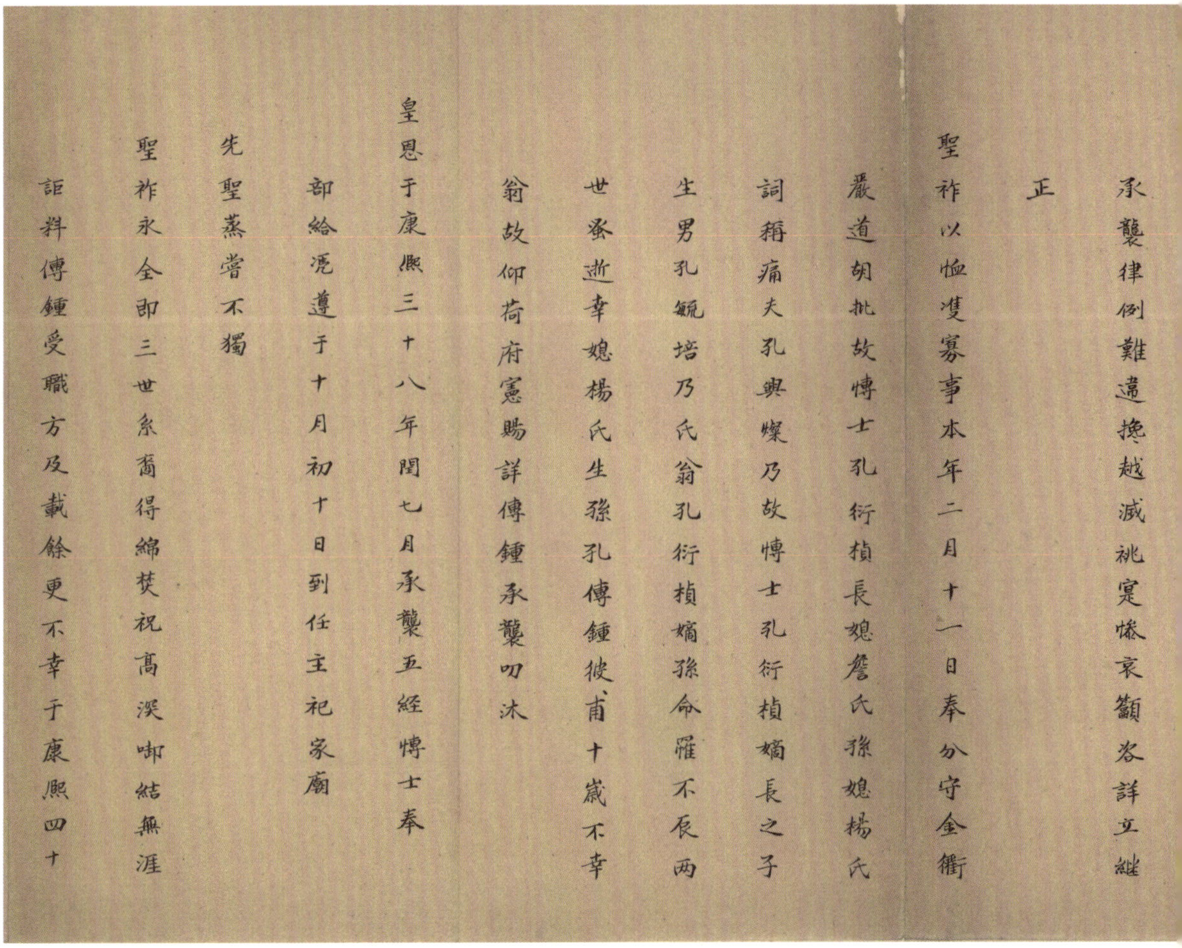

承襲律例難違擅越滅祧寔慘哀籲咨詳立繼
聖祚以恤嫠寡事本年二月十一日奉分守金衢
正
嚴道胡批故博士孔衍楨長媳詹氏孫媳楊氏
詞稱痛夫孔興燦乃故博士孔衍楨嫡長之子
生男孔毓培乃氏翁孔衍楨嫡孫命罹不辰兩
世蚤逝幸媳楊氏生孫孔傳鍾彼甫十歲不幸
翁故仰荷府憲賜詳傳鍾承襲叨沐
皇恩于康熙三十八年閏七月承襲五經博士奉
部給憑遵于十月初十日到任主祀家廟
先聖蒸嘗不獨
聖祚永全即三世系裔得綿共祝高深啣結無涯
詎料傳鍾受職方及載餘更不幸于康熙四十

年正月初六日病故隨查律例載明嫡長有故嫡次承襲如無嫡次許及庶長如無庶長許令弟侄應同承繼者若不依次序攙越者杖徒而傳鍾父子並皆弟系既無嫡次弟侄又無庶出兒孫再查律有昭穆相當倫序不失者方許立繼之例是傳鍾雖歿尚有本族孔毓芬之子孔傳詩一人合律應繼氏男毓培之後氏等欣幸具控署事粮廳在案氏叔孔興爔具控蒙批承襲重典着族衆從公議奪隨有孔聞行等具覆蒙批事關大典仰族衆再行妥議已故博士祖母生母兩寡無倚誠為可憫着公議昭穆相當

浙江巡撫張［志棟］爲請裁奪孔傳詩或孔興爌承襲衢州孔氏翰林院五經博士事致衍聖公孔［毓圻］咨

清康熙四十年九月十六日

聖裔自當合禮現奉憲行查議該族長房長與共
譜衣冠公同查酌務循律例孔傳詩應否承襲
確議妥覆廢免上駁孔興爌亦復具控蒙批族
長在孔閶行等當以定例雖系夫男嫡裔宗祧
難滅承襲承繼為重姑媳寡苦堪憫為念乃竟
忍心違律滅祧偏袒誑覆蒙批茲據族長孔閶
行結稱孔興爌係孔衍楨嫡次子序應承襲昨
又據孔詹氏呈稱孔傳詩應襲内引如無應出
子孫許令弟侄應合承繼者襲應之律未識就
妥事関
大典再着族長衣冠公同確議備例宗圖分晰送閲
秉公具覆以憑轉詳復蒙府憲行縣查世襲孔

博士例應按序嫡派應何人承襲速具確寔呈
結察核具詳等因在案泣思律載嫡次子孫乃
係言傳鍾嫡次子孫庶長子孫亦係言傳鍾庶
長子孫許令弟侄亦係令傳鍾之弟侄況傳鍾
已拜命受職則嫡長庶長應從氏夫與孫推論
與夫男三世以上氏翁之次庶無涉論夫之嫡
已有傳鍾承襲論夫之次又並無其人則孔傳
詩乃孫之弟承繼氏男寔為昭穆相當倫序不
失禮應承夫之後並無違律攙越之弊即今初
九日祭享家廟族衆齊集姑媳哀懇族衆寔出

浙江巡撫張[志棟]爲請裁奪孔傳詩或孔興燫承襲衢州孔氏翰林院五經博士事致衍聖公孔[毓圻]咨

清康熙四十年九月十六日

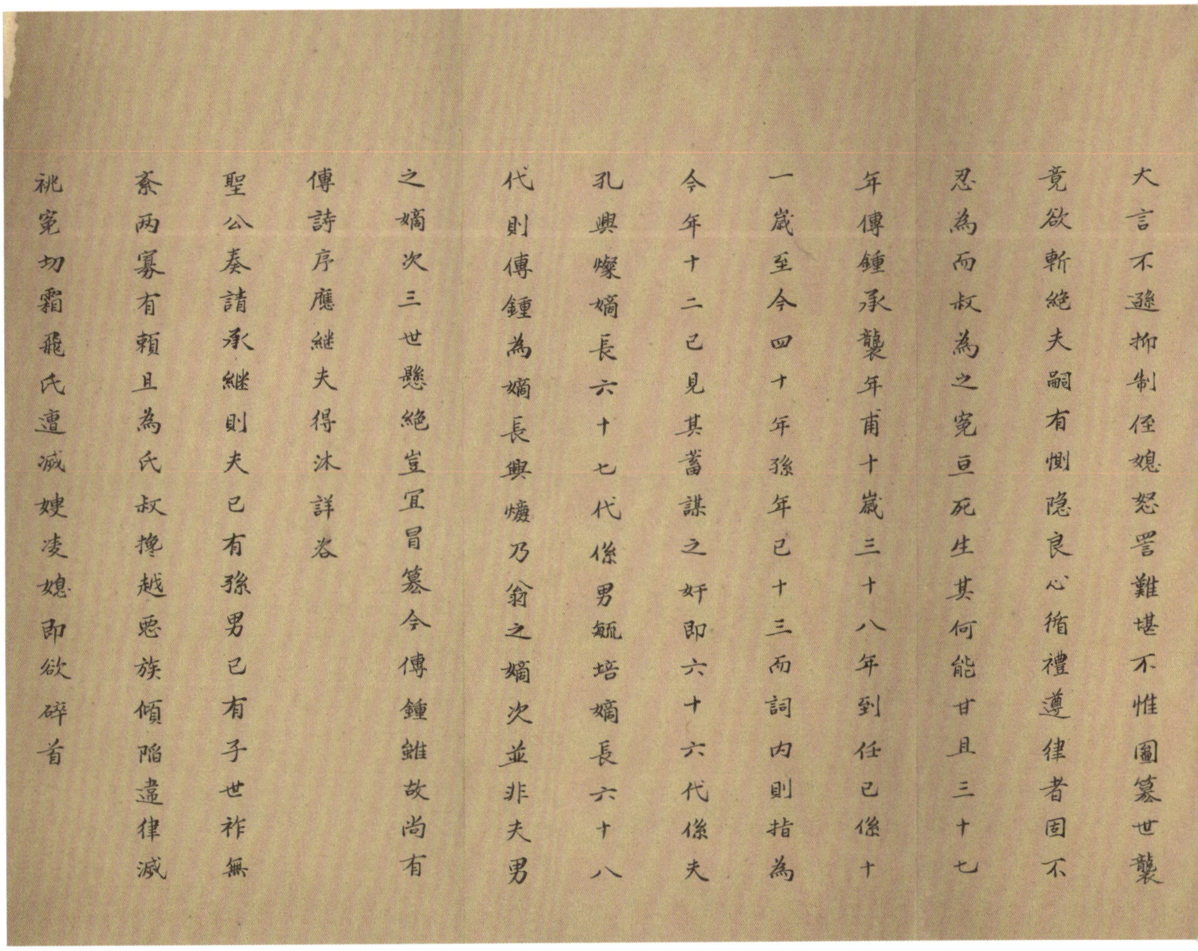

大言不遜抑制侄媳怒詈難堪不惟圖篡世襲
竟欲斬絶夫嗣有惻隱良心循禮遵律者固不
忍為而叔為之寃亘死生其何能甘且三十七
年傳鍾承襲年甫十歲三十八年到任已係十
一歲至今四十年孫年已十三而詞内則指為
今年十二已見其蓄謀之奸即六十六代係夫
孔興燫嫡長六十七代係男毓垍嫡長六十八
代則傳鍾為嫡長興燫乃翁之嫡次並非夫男
之嫡次三世懸絶豈宜冒篡今傳鍾雖故尚有
傳詩序應繼夫得沐詳咨
聖公奏請承繼則夫已有孫男已有子世祚無
忝兩寡有賴且為氏叔擅越惡族傾陷違律滅
祧寃切霜飛氏遭滅嫂凌媳即欲碎首

先聖之前緣未得見天忍痛暫延旦夕伏叩憲天
作主秉持大義一面賜詳移咨立繼綿裔氏等
姑媳一面匍赴都門登聞泣奏如有扶捏寸磔
亦為明鬼即
先聖列祖在天之靈庶幾得沐垂憐為此廹切哀
哀望光上呈等情奉批
聖裔承襲承祧均關大典稍有紊越干礙非輕仰
衢州府傳集孔姓宗支並請在城紳士赴明倫
堂公同酌議務與律例相符不失倫序立繼詳
奪毋致兩世孤孀煢煢失所也等因奉此卑府
遵將憲批各詞隨即抄發西安縣傳集孔姓宗
支並請在城紳士赴明倫堂公同酌議妥詳去

浙江巡撫張[志棟]爲請裁奪孔傳詩或孔興熑承襲衢州孔氏翰林院五經博士事致衍聖公孔[毓圻]咨

清康熙四十年九月十六日

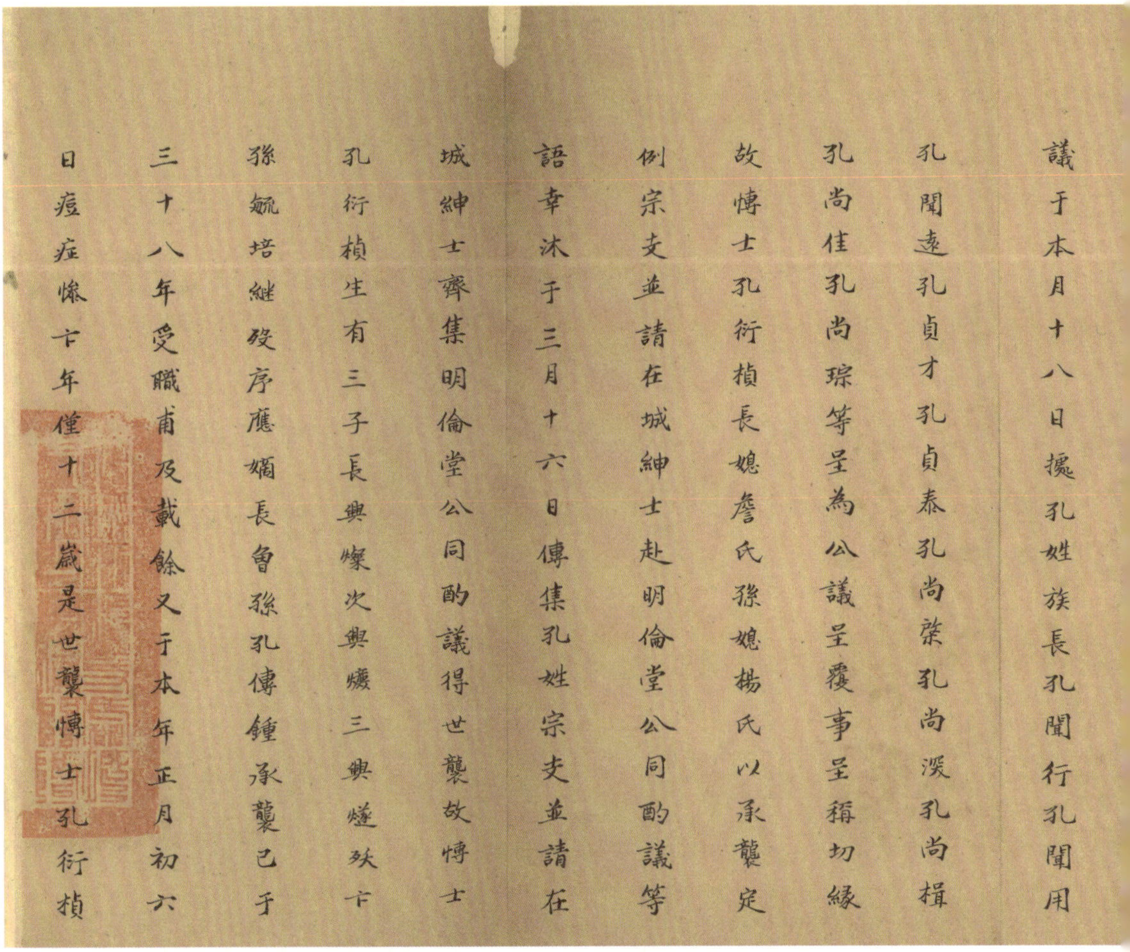
議于本月十八日據孔姓族長孔聞行孔聞用
孔聞遠孔貞才孔貞泰孔尚棨孔尚溪孔尚楫
孔尚佳孔尚琮等呈爲公議呈覆事呈稱切緣
故博士孔衍楨長媳詹氏孫媳楊氏以承襲定
例宗支並請在城紳士赴明倫堂公同酌議等
語幸沐于三月十六日傳集孔姓宗支並請在
城紳士齊集明倫堂公同酌議得世襲故博士
孔衍楨生有三子長興燦次興爔三興燧歿下
孫毓培繼殁序應嫡長曾孫孔傳鍾承襲已于
三十八年受職甫及載餘又于本年正月初六
日痘症慘亡年僅十二歲是世襲博士孔衍楨

之嫡長子孫已絶查按
興朝廕襲定律應序嫡次子孔興爔承襲嫡長子孫
有故嫡次子孫承襲之例相符但念詹揚兩寡
子絶無依殊屬可憫柰此時並無應繼之人應
請懸繼俟興爔生有曾孫之日承繼長房以存
一綫其詹揚氏生養死葬之事興爔分所難辭
是兩氏無依而寔有依斷不至煢煢失所也至
于孔傳詩分派遠隔二十六世應無容議上遵
律制下協輿論呈詳各憲庢
聖祀之主鬯不致曠員而嫡派之倫序亦不致紊

浙江巡撫張[志棟]爲請裁奪孔傳詩或孔興燫承襲衢州孔氏翰林院五經博士事致衍聖公孔[毓圻]咨

清康熙四十年九月十六日

本日又據兩學生員徐學英舒雲章葉萬龔之
嘉徐鍾球鄭之穎徐從棋葉震生潘肇蓀王大
雅等呈爲公籲迅詳承襲以隆大典以正聖嫡
事聞稱切惟
先師孔子集先聖之淵源統百王之道法事功遠
過唐虞德業同符天地雖歷朝優寵無間古今
在昭代褒崇倍隆往昔生等末學叨列宮墻昨
蒙集議齊赴明倫堂用是合具輿情仰陳師臺
溯三衢家廟始自
先聖四十八世嫡孫衍聖公孔端友扈宋南遷陸
襲公爵讓封歸魯迨至
先朝郡守沈公以衢有廟無官
聖裔嫡派衣冠禮樂混同流俗特

題請設以五十九代嫡裔孫孔彥繩世襲博士一
員崇主衢廟祀事襲傳六世不幸世襲博士孔
衍楨告殂之日長子長孫早歿序應嫡長曾孫
孔傳鍾承襲不意甫及年餘又即殤亡未婚未
娶嫡長已絶尤幸有嫡次孔興爊誦詩習禮既
克繩于祖武敦倫睦族尤見重于儒林系係嫡
次應承世職況興爊之繼母猶存詹氏依然見
媳父柩未厝興爊仍是嫡男決大事于大庭必
非闚覦之可定採公言于公所自是衆論之堪
憑酌古準今不能舍親而及疎按律考例正宜
以次而承嫡世官無容攙越立繼必在親房允
宜仰遵嫡長子孫有故嫡次子孫承襲之律懇

浙江巡撫張［志棟］爲請裁奪孔傳詩或孔興爃承襲衢州孔氏翰林院五經博士事致衍聖公孔［毓圻］咨

清康熙四十年九月十六日

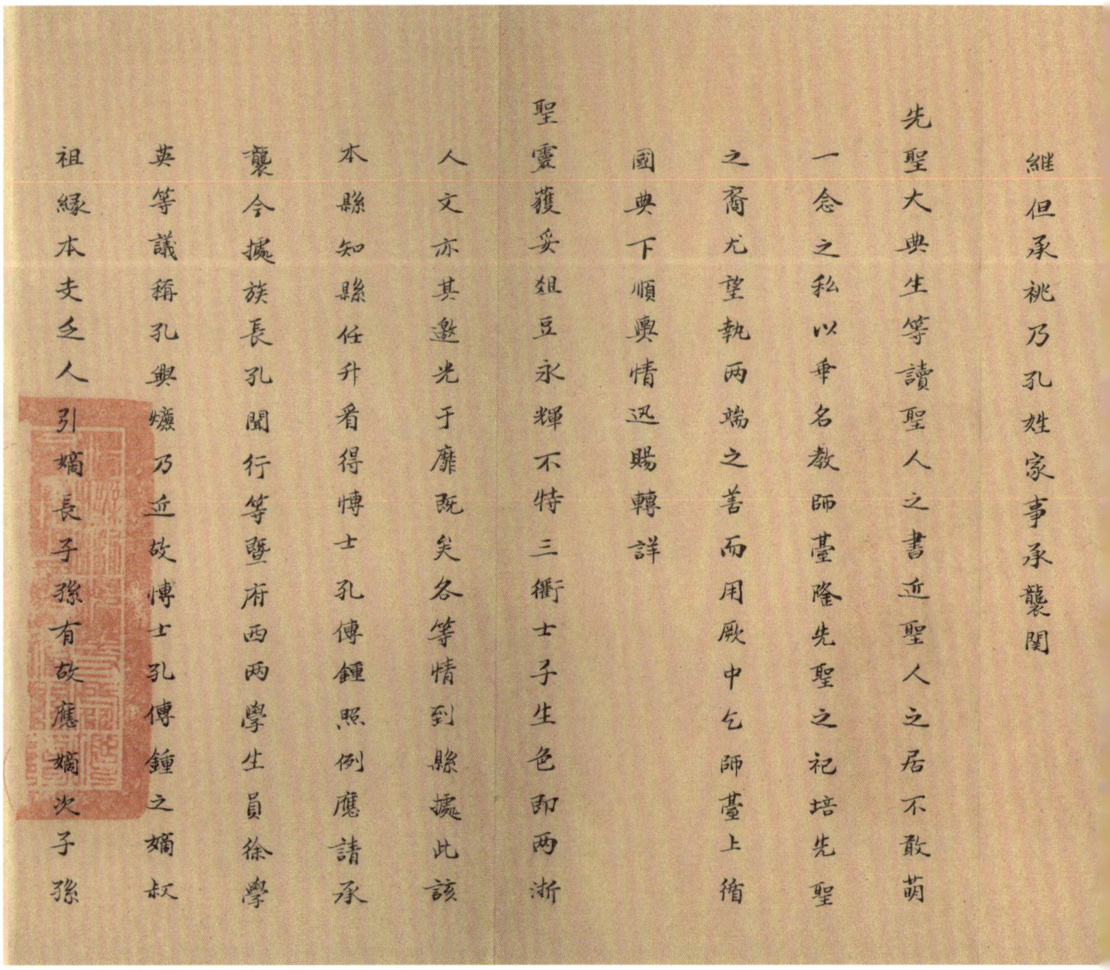

繼但承祧乃孔姓家事承襲関
先聖大典生等讀聖人之書近聖人之居不敢萌
一念之私以垂名教師臺隆先聖之祀培先聖
之裔尤望執兩端之善而用厥中乞師臺上循
國典下順輿情迅賜轉詳
聖靈獲妥俎豆永輝不特三衢士子生色即兩浙
人文亦其邀光于靡旣矣各等情到縣據此該
本縣知縣任升看得博士孔傳鍾照例應請承
襲今據族長孔閏行等暨府西兩學生員徐學
英等議稱孔興爃乃近故博士孔傳鍾之嫡叔
祖緣本支乏人引嫡長子孫有故應嫡次子孫

承襲之律以故下懸二代與燫應襲伊父前故
博士孔衍楨之職據詹揚二氏稱律載子孫有
故者即氏孫傳鍾之故也燫係夫弟祖雖繼孫
傳鍾未娶中殤應繼毓培承襲允協兄終弟及
之義又稱將孔毓芬之子傳詩更名告廟立為
毓培之子兩寡有依等詞一以本房世職毋容
外襲一以統出
聖裔昭穆相當畀職不敢擅定是以據詳合無仰
請本府高明應否准與興燫承襲應否准與詹
揚二氏立嗣承襲轉覆上憲抑或請咨

浙江巡撫張［志棟］爲請裁奪孔傳詩或孔興燫承襲衢州孔氏翰林院五經博士事致衍聖公孔［毓圻］咨

清康熙四十年九月十六日

興燫亦各服無辭矣等情到府據此隨該本府
知府張濬覆看得孔氏承襲一案事關
聖裔大典奉批查議遵行該縣傳集孔姓宗支並
兩庠公議呈覆孔興燫係故博士孔衍楨之嫡
次子例應承襲伊父之廕也今詹楊兩氏詞控
應繼本族孔毓芬之子傳詩承襲而兩寡有依
第公議咸稱興燫乃係嫡次毋庸外襲應否興
燫承廕孔衍楨之職抑或立嗣傳詩承襲雖律
載有兄終弟及之議查宗圖隔有遠派之分今
據該縣詳覆前來但各執一詞應否請咨
衍聖公定奪卑府未敢擅便擬合據情轉請伏
乞裁示等因到司據此該本司看得孔詹氏等
之請以孔傳詩承襲也則以近故博士孔傳鍾

而推倫序之昭穆孔閒行等之議以孔興燫承
襲也則以故博士孔衍楨而辨世系之親疏其
説皆似也然使傳鍾之祖若父尚有嫡次庶長
之子孫則兄終弟及誰曰不宜今乃遠索于相
隔二十六世之别派孔傳詩將令主匕鬯而列
冠裳者非衍楨之箕裘併非故
衍聖公端友之瓜瓞即
先聖在天之靈當亦有恫乎不樂者矣名器所在
典禮所關既係
聖門家事應請賜咨
衍聖公裁奪等因到院據此相應咨達為此合
咨

浙江巡撫張[志棟]爲請裁奪孔傳詩或孔興燫承襲衢州孔氏翰林院五經博士事致衍聖公孔[毓圻]咨

清康熙四十年九月十六日

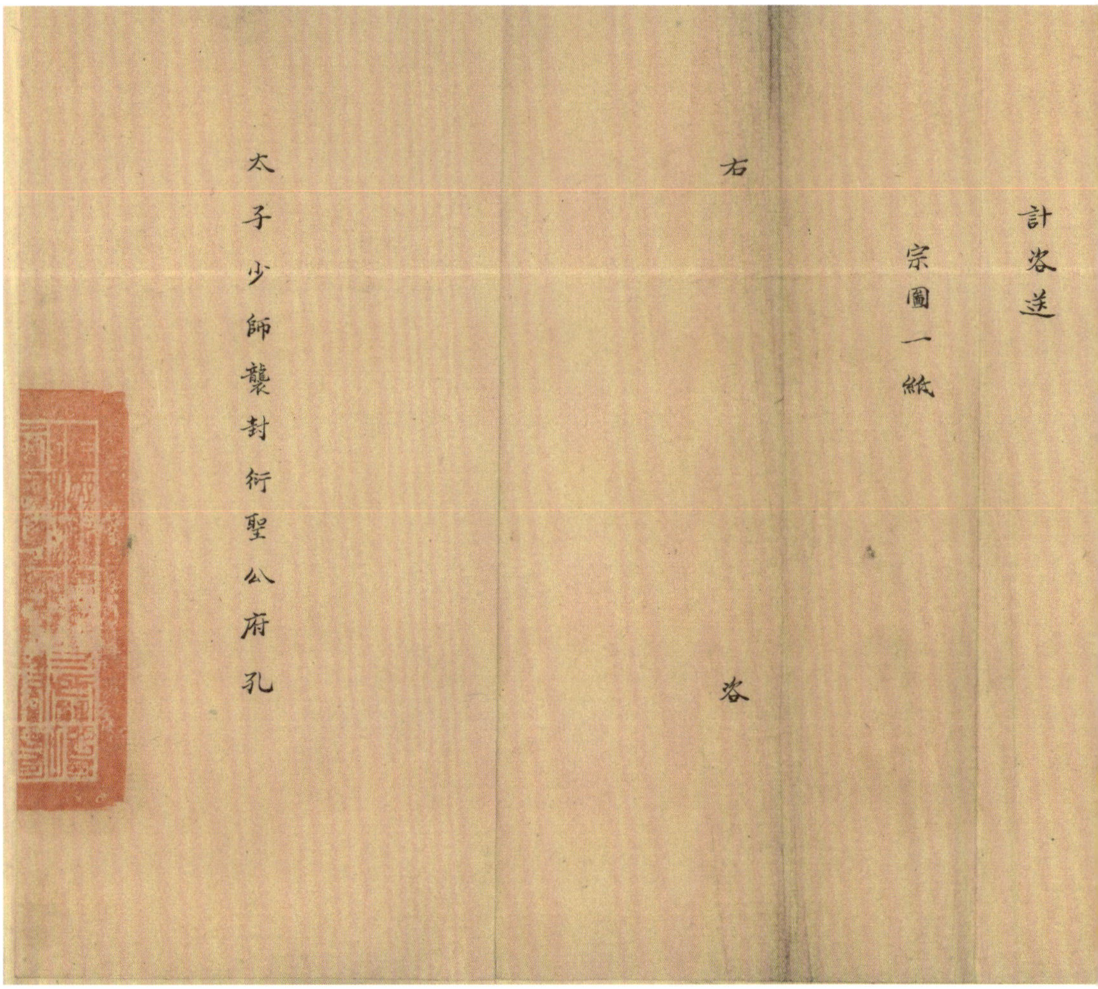
計咨送
宗圖一紙
右　咨
太子少師襲封衍聖公府孔

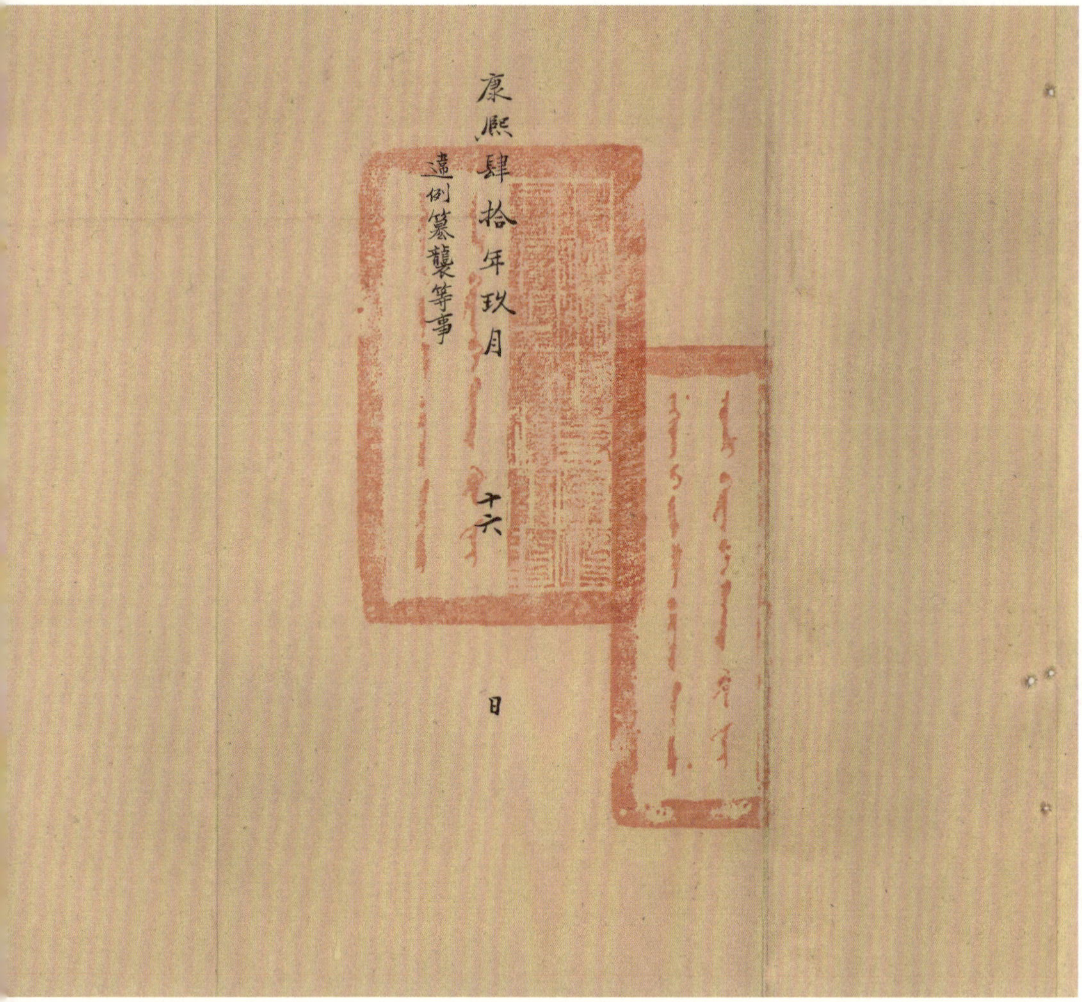

康熙肆拾年玖月十六日

遵例纂襲等事

浙江巡撫張［志棟］爲請裁奪孔傳詩或孔興爊承襲衢州孔氏翰林院五經博士事致衍聖公孔［毓圻］咨

清康熙四十年九月十六日

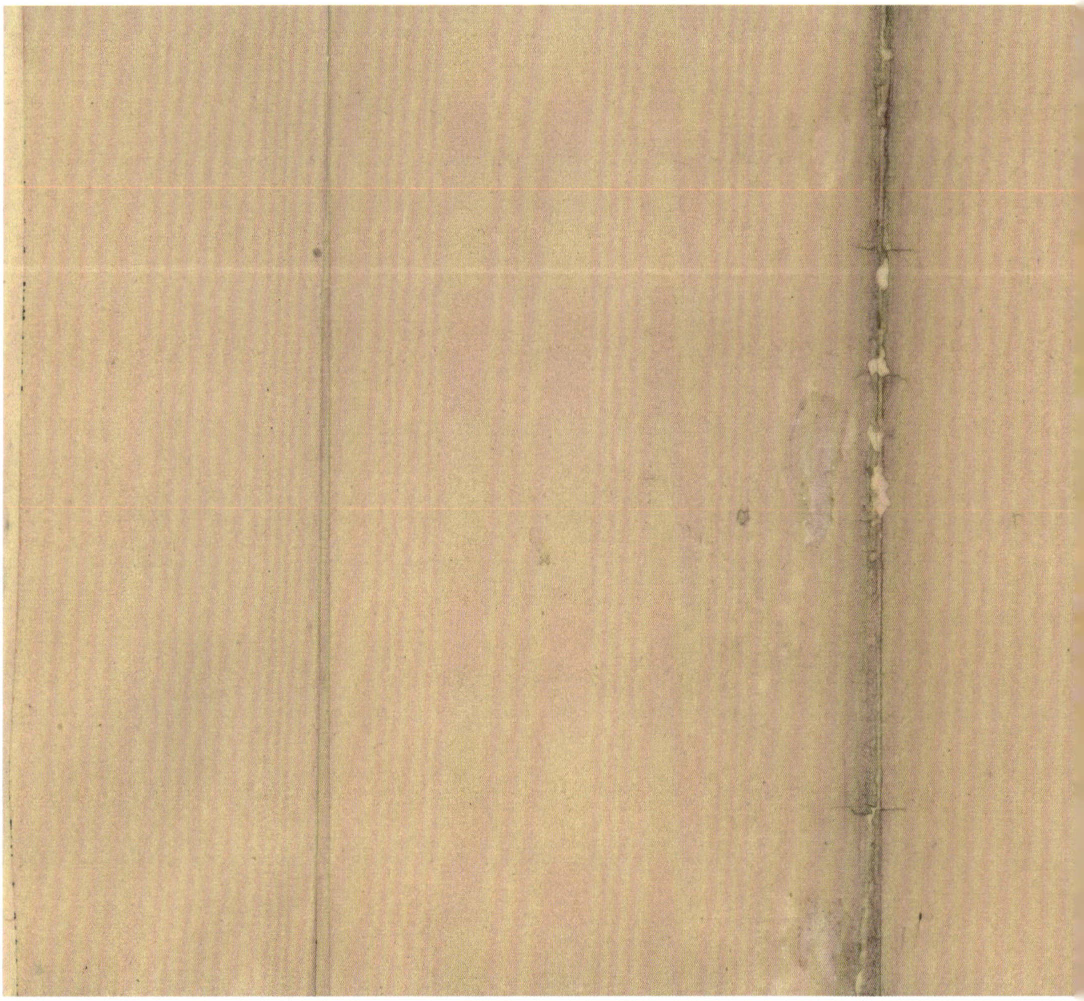

卷〇一〇七

李少師襲封衍聖公府為承襲事康熙四十[illegible]年十[illegible]月二十八日准
浙江巡撫張 咨文前事咨開據浙江布政司呈稱據衢州府西安縣詳稱孔族自宋南渡勅建家廟於衢世襲翰林院五經博士一員歷傳至今
因世襲博士孔衍楨病故長子孔興燦長孫孔毓培相繼早殁以嫡長曾孫孔傳鐘承襲已于三十八年受職甫及載餘又以痘亡是世襲
博士孔衍楨之嫡長子孫已絕查按
興朝 蔭襲定律應序嫡次子孫孔興燫承襲于嫡長子孫有故嫡次子孫承襲之例相符但係 聖門家事請賜咨衍聖公裁奪等因到院據此相應咨
達為此合咨前去煩請查明定奪等因到爵准此查得 聖裔世襲以恭蒸嘗毋容久懸今查衢州府西安縣孔興燫係故六十五代博士孔衍楨嫡
次子應照律例嫡長子孫有故嫡次子孫承襲以孔興燫承襲翰林院五經博士並無違礙過繼等情取具宗支圖譜并合族里保
各結前來本爵覆核無異擬合移咨
貴部煩請查照將孔興燫

施行

衍聖公府爲請題授孔興燫承襲翰林院五經博士事致吏部咨

清康熙四十一年七月初三日

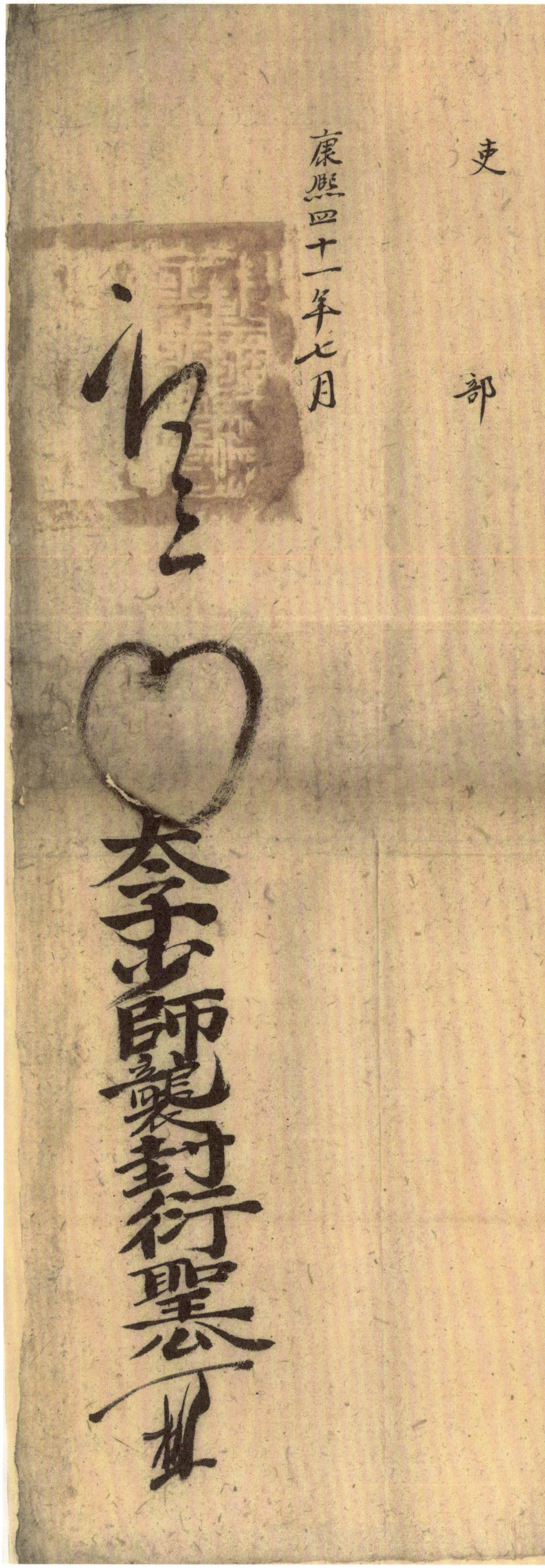
吏部

康熙四十一年七月

太子少師襲封衍聖公

吏部爲奉旨准孔興燫承襲翰林院五經博士事致衍聖公府咨

清康熙四十一年八月十九日

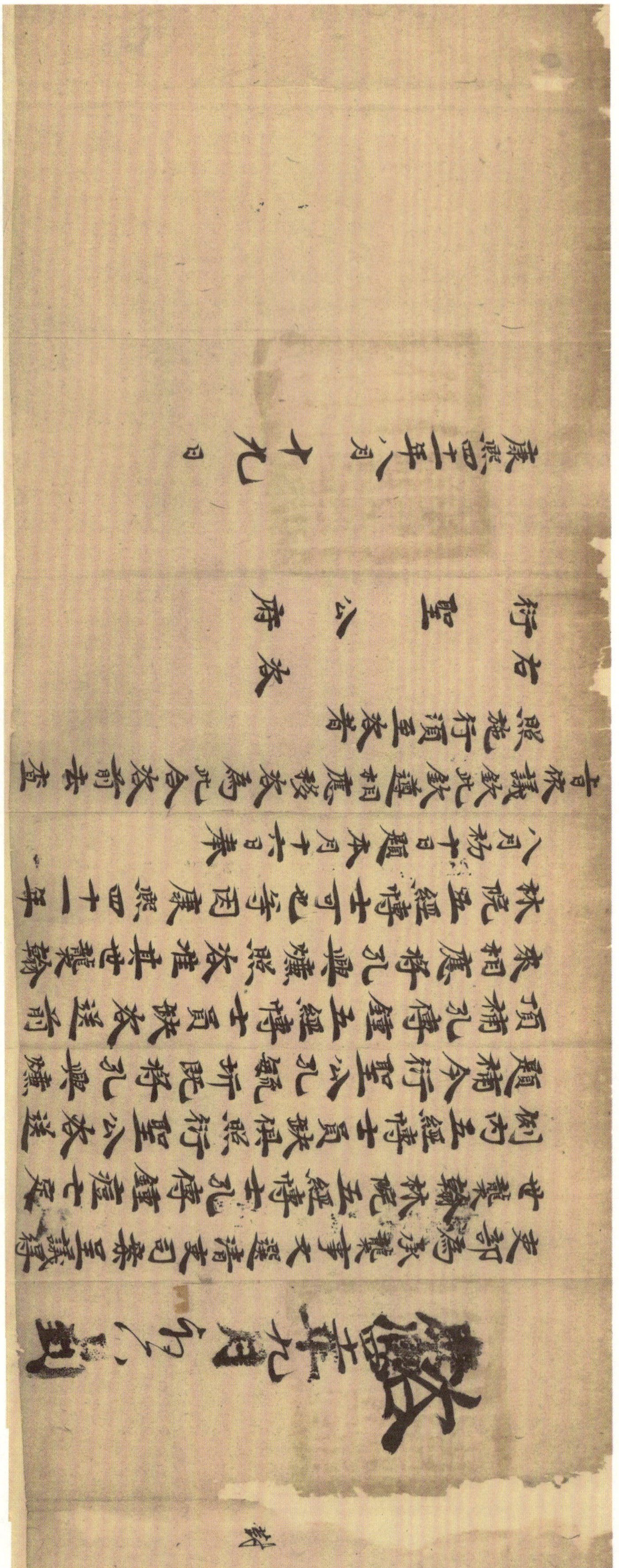

到
四十一年九月初六日

吏部爲承襲事文選清吏司案呈議得
世襲翰林院五經博士孔傳鍾病亡定
例內五經博士員缺俱照衍聖公咨送
題補今衍聖公孔毓圻既將孔興燫
頂補孔傳鍾五經博士員缺咨送前
來相應將孔興燫照咨准其世襲翰
林院五經博士可也等因康熙四十一年
八月初十日題本月十六日奉
旨依議欽此欽遵相應移咨爲此合咨前去查
照施行須至咨者

右咨

衍聖公府

康熙四十一年八月十九日

清康熙四十一年八月二十五日

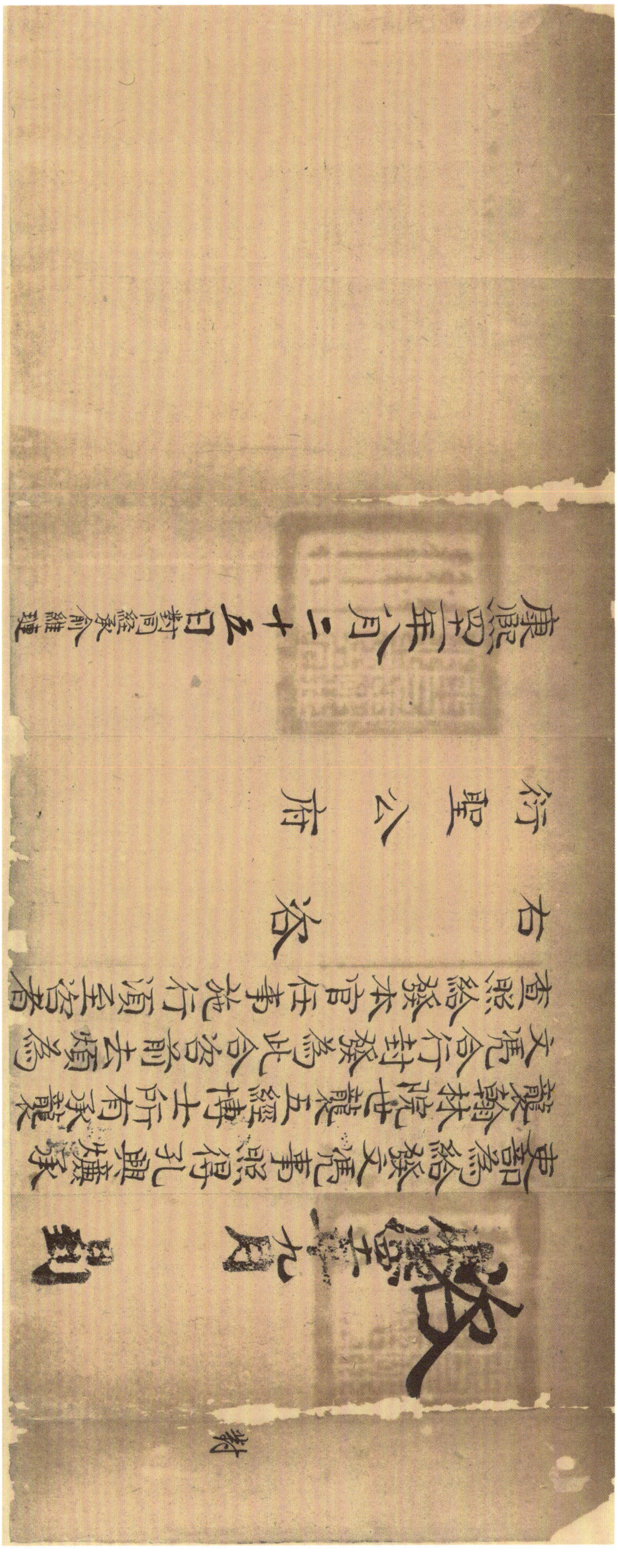

咨

吏部為給發文憑事照得孔興燫承襲翰林院五經博士所有承襲文憑合行給發為此合咨前去煩為查照給發本官任事施行須至咨者

右　咨

衍聖公府

康熙四十一年八月二十五日

封司經承俞繼建

衍聖公府爲奉旨准孔興燫承襲翰林院五經博士事致浙江巡撫咨

清康熙四十一年九月二十日

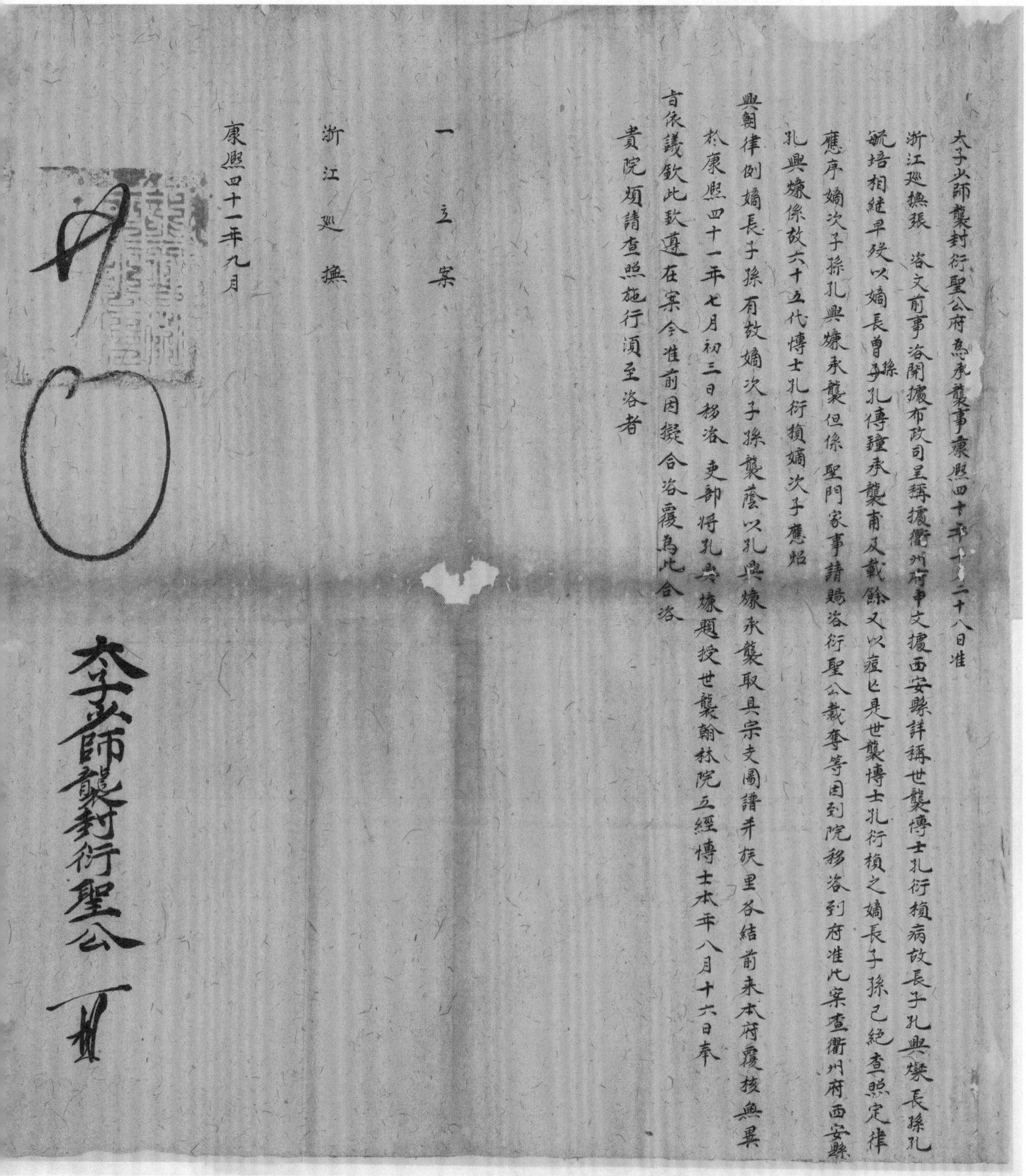

太子少師襲封衍聖公府爲承襲事康熙四十年十月二十八日准
浙江巡撫張　咨文前事咨開據布政司呈稱據衢州府申文據西安縣詳稱世襲博士孔衍楨病故長子孔興燦長孫孔
毓培相継早歿以嫡長曾孫孔傳鐘承襲甫及載餘又以痘匕是世襲博士孔衍楨之嫡長子孫已絕查照定律
應序嫡次子孫孔興燫承襲但係聖門家事請賜咨衍聖公裁奪等因到院移咨到府准此案查衢州府西安縣
孔興燫係故六十五代博士孔衍楨嫡次子應炤
興朝律例嫡長子孫有故嫡次子孫襲蔭以孔興燫承襲取具宗支圖譜并族里各結前來本府覆核無異
於康熙四十一年七月初三日移咨　吏部將孔興燫題授世襲翰林院五經博士本年八月十六日奉
旨依議欽此欽遵在案今准前因擬合咨覆爲此合咨
貴院煩請查照施行須至咨者
一　立　案
浙江巡撫
康熙四十一年九月
太子少師襲封衍聖公

衍聖公府爲轉發到任文憑事致衢州孔氏翰林院博士孔興燫劄付

清康熙四十一年九月二十日

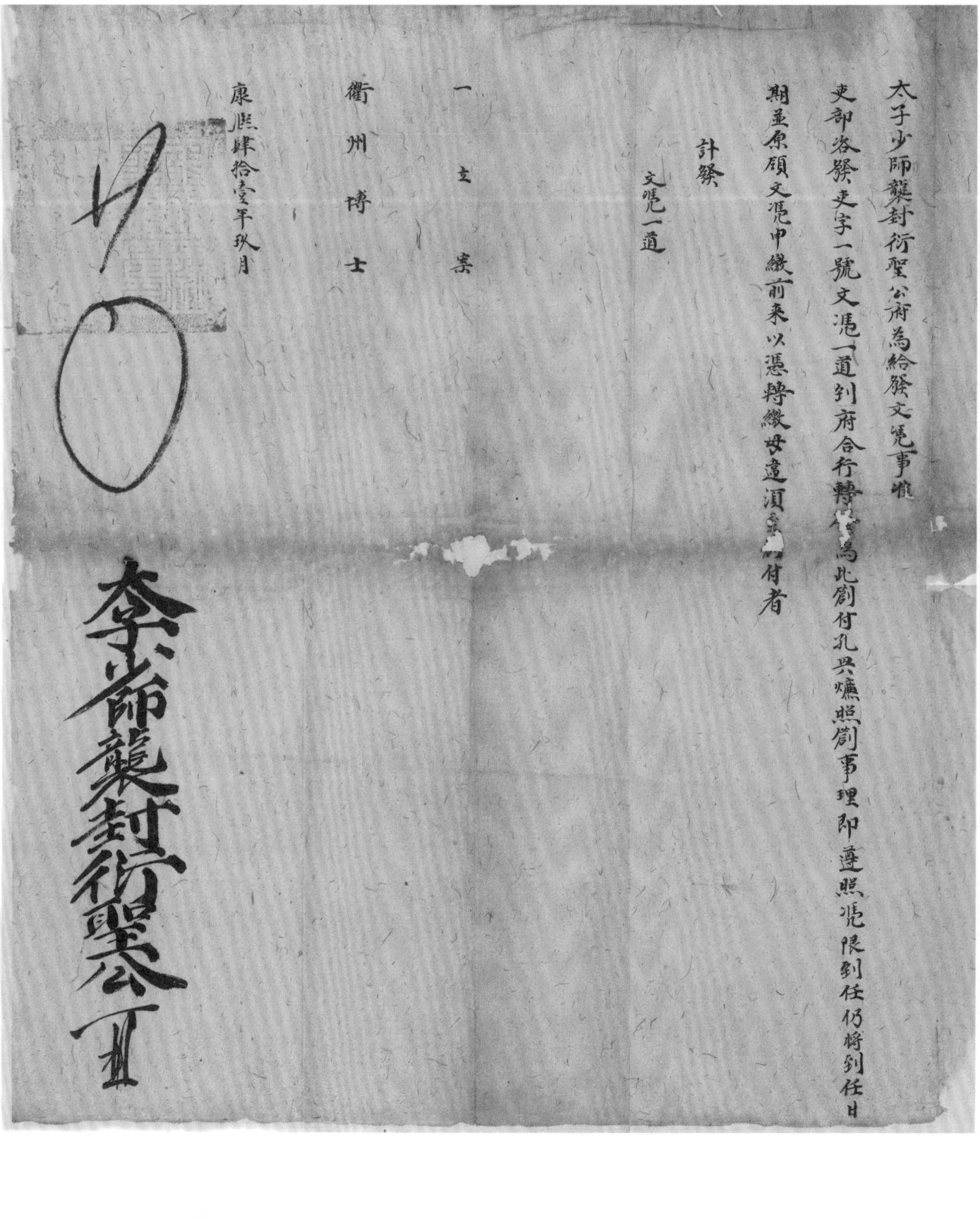

太子少師襲封衍聖公府爲給發文憑事准

吏部咨發吏字一號文憑一道到府合行轉發爲此劄付孔興燫照劄事理即遵照憑限到任仍將到任日

期並原領文憑申繳前來以憑轉繳毋違須至劄付者

計發

文憑一道

右劄付

衢州博士

康熙肆拾壹年玖月

廿

太子少師襲封衍聖公

世襲翰林院五經博士孔興燫爲給發文憑事康熙肆拾壹年拾月拾肆日奉
太子少師襲封衍聖公府　劄付内開准
吏部咨發吏字一號文憑一道到府合行轉發爲此劄付孔興燫照劄事理即遵照憑限到任仍將
月貳拾日到任理事奉發原憑遵合申繳爲此備由呈送伏乞
照驗施行須至呈者

計申繳
吏字一號原憑一道

中

太子少師襲封衍聖公府

康熙肆拾壹年拾壹月　日五經博士孔

衢州孔氏翰林院五經博士孔興嫌爲報明到任日期并繳原領文憑事致衍聖公府申

清康熙四十一年十一月

領文憑申繳前來以憑轉繳毋違等因到職奉此遵於康熙肆拾壹年拾

衍聖公府爲報明孔興㷩到任日期并轉繳原發文憑事致吏部咨

清康熙四十一年十二月初八日

太子少師襲封衍聖公府爲申繳文憑事據世襲翰林院五經博士孔興㷩申前事申稱職蒙太子少師襲封衍聖公府給發吏字壹號文憑一道遵照憑限於十月二十日到任訖今將原發文憑理合申繳伏乞俯賜轉繳施行等因申繳到府據此擬合咨繳爲此合咨

貴部請煩查照驗收施行須至咨者

計移繳

吏字一號文憑一道

一咨

吏部

康熙四十一年十二月初八

太子少師襲封衍聖公

〇一〇八 ◆ 題授浙江衢州孔氏翰林院五經博士（三）

清康熙五十二年至五十三年

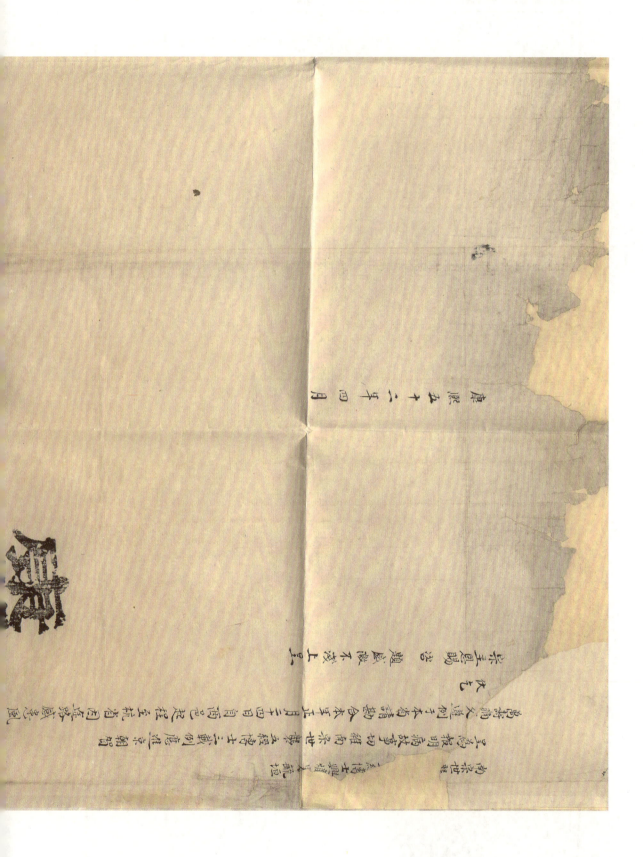

南宗世襲五經博士興燫叩稟
呈爲報明起程事切緝南宗世襲五經博士三載例應進京朝賀
萬壽兩次遵例于本年請勘合本年正月二十四日自衢邑起程至杭省因途路感冒風
伏乞
宗主恩賜 准 題感激不淺上呈
康熙五十二年四月

署衢州孔氏翰林院五經博士孔毓垣爲報明孔興燫病故日期事致衍聖公[孔毓圻]呈

清康熙五十二年四月

南宗族長生員貞烈尚楫等
呈爲主鬯缺員懇　恩作主以光俎豆事切維三衢自宋　勅建家廟　賜田五頃宗
覲慶賀
萬壽興燫自爲庄子世沭
恩綸不遠千里回顧自病道例本省請勘合于本年正月二十四日自西邑起程至杭省途路
尊祖敬宗承先重嫡入廟告虔宗子必名主鬯豈可一日缺員今故博士興燫元配
系圖業經呈報在案可查事閲
聖祖蒸嘗大典爲此擬貫陳明伏乞
宗主垂念本支百世恩賜咨　題給憑任事以光俎豆南宗均沭榮施靡既矣連

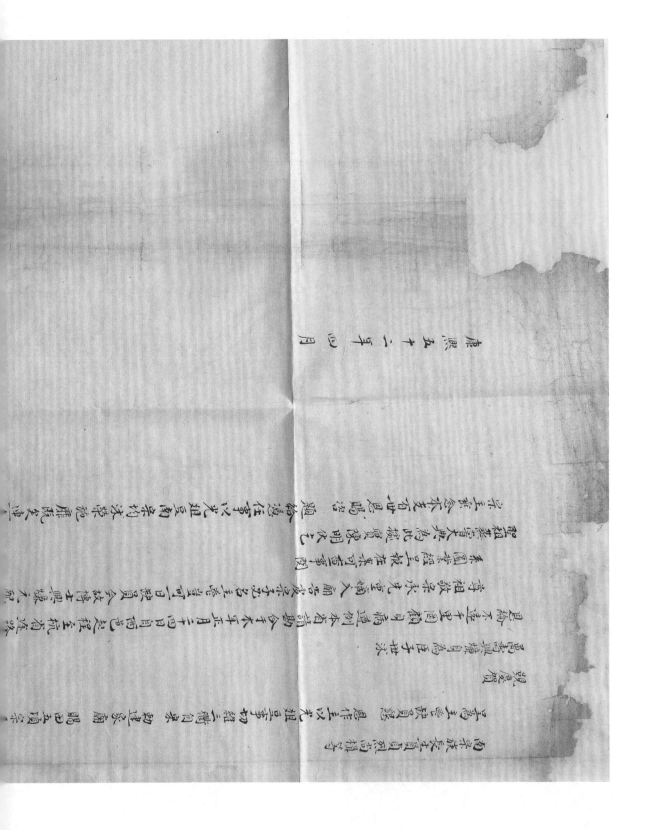

康熙五十二年四月

衢州孔氏孔貞烈、孔尚樌等爲孔毓垣例應承襲請咨給憑事致衍聖公［孔毓圻］呈狀

清康熙五十二年四月

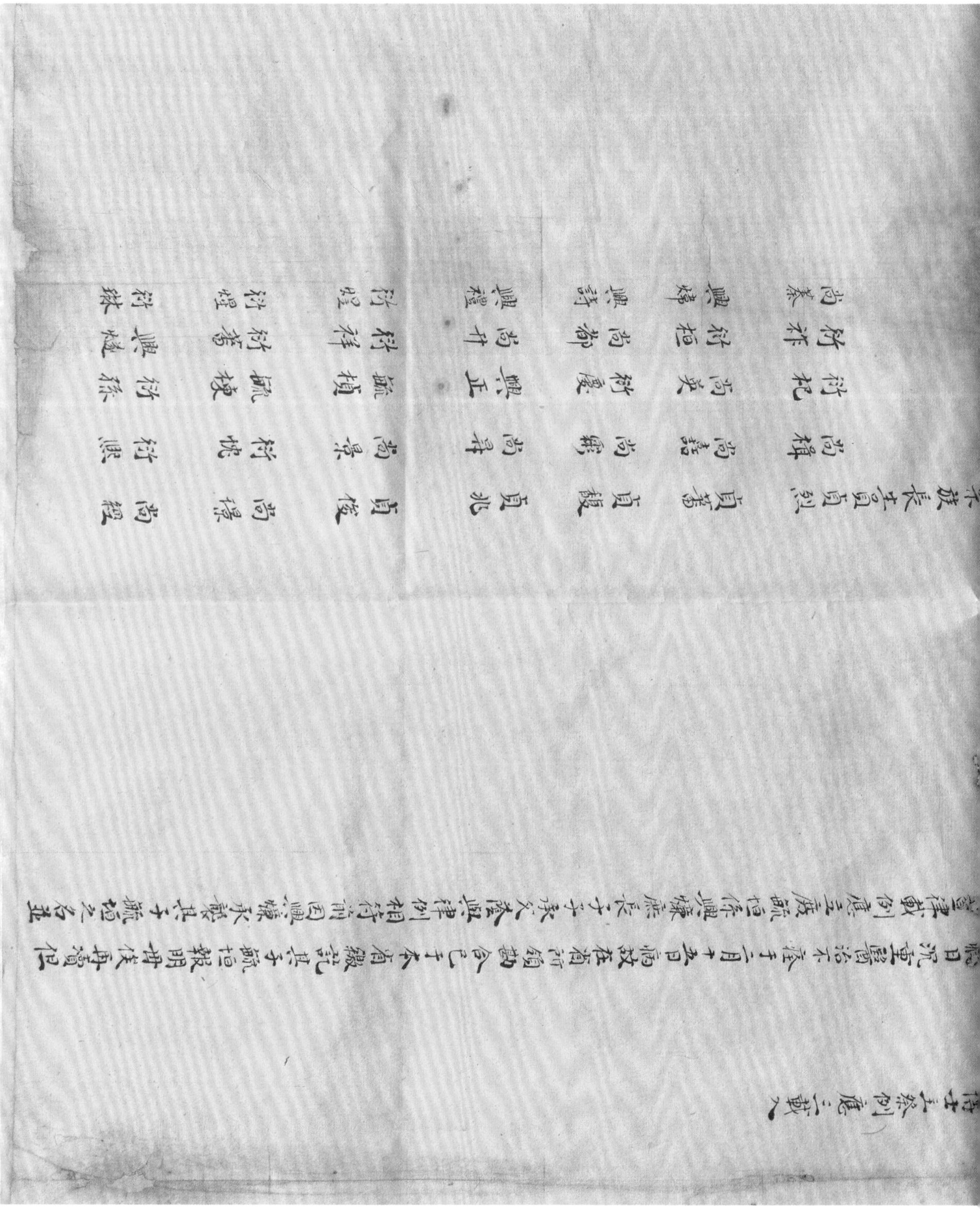
侍生王祭例應三載入

臨日沉重屢治不痊于二月十五日病故在宥所領勘合已于本宥繳訖其子毓垣報明冊使再遵但

查律載例應三歲毓垣係興燫嫡長子子承父蔭與律例相符前因興燫承襲其子毓垣之名並

不孩長生員貞烈　尚樌　衍杞　衍祥　尚秦

貞蕃　尚喆　尚英　衍桓　興焯

貞馥　尚纘　衍慶　尚鄉　興詩

貞兆　尚昇　興正　尚升　興禮

貞俊　尚景　毓楨　衍祥　衍煜

尚璟　衍洸　毓棲　衍蕃　衍煋

尚經　衍興　衍孫　興燧　衍球

衍聖公府爲報明孔興燫病故日期事致吏部、禮部咨

清康熙五十二年五月初九日

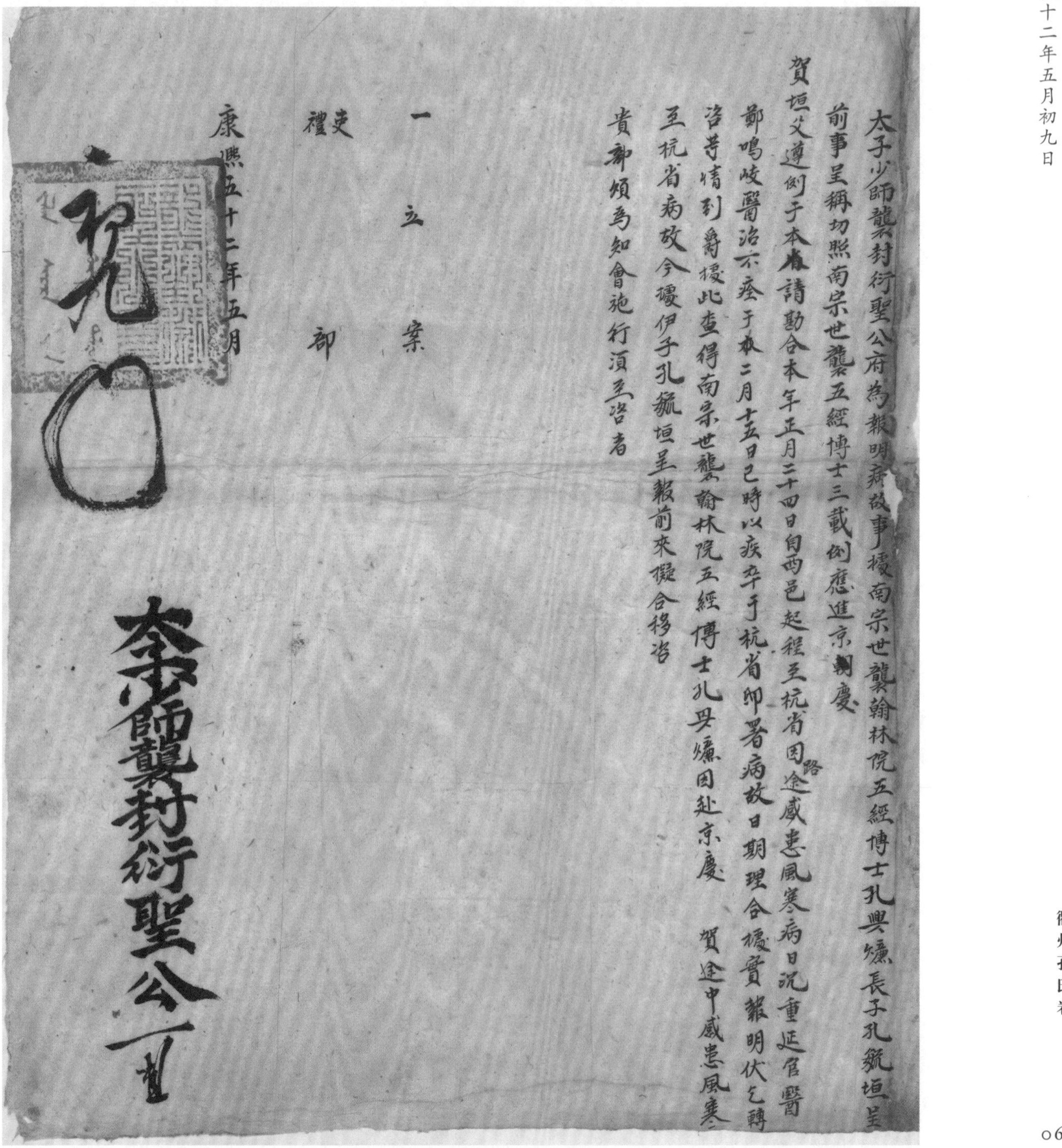
太子少師襲封衍聖公府為報明病故事據南宗世襲翰林院五經博士孔興燫長子孔毓垣呈
前事呈稱切照南宗世襲五經博士三載例應進京朝慶
賀垣父遵例于本年請勘合本年正月二十四日自西邑起程至杭省因途（路）感患風寒病日沉重延官醫
鄭鳴岐醫治不痊于本三月十五日巳時以疾卒于杭省卯署病故日期理合據實報明伏乞轉
咨等情到爵據此查得南宗世襲翰林院五經博士孔興燫因赴京慶　賀途中感患風寒
至杭省病故今據伊子孔毓垣呈報前來擬合移咨
貴部煩為知會施行須至咨者
一　立　案
吏禮部
康熙五十二年五月初九
太子少師襲封衍聖公

浙江巡撫王［度昭］爲孔興燫病故其家屬未報明地方官與成例不符事致衍聖公府咨

清康熙五十二年七月初五日

巡撫浙江等處地方提督軍務兵部右侍郎兼都察院右副都御史加三級王 為
報請文故事據署浙江布政司呈稱康熙五十
二年五月初十日奉批杭州府詳稱奉本部院
牌開本年四月二十二日據衢州府呈報承襲
五經博士孔興燫進京慶
賀起程到省因感冒風寒醫治不痊于二月十五
日病故所有勘合已于本省繳訖等情前來據
此為查孔興燫係承襲博士之員須有勘合備
例進京道過省城病故因何地方官不行呈報
合行飭查仰府即便轉飭查明孔興燫在何處
地方于何日病故其勘合繳在何處衙門收存
并將該縣不行呈報情由一並詳覆毋得遲延
等因奉此遵即轉行仁錢二縣確查去後隨據仁
和縣申稱奉查二月初七日據呈人孔毓垣呈
為患病危險懇賜詳繳勘合事切丈世襲翰林
院五經博士孔興燫例應三載入
覲大值慶賀
萬壽聖誕已經請給勘合由浙江山東曲阜至北京
上刻期甚促不敢遲逾旬正月三十日到省奈
體弱一路感冒風寒痰悶氣喘汗出神昏氣短

咨

浙江巡撫王〔度昭〕爲孔興燫病故其家屬未報明地方官與成例不符事致衍聖公府咨

清康熙五十二年七月初五日

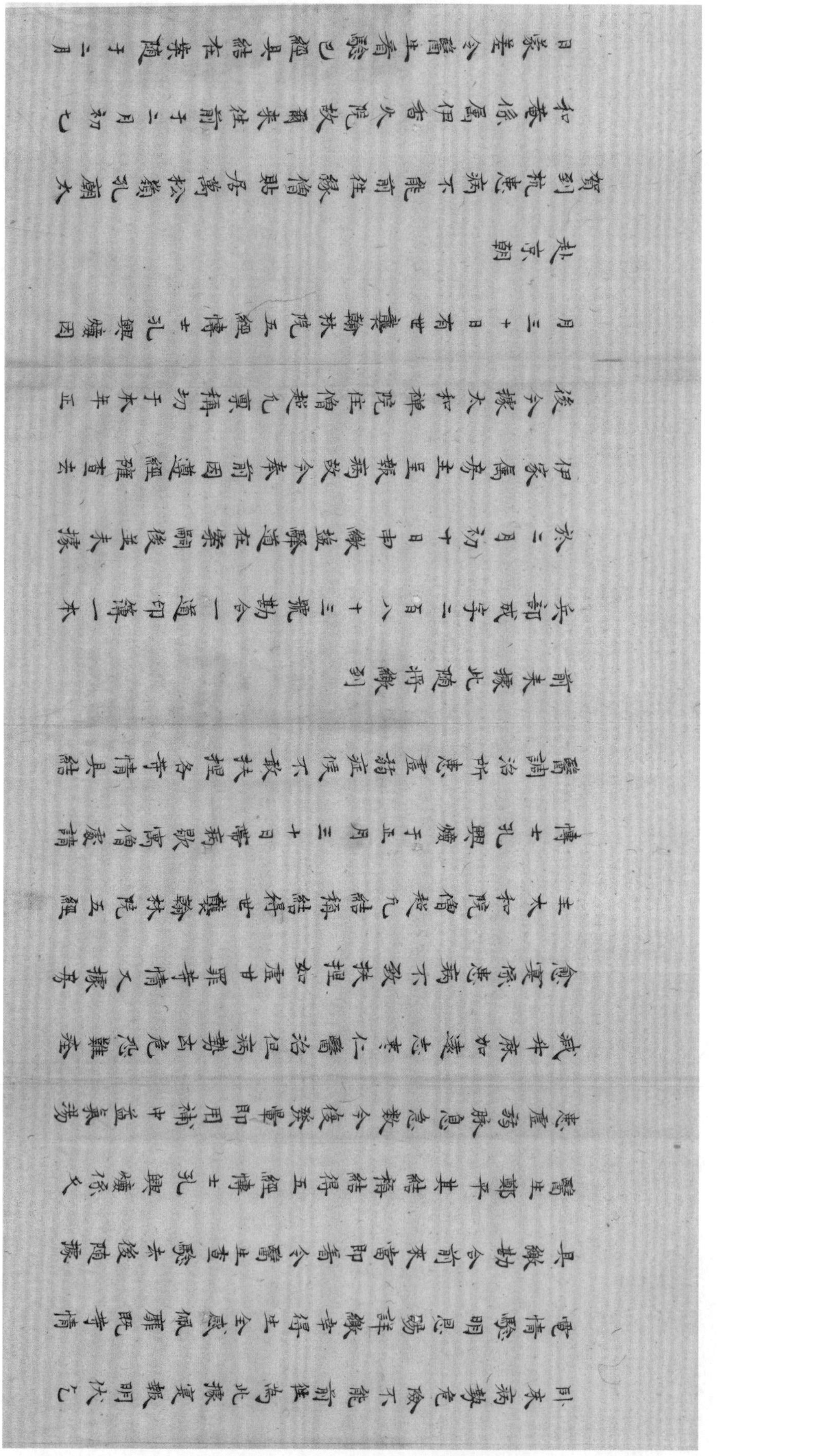

卧床病勢危險不能前往為此據實報明伏乞
電情驗明恩賜詳繳幸得生全感佩靡既等情
具繳勘合前來當即著令醫生查驗去後隨據
醫生鄭平具結稱結得五經博士孔興燫係久
患虛弱脉息急數今復發暈即用補中益氣湯
藏升麻加遠志棗仁醫治但病勢甚危恐難痊
愈實係患病不致扶揑如虛甘罪等情又據房
主太和院僧起凡結稱結得世襲翰林院五經
博士孔興燫于正月三十日帶病歇寓僧處請
醫調治所患虛弱症候不敢扶揑各等情具結
前來據此隨將繳到
兵部戎字二百八十三號勘合一道印簿一本
於二月初十日申繳鹽驛道在案嗣後並未據
伊家屬房主呈報病故今奉前因遵經確查去
後今據太和禪院住僧起凡稟稱切于本年正
月三十日有世襲翰林院五經博士孔興燫因
赴京朝
賀到杭患病不能前往緣僧貼居萬松嶺孔廟太
和菴係屬伊香火院故爾來往前于二月初七
日蒙差令醫生看驗已經具結在案隨于二月

浙江巡撫王［度昭］爲孔興爈病故其家屬未報明地方官與成例不符事致衍聖公府咨

清康熙五十二年七月初五日

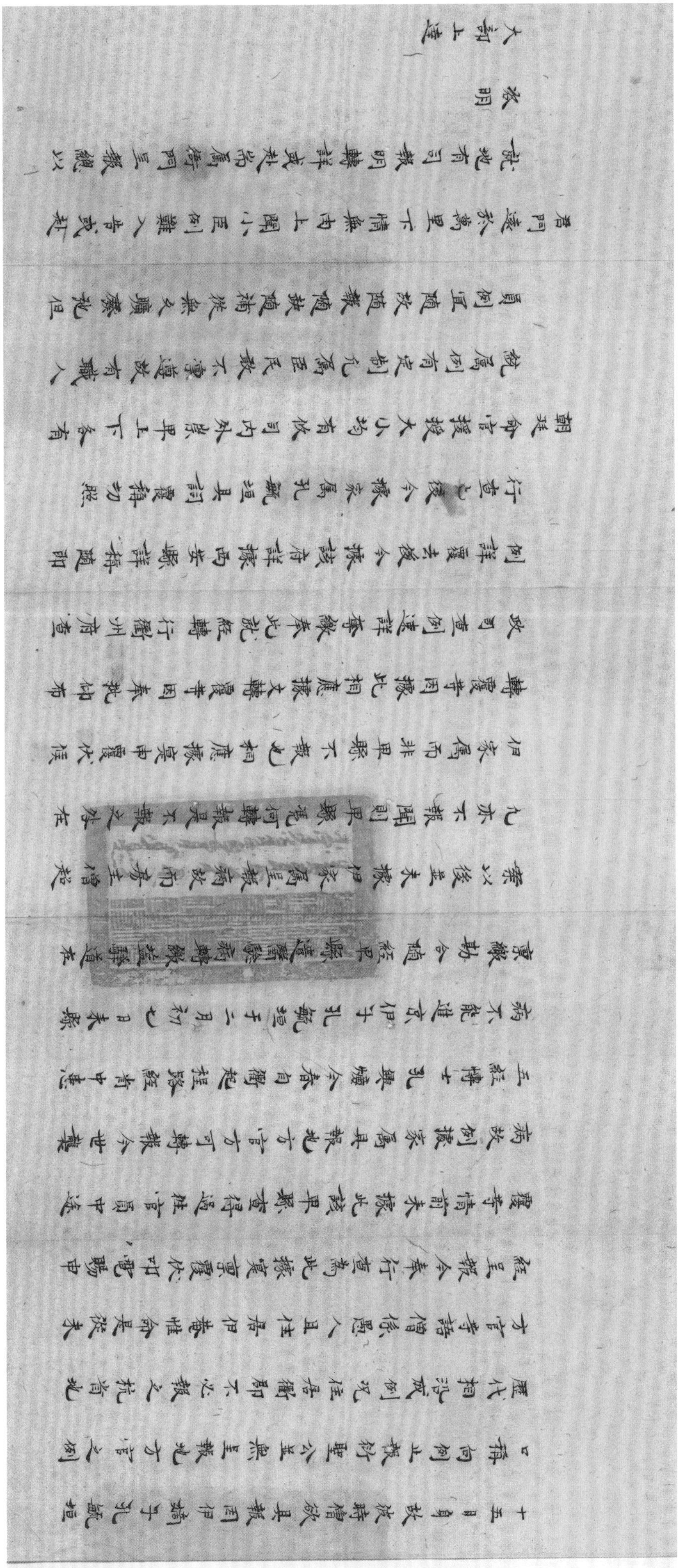
十五日身故彼時僧欲具報因伊媽子孔毓垣
口稱向例止報衍聖公並無呈報地方官之例
歷代相沿成例况住居衢郡不必報之杭省地
方官等語僧係愚人且住居伊菴惟命是從未
經呈報今奉行查爲此據寔稟覆伏叩電賜申
覆等情前來據此該卑縣查得過往官員中途
病故例據家屬具報地方官方可轉報今世襲
五經博士孔興爈今春自衢起程路經省中患
病不能進京伊子孔毓垣于二月初七日來縣
稟繳勘合隨經卑縣遣醫驗病轉繳並驛道在
案以後並未據伊家屬呈報病故而房主僧起
九亦不報聞則卑縣焉何轉報是不報之咎在
伊家屬而非卑縣不報也相應據寔申覆伏候
轉覆等因據此相應據文轉覆等因奉批仰布
政司查例速詳奪繳奉此就經轉行衢州府查
例詳覆去後今據該府詳據西安縣詳稱隨即
行查去後今據家屬孔毓垣具詞覆稱切照
朝廷命官授大小均有攸司内外崇卑上下各有
統屬例有定制凡屬臣民敢不凛遵故有職人
員例宜隨故隨報隨缺隨補從無久曠廢弛但
君門遠於萬里下情無由上聞小臣例難入告或赴
就地有司報明轉詳或赴尚屬衙門呈報總以
咨明
大部上達

浙江巡撫王［度昭］爲孔興燫病故其家屬未報明地方官與成例不符事致衍聖公府咨

清康熙五十二年七月初五日

九重之為要耳原非為區區爭報起脚衙門計垣雖
藐兹孤幼少不更事大綱大節攸關敢不引經
據典是式是遵致干駁詰之理伏查得會典憲
章録諸書及闕里誌載題疏歷歷可考如世襲
翰博一員係
衍聖公府爲員宜從
衍聖公係舉此
本朝頒重之定制也是以垣父子因赴京慶賀
萬壽聖節途路風霜勞瘁病日沉重所請勘合父未
身故已于二月初七日赴仁和縣應付勘合地
方官呈繳轉繳郵道衙門訖所有病故日期隨
遣家丁星夜奔馳
衍聖公府報明業奉
衍聖公咨
部具
題在案不日見諸邸報確徵確據則不得謂之隱
匿也明甚且在衢襲蔭博士例歸
衍聖公其由來也舊矣一如故博士孔傳鍾蒙
浙撫憲咨請
大部駁咨
衍聖公查覆待年承襲之例係

浙江巡撫王［度昭］爲孔興爙病故其家屬未報明地方官與成例不符事致衍聖公府咨

清康熙五十二年七月初五日

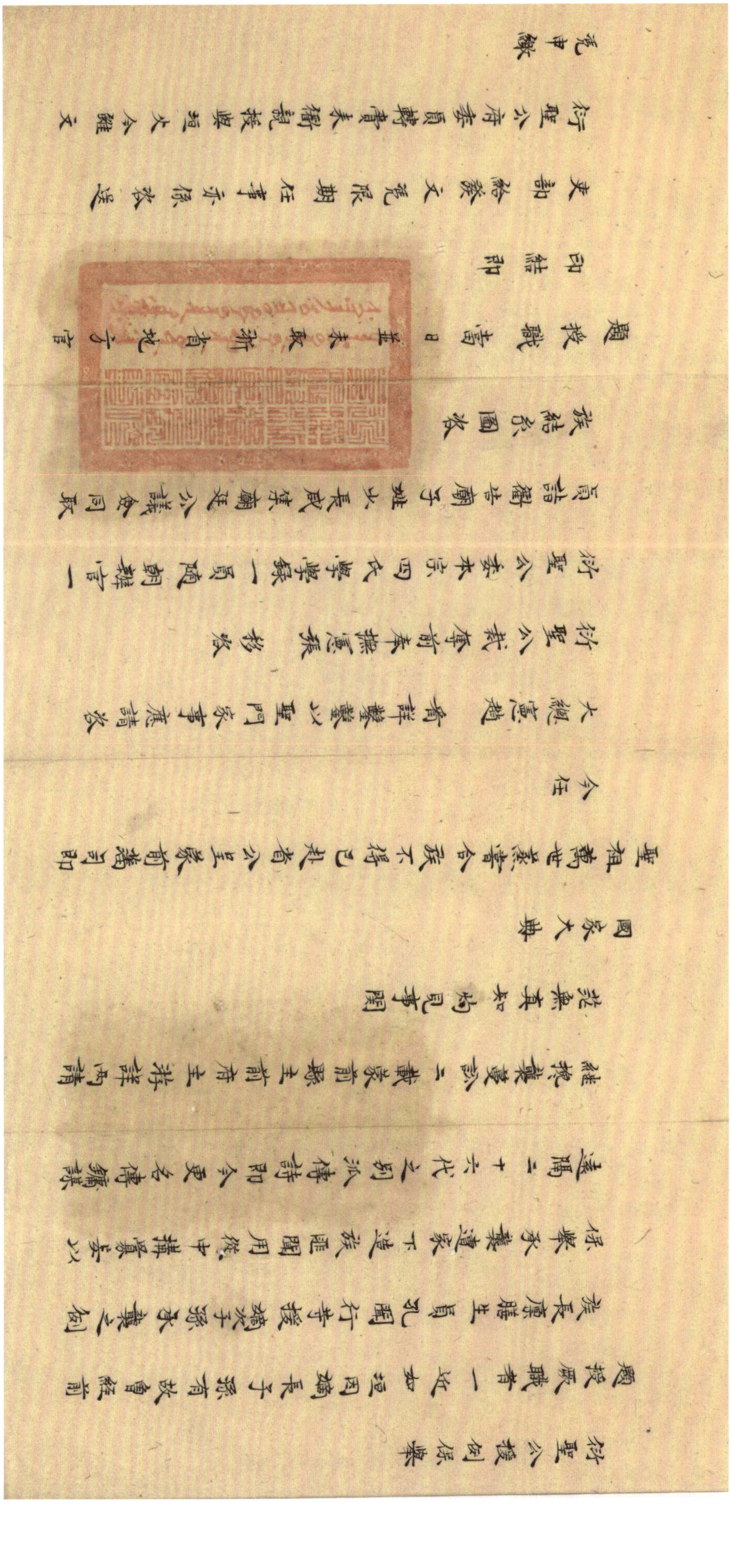

衍聖公授例係舉
題授原職者一近如垣因嫡長子孫有故曾經前
族長康膳生員孔闡行芓援嫡次子孫承襲之例
保舉承襲遺家下遠族匪闡用從中搆釁妄以
遠隔二十六代之别派傳詩即今更名傳鏞謀
繼搀襲蔓訟二載蒙前縣主前府主游詳兩請
蒞無真知灼見事閧
國家大典
聖祖萬世蒸嘗合族不得已赴者公呈蒙前藩司即
今任
大總憲趙　肴詳鑿鑿以聖門家事應請咨
衍聖公裁奪前奉撫憲張　移咨
衍聖公委本宗四氏學學録一員隨朝雜官一
員詣衢告廟子姓止長咸集廟廷公議僉同取
族結彔圖咨
題授職　啇日並未取浙省地方官
印結即
吏部給發文憑限期任事亦係咨送
衍聖公府委員轉賚來衢親授與垣火今雖文
憑申繳

浙江巡撫王［度昭］爲孔興燫病故其家屬未報明地方官與成例不符事致衍聖公府咨

清康熙五十二年七月初五日

衍聖公劄付現存未據其生也後有由其沒
也及未歸原籍不遵例報遲以圖其從前例歸
干
衍聖公案由浙江上憲咨移非但今日題奉年咨
行遵例創舉此亦不待白而明者也伏念
先聖嫡孫名列冠裳世其官而不世其事歷朝
不知幾經國難兼經播遷原不忍以刑名錢穀
之瑣致有貢戒之累此
聖主尊師褒崇之盛心今地方固世沐
國恩同顧身病不遠千里赴京慶
賀亦尊親親之忱原無過舉不期竟命中途旅此
孤魂資其一時無力赤衣即上聞於
主知不無憫惻況地方雖係世職有官無俸之員地
在沖年尚未諳悉則無匿喪之弊亦速報遲在
坦內省自認均無關碍條例茲奉飭查理合據
灌據陳伏乞恩賜俯詳以免駁詰存沒均沾哀
切至覆等情前來據此該本縣知縣王廷颺看
得西邑儒士孔興燫於本年二月十五日在杭
城病故於三月二十三日始據孔毓埏呈報到
縣隨經具文申報已蒙轉報記今奉撫憲檄查
病故地方據杭州府詳覆批行藩司查例速詳
批扎轉飭遵即行查茲據孔毓埏覆稱病故日
期已遣家丁馳報
衍聖公府咨
初具

浙江巡撫王［度昭］爲孔興燫病故其家屬未報明地方官與成例不符事致衍聖公府咨

清康熙五十二年七月初五日

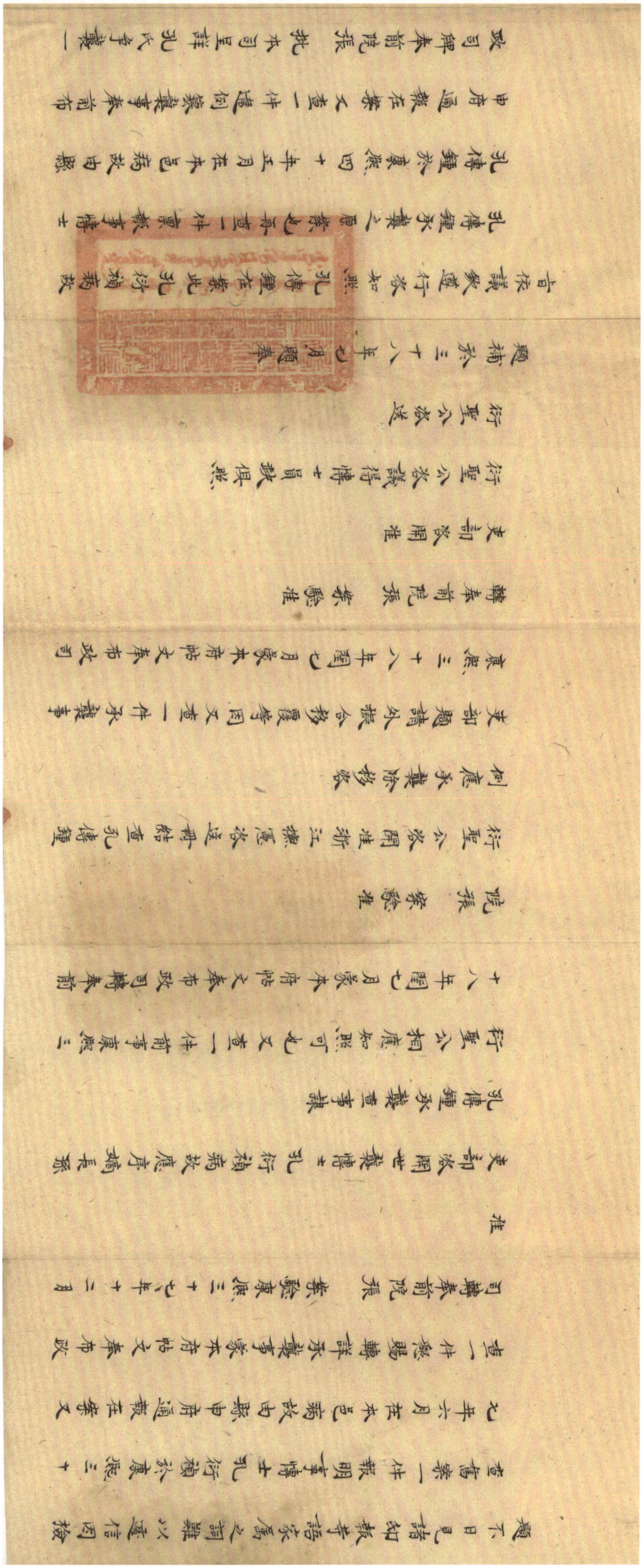

浙江巡撫王［度昭］爲孔興燫病故其家屬未報明地方官與成例不符事致衍聖公府咨

清康熙五十二年七月初五日

案既係
聖門家事應否請咨
衍聖公裁奪等緣由奉批仰候移咨
衍聖公繳知照到縣又查一件承襲事康熙四
十一年十二月蒙本府帖文奉布政司轉奉護
理院事布政使郎　案驗准
衍聖公咨開准　院咨博士孔傳鍾痘亡查應嫡次
子孫孔興燫承襲於四十一年七月移咨
吏部具
題本年八月奉
旨依議欽遵行咨知照孔興燫在案此孔傳鍾病故
孔興燫承襲之原案也查五經博士係
聖門家事　應候
衍聖公主裁而承襲請咨以及病故等項仍由
地方官呈報兩案俱在似有可循今孔興燫病
故杭省其該家屬口稱向例止報
衍聖公並無呈報地方官之例居住衢郡不必
報之杭省等語終非確論緣奉行查擬合備叙
詳覆更有請者
本朝設立博士已經有年在上憲自有成案惟祈轉

浙江巡撫王［度昭］爲孔興爌病故其家屬未報明地方官與成例不符事致衍聖公府咨

清康熙五十二年七月初五日

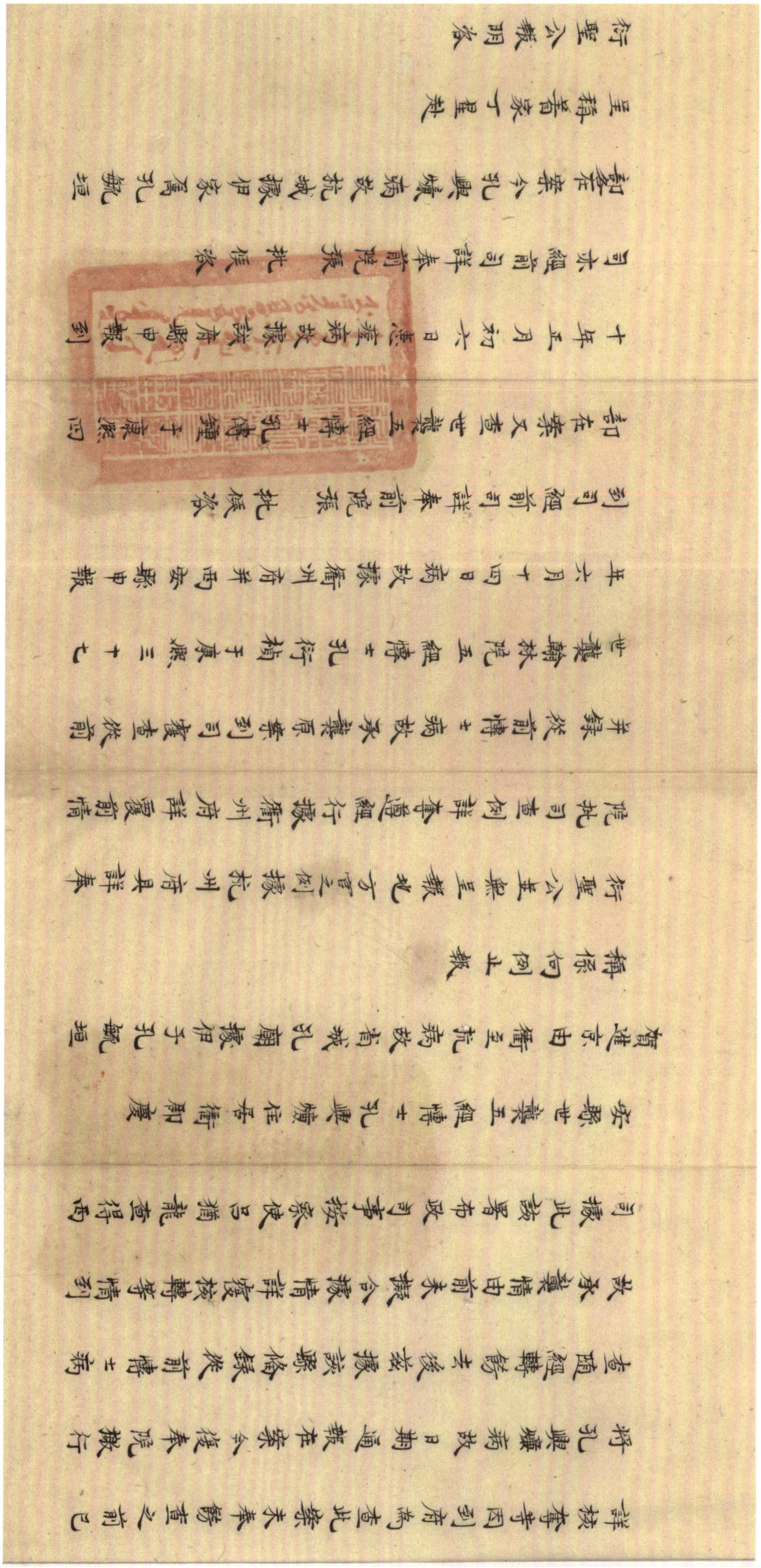
詳核奪等因到府爲查此案未奉飭查之前已
將孔興爌病故日期通報在案今復奉院檄行
查隨經轉飭去後茲據該縣備錄從前博士病
故承襲情由前來擬合據情詳覆核轉等情到
司據此該署布政司事按察使呂猶龍查得西
安縣世襲五經博士孔興爌住居衢郡度
賀進京由衢至杭病故省城孔廟據伊子孔毓垣
稱係何例止報
衍聖公並無呈報地方官之例據杭州府具詳奉
院批司查例詳奪遵經行據衢州府詳覆前情
并錄從前博士病故承襲原案到司覆查從前
世襲翰林院五經博士孔衍楨于康熙三十七
年六月十四日病故據衢州府并西安縣申報
到司經前司詳奉前院張　批候咨
部在案又查世襲五經博士孔傳鍾于康熙四
十年正月初六日患瘧病故據該府縣申報到
司亦經前司詳奉前院張　批候咨
部在案今孔興爌病故杭城據伊家屬孔毓垣
呈稱着家丁星赴
衍聖公報明咨

清康熙五十二年七月初五日

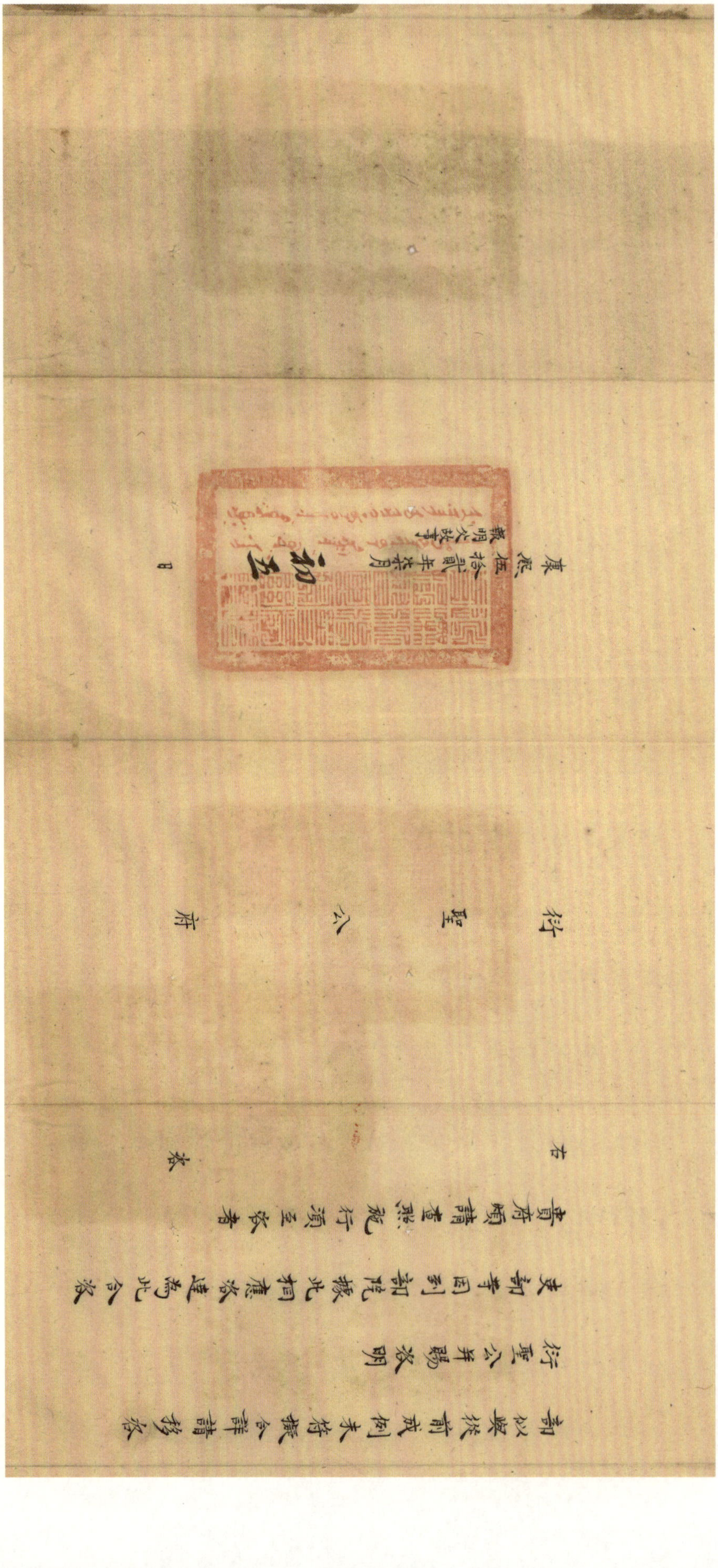

部以殁後前成例未符擬合詳請移咨

衍聖公并賜咨明

吏部等因到部院據此相應咨達爲此合咨

貴府煩請查照施行須至咨者

右　　咨

衍

聖

公

府

康熙伍拾貳年柒月初五

日

衍聖公府爲飭令孔毓垣依例報明地方官其父興燫病故事致浙江巡撫王［度昭］咨

清康熙五十二年八月二十日

浙江巡撫部院咨文前事內開據布政司呈據府縣詳稱衢州府西安縣世襲五經博士孔興燫在杭病故其子毓垣應照過往官員例呈報
本地方官緣由相應咨達等因到府准此案查凡五經博士病故向例申報本府咨明　大部今西安縣五經博士孔興燫病故業已據
呈咨部但從前既有仍報本地方官之例自應報明已故博士之子孔毓垣年幼未請俟其即日前來闕里飭令通知可也今准前因擬合
咨覆為此移咨
貴部院煩請查照施行須至咨者

一立案咨

浙江撫院王

康熙五十二年八月廿

太子少師襲封衍聖公

具結狀南宗族長貞烈等今於

宗主

臺下為執結事結得今故世襲翰林院五經博士孔興燫元配周氏無出孔

康熙伍拾貳年捌月　　日

衢州孔氏孔貞烈、孔貞蕃等爲孔興燫無嫡例應立庶長子毓垣事所具結狀

清康熙五十二年八月

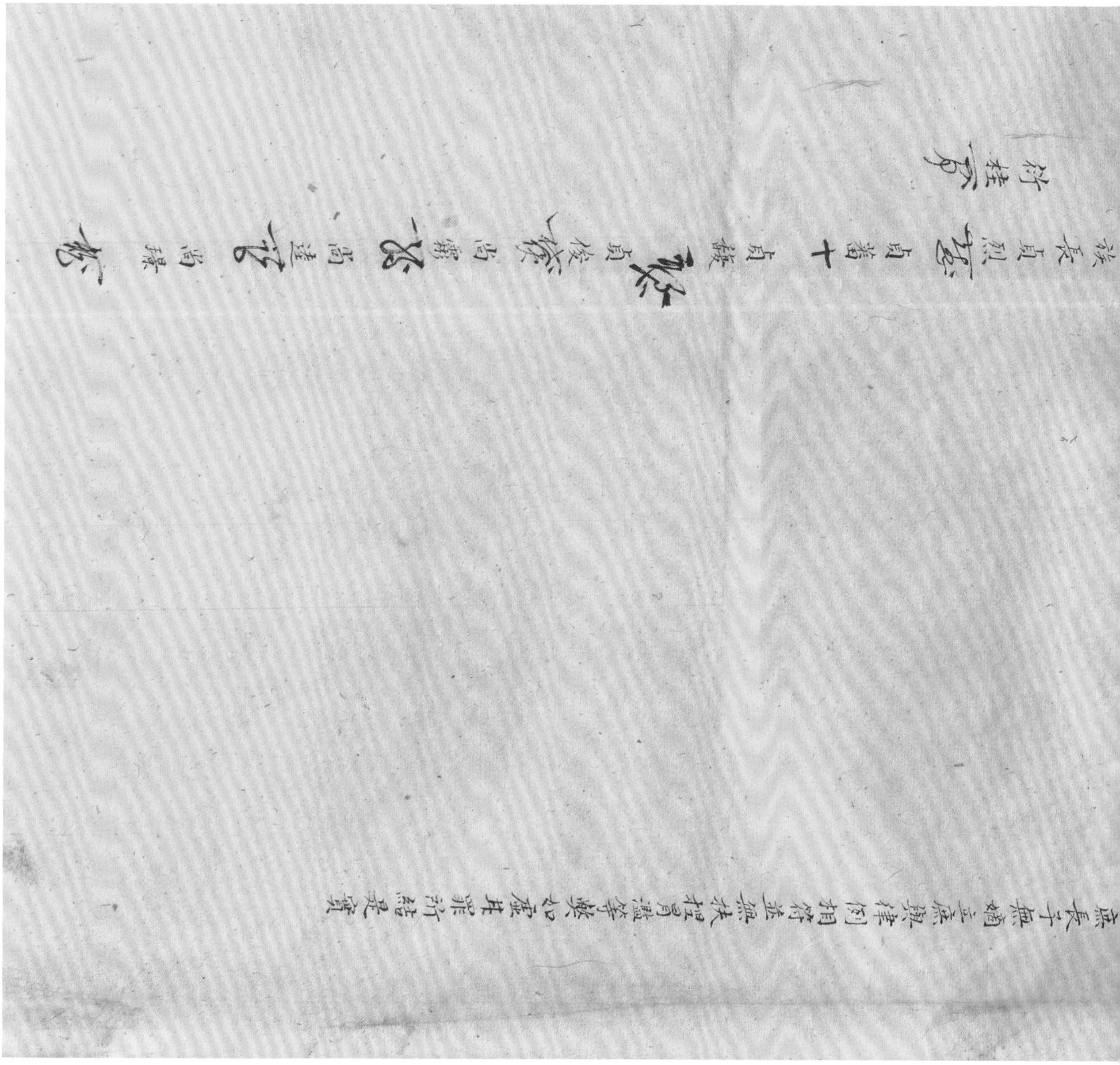
衍桂
族長貞烈 貞蕃十 貞棟 貞俊 尚霈 尚達 尚璪

庶長子無嫡立庶與律例相符並無扶捏朋濫等弊如虛甘罪所結是實

衍聖公府爲請題授孔毓垣世襲翰林院五經博士并給憑任事事致吏部咨

清康熙五十二年十月十一日

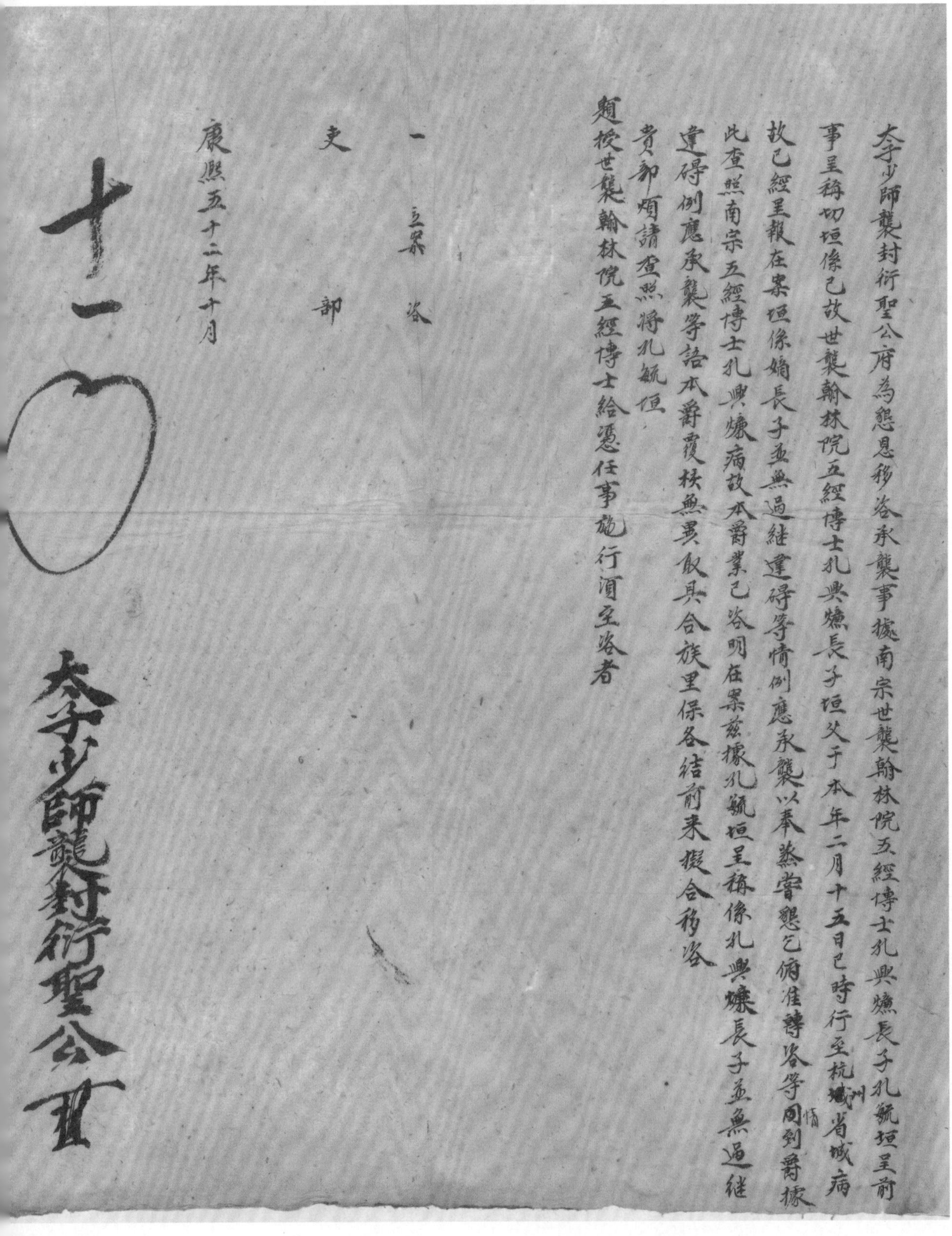
太子少師襲封衍聖公府爲懇恩移咨承襲事據南宗世襲翰林院五經博士孔興燫長子孔毓垣呈前
事呈稱切垣係已故世襲翰林院五經博士孔興燫長子垣父于本年二月十五日巳時行至杭州省城病
故已經呈報在案垣係嫡長子並無過繼違碍等情例應承襲以奉蒸嘗懇乞俯准轉咨等情到爵據
此查照南宗五經博士孔興燫病故本爵業已咨明在案茲據孔毓垣呈稱係孔興燫長子並無過繼
違碍例應承襲等語本爵覆核無異取具合族里保各結前來擬合移咨
貴部煩請查照將孔毓垣
題授世襲翰林院五經博士給憑任事施行須至咨者
一　立案　咨
吏　部
康熙五十二年十月　十一
太子少師襲封衍聖公府

衍聖公府爲請題授孔毓垣世襲翰林院五經博士并給憑任事事致［吏部］咨

［清康熙五十二年］十月

為懇恩移咨承襲事據南宗世襲翰林院五經博士
孔興燫長子孔毓垣呈前事呈稱切垣係已故世襲翰
林院五經博士孔興燫長子垣父于本年二月十五日已
時[redacted]行在杭州省城病故已經呈報在案垣係嫡長子並無
過繼違礙等情例應承襲以奉蒸嘗懇乞俯准轉咨
等因到本爵據此查照南宗五經博士孔興燫病故
本爵業已咨明在案茲據孔毓垣呈稱係孔興燫長子
並無過繼違礙例應承襲等語本爵覆核無異取具
合族里保各結前來擬合移咨
貴部煩請查照將孔毓垣
題授世襲翰林院五經博士給憑任事施行

十月　　日

呈狀南宗族長孔貞烈等為主鬯缺員懇　恩賜咨以光俎豆事切維三衢自宋　勅建

聖祖家廟　賜田五頃宗子世襲翰博春秋主祭例應三載入　覲康熙五十二年恭

皇上萬年大慶翰博孔興燫身為臣子世沐

恩綸不遠千里罔顧自病遵例本省請勘合于本年正月二十四日自兩邑起程至杭省

再瀆但尊祖敬宗承先重嫡入廟告虔宗子必名主鬯豈可缺員定例先襲職而

與律例相符事關

聖祖烝嘗重典為此據實陳明伏乞

宗主垂念本支百世俯賜咨　部題請授職給憑任事庶春秋祀典南廟不致缺員

康熙五十二年十月

十一

衢州孔氏孔貞烈、孔貞蕃等爲孔毓垣承襲世職事致衍聖公［孔毓圻］呈狀

清康熙五十二年十月十一日

勞瘁病日沉重醫治不痊于二月十五日病故杭省其子毓垣報明業奉　咨明　大部毋俟
以博士孔興燫元配周氏嫡無所出伏查律載例應立庶毓垣係興燫庶長子子承父廕

合族均感連名上呈

宗族長孔貞烈　孔貞蕃　孔貞馥
房長孔貞俊　孔尚霽　孔尚達　孔尚璟　孔衍桂　孔尚昇等

知道了

准咨

吏部爲給發孔毓垣承襲文憑事致衍聖公府咨
衍聖公府爲轉發到任文憑事致衢州孔氏翰林院五經博士孔毓垣票

清康熙五十二年十二月十一日
清康熙五十二年十二月二十一日

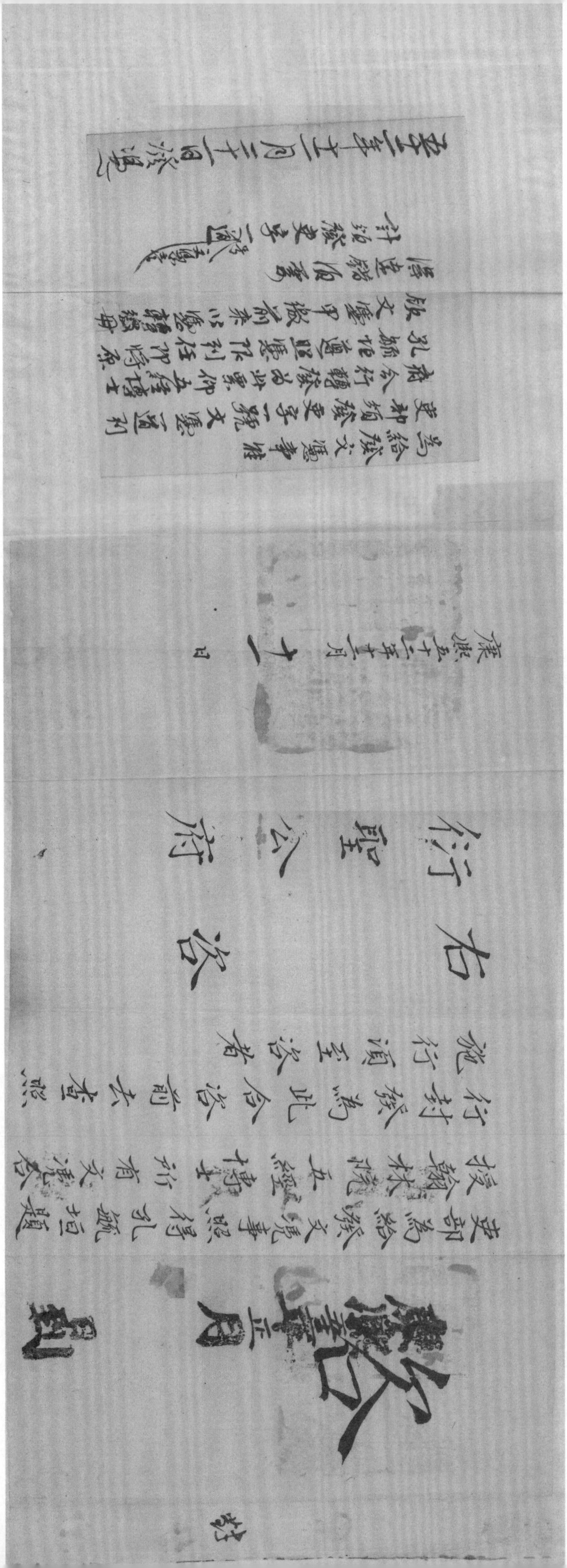
咨　正月　對
吏部爲給發文憑事照得孔毓垣題
授翰林院五經博士所有文憑合
行封發爲此合咨前去查照
施行須至咨者
右　咨
衍聖公府
康熙五十二年十二月十一日

爲給發文憑事准
吏部頒發吏字一號文憑一道到
府合行轉發爲此票仰五經博士
孔毓垣遵照憑限到任仰將原
領文憑申繳前來以憑轉繳毋
得違錯須票
計頒發吏字一號文憑一道
五十二年十二月二十一日發遞

衢州孔氏翰林院五經博士孔毓垣爲報明到任日期及繳原領文憑事致衍聖公府申

清康熙五十三年二月

世襲翰林院五經博士孔毓垣爲申繳文憑事蒙
宗主差員呂振賚給　吏部給發吏字壹號文憑一道到職遵照憑限于康熙五十三年二月十二日到任任事所有原領文憑擬合申繳爲此備由并原憑
呈送
宗主轉賜咨繳
大部伏乞
照驗施行須至申者
右　　申
太子少師襲封衍聖公府
康熙伍拾叁年貳月　　日世襲翰林院五經博士孔毓垣

衍聖公府爲報明孔毓垣到任日期及轉繳原領文憑事致吏部咨

清康熙五十三年四月

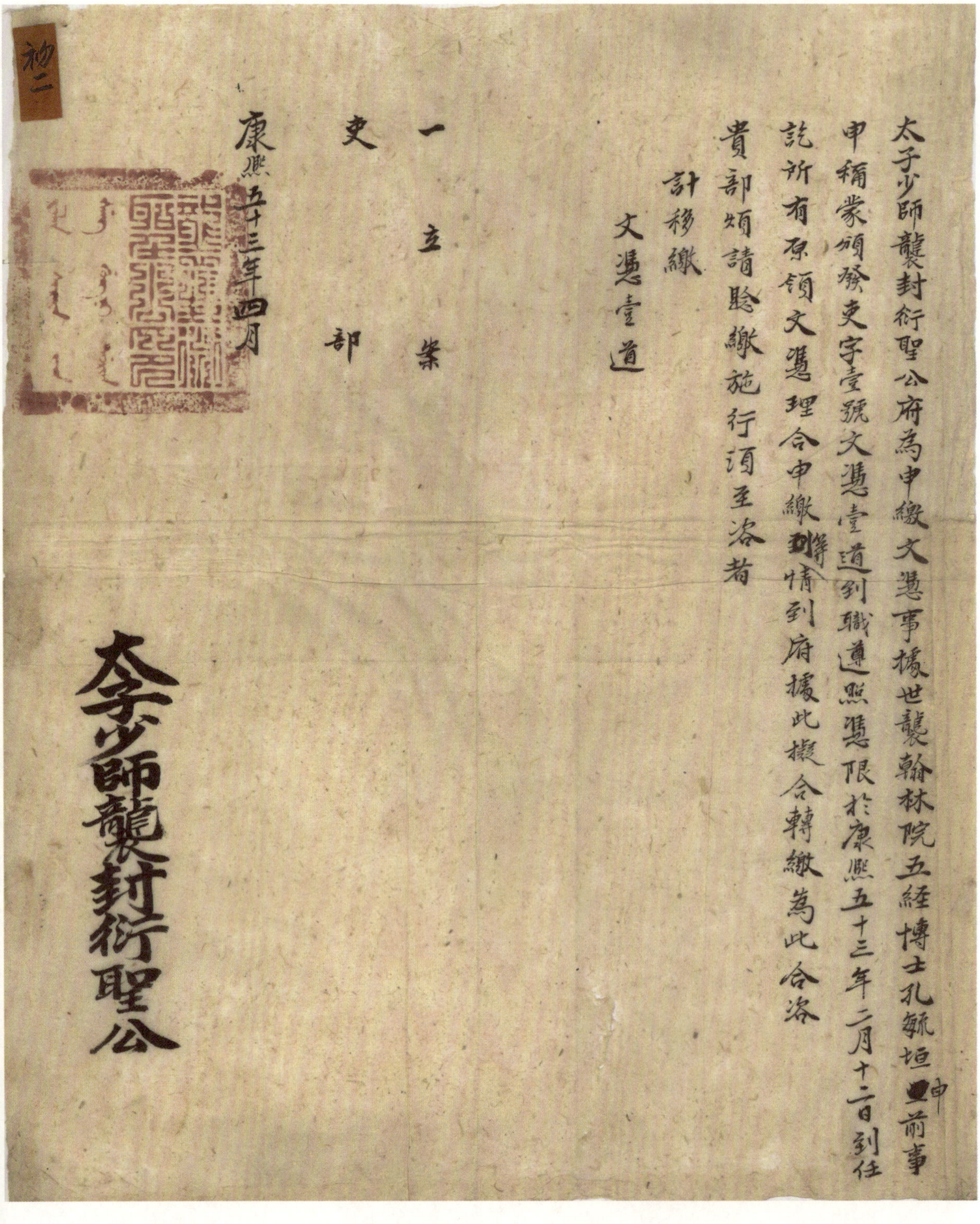
初二

太子少師襲封衍聖公府爲申繳文憑事據世襲翰林院五經博士孔毓垣申前事
申稱蒙頒發吏字壹號文憑壹道到職遵照憑限於康熙五十三年二月十二日到任
訖所有原領文憑理合申繳等情到府據此擬合轉繳爲此合咨
貴部煩請驗繳施行須至咨者
計移繳
文憑壹道
一　立案
吏　部
康熙五十三年四月
太子少師襲封衍聖公

〇一〇九 ◆ 題授浙江衢州孔氏翰林院五經博士（四）

清雍正十二年至十三年

世襲[illegible]五經博士孔毓垣　爲患病乞休並懇循例咨　題長子承襲以光祀典以綿　聖
祭陵於康熙伍拾貳年拾月間咨　部
題請奉
旨授職吏部給憑依限於康熙伍拾叁年貳月拾叁日到任任事迄今貳拾貳載兢兢職守承嘗奉
聖天子尊師重道
恩綸疊沛公帑昺新衢郡家廟振備祭樂等器樂備禮明南北光輝超越往代褒恤後裔援照曲阜
湛恩汪濊　垣愧涓埃未報不期自上年秋末遽染失血弱症服藥調治不痊淹淹一息步履維艱不
聖朝大典攸關不可一祭缺祀即不可一日曠官子承父職乃萬世不易之大常所幸　垣生嫡長子
宗主循例咨　題以　垣嫡長子傳錦承襲庶衢郡家廟奉祀不致曠官缺典以光俎豆　聖
照詳施行須至申者
今申送
書冊壹本
右
太子少師襲封衍聖公府
申
雍正拾貳年伍月　爲患病乞休等事
貳拾貳

衢州孔氏翰林院五經博士孔毓垣爲患病乞休并乞循例咨題嫡長子孔傳錦承襲事致衍聖公府申

清雍正十二年五月二十二日

具呈南宗族長貞堯合族紳衿士民尚瑛衍恍輿讓輿正等為主祭缺員公懇　賜咨　題請
聖祖家廟欽給祭田伍頃命宗子世襲翰林院五經博士壹員主祀
皇恩鉅典世承勿替一歲不可缺祭即一日不可缺官是不得不亟亟公籲呈請者也伏查博士
旨授職　吏部給憑依限於康熙伍拾叁年叁月拾貳日到任任事在任貳拾貳年職守奉祀
宗不期至伍月貳拾捌日毓垣已經病故南宗現在缺員主祭查毓垣嫡長子傳錦今年壹
宗主垂念本支百世
聖祖祀典攸關迅　賜照例　咨　題俾傳錦子承父職庶主祀不致曠官以光俎豆以綿　聖
太子少師　襲封　衍　聖　公　府　施行

雍正拾貳年伍月

衢州孔氏孔貞亮、孔尚瑛等爲孔毓垣病故乞照例咨題孔傳錦承襲事致衍聖公府呈

清雍正十二年五月

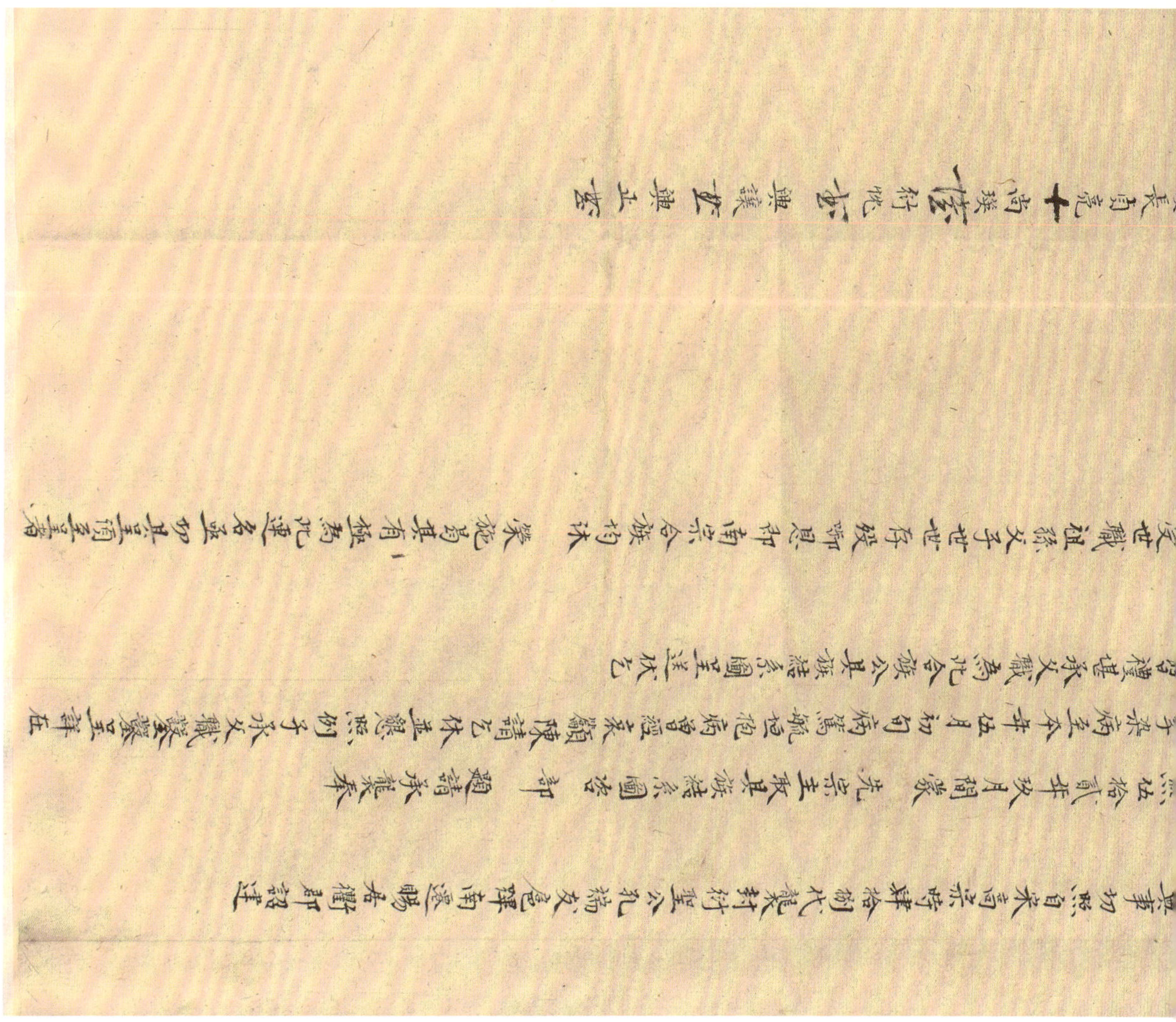
興事切照自宋高宗時肆拾捌代襲封衍聖公孔端友扈蹕南遷賜居衢郡詔建
照伍拾貳年玖月間蒙　先宗主取其族結系圖咨　部　題請承襲奉
子染病至本年伍月初旬病篤毓垣抱病曾經衆籲陳請乞休並懇照例子承父職鑒鑒呈詳在
習禮甚承父職為此合族公具族結系圖呈送伏乞
受世職祖孫父子世世存殁啣恩即南宗合族均沐　榮施曷其有極為此連名並切具呈須至呈者
族長貞亮　十　尚瑛　押　衍恍　押　興讓　押　興正　押

具報狀南宗族長貞亮為報明傳士病故事切緣南宗宗子孔毓垣於康熙伍拾貳年間伊父
部 題請承襲奉
旨授職 吏部給憑依限於康熙伍拾叁年叁月拾叁日到任任事在任貳拾貳年奉祀職守迄至上年秋
有二子長子傳錦今年壹拾叁歲次子傳鎔今年壹拾壹歲擬合據實報明為此具呈伏乞
宗主迅賜咨 題須至呈者
太子少師襲封衍聖公府 施行

雍正拾貳年伍月 日

衢州孔氏族長孔貞亮爲報明孔毓垣病故事致衍聖公府呈

清雍正十二年五月

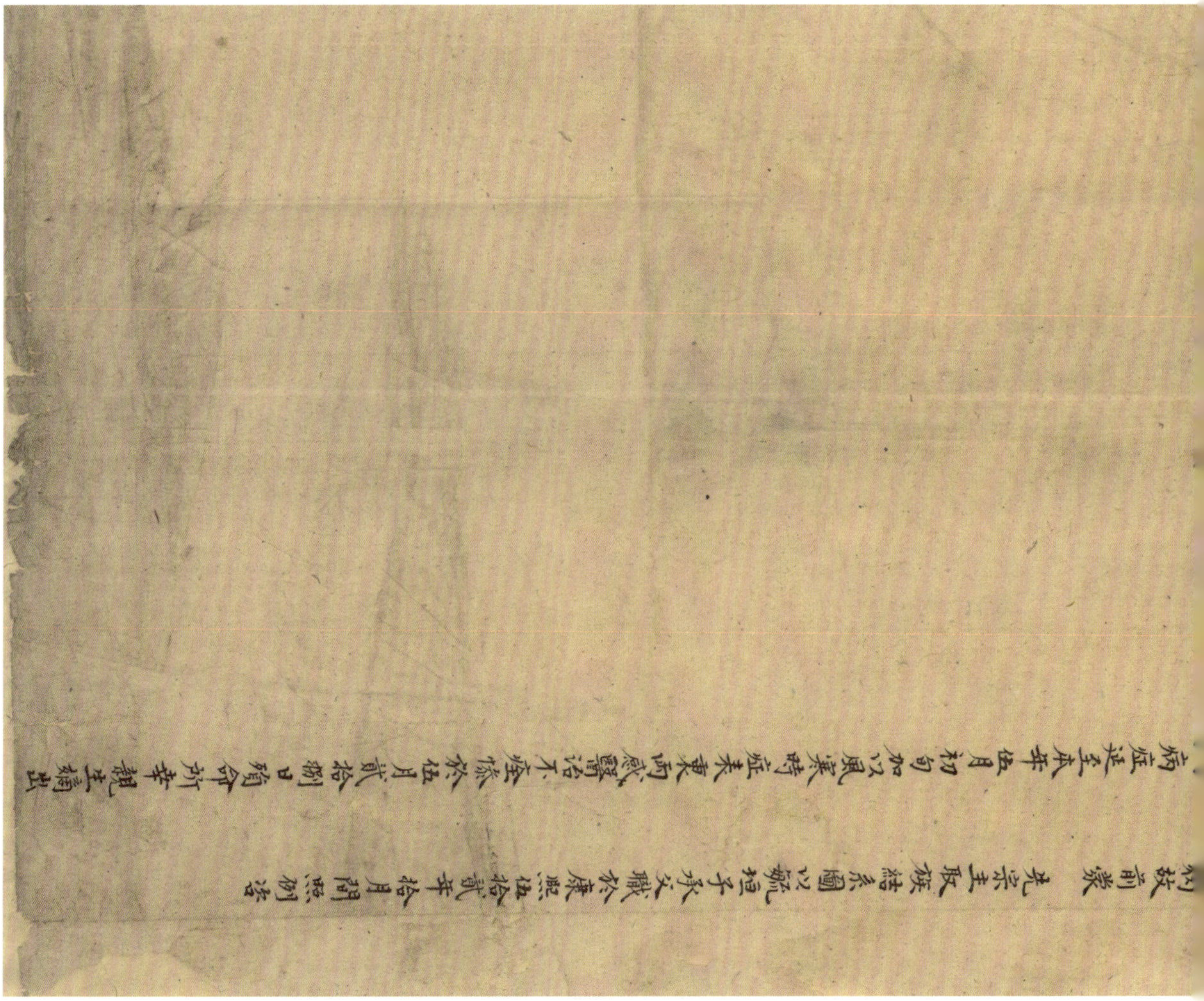

病症延至本年伍月初旬加以風寒時症未衰而感醫治不痊係於伍月貳拾捌日殞命所有親生嫡出

故前蒙 先宗主取族結呈圖以毓垣子承父職於康熙伍拾貳年拾月間照例咨

襲封衍聖公府為報明博士病故事據南宗族長孔貞竟等[illegible]事呈稱切緣南宗子孔毓垣於康熙五拾弍年間伊父博士孔興燫病故前蒙先宗主取族

結系圖以毓垣子承父職於康熙五十二年拾月間照例咨

題請承襲不奉

旨授職吏部給憑依限於康熙五十三年三月十三日到任任事在任十二年奉祀職守迨至上年秋季忽染失血病症延至本年五月初旬加以風寒時症表裏

兩感醫治不痊隨於五月二十八日殞命所幸親生嫡出有二子長子傳錦今年一十三歲次子傳錄今年一十一歲擬合據實報明為此具呈伏乞恩賜咨

題等情到爵據此查南宗世襲翰林院五經博士孔毓垣患病身故今據該族長孔貞竟等呈報前來擬合移咨為此合咨

貴部煩請查照作缺施行須至咨者

衍聖公府爲報明孔毓垣病故事致吏部、禮部咨

清雍正十二年七月十五日

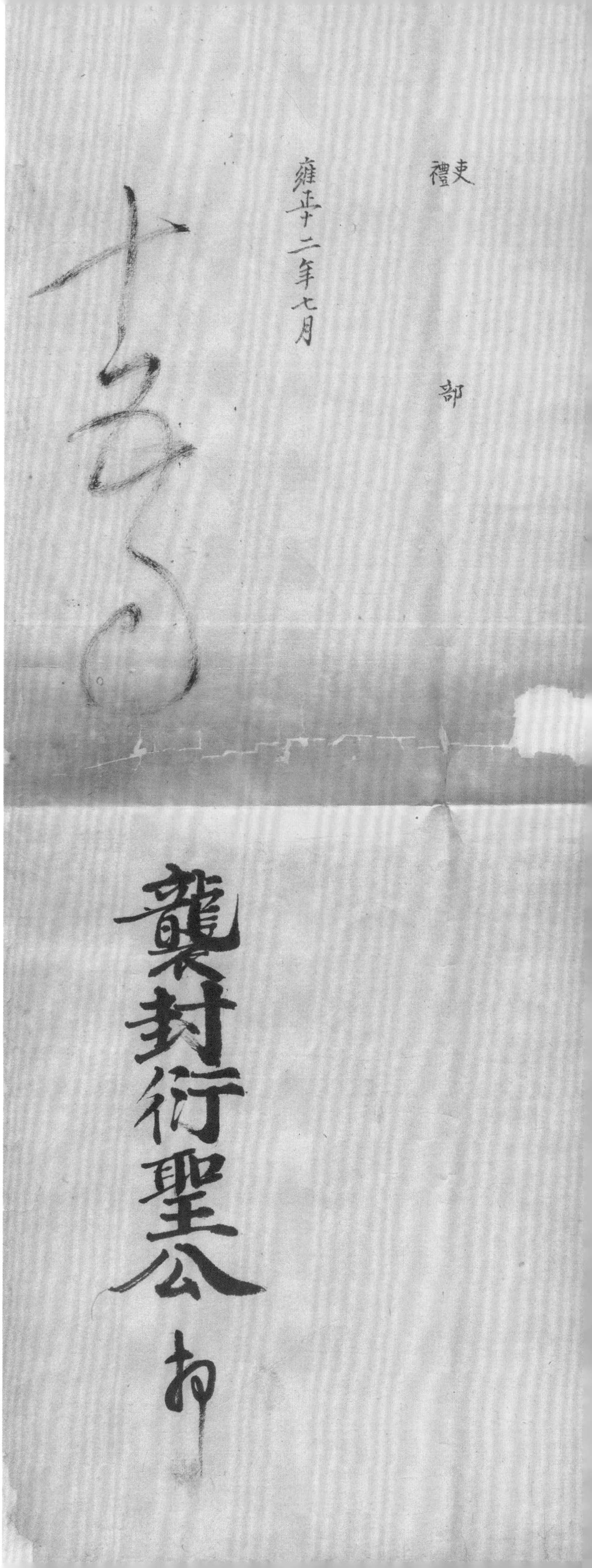

四十八代祖

孔端友—玠—搢—文遠—萬春—洙（[illegible]）—思許—克忠—希路—議—公誠—彥繩（[illegible]）—[illegible]

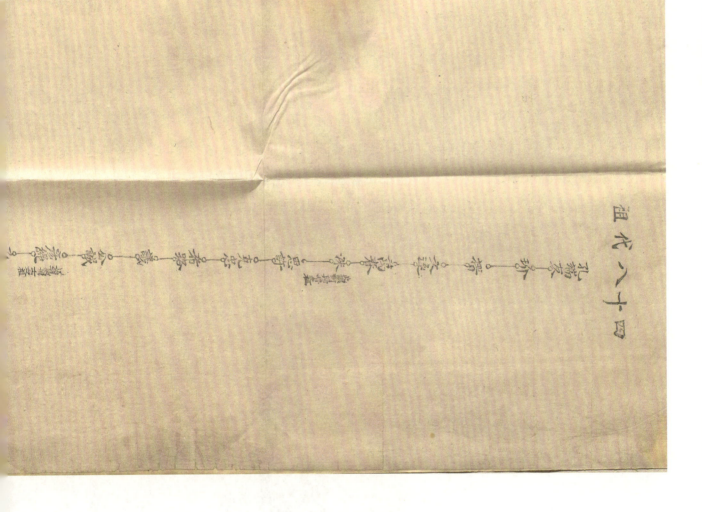

衢州孔氏四十八代至六十八代系圖（部分）

無朝年

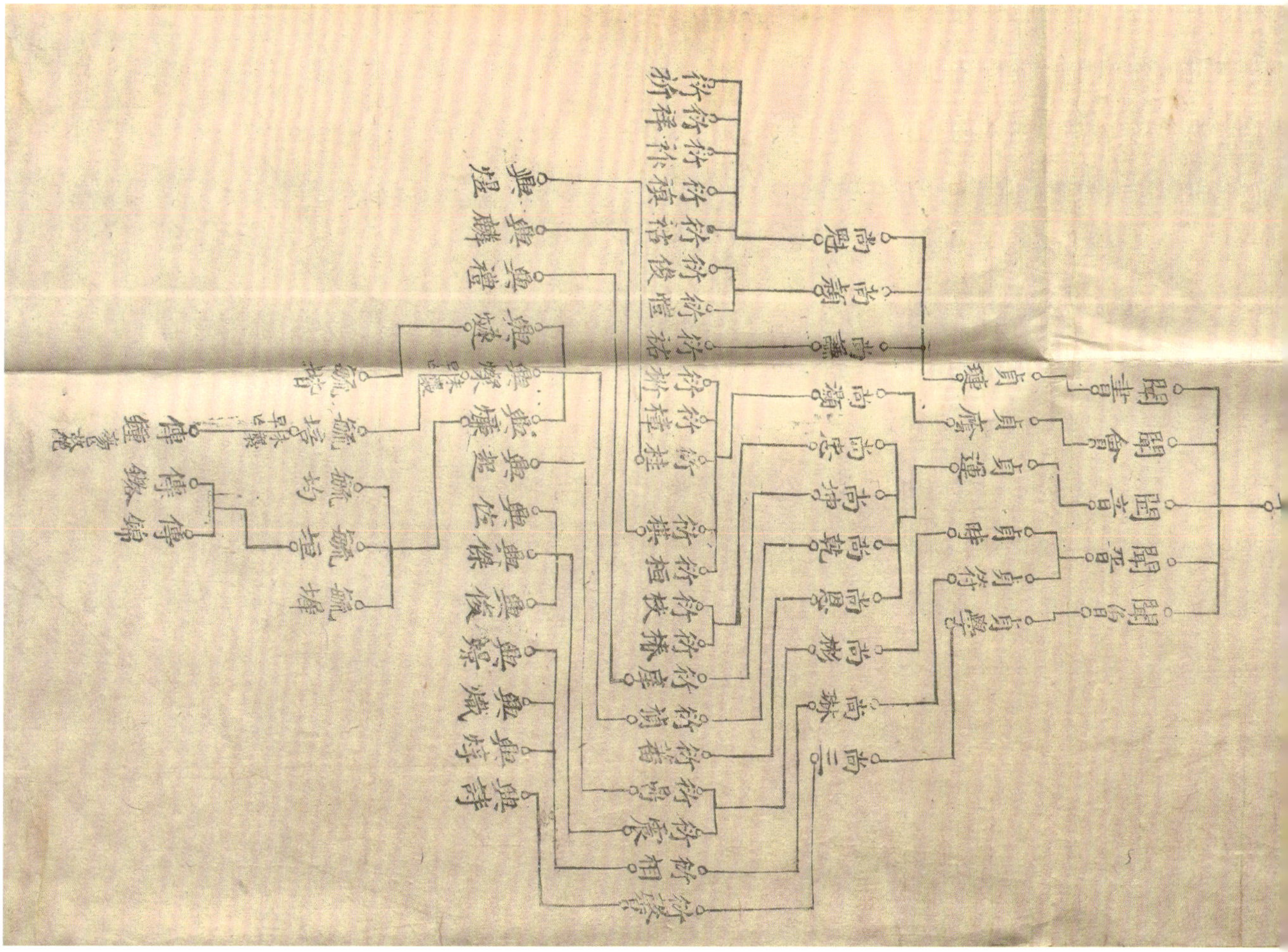

具結狀南宗族長貞亮暨闔族紳衿士民尚瑛衍恍興讓興正人等

為甘結事結得故博士孔毓垣親生嫡長子孔傳錦

雍正拾貳年拾

衢州孔氏族長孔貞亮并闔族紳衿士民孔尚瑛等爲孔傳錦承襲事所具結狀

清雍正十二年十□月

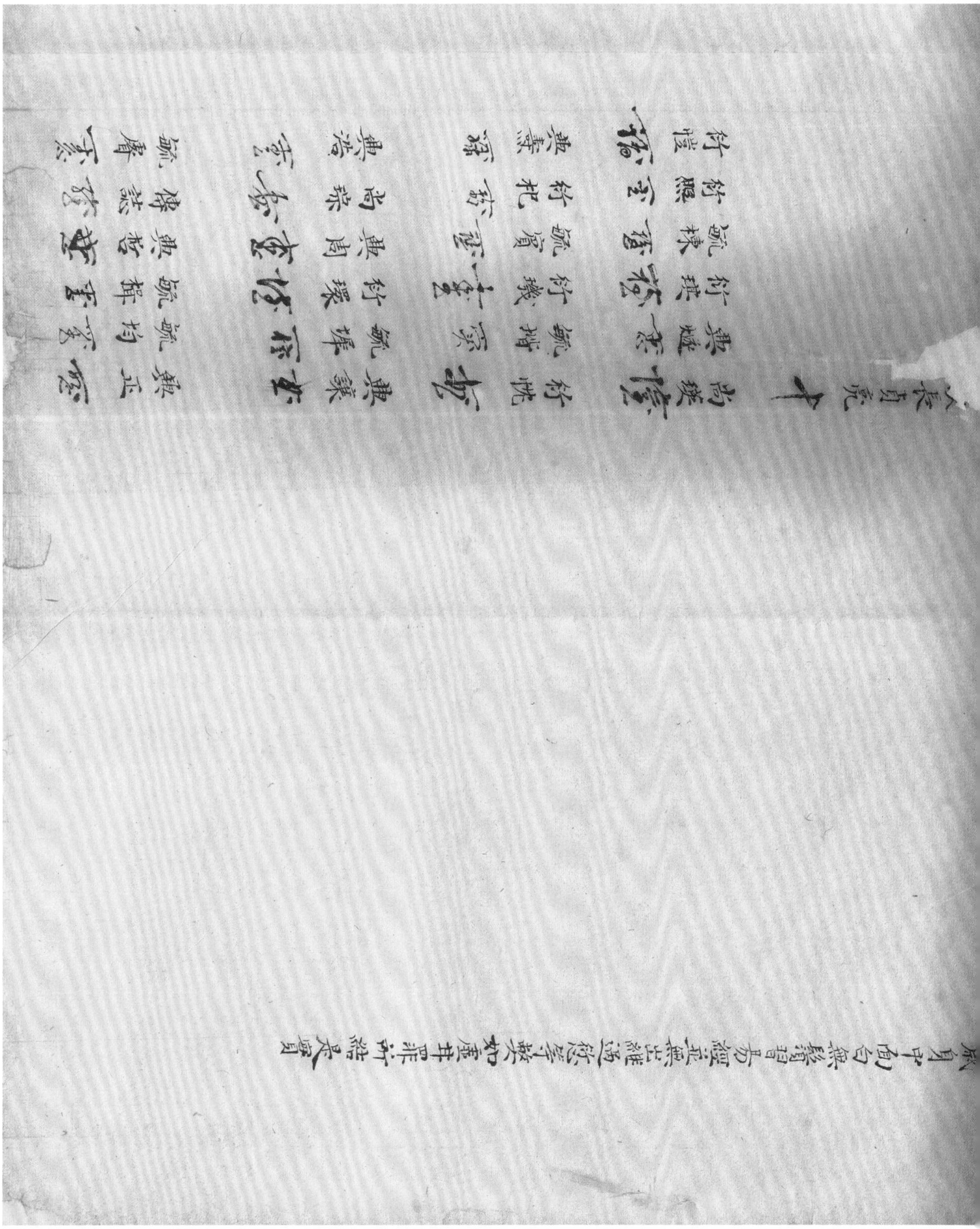

衍聖公府爲孔傳錦先承襲後補行考試事致吏部咨

清雍正十三年三月十五日

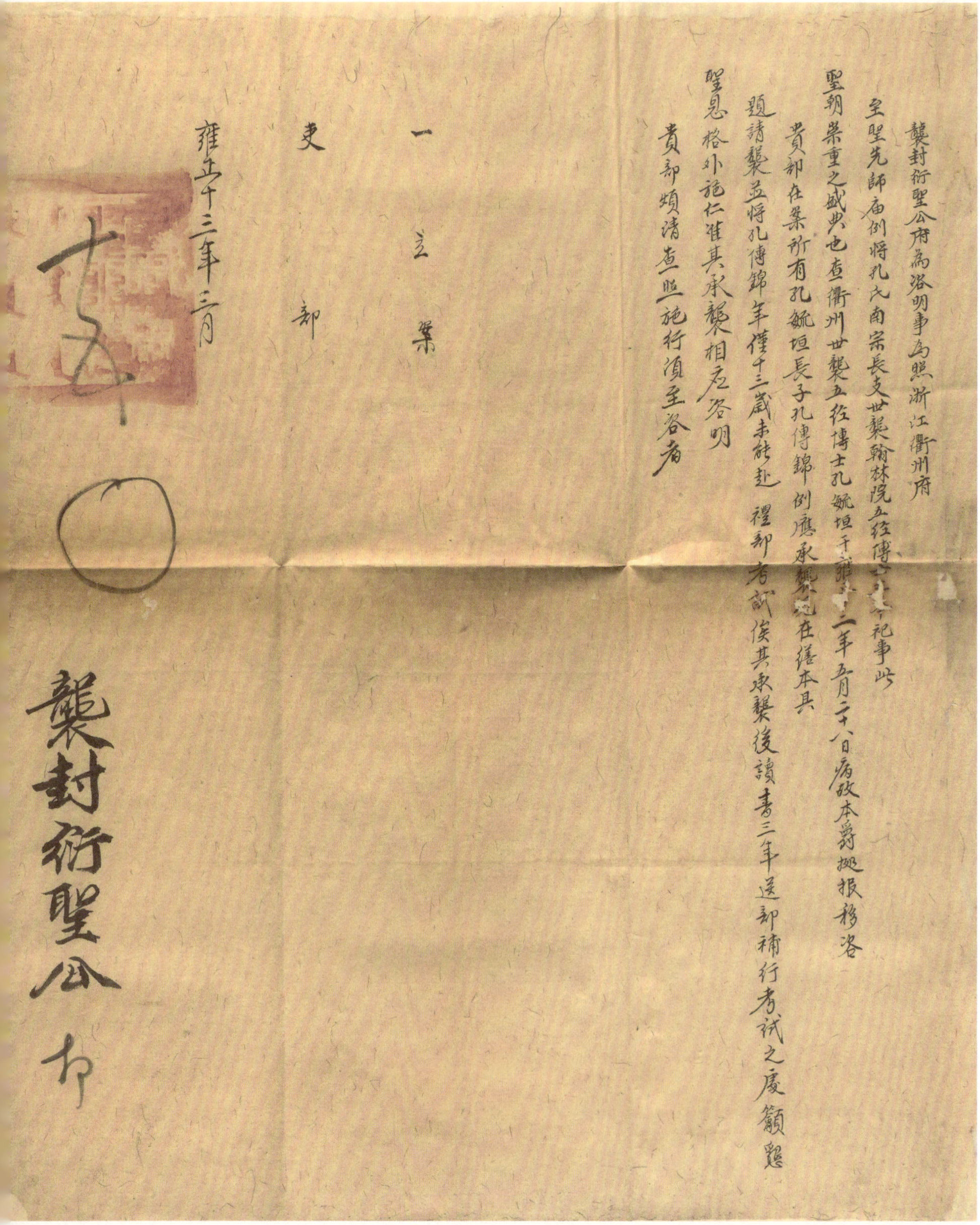

襲封衍聖公府爲咨明事爲照浙江衢州府
至聖先師廟例將孔氏南宗長支世襲翰林院五經博士[illegible]祀事此
聖朝崇重之盛典也查衢州世襲五經博士孔毓垣于雍正十二年五月二十八日病故本爵擬報移咨
貴部在案所有孔毓垣長子孔傳錦例應承襲現在繕本具
題請襲並將孔傳錦年僅十三歲未能赴禮部考試俟其承襲後讀書三年送部補行考試之處籲懇
聖恩格外施仁准其承襲相應咨明
貴部煩請查照施行須至咨者

一咨 案

吏部

雍正十三年三月 十五

襲封衍聖公府

吏部爲給發孔傳錦承襲文憑事致衍聖公府咨

清雍正十三年五月初四日

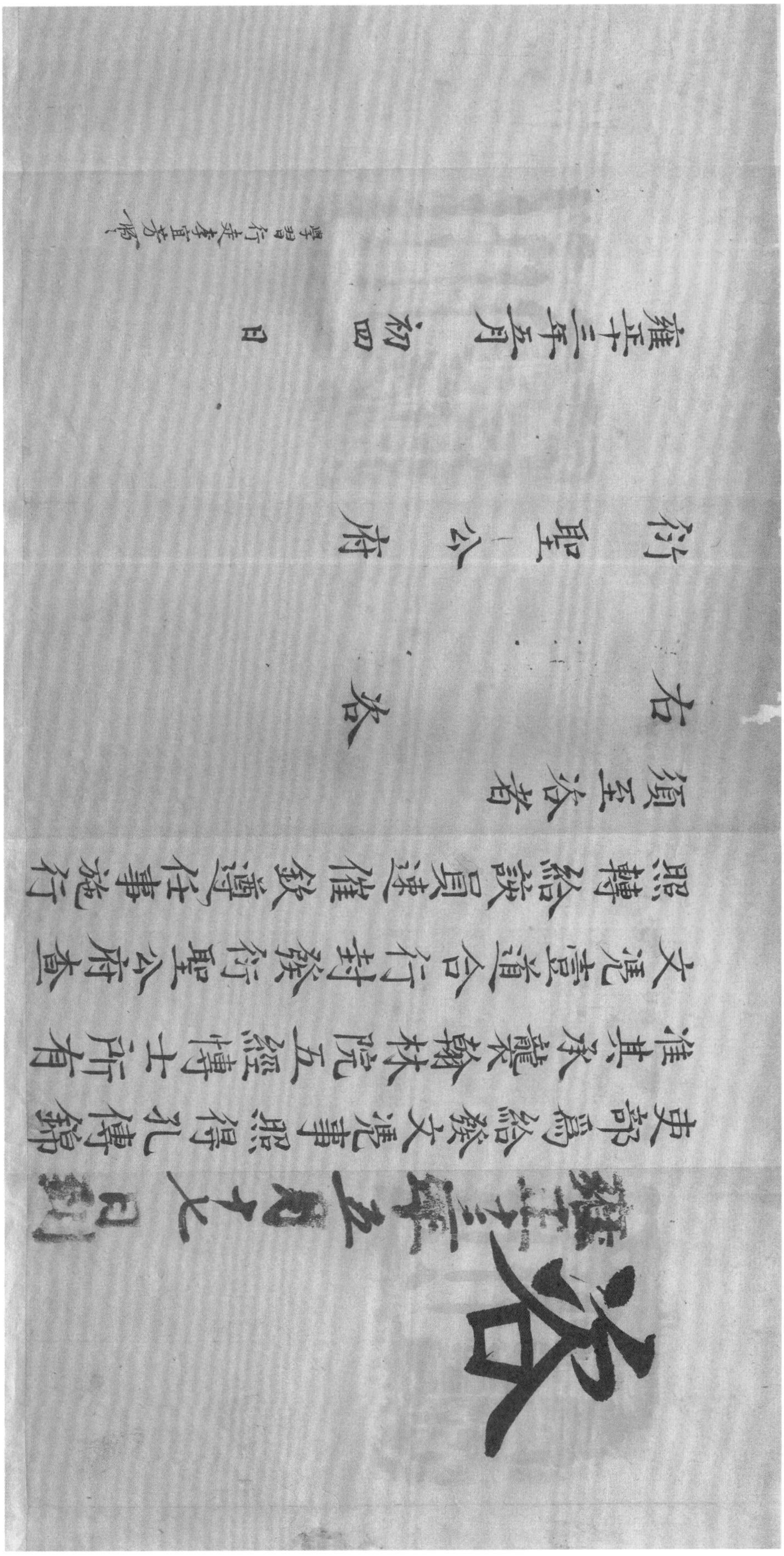

咨

雍正十三年五月十七日到

吏部爲給發文憑事照得孔傳錦
准其承襲翰林院五經博士所有
文憑壹道合行封發衍聖公府查
照轉給該員遵催欽遵任事施行
須至咨者

右　　咨

衍聖公府

雍正十三年五月　初四　日

襲翰林院五經博士孔傳錦為給發文憑事。雍正十二年七月十二日奉
襲封衍聖公府　劄付內開：雍正十二年五月十七日准
吏部箚發吏字一號文憑一道到府，准此，合行轉發。為此劄付五經博士孔傳錦遵照。憑限
吏部為給憑事，今填吏字十一號，劄付本官前赴翰林院，定限本年六月二十四日到任。本府門諮
行。雍正十二年五月初四日憑等因到職，除收領外，該傳錦世襲翰林院五經博士孔傳錦遵於雍正
崇王齎據文憑來至時值天暑在途患病兩旬於本月十二日到衢錦詣任違限未及一月合併聲
明照驗轉達施行，須至申者。

計申繳文憑一道

右　申

襲封衍聖公府

雍正拾貳年柒月

[illegible]

衢州孔氏翰林院五經博士孔傳錦爲呈報到任日期及逾期緣由并申繳原領文憑事致衍聖公府申

清雍正十三年七月二十三日

宗發文憑申繳前來以憑轉繳等因計發文憑一道內開

憑并到任月日開繳合該上司轉達赴　部以憑稽考毋得本處經申變亂若過關津把截去處驗實放

一日到任合將到任日期呈報并原領文憑一道申繳聽候轉達緣

伏乞

傳錦

衍聖公府爲報明孔傳錦到任日期及逾期緣由并轉繳原領文憑事致吏部咨

清雍正十三年九月初四日

襲封衍聖公府爲給發文憑事據世襲翰林院五經博士孔傳錦申前事內稱雍正十三年七月十三日奉襲封衍聖公府劄付
內閣雍正十三年五月十七日准 吏部頒發吏字一號文憑一道到府准此合行轉發爲此牌劄付五經博士孔傳錦遵照憑限日期到
任仍將原發文憑申繳前來以憑轉繳等因計發文憑一道內開 吏部爲給憑事今填吏字一號劄付本官前赴翰林院定限本年
六月二十四日到任本衙門遵將本官原領文憑并到任月日開繳合該上司轉達赴 部以憑稽考毋得本處經申變乱若過關津把截去處
驗實放行雍正十三年五月初四日憑等因到職除收領外該傳錦世襲翰林院五經博士孔傳錦遵於雍正十三年七月二十一日到任合將到
任日期呈報并原領文憑一道申繳聽候轉達緣宗生責捧文憑來差時值天暑在途患病於本月十三日到衢錦遂任逾限未及一月
合併聲明爲此備由具申伏乞照驗轉達施行計申繳文憑一道等情到爵據此擬合轉繳

一 立 案

吏 部

雍正十三年九月

襲封衍聖公

〇一一〇 ◆ 題授浙江衢州孔氏翰林院五經博士（五）

清乾隆三年至三十五年

襲封衍聖公府為循例劄取赴部考試事案照應襲□博士例由本府給文赴 部考試文理清通者准其襲職遵行在案茲查該博
士孔傳錦於雍正十三年三月間准吏部給憑襲□時因該博士年甫十三未能赴 部考試俟承襲之後讀書三載再行補考等
因預於
題本聲明蒙
旨俞允欽遵在案今查該博士襲職以來已滿三年理應赴部補考合行劄取為此劄仰該博士文到即速束裝來曲以便給文赴 部補考事
關
題違毋得玩視速速須至劄付者

衍聖公府爲即速裝束來曲給文赴部補考事致衢州孔氏翰林院五經博士孔傳錦劄付

清乾隆三年六月

卷〇一一〇

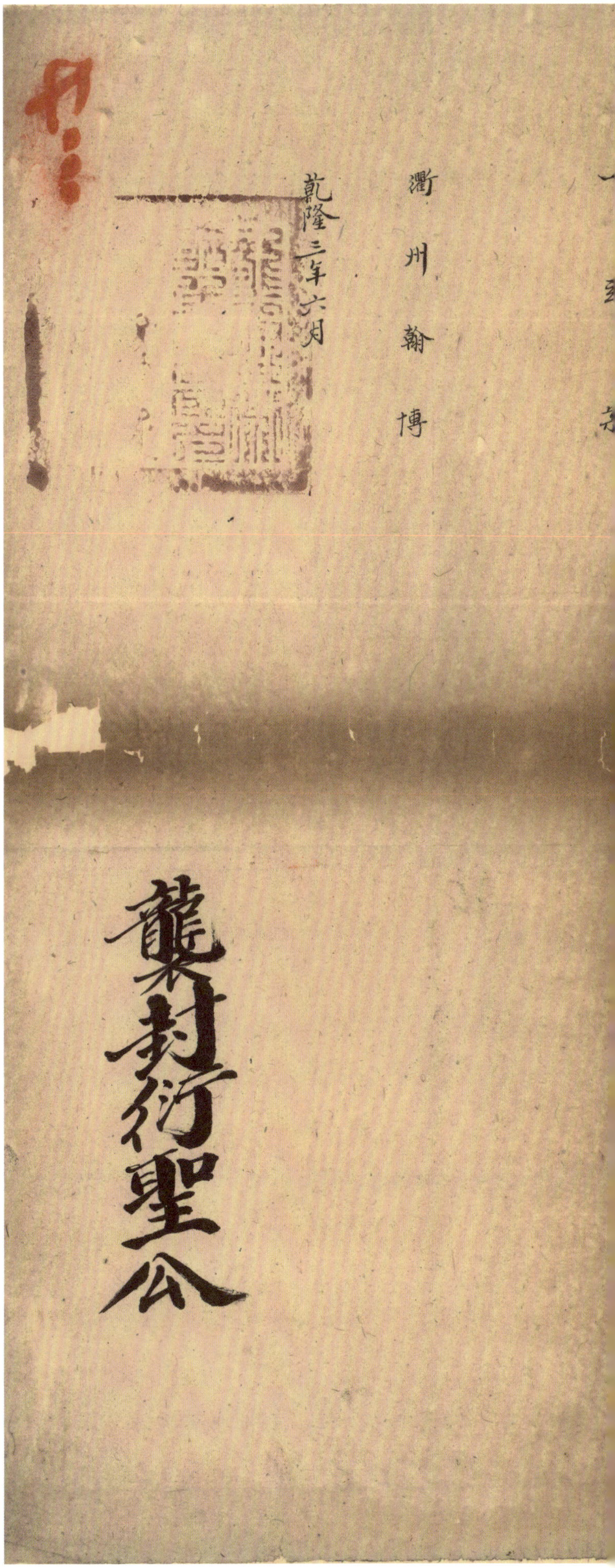

世襲翰林院五經博士加二級孔傳錦為循例報明事切維嫡嗣誕育
祖脉攸関世職儲承主鬯是賴我宗所當慎重者也錦于乾隆陸年
部為此備由另具書冊伏乞
大宗主照詳備案施行須至申者
今申送
書冊壹本

右　　　申

襲封衍聖公府　孔

循例報明事

乾隆柒年柒月　拾陸

衢州孔氏翰林院五經博士孔傳錦爲報明誕育嫡長子孔繼湯事致衍聖公孔[廣棨]申

清乾隆七年七月十六日

浙江衢州世襲翰林院五經博士為報明丁憂日期事切照本職于雍正十三年閏四月初十日蒙　部
題覆承襲前職雍正十三年七月二十一日領憑到任現在供職今有生祖母
誥授太孺人張氏不幸于乾隆九年十月二十九日在署病故職係嫡長孫祖父及父俱歿例應丁憂備具族長并里隣各結同書册具申仰希
大宗主賜文咨明　大部以便守制伏乞
照詳施行須至申者

今　申　送

書册壹本　　并結貳套

右　　申

衢州孔氏翰林院五經博士孔傳錦爲生祖母病故報明丁憂日期事致衍聖公府申

清乾隆九年十一月初二日

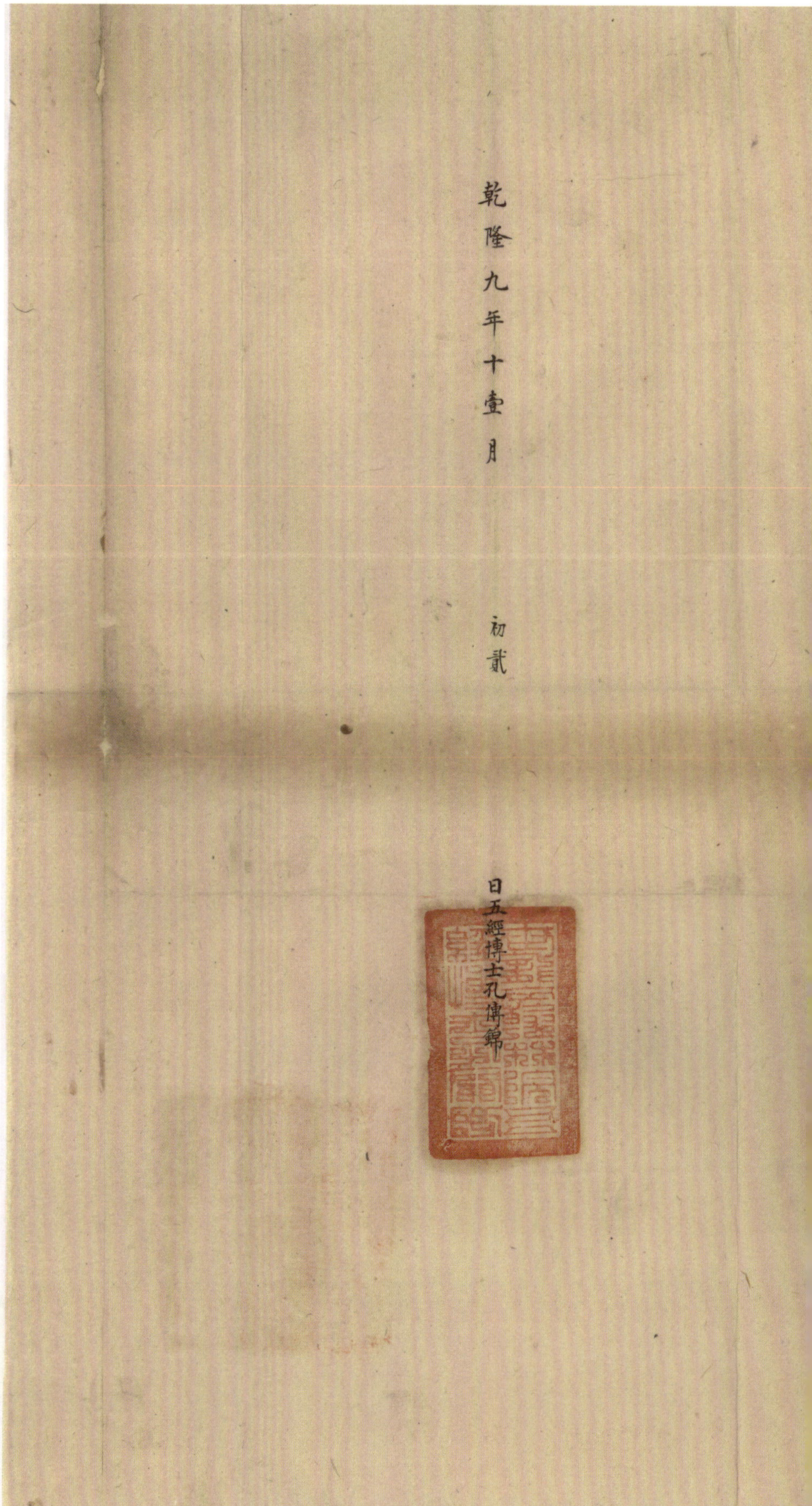
乾隆九年十壹月

初貳

日五經博士孔傳錦

衢州孔氏族長孔貞顯爲孔傳錦丁生祖母憂事所具結狀

清乾隆九年十一月

具結狀孔氏南宗族長孔貞顯今於

臺下爲丁憂事實結得南宗主世襲翰林院五經博士孔傳錦生祖母

誥授太儒人張氏于乾隆九年十月二十九日在署病故查祖父及父俱歿嫡長孫例應承重丁憂並無扶揑情弊所具干結是實

乾隆玖年拾壹月　　日具結狀孔貞顯

衢州孔氏族長孔貞顯爲孔傳錦丁生祖母憂事所具結狀

清乾隆九年十一月

具結狀孔氏南宗族長孔貞顯今於

臺下爲丁憂事實結得南宗主世襲翰林院五經博士孔傳錦生祖母

誥授太儒人張氏于乾隆九年十月二十九日在署病故查祖父及父俱殁嫡長孫例應承重丁憂並無扶捏情弊所具干結是實

乾隆玖年拾壹月

日具結狀孔貞顯

浙江衢州府西安縣里鄰徐長彬、江國泰等爲孔傳錦丁生祖母憂事所具結狀

清乾隆九年十一月

具結狀浙江衢州府西安縣一百四十一庄里鄰徐常彬江國泰今於

臺下爲丁憂事實結得世襲翰林院五經博士孔傳錦生祖母

誥授太孺人張氏于乾隆九年十月二十九日在署病故查祖父及父俱殁嫡長孫例應承重丁憂並無扶揑情弊所具甘結是實

乾隆九年十一月　日具結狀徐常彬

江國泰等十

浙江衢州府西安縣里鄰徐長彬、江國泰等爲孔傳錦丁生祖母憂事所具結狀

清乾隆九年十一月

具結狀浙江衢州府西安縣一百四十一庄里隣徐常彬江國泰今於

臺下爲丁憂事實結得世襲翰林院五經博士孔傳錦生祖母

誥授太孺人張氏于乾隆九年十月二十九日在署病故查祖父及父俱歿嫡長孫例應承重丁憂並無扶捏情弊所具甘結是實

乾隆九年十一月　日具結狀徐常彬十　江國泰等十

衍聖公府爲報明孔傳錦丁生祖母憂事致吏部、禮部咨

清乾隆九年十二月

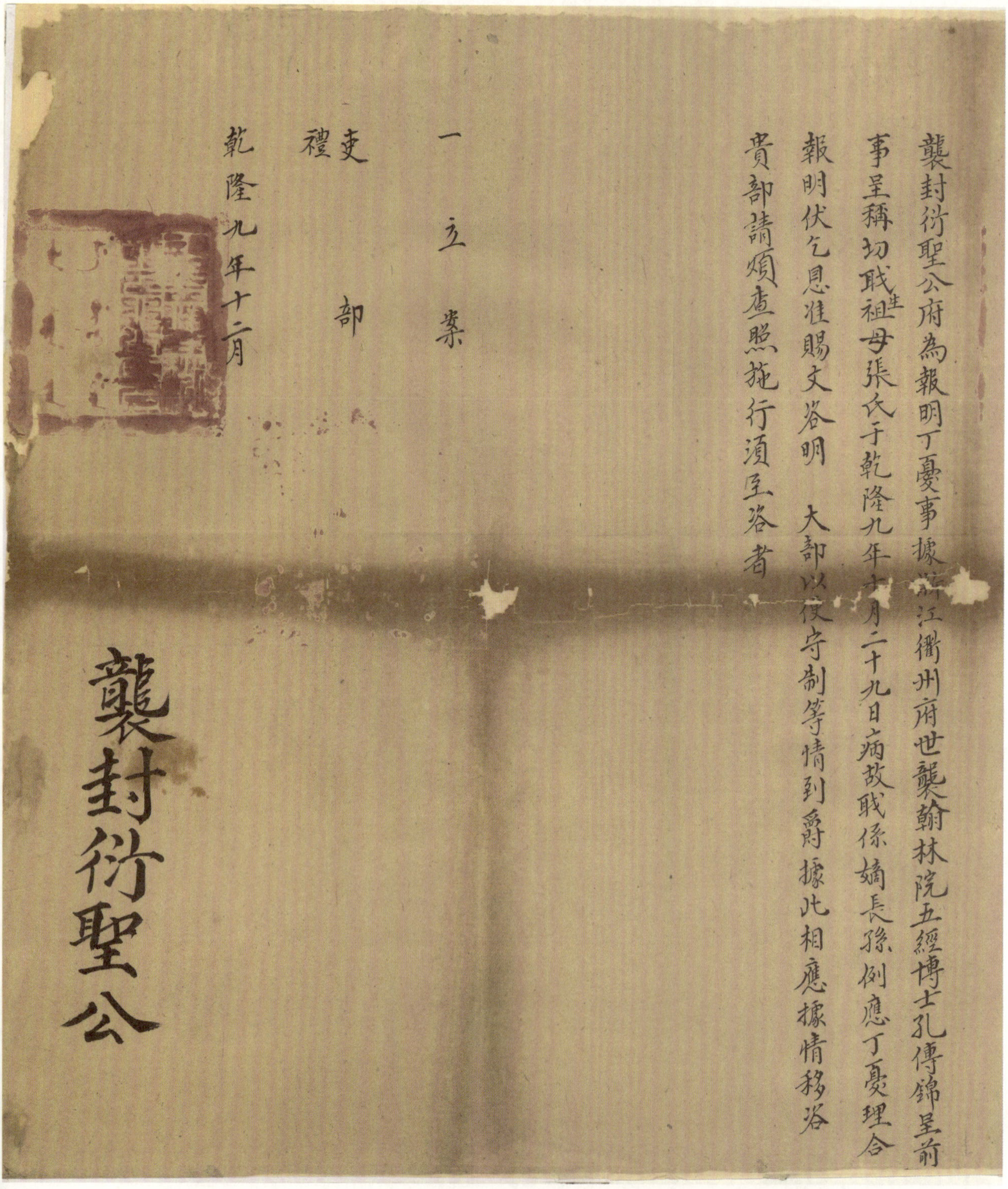

襲封衍聖公府為報明丁憂事據浙江衢州府世襲翰林院五經博士孔傳錦呈前

事呈稱切職祖生母張氏于乾隆九年十一月二十九日病故職係嫡長孫例應丁憂理合

報明伏乞恩准賜文咨明　大部以使守制等情到爵據此相應據情移咨

貴部請煩查照施行須至咨者

一　立案

吏　部

禮　部

乾隆九年十二月

襲封衍聖公

衢州孔氏族長孔貞顯爲孔傳錦丁祖母憂服滿起復事所具結狀

清乾隆十二年正月

具結狀孔氏南宗族長孔貞顯今於

臺下爲起復事結得南宗主世襲翰林院五經博士孔傳錦於乾隆九年十月二十九日承重丁祖母張氏憂扣至乾隆十二年正月二十

九日服滿理應起復中間並無違碍扶捏情弊所具甘結是實

乾隆十二年正月　日具結狀孔氏族長孔貞顯（押）

具結狀浙江衢州府西安縣一百四十一庄籍佑徐公沭孫體元等今於

臺下為起復事結得世龍

拾玖日服滿理應起復中間並無違碍扶捏情弊所具甘結是實

乾隆拾貳年貳月　日具結

浙江衢州府西安縣鄰佑徐公沐、孫體元等爲孔傳錦丁祖母憂服滿起復事所具結狀

清乾隆十二年二月

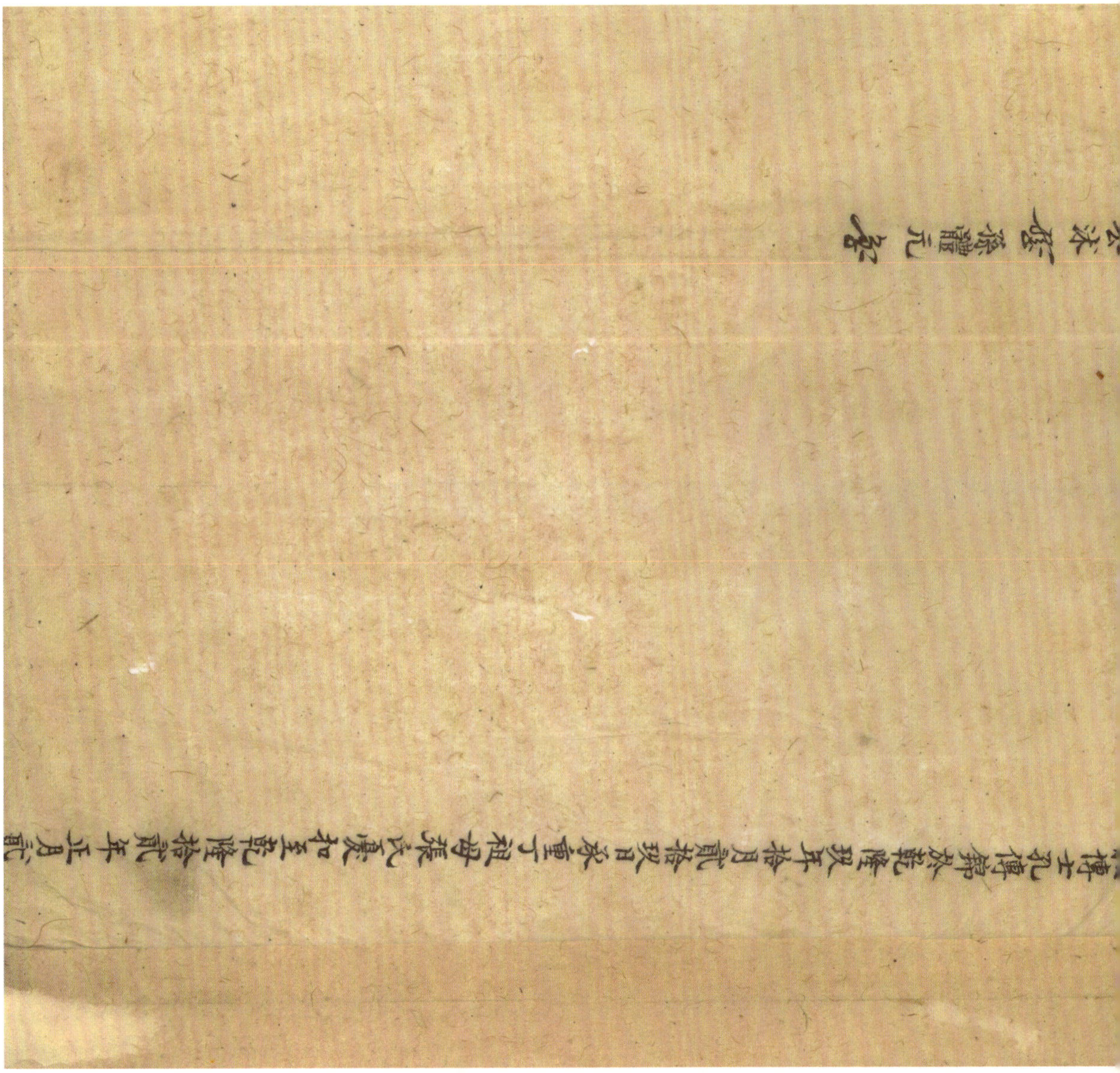

公沐
孫體元

儒士孔傳錦於乾隆拾年拾月貳拾玖日承重丁祖母張氏憂扣至乾隆拾貳年正月貳

世襲翰林院五經博士加二級孔傳錦爲報明起復事切照傳錦祖
勅授儒人張氏於乾隆九年十月二十九日病故錦係嫡長孫親父已故
個月服滿理應起復擬合報明并具族隣各結同書冊呈送
大宗主照詳咨
部施行須至申者
今申送
書冊一本結叁套
右　申
襲封衍聖公府
乾隆拾貳年貳月
報明起復事
初壹

衢州孔氏翰林院五經博士孔傳錦爲報明丁祖母憂服滿起復事致衍聖公府申

清乾隆十二年二月初一日

卷〇一一〇

已令報明丁憂在案扣至乾隆十二年正月二十九日不計閏共二十七

襲封衍聖公府為服闋起復事據世襲翰林院五經博士孔傳錦呈前事呈稱切錦祖母張氏于乾隆九年十月二十九日病故錦係嫡長孫親父已故例應承重丁憂前已呈明在案今扣至乾隆十二年正月二十九日不計閏扣二十七個月服闋例應起復伏乞恩准轉咨施行等情到爵據此擬合轉咨

為此合咨

貴部請煩查照施行須至咨者

衍聖公府爲孔傳錦丁祖母憂服闋起復事致吏部、禮部咨

清乾隆十二年三月二十三日

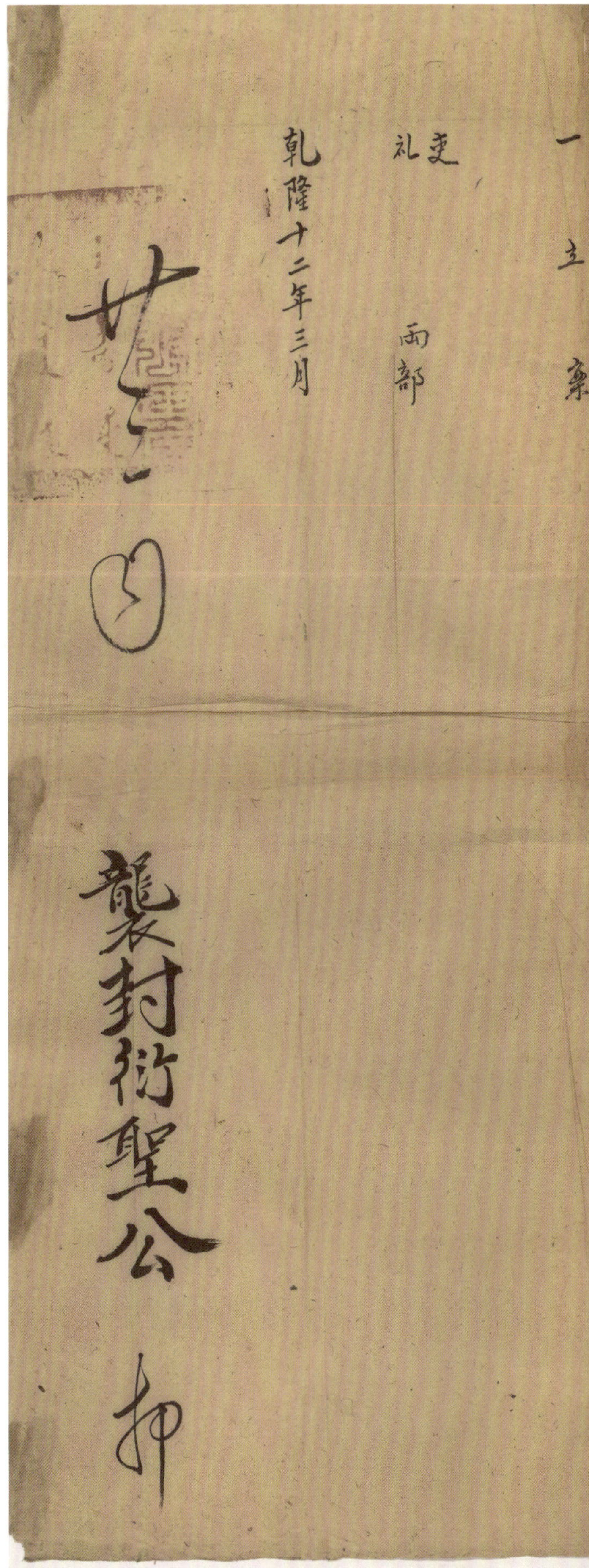
一立案
吏
礼　兩部
乾隆十二年三月
廿三日
襲封衍聖公
押

清乾隆三十年七月十六日

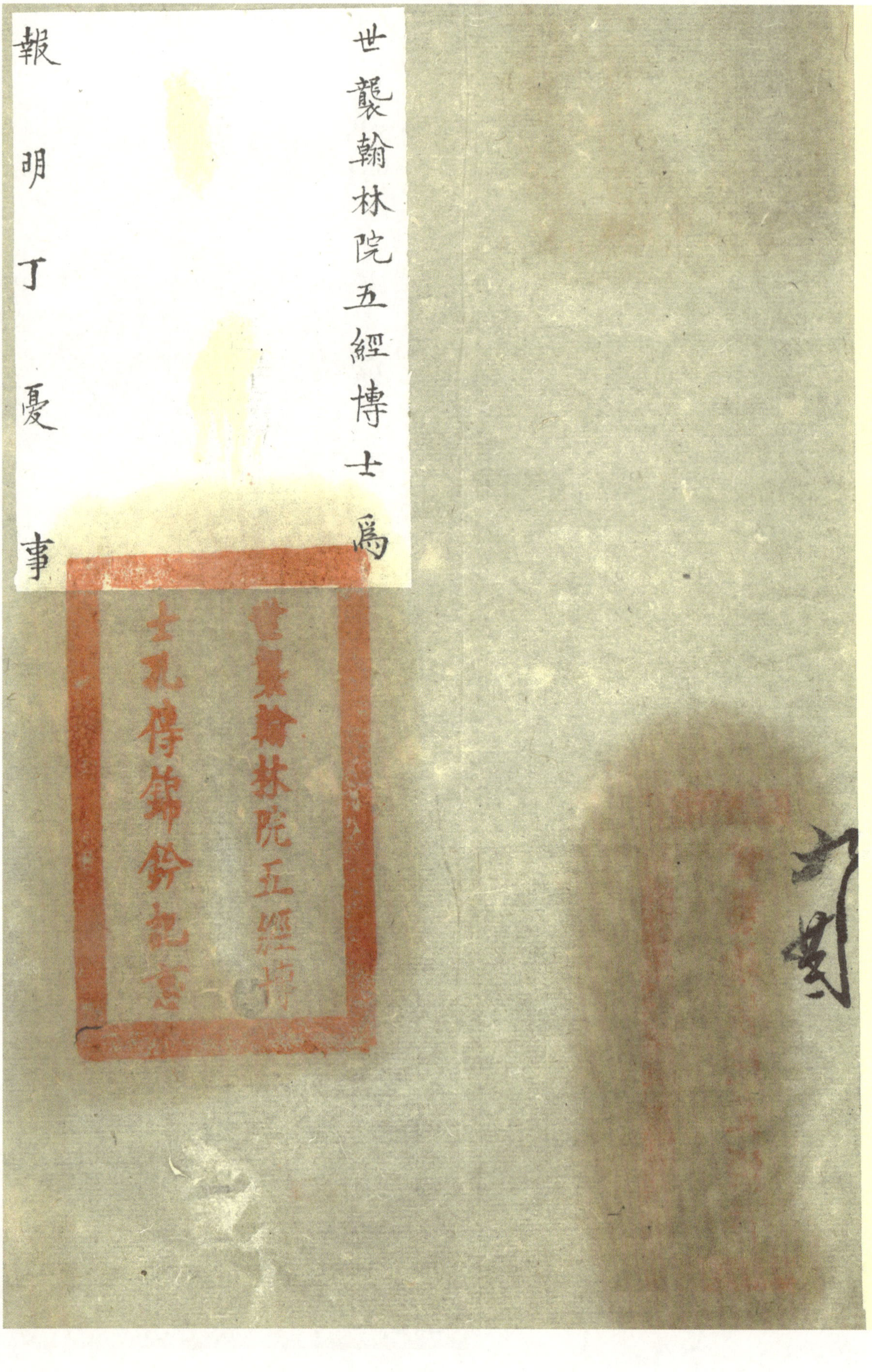

世襲翰林院五經博士爲報明丁憂事

世襲翰林院五經博士孔傳錦鈐記

衢州孔氏翰林院五經博士孔傳錦爲報明丁生母憂事所具書册

清乾隆三十年七月十六日

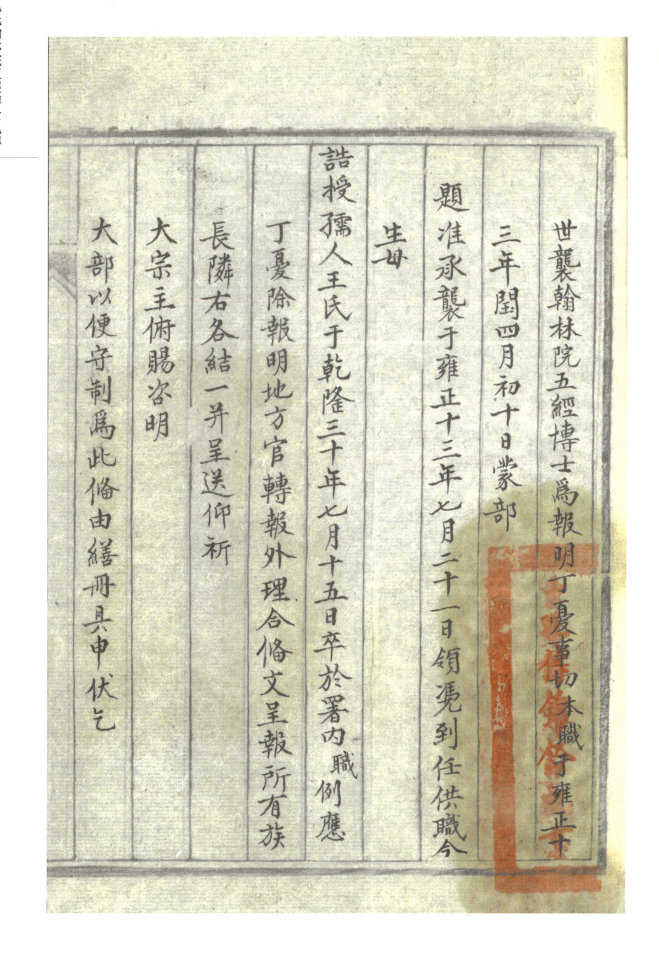

世襲翰林院五經博士爲報明丁憂事切本職于雍正十
三年閏四月初十日蒙部
題准承襲于雍正十三年七月二十一日領憑到任供職今
生母
誥授孺人王氏于乾隆三十年七月十五日卒於署內職例應
丁憂除報明地方官轉報外理合備文呈報所有族
長隣右各結一并呈送仰祈
大宗主俯賜咨明
大部以便守制爲此備由繕冊具申伏乞

衢州孔氏翰林院五經博士孔傳錦爲報明丁生母憂事所具書冊

清乾隆三十年七月十六日

照詳施行須至冊者

清乾隆三十年七月十六日

右

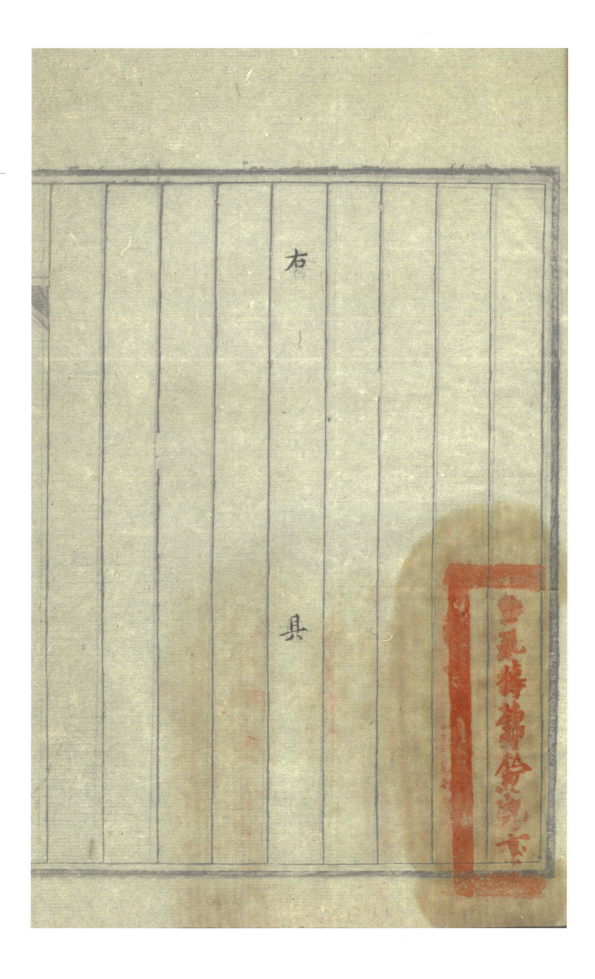

具

衢州孔氏翰林院五經博士孔傳錦爲報明丁生母憂事所具書册

清乾隆三十年七月十六日

書册

世襲翰林院五經博

衢州孔氏翰林院五經博士孔傳錦爲報明丁生母憂事所具書册

清乾隆三十年七月十六日

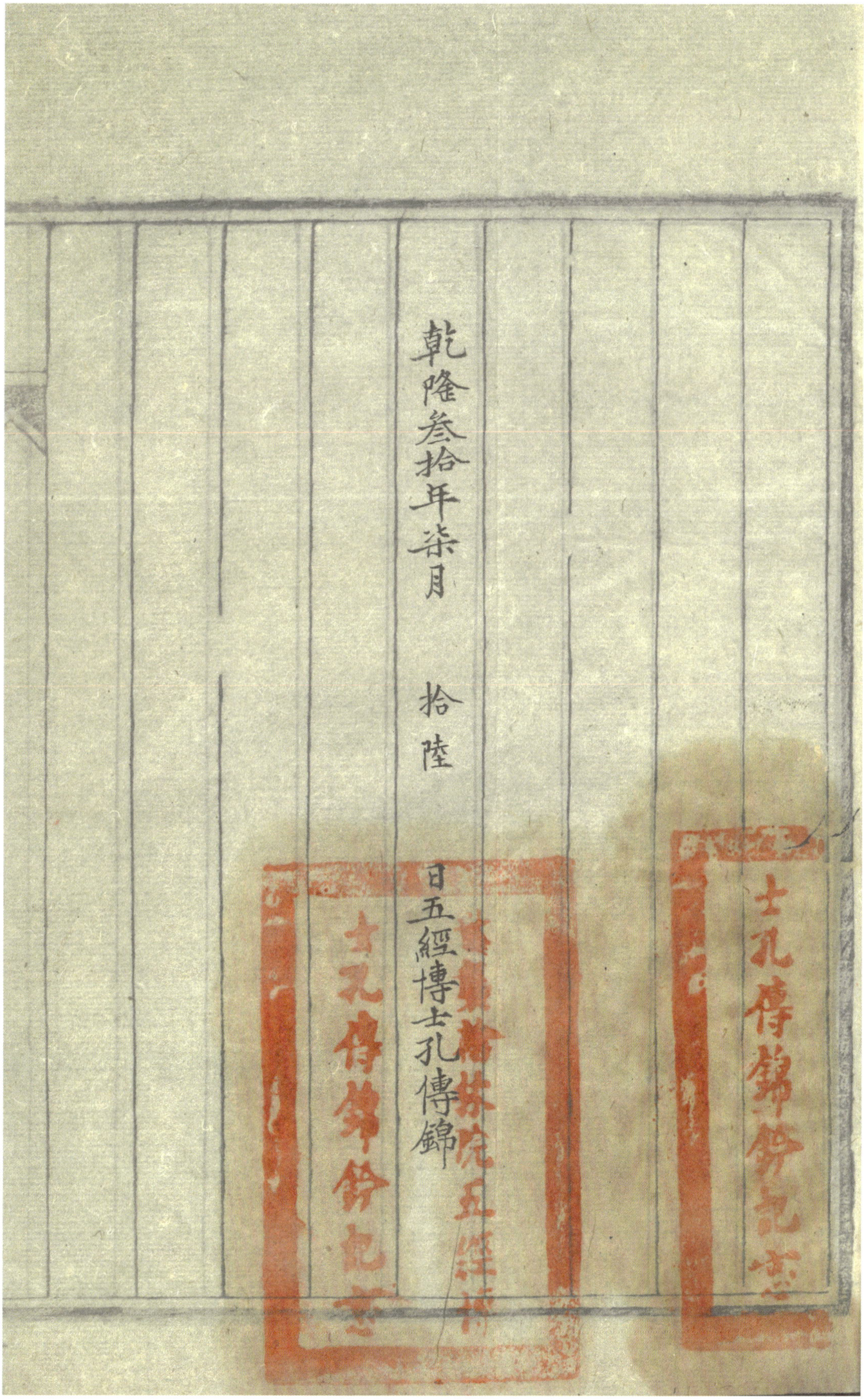

咨

兵部侍郎兼都察院右副都御史巡撫浙江等處地方提督軍務隨帶加級又加一級熊　為

報明丁憂事。據西安縣知縣瑪晉布呈稱：本年
七月十六日據粟進呈稱：切身家主世襲翰林
院五經博士孔傳錦于雍正十三年七月二十
一日到任供職，今生母王氏于乾隆三十年七
月十五日在署病故，錦係親子，例應丁憂，除備
文經報
山東衍聖公府咨明
大部外，理合呈報，伏乞俯賜轉報，以便守制，寔
為德便。等情。據此，并據隣族余治臣、孔正湖等
具結前來。據此，卑職復查無異，理合加具印結

浙江巡撫熊［學鵬］爲報明孔傳錦丁生母憂事致衍聖公［孔昭焕］咨

清乾隆三十年八月二十六日

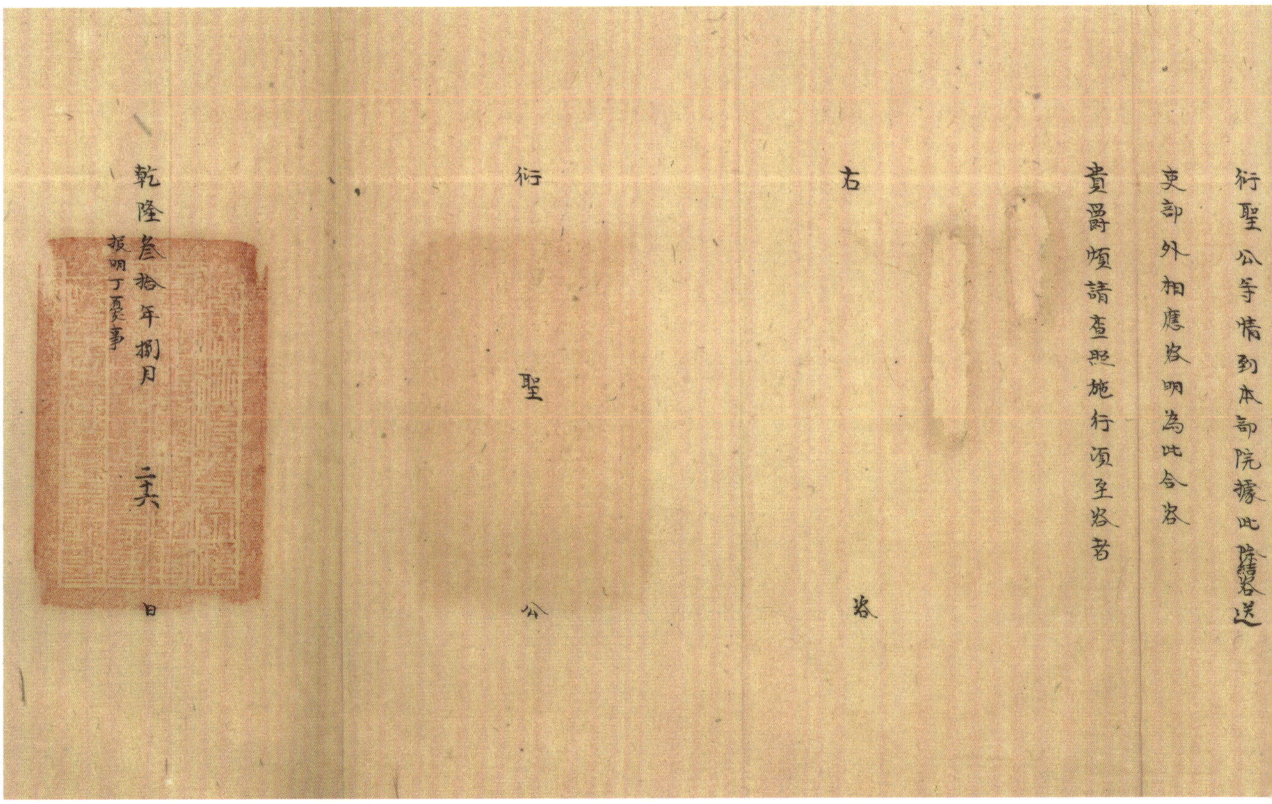
衍聖公等情到本部院據此除移咨送
吏部外相應咨明為此合咨
貴爵煩請查照施行須至咨者
右　咨
衍　聖　公
乾隆叁拾年捌月　二十六　日
報明丁憂事

世襲翰林院五經博士爲報明丁憂事切本職于雍正十三
題准承襲於雍正十三年七月二十一日領憑到任供職今生母
誥授孺人王氏于乾隆三十年七月十五日卒於署内職例應丁憂
大宗主俯賜咨明
大部以便守制爲此備由繕册具申伏乞
照詳施行須至申者
今申送　書册一本　結狀二套

右

襲封行聖公

乾隆叁拾年柒月　拾陸
報明丁憂事

衢州孔氏翰林院五經博士孔傳錦爲報明丁生母憂事致衍聖公府申

清乾隆三十年七月十六日

左鄰余治臣、右鄰葉茂東爲孔傳錦丁生母憂事所具結狀

清乾隆三十年七月

具結狀左隣余治臣右隣葉茂東今于

與甘結今結得世襲翰林院五經博士孔傳錦生母

誥授孺人王氏于本年七月十五日在署病故博士例應丁憂除報明本縣轉報外中間不致扶捏所具甘結是實

乾隆叁拾年柒月

日具甘結狀左隣余治臣　右隣葉茂東

左鄰余治臣、右鄰葉茂東爲孔傳錦丁生母憂事所具結狀

清乾隆三十年七月

具結狀左隣余治臣右隣葉茂東今于

與干結今結得世襲翰林院五經博士孔傳錦生母

誥授孺人王氏于本年七月十五日在署病故例應丁憂除報明本縣轉報外中間不致扶捏所具甘結是實

乾隆叁拾年柒月

日具甘結狀左隣余治臣（押） 右隣葉茂東（押）

衢州孔氏族長孔貞翌、房長孔興儒爲孔傳錦丁生母憂事所具結狀

清乾隆三十年七月

具結狀孔氏南宗族長孔貞翌房長孔興儒今于
與干結令結得南宗宗主孔傳錦生母
誥授孺人王氏于本年七月十五日在署病故宗主例應丁憂除報明本縣轉報外中間不致扶捏所具甘結是實

乾隆叁拾年柒月　　日具甘結狀南宗族長孔貞翌　房長孔興儒

衢州孔氏族長孔貞翌、房長孔興儒爲孔傳錦丁生母憂事所具結狀

清乾隆三十年七月

具結狀孔氏南宗族長孔貞翌房長孔興儒今于

與甘結今結得南宗宗主孔傳錦生母

誥授孺人王氏于本年七月十五日在署病故宗主例應丁憂除報明本縣轉報外中間不致扶捏所具甘結是實

乾隆叁拾年柒月　日具甘結狀南宗族長孔貞翌

房長孔興儒

襲封衍聖公府爲報明丁憂事據浙江衢州府世襲翰林院五經博士孔傳錦呈前事呈稱切戕生母王氏于乾隆三十年七月廿五日病故戕係嫡長子例應丁憂理合報明伏乞恩准賜文咨明　大部以便守制等情到爵據此相應據情移咨

貴部請煩查照施行須至咨者

衍聖公府爲報明孔傳錦丁生母憂事致吏部、禮部咨

清乾隆三十年十二月初一日

吏礼
部

乾隆三十年十二月初一日

襲封衍聖公 行

世襲翰林院五經博士　為報明服滿事切本職于雍正十三年閏四月初十日蒙部
題准承襲於本年七月二十一日領憑任事緣生母王氏于乾隆三十年七月十五日卒于署內例應丁憂業經取結報明地方官并呈明
大宗主在案今扣至乾隆三十二年十月十五日不計閏二十七個月服滿理合備文呈報伏祈
大宗主俯賜咨明　大部查核為此備由具申伏乞
照詳施行須至申者

右　　申

衢州孔氏翰林院五經博士孔傳錦爲報明丁生母憂服滿事致衍聖公府申

清乾隆三十二年十月十五日

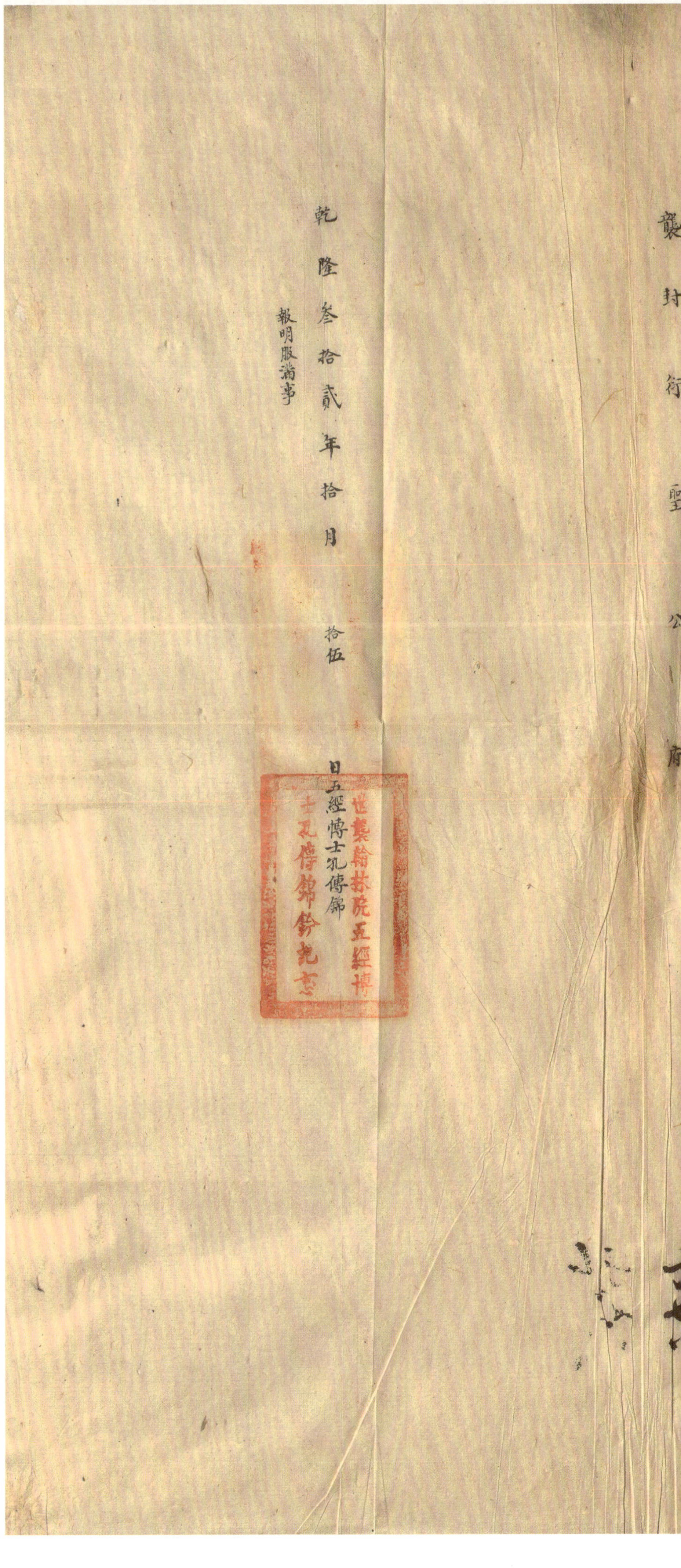

襲封衍聖公府

乾隆叁拾貳年拾月拾伍日五經博士孔傳錦

報明服滿事

襲封衍聖公府為報明服滿事據世襲翰林院五經博士孔傳錦呈前事呈稱切職于雍

正十三年閏四月初十日蒙部

題准承襲于本年七月二十一日領憑任事緣生母王氏于乾隆三十年七月十五日卒于署内

例應丁憂業經取結報明地方官並呈明大宗主在案今扣至乾隆三十二年十月十五日不

計閏二十七個月服滿理合呈報伏乞照詳施行等情到爵據此擬合轉咨為此合咨

恳准轉咨

貴部請煩查照施行須至咨者

衍聖公府爲報明孔傳錦丁生母憂服滿事致吏部、禮部咨

清乾隆三十二年十二月初三日

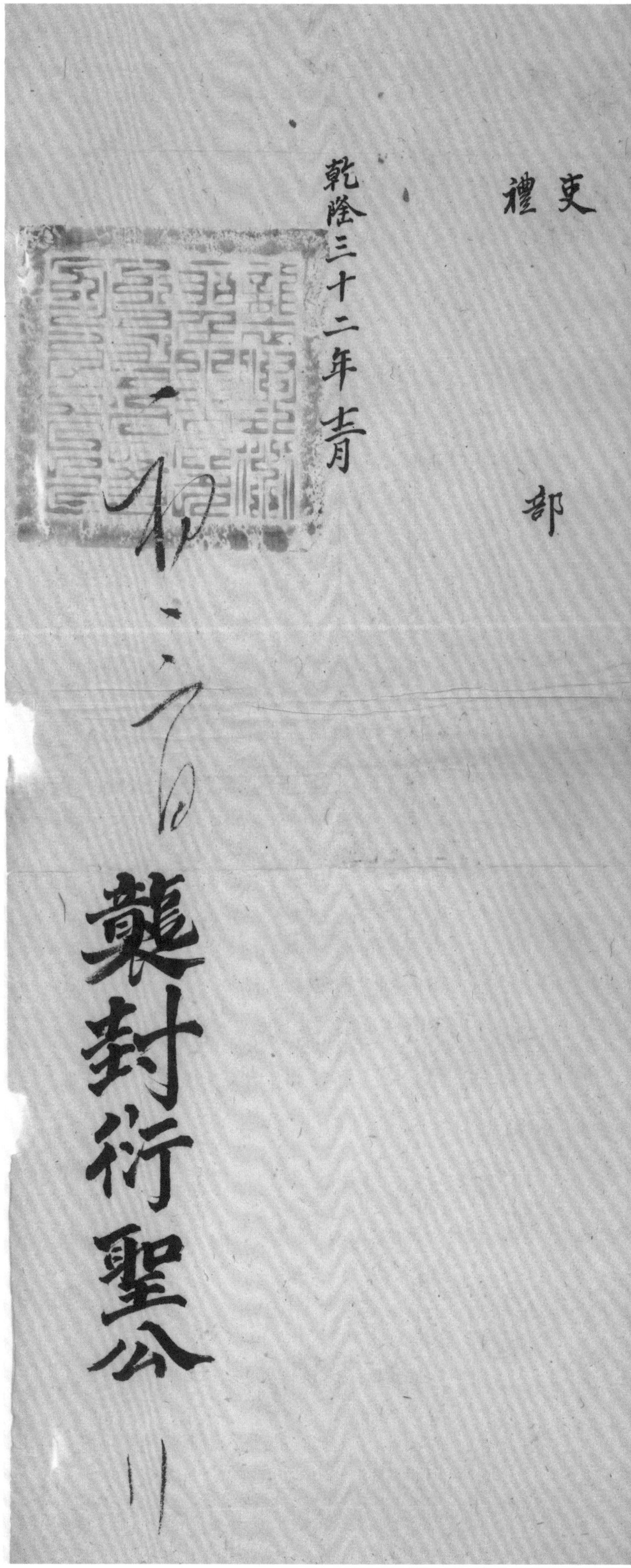
吏
禮
部
乾隆三十二年十二月初三日
襲封衍聖公

具呈世襲翰林院五經博士孔傳錦

呈為遵例請咨送　部考試事切職查定例博士之嫡長[illegible]行承襲者年十五歲以上先行送　部考試等因欽遵在案今職之嫡長

子繼湯序應承襲理合請咨赴　部考試伏乞

大宗主恩准咨送赴　部考試上呈

右　　呈

襲封衍聖公府

衢州孔氏翰林院五經博士孔傳錦爲請咨送嫡長子繼湯赴部考試事致衍聖公府呈

清乾隆三十五年七月

乾隆叁拾伍年柒月

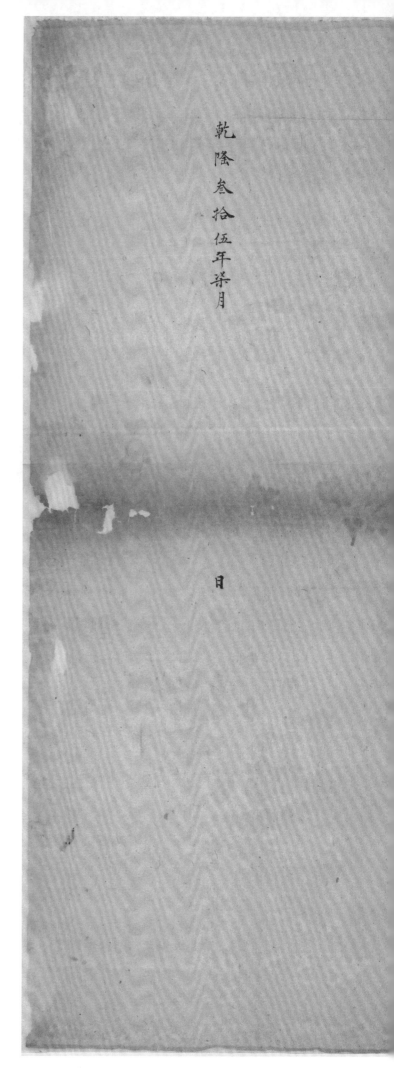

日

襲封衍聖公府為遵例請咨送 部考試事據世襲翰林院五經博士孔傳錦申稱竊查定例 博士之嫡[illegible]
長子應行承襲者年十五歲以上先行送 部考試等因欽遵在案今傳錦之嫡長子繼湯序應承襲理
合請咨赴 部考試伏乞恩准咨送等情到爵據此查雍正二年准
禮部咨開五經博士有奉祀祠廟之職令衍聖公將應行襲職之人年十五歲以上者保送赴 部考試果能文
理通曉註册存案俟承襲時令衍聖公查案具題等因在案查孔繼湯係五經博士孔傳錦 之嫡長子例應
承襲之人今據該博士申送請咨赴考前來相應循例咨送考試為此合咨
貴部請煩查照將孔繼湯考試註册仍祈賜覆施行須至咨者

衍聖公府爲孔傳錦嫡長子繼湯赴部考試事致禮部咨

清乾隆三十五年七月十八日

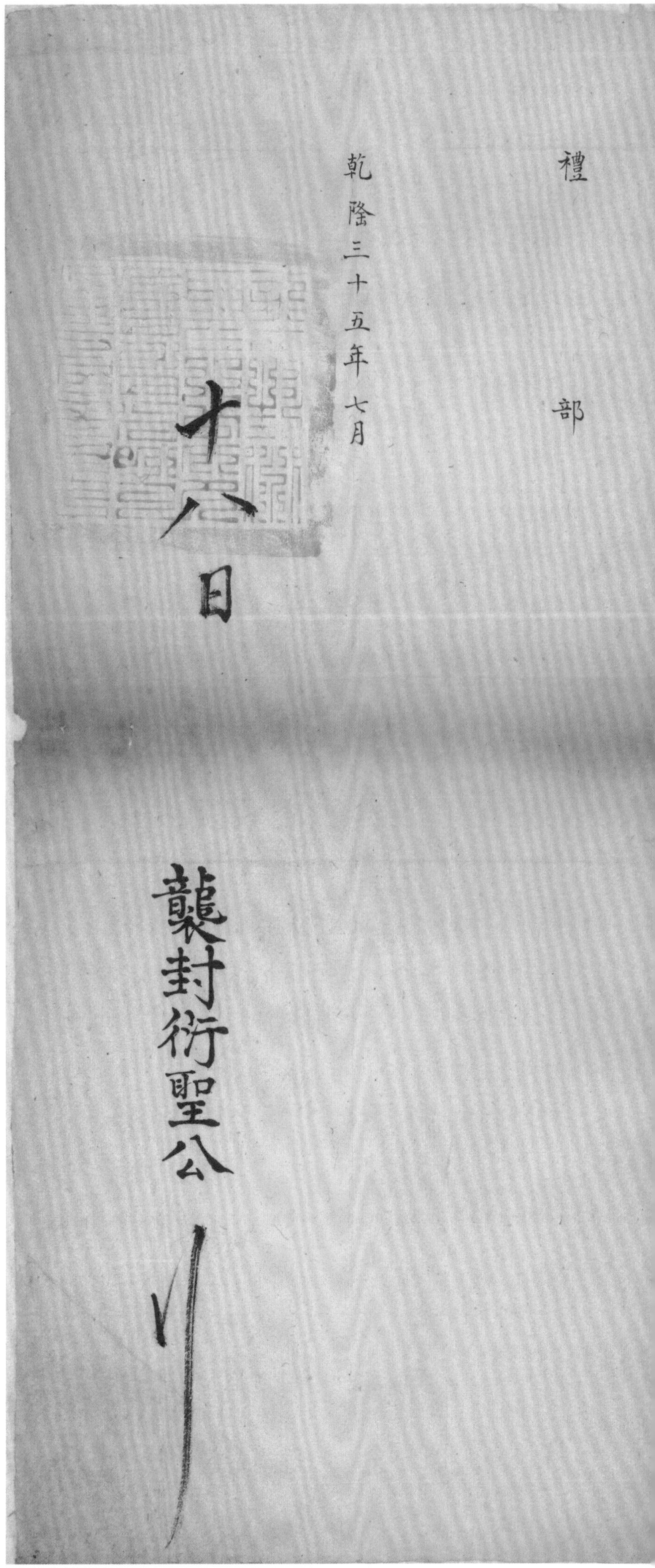
禮部

乾隆三十五年七月十八日

襲封衍聖公

禮部爲准孔繼湯考試注册及改名繼濤事致衍聖公府咨

清乾隆三十五年九月

咨

共

禮部爲咨覆事祠祭司案
呈准衍聖公咨稱據世襲翰
林院五經博士孔傳錦申稱
竊查定例博士之嫡長子
應行承襲者年十五歲以上
先行送部考試等因（欽遵）在案今
傳錦之嫡長子繼湯序應
承襲理合咨請赴部考試伏
乞恩准咨送等情到爵據
此查雍正二年准禮部咨開
五經博士有奉祀祠廟之職
令衍聖公將應行承襲之人
年十五歲以上者保送赴部考
試果能文理通曉註册存案
俟承襲時令衍聖公查案具
題等因在案查孔繼湯係五
經博士孔傳錦之嫡長子例應
承襲之人今據該博士申送請
咨赴考相應循例咨送貴部
將孔繼湯考試註册賜覆等

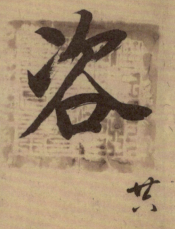

禮部爲准孔繼湯考試注册及改名繼濤事致衍聖公府咨

清乾隆三十五年九月

因前來本部於本年八月二十
八日當堂考試得孔繼湯文尚
清順應准其註冊俟承襲時
照例辦理再查乾隆三十三年
本部議覆陝西學政呈請條
奏學政事宜一疏內開凡生童
命名不合者宜隨時飭改今
該生以繼湯名於乾隆二十七
年取入縣學聖裔生員歷
來未經更正現據該生懇請
將繼湯改名繼濤具呈到部
本部業已據呈改正將繼濤
名註冊相應咨覆衍聖公可
也須至咨者

右咨

衍聖公

乾隆三十五年九月　日

郎中袁

經承陳君右

衍聖公府爲轉發孔繼湯考試注册及改名繼濤事致衢州孔氏翰林院五經博士「孔傳錦」劄付

清乾隆三十五年十月十四日

襲封衍聖公府為咨覆事本年九月二十六日准
禮部咨祠祭司案呈准衍聖公咨稱據世襲翰林院五經博士孔傳錦申稱竊查定例博士之嫡長子應行承襲者年
十五歲以上先行送部考試等因欽遵在案今傳錦之嫡長子繼湯序應承襲理合咨請赴部考試伏乞恩准咨送等情
到爵據此查雍正二年准禮部咨開五經博士有奉祀祠廟之職令衍聖公將應行承襲之人年十五歲以上者保送赴部考試
果能文理通曉註冊存案俟承襲時令衍聖公查案具題等因在案查孔繼湯係五經博士孔傳錦之嫡長子例應承襲之人
今據該博士申送請咨赴考相應循例咨送貴部將孔繼湯考試註冊賜覆等因前來本部於本年八月二十八日當堂考試
得孔繼湯文尚清順應准其註冊俟承襲時照例辦理再查乾隆三十三年本部議覆陝西學政吳綬詔條奏學政事宜一疏內開
凡生童命名不合者宜隨時飭改今該生以繼湯名於乾隆二十七年取入縣學聖裔生員歷來未經更正現據該生懇請將繼湯改
名繼濤具呈到部本部業已據呈改正將繼濤註冊相應咨覆衍聖公可也等因到府准此擬合劄知為此劄付該翰博照依
部咨內事理即便遵照毋違須至劄付者

一 立案

衢州孔翰傳

乾隆三十五年十月

襲封衍聖公 行

○一一一◆題授浙江衢州孔氏翰林院五經博士（六）

清乾隆五十年至五十五年

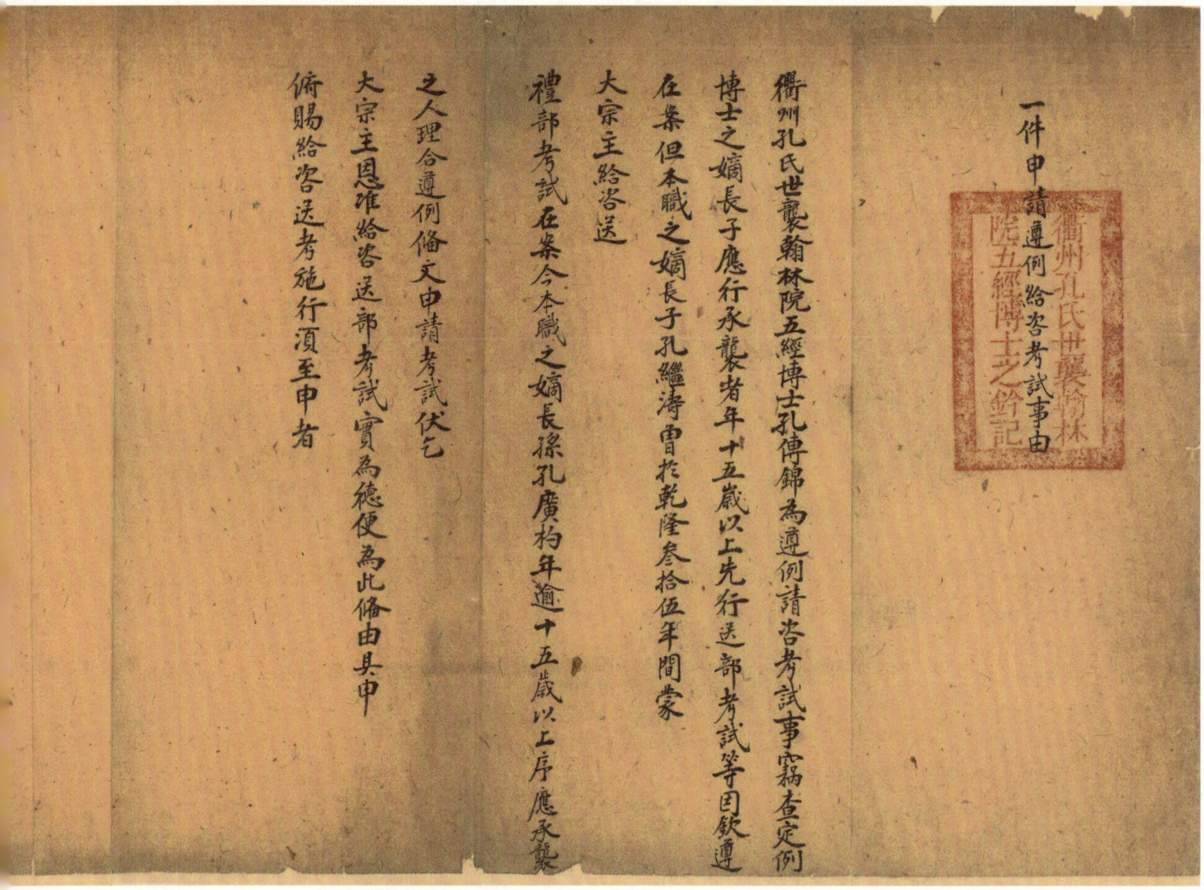

一件申請遵例給咨考試事由

衢州孔氏世襲翰林院五經博士孔傳錦為遵例請咨考試事竊查定例

博士之嫡長子應行承襲者年十五歲以上先行送部考試等因欽遵

在案但本職之嫡長子孔繼濤曾於乾隆叁拾伍年間蒙

大宗主給咨送

禮部考試在案今本職之嫡長孫孔廣杓年逾十五歲以上序應承襲

之人理合遵例備文申請考試伏乞

大宗主恩准給咨送部考試實為德便為此備由具申

俯賜給咨送考施行須至申者

印文：衢州孔氏世襲翰林院五經博士之鈐記

衢州孔氏翰林院五經博士孔傳錦爲請咨送嫡長孫孔廣杓赴部考試事致衍聖公府申

清乾隆五十年正月二十一日

襲封衍聖公府為遵例請咨考試事據衢州孔氏
世襲翰林院五經博士孔傳錦申前事申稱竊查云云送
考等情到爵據此案查雍正二年十月内准
貴部咨為遵
旨議奏事内開五經博士有奉祀祠廟之責令衍聖公將應承
襲之人年十五歲以上者保送赴部考試註冊等因奉
旨依議欽此欽遵在案茲據該博士申送嫡長孫孔廣杓年逾
十五歲序應承襲之人領咨送考前來相應循例咨送
貴部考試為此合咨
貴部請煩查照考試註冊仍祈

衍聖公府爲孔傳錦嫡長孫孔廣杓赴部考試事致禮部咨

清乾隆五十年正月三十日

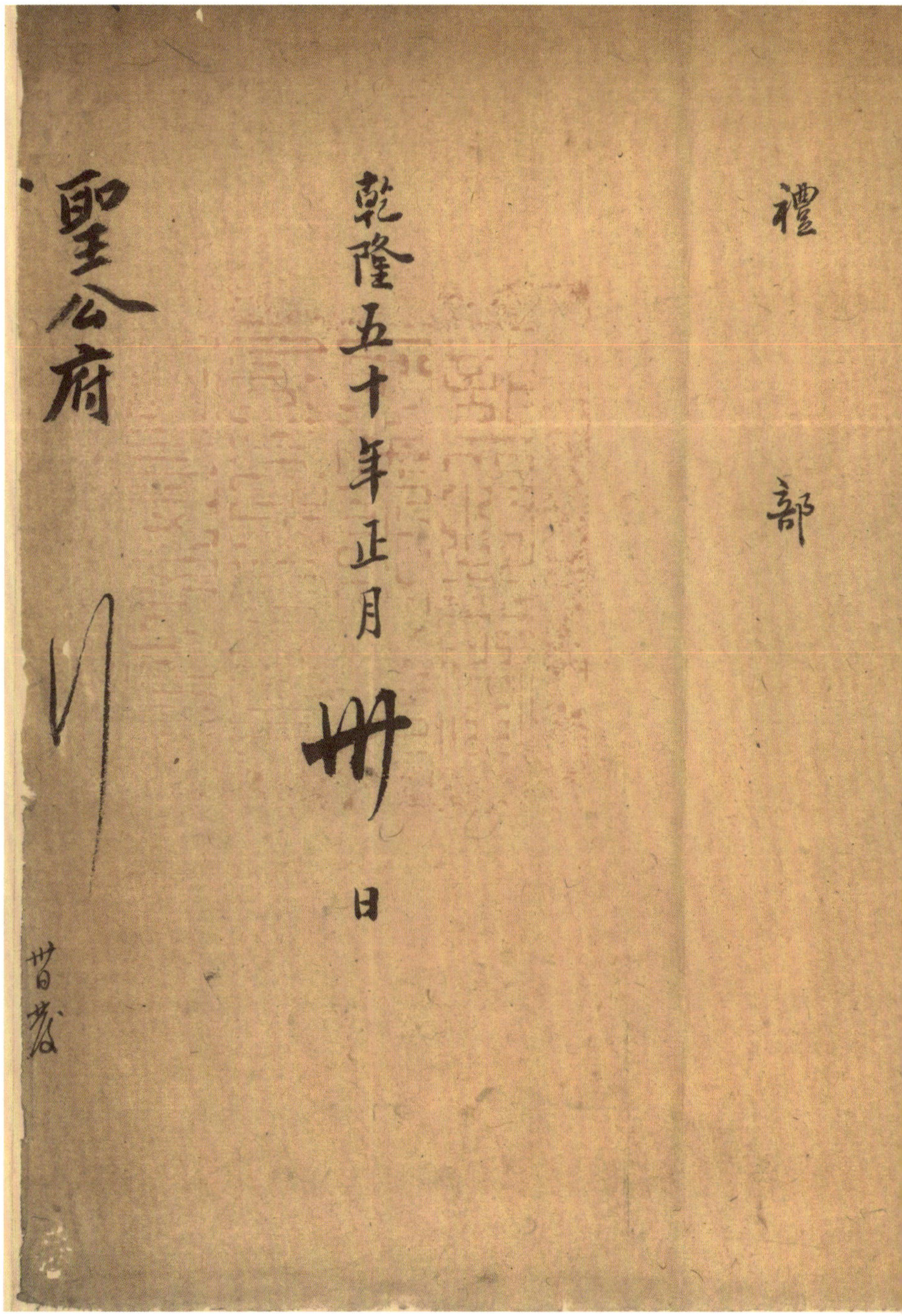

禮部

乾隆五十年正月卅日

聖公府

咨

兵部侍郎兼都察院右副都御史巡撫山東等處地方督理營田兼提督軍務節制全省兵丁訥 為

批稟移咨事。照得本月二十七日據平原縣知

縣吳洵稟稱，本月二十三日戌刻，據世襲翰林

院五經博士孔傳錦家人韓福稟稱，竊自主孔

傳錦年六十四歲，浙江衢州府西安縣人。恭遇

臨雍盛典，隨帶親子候襲五經博士孔繼濤、現任浙

浙江湖州府烏程縣告假訓導孔繼洙、俊秀生

員孔繼泮、孔繼瀠，自原籍赴京聽

講事竣蒙

兵部給發瑞字一百二十一號勘合，于三月十

六日自京回籍。身主向患痔漏，兹因年老虛弱，

長途辛苦，舊病復發，於本月二十三日酉刻行

山東巡撫明［興］爲孔傳錦病故事致衍聖公府咨

清乾隆五十年四月初七日

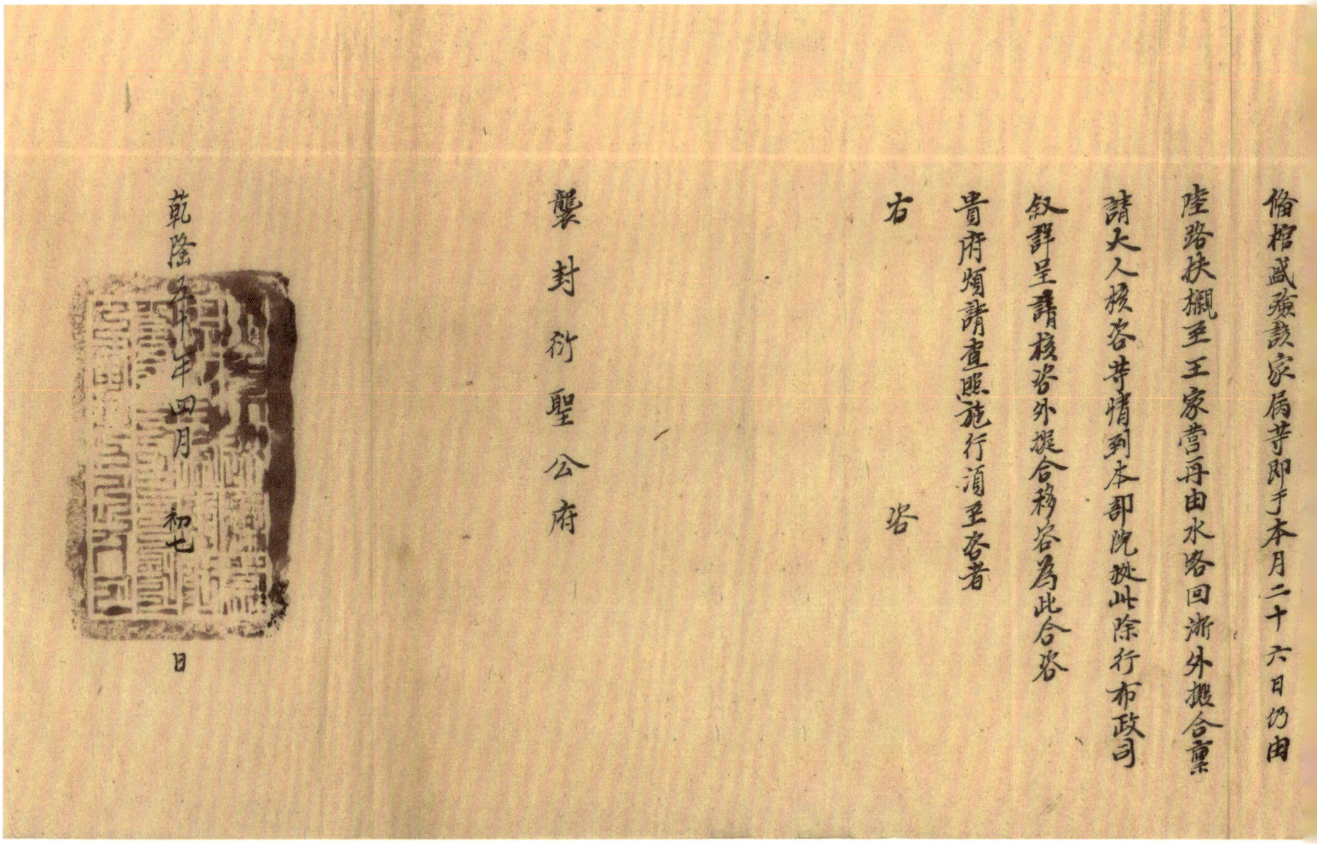
備棺盛殮該家屬等即于本月二十六日仍由
陸路扶櫬至王家營再由水路回浙外擬合稟
請大人核咨等情到本部院據此除行布政司
叙詳呈請核咨外擬合移咨爲此合咨
貴府煩請查照施行須至咨者
右　咨
襲封衍聖公府
乾隆五十年四月初七日

咨

山東等處承宣布政使司為報明病故事據濟南府詳據平原縣詳
稱乾隆五十年三月二十三日據世襲翰林院五經博士孔傳錦
家人韓福稟稱窃身主孔傳錦年陸拾肆歲浙江衢州府
西安縣人恭遇
臨雍盛典隨帶親子候襲五經博士孔繼濤現任浙江湖州府烏程
縣告假訓導孔繼洙俊秀生員孔繼泮孔繼澐自原籍赴京聽
講事竣蒙
兵部給發瑞字一百二十一號勘合於三月十六日自京回籍身
主向患痔漏茲因年老虛弱長途辛苦舊病復發於三月二十
三日酉刻行抵縣境二十里舖病故理合稟明等情據此卑職馳
詣該處查驗無異除飭備棺盛殮該家屬等即於三月二十六

山東布政使司爲孔傳錦病故事致衍聖公府咨

清乾隆五十年四月二十九日

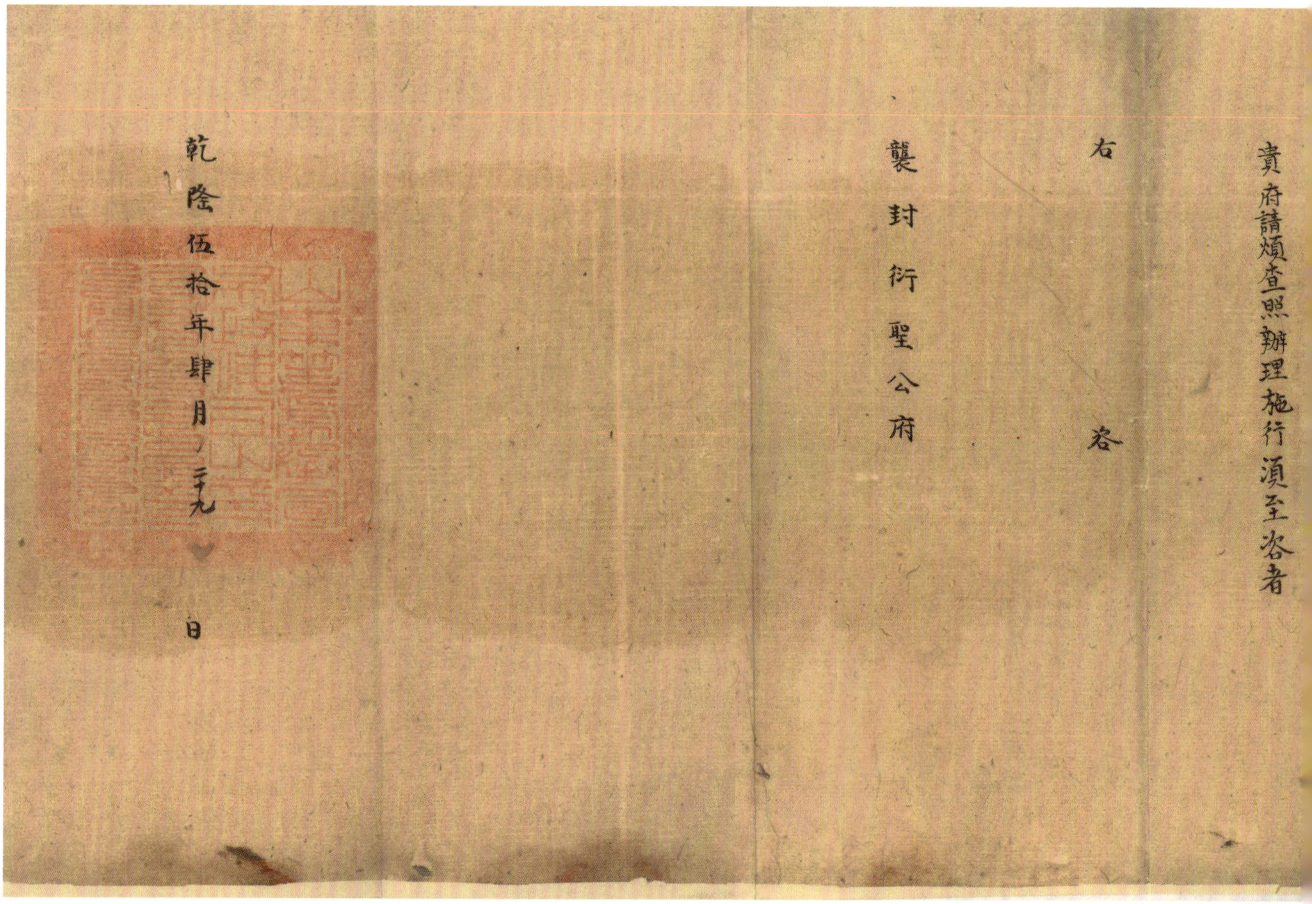

貴府請煩查照辦理施行須至咨者

右　咨

襲封衍聖公府

乾隆伍拾年肆月二十九日

襲封衍聖公紀録一次孔　爲飭知事乾隆五十
年三月二十六日准
禮部咨開祠祭司案呈准衍聖公咨稱衢州孔氏
世襲五経博士之嫡長孫孔廣杓年逾十五歲以
上例應承襲之人送部考試等因前来随據孔
廣杓随文赴到本部於二月十九日當堂考試得
孔廣杓文理通順准其註冊俟承襲時照例具
題可也等因到本爵府准此合行飭知爲此劄付
該博士遵照可也須至劄付者
右劄付衢州孔氏世襲翰林院五經博士准此

衍聖公孔[憲培]爲禮部准孔廣杓注册事致衢州孔氏翰林院五經博士劄付

清乾隆五十年六月十三日

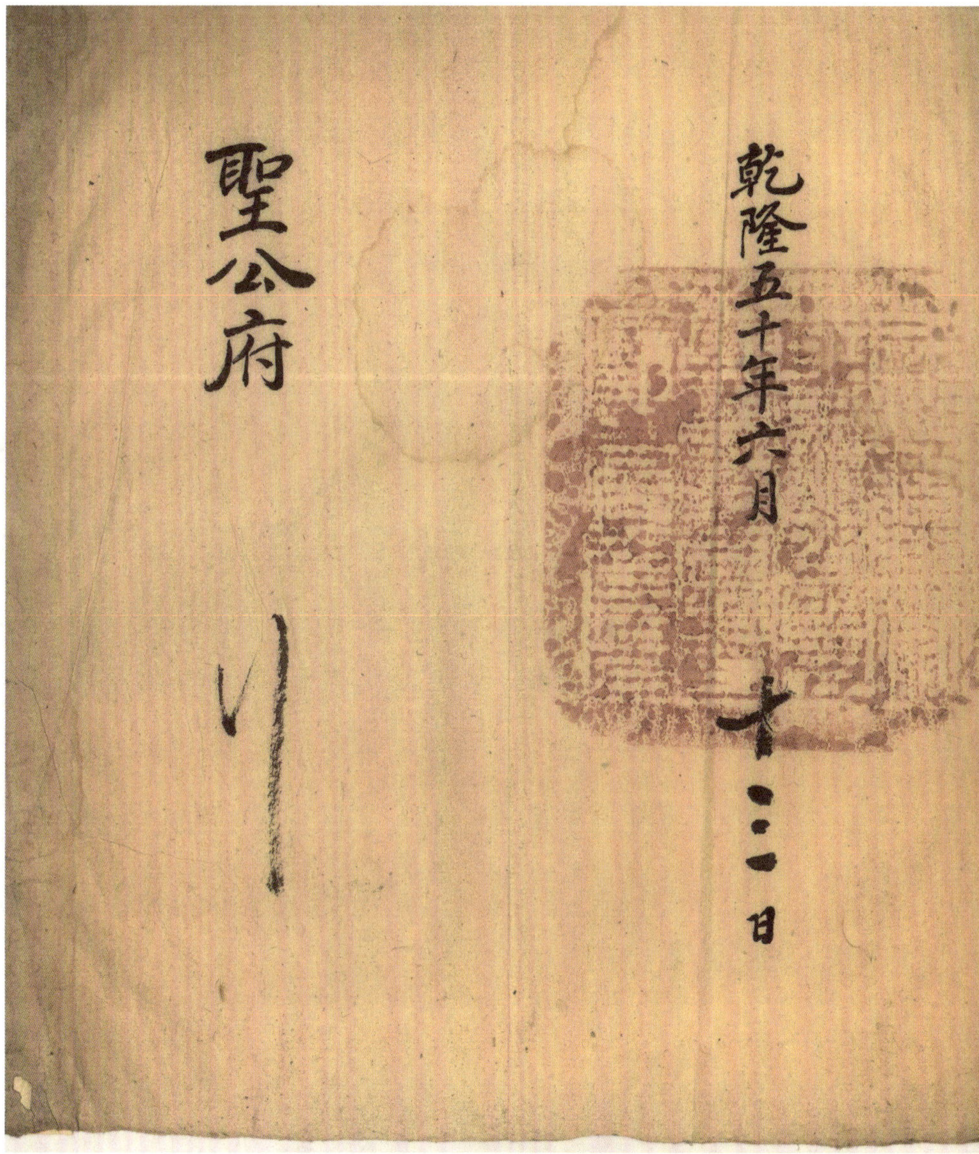
乾隆五十年六月十三日

聖公府

咨

兵部侍郎兼都察院右副都御史巡撫浙江等處地方提督軍務福　為

報明丁憂事據布政司呈称拠衢州府申拠西

安縣申称乾隆五十年五月初十日據呈人韩

福呈称切家主博士孔傳錦奉

旨行取進京恭勳

臨雍盛典事竣回浙于本年三月二十三日行至山

東濟南府平原縣身故當経具稟平原縣主通

報在案家主層襲博士孔継濤係嫡長子例應

丁憂曽經隨侍在傍應于本年三月二十三日

起扣丁憂今于本月初十日扶櫬到籍理合稟

明伏乞據情詳報守制并懇代為申報

襲封衍聖公府具

題寔為德便等情到縣拠此卑職復查無異理合

備文申報仰祈轉詳請咨等情到府轉報到司

浙江巡撫福［崧］爲報明孔繼濤丁父憂事致衍聖公府咨

清乾隆五十年六月二十五日

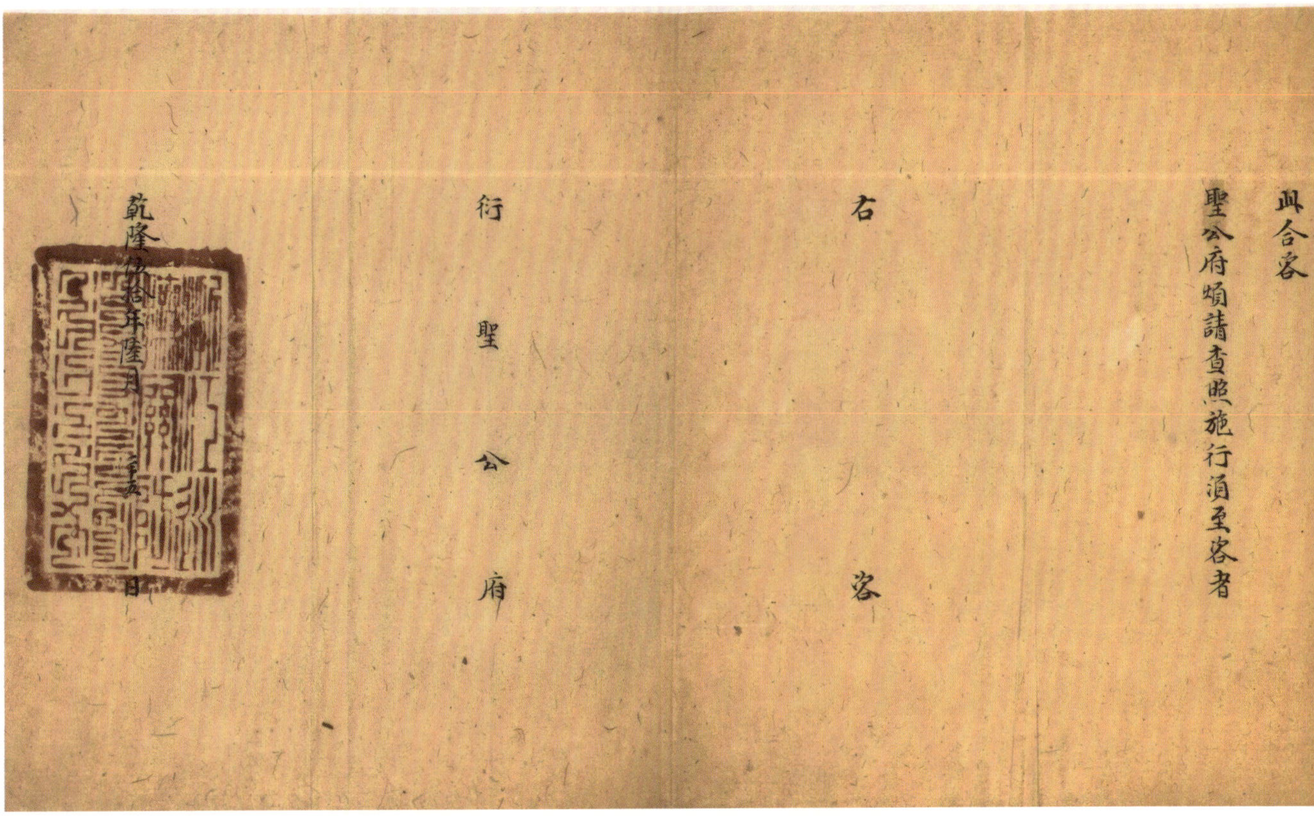

此合咨
聖公府煩請查照施行須至咨者

右咨

衍聖公府

乾隆伍拾年陸月廿五日

襲封衍聖公紀錄一次孔　為報明丁憂事准
浙江巡撫咨開據布政司呈稱云云等因准此
除孔繼濤應襲博士之處俟另疏具
題外所有五経博士孔傳錦於本年三月二十三日
病故應襲博士孔傳濤曾経隨侍應於本年
三月二十三日起扣丁憂之處除咨
吏禮部外相應據情咨報為此合咨
貴部請煩查照註册施行須至咨者
右　咨
吏禮　部

衍聖公孔［憲培］爲報明孔繼濤丁父憂事致吏部、禮部咨

清乾隆五十年八月十二日

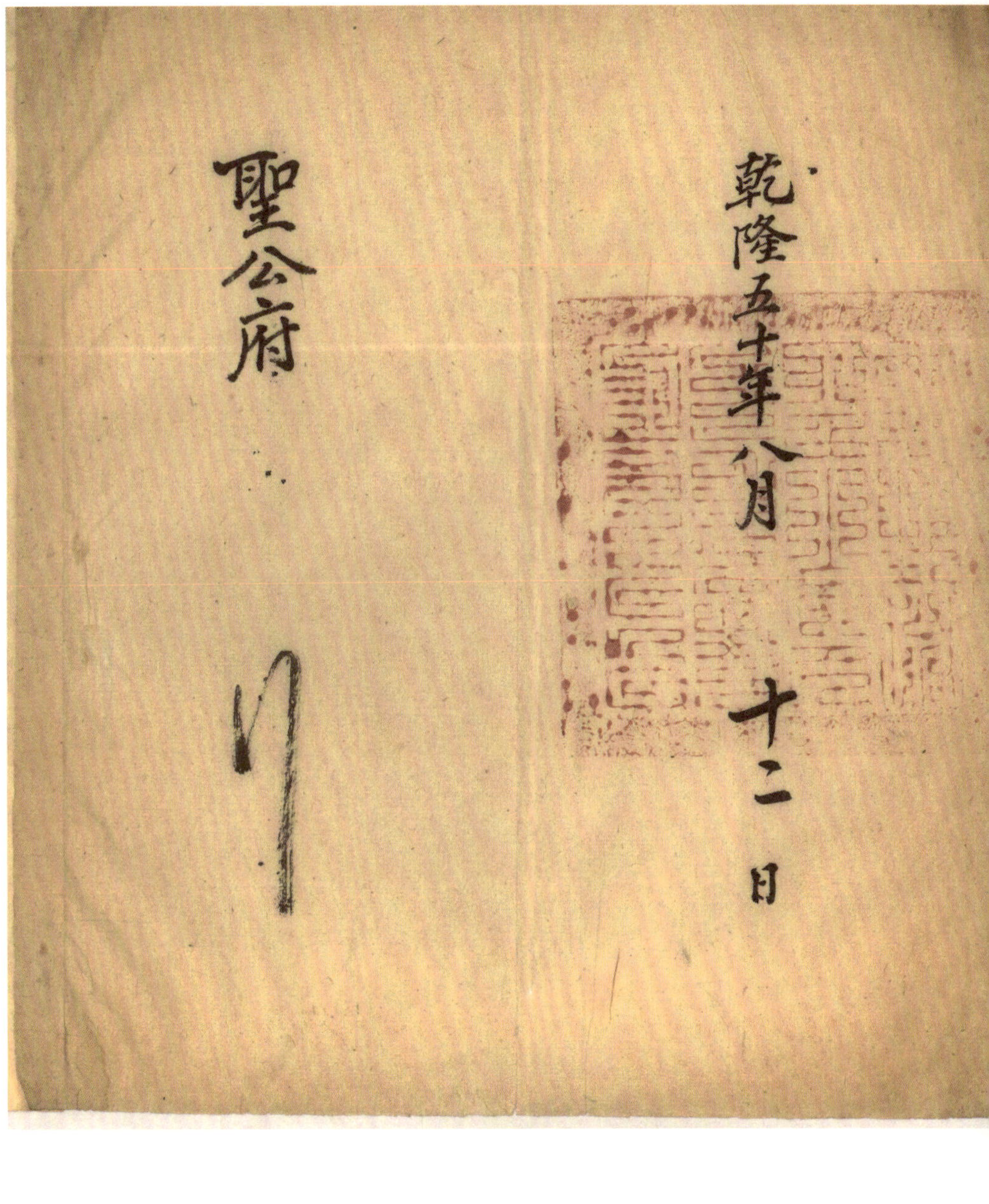

具親供應襲五經博士孔繼濤今具

親供為報明服滿起復事供得本職現年叁拾捌歲身中[illegible]鬚曾祖興燫曾祖母張氏祖毓垣祖母王氏父傳錦以上俱歿母王氏存年陸拾陸歲係浙江衢州府西安縣

至聖裔生員已故衢州孔氏世襲翰林院五經博士傳錦嫡長子遵雍正貳年[illegible]經博士有奉祀祠廟之職應行承襲之人年拾伍歲以上者令 衍聖公保送赴 部考試註冊存案

濤於乾隆叁拾伍年蒙 禮部考試註冊俟承襲時令 衍聖公照例具[illegible]因行知在案緣親父傳錦於乾隆伍拾年奉

旨行取進京恭襄

臨雍盛典事竣回浙於是年叁月貳拾叁日行至山東濟南府平原縣身故濤[illegible]侍在傍當赴平原縣報明丁憂於伍月初拾日扶櫬到籍呈明轉報在案今扣至乾隆伍拾貳年

陸月貳拾叁日不計閏貳拾柒個月服滿例應起復承襲並無過繼短喪抗報情弊中間不敢扶捏所具親供是實

乾隆伍拾貳年 月

日具親供孔繼濤

衢州孔氏應襲翰林院五經博士孔繼濤爲報明丁父憂服滿起復事所具親供

清乾隆五十二年

具親供應襲五經博士孔繼濤今具

親供為報明服滿起復事供得本職現年叁拾捌歲身中面白微鬚籍曾祖興燫曾祖母張氏祖毓垣祖母王氏父傳錦以上俱歿母王氏存年陸拾陸歲係浙江衢州府西安縣

至聖裔生員已故衢州孔氏世襲翰林院五經博士傳錦嫡長子遵雍正貳年之例五經博士有奉祀祠廟之職應行承襲之人年拾伍歲以上者令衍聖公保送赴部考試註冊存

案濤於乾隆叁拾伍年蒙禮部考試註冊俟承襲時令衍聖公照例具題等因行知在案緣親父傳錦於乾隆伍拾年奉

旨行取進京恭襄

臨雍盛典事竣回浙於是年叁月貳拾叁日行至山東濟南府平原縣身故濤隨侍在傍當赴平原縣報明丁憂於伍月初拾日扶櫬到籍呈明轉報在案今扣至乾隆伍拾

貳年陸月貳拾叁日不計閏貳拾柒個月服滿例應起復承襲世職並無過繼短喪抗粮情弊中間不致扶捏所具親供是實

乾隆伍拾貳年　月　日具親供孔繼濤（押）

衢州孔氏應襲翰林院五經博士孔繼濤爲報明丁父憂服滿起復事所具親供

清乾隆五十二年

具親供應襲五經博士孔繼濤今具

親供爲報明服滿起復事供得本職現年叁拾捌歲身[illegible]白微鬚曾祖興燫曾祖母張氏祖毓垣祖母王氏父傳錦以上俱歿母王氏存年陸拾陸歲係浙江衢州府西安縣

至聖裔生員已故衢州孔氏世襲翰林院五經博士傳錦嫡長子遵雍正貳年之例五經博士有奉祀祠廟之職應行承襲之人年拾伍歲以上者令 衍聖公保送赴 部考試

註冊存案濤於乾隆叁拾伍年蒙 禮部考試註冊俟承襲時令 [illegible]聖公照例具題等因行知在案緣親父傳錦於乾隆伍拾年奉

旨行取進京恭襄

臨雍盛典事竣回浙於是年叁月貳拾叁日行至山東濟南府平原縣身[illegible][illegible]隨侍在傍當赴平原縣報明丁憂於伍月初拾日扶櫬到籍呈明轉報在案今扣至乾隆

伍拾貳年陸月貳拾叁日不計閏貳拾柒個月服滿例應起復承襲並無過繼短喪抗粮情弊中間不致扶捏所具親供是實

乾隆伍拾貳年 月 日具親供孔繼濤

衢州孔氏應襲翰林院五經博士孔繼濤爲報明丁父憂服滿起復事所具親供

清乾隆五十二年

具親供應襲五經博士孔繼濤今具

親供為報明服滿起復事供得本職現年叁拾捌歲身中面白微鬚須曾祖興㸌曾祖母張氏祖毓垣祖母王氏父傳錦以上俱歿母王氏存年陸拾陸歲係浙江衢州府西安縣

至聖裔生員已故衢州孔氏世襲翰林院五經博士傳錦嫡長子遵雍正貳年之例五經博士有奉祀祠廟之職應行承襲之人年拾伍歲以上者令　衍聖公保送赴　部考試

註册存案濤於乾隆叁拾伍年蒙　禮部考試註册俟承襲時令　衍聖公照例具題等因行知在案緣親父傳錦於乾隆伍拾年奉

旨行取進京恭襄

臨雍盛典事竣回浙於是年叁月貳拾叁日行至山東濟南府平原縣身故濤隨侍在傍當赴平原縣報明丁憂於伍月初拾日扶櫬到籍呈明轉報在案今扣至乾隆

伍拾貳年陸月貳拾叁日不計閏貳拾柒個月服滿例應起復承襲並無過繼短喪抗粮情弊中間不致扶捏所具親供是實

乾隆伍拾貳年　月　日具親供孔繼濤（押）

衢州孔氏應襲翰林院五經博士孔繼濤爲報明丁父憂服滿起復事所具親供

清乾隆五十二年

具結狀衢州府西安縣壹百肆拾壹庄里隣徐人表毛文斌親族程景先孔[illegible]今具

甘結為報明服滿起復事結得該職孔繼濤現年叁拾捌歲身中面白微鬚曾祖興燫曾祖母張氏祖毓垣祖母王氏父傳錦以上俱歿母王氏存年陸拾陸歲係浙江衢州府西安縣

至聖裔生員已故衢州孔氏世襲翰林院五經博士傳錦嫡長子遵雍正貳年之例五經博士有奉祀祠廟之職應行承襲之人年拾伍歲以上者令　衍聖公保送赴部考試註册存案濤於

乾隆叁拾伍年蒙　禮部考試註册俟承襲時令　衍聖公照例具題等因行知在案　緣親父傳錦於乾隆伍拾年奉

旨行取進京恭襄

臨雍盛典事竣回浙於是年叁月貳拾叁日行至山東濟南府平原縣身故濤隨侍在傍當赴平原縣報明丁憂於伍月初拾日扶櫬到籍呈明轉報在案今扣至乾隆伍拾貳年

陸月貳拾叁日不計閏貳拾柒個月服滿例應起復承襲世職並無過繼短喪抗粮情弊中間不敢扶捏所具甘結是實

衢州府西安縣里鄰徐人表、親族程景先等爲報明孔繼濤丁父憂服滿起復事所具結狀

清乾隆五十二年

卷〇一一一

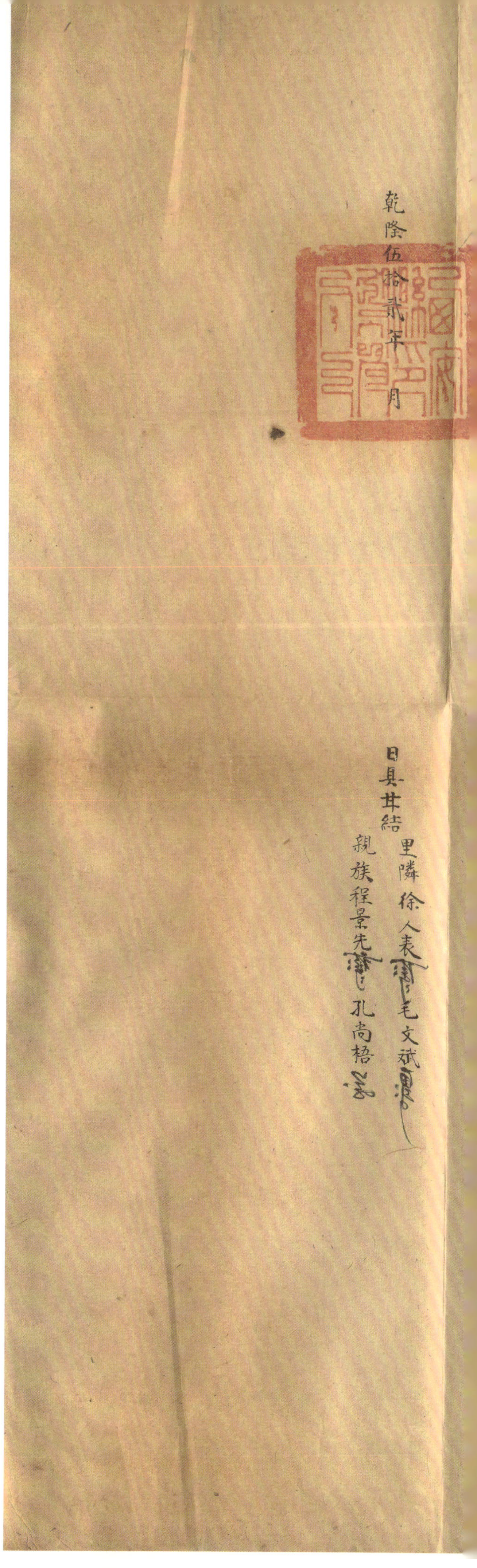
乾隆伍拾貳年　月　日具甘結　里隣徐人表　毛文斌
親族程景先　孔尚梧

具結狀衢州府西安縣壹百肆拾壹庄里鄰徐人表毛文斌親族[illegible]今具

甘結為報明服滿起復事結得該職孔繼濤現年叁拾捌歲身中面白微鬚曾祖興鏞曾祖母張氏祖毓垣祖母王氏父傳錦以上俱歿母王氏存年陸拾陸歲係浙江衢州府西安縣

至聖裔生員已故衢州孔氏世襲翰林院五經博士傳錦嫡長子遵雍正貳年之例五經博士有奉祀祠廟之職應行承襲之人年拾伍歲以上者令衍聖公保送赴部考試註冊存案濤於

乾隆叁拾伍年蒙禮部考試註冊俟承襲時令衍聖公照例具題等因行知在案緣親父傳錦於乾隆伍拾年奉

旨行取進京恭襄

臨雍盛典事竣回浙於是年叁月貳拾叁日行至山東濟南府平原縣身故濤隨侍在傍當赴平原縣報明丁憂於伍月初拾日扶櫬到籍呈明轉報在案今扣至乾隆伍拾貳年

陸月貳拾叁日不計閏貳拾柒個月服滿例應起復承襲世職並無過繼短喪抗糧情弊中間不敢扶捏所具甘結是實

衢州府西安縣里鄰徐人表、親族程景先等爲報明孔繼濤丁父憂服滿起復事所具結狀

清乾隆五十二年

乾隆伍拾貳年　月　日具甘結
里隣徐人表　毛文斌
親族程景先　孔尚梧

具結狀衢州府西安縣壹百肆拾壹莊里隣徐人表毛文斌親族程景先孔尚楷今具

甘結爲報明服滿起復事結得該職孔継涛現年叁拾捌歲身中面白微鬚曾祖興燫曾祖母張氏祖毓垣祖母王氏父傳錦以上俱殁母王氏存年陸拾陸歲係浙江衢州府西安縣

至聖裔生員已故衢州孔氏世襲翰林院五經博士傳錦嫡長子遵雍正貳年之例五經博士有奉祀祠廟之職應行承襲之人年拾伍歲以上者令 衍聖公保送赴 部考試註册存案涛於

乾隆叁拾伍年蒙 禮部考試註册俟承襲時令 衍聖公照例具題等因行知在案緣親父傳錦於乾隆伍拾年奉

旨行取進京恭襄

臨雍盛典事竣回浙於是年叁月貳拾叁日行至山東濟南府平原縣因故涛隨侍在傍當赴平原縣報明丁憂於伍月初拾日扶櫬到籍呈明轉報在案今扣至乾隆伍拾貳年

陸月貳拾叁日不計閏貳拾柒個月服滿例應起復承襲世職並無過継短喪抗粮情弊中間不敢扶捏所具甘結是實

孔府檔案彙編

衢州孔氏卷

衢州府西安縣里鄰徐人表、親族程景先等爲報明孔繼濤丁父憂服滿起復事所具結狀

清乾隆五十二年

乾隆伍拾貳年　月　日具甘結

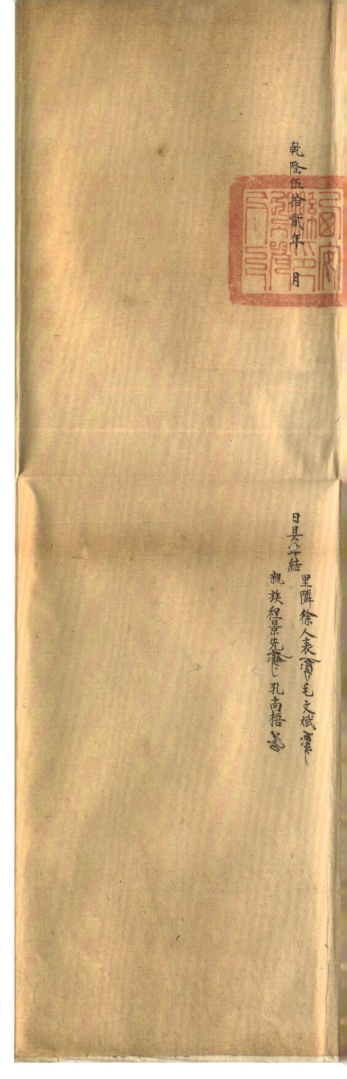

里隣徐人表　毛文斌

親族程景先　孔尚梧

具結狀衢州府西安縣壹百肆拾壹庄里隣徐人表毛文斌親族程景先孔尚楷今具

并結為報明服滿起復事結得孔繼洙現年叁拾陸歲身中面白微鬚須曾祖興燫曾祖母張氏祖毓垣祖母王氏父傳錦以上俱殁母王氏存年陸拾陸歲係浙江衢州府西安縣

至聖裔由廩貢生於乾隆叁拾玖年遵川運例捐訓導即用乾隆肆拾柒年貳月分選授烏程縣訓導於是年捌月貳拾日到任緣親父傳錦於乾隆伍拾年奉

旨行取進京恭襄

臨雍盛典事竣回浙於是年叁月貳拾叁日行至山東濟南府平原縣身故洙 詳明給假隨奉在傍當赴平原縣呈報丁憂於伍月初拾日扶櫬到籍呈明轉報在案今扣至乾隆伍拾貳

年陸月貳拾叁日不計閏貳拾柒個月服滿例應起復赴選並遵例赴省 聽候委用差遣並無過繼短喪抗糧情弊中間不敢扶捏所具并結是實

衢州府西安縣里鄰徐人表、親族程景先等爲報明孔繼濤丁父憂服滿起復事所具結狀

清乾隆五十二年

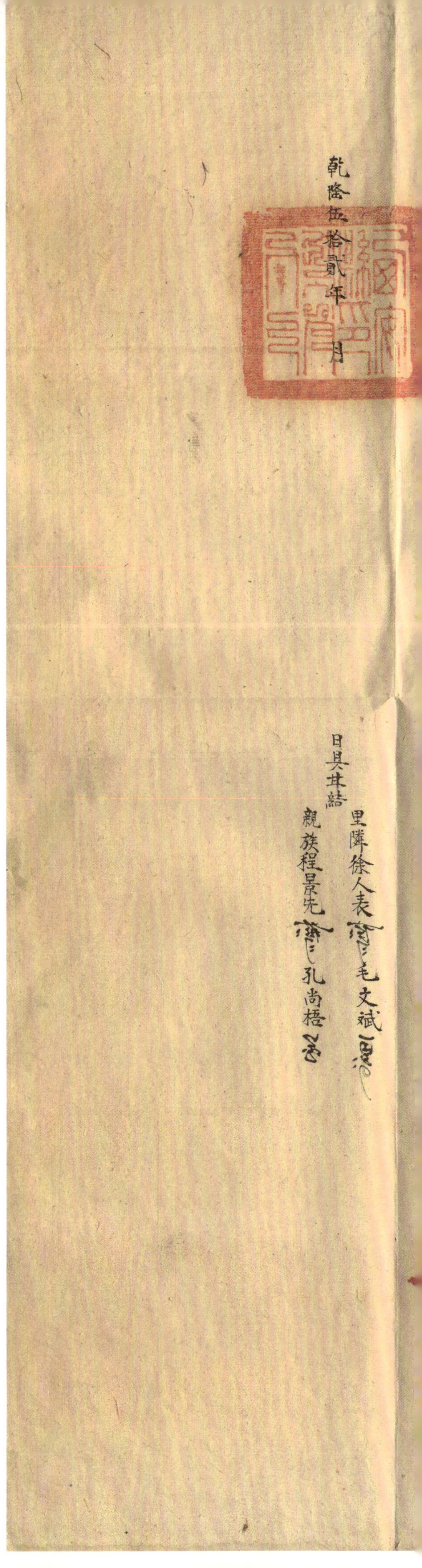
乾隆伍拾貳年　月
日具甘結
里隣徐人表　毛文斌
親族程景先　孔尚梧

具親供應襲五經博士孔繼濤今具

親供為報明服滿起復事供得森職現年叁拾捌歲身中面白微鬚曾祖興嫌曾祖母張氏祖毓垣祖母王氏父傳錦以上俱歿母王氏存年陸拾陸歲係浙江衢州府西安縣

至聖裔告員已故衢州孔氏世襲翰林院五經博士傳錦嫡長子遵雍正貳年之例五經博士有奉祀祠廟之職應行承襲之人年拾伍歲以上者令 衍聖公保送赴 部考試註冊存案

濤於乾隆叁拾伍年蒙 禮部考試註冊候承襲時令 衍聖公照例具題等因行知在案緣親父傳錦於乾隆伍拾年奉

旨行取進京恭襄

臨雍盛典事竣回浙於是年叁月貳拾叁日行至山東濟南府平原縣身故濤隨侍在傍當赴平原縣報明丁憂於伍月初拾日扶櫬到籍呈明轉報在案今扣至乾隆伍拾貳年

陸月貳拾叁日不計閏貳拾柒個月服滿例應起復承襲世職並無過繼短喪抗糧情弊中間不致扶捏所具親供是實

乾隆伍拾貳年柒月

日具親供應襲五經博士孔繼濤

衢州孔氏應襲翰林院五經博士孔繼濤爲報明丁父憂服滿起復事所具親供

清乾隆五十二年七月

具結狀衢州府西安縣壹百肆拾壹庄里隣徐人表毛文斌親族程景先孔尚捂今具

甘結為報明服滿起復事結得該職現年叁拾捌歲身中面白微鬚須曾祖興燫曾祖母張氏祖毓垣祖母王氏父傳錦以上俱歿母王氏存年陸拾陸歲係浙江衢州府縣

至聖裔生員已故衢州孔氏世襲翰林院五經博士傳錦嫡長子遵雍正貳年之例五經博士有奉祀祠廟之職應行承襲之人年拾伍歲以上者令　衍聖公保送赴　部考試註册存案

濤於乾隆叁拾伍年蒙　禮部考試註册俟承襲時令　衍聖公照例具題等因行知在案緣親父傳錦於乾隆伍拾年奉

旨行取進京恭襄

臨雍盛典事竣回浙於是年叁月貳拾叁日行至山東濟南府平原縣身故濤隨侍在傍當赴平原縣報明丁憂於伍月初拾日扶櫬到籍呈明轉報在案今扣至乾隆伍拾貳年

陸月貳拾叁日不計閏貳拾柒個月服滿例應起復承襲世職並無過繼短喪抗粮情弊中間不致扶捏所具甘結是實

乾隆伍拾貳年柒月　日具甘結　里隣徐人表　毛文斌

親族程景先　孔尚捂

衢州府西安縣里鄰徐人表、親族程景先等爲報明孔繼濤服滿起復事所具結狀

清乾隆五十二年七月

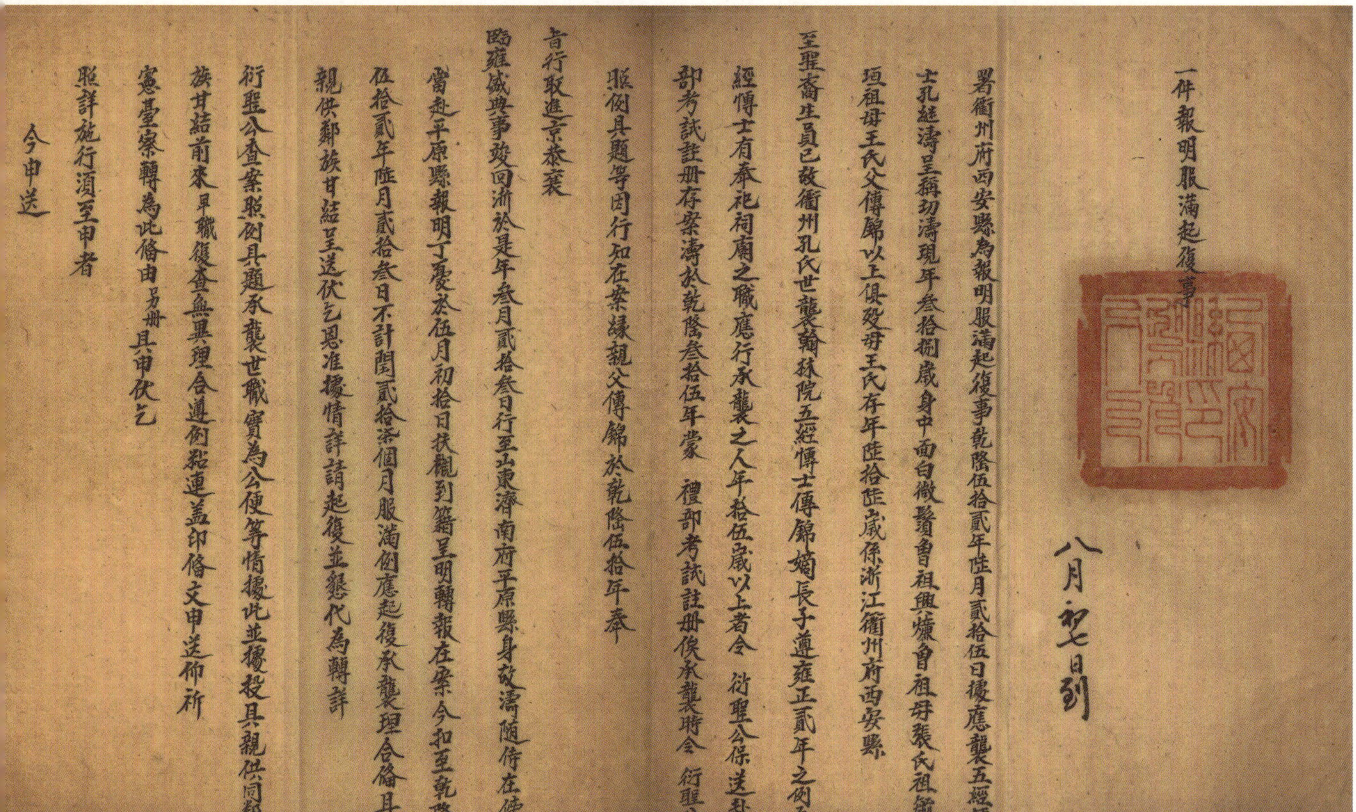

一件報明服滿起復事

八月初七日到

署衢州府西安縣為報明服滿起復事乾隆伍拾貳年陸月貳拾伍日據應襲五經博
士孔毓濤呈稱切濤現年叁拾捌歲身中面白微鬚曾祖興燫曾祖母龔氏祖毓
垣祖母王氏父傳錦以上俱歿母王氏存年陸拾陸歲係浙江衢州府西安縣
至聖裔生員已故衢州孔氏世襲翰林院五經博士傳錦嫡長子遵雍正貳年之例五
經博士有奉祀祠廟之職應行承襲之人年拾伍歲以上者令　衍聖公保送赴
部考試註册存案濤於乾隆叁拾伍年蒙　禮部考試註册俟承襲時令　衍聖公
照例具題等因行知在案緣親父傳錦於乾隆伍拾年奉
旨行取進京恭襄
臨雍盛典事竣回浙於是年叁月貳拾叁日行至山東濟南府平原縣身故濤隨侍在傍
當赴平原縣報明丁憂於伍月初拾日扶櫬到籍呈明轉報在案今扣至乾隆
伍拾貳年陸月貳拾叁日不計閏貳拾柒個月服滿例應起復承襲理合備具
親供鄰族甘結呈送伏乞恩准據情詳請起復並懇代為轉詳
衍聖公查案照例具題承襲世職實為公便等情據此並據役具親供同鄰
族甘結前來卑職復查無異理合遵例粘連蓋印備文申送仰祈
憲臺察轉為此備由另册具申伏乞
照詳施行須至申者
今申送

署衢州府西安縣知縣李秉鑰爲報明孔繼濤丁父憂服滿起復事致衍聖公孔［憲培］申

清乾隆五十二年七月十八日

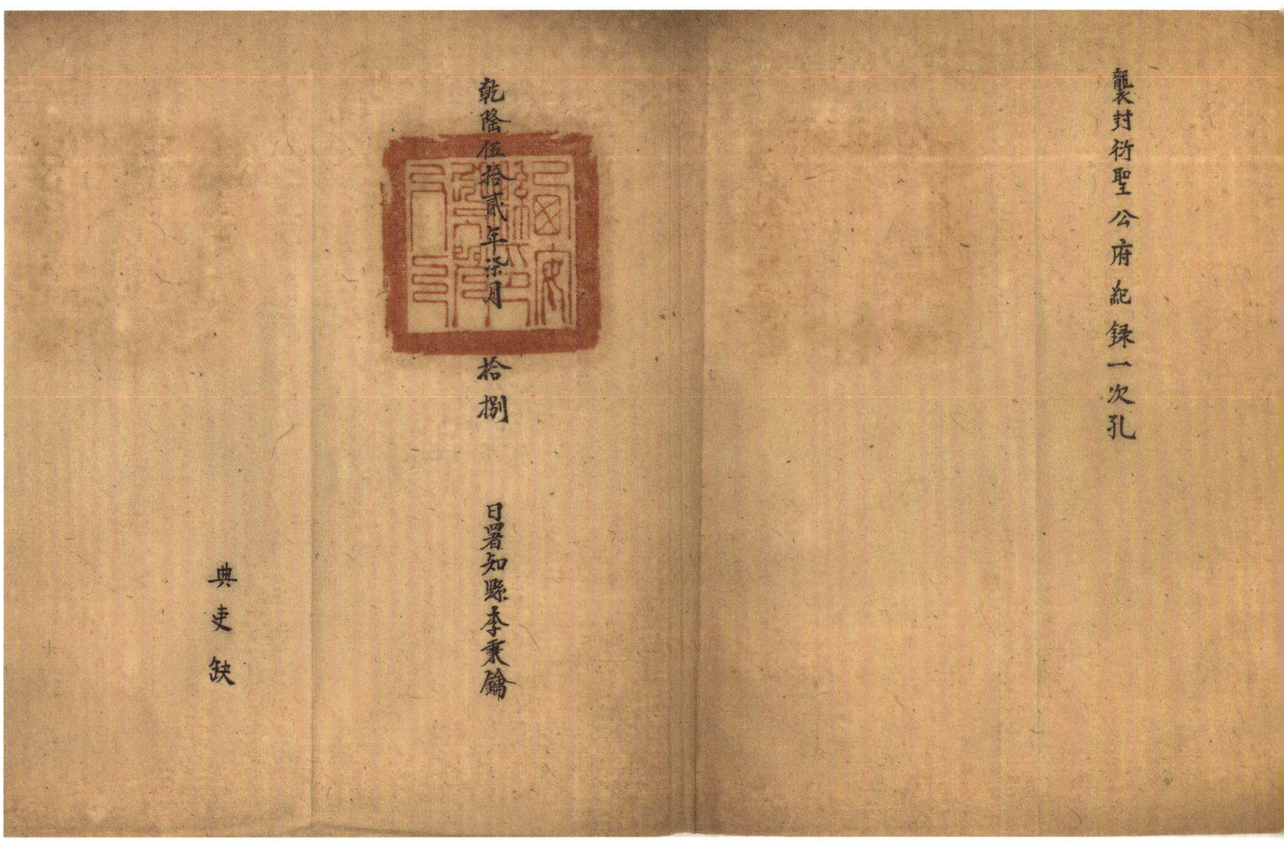
襲封衍聖公府紀錄一次孔

乾隆伍拾貳年柒月拾捌日署知縣李秉鑰

典吏缺

署衢州府西安縣知縣李秉鑰申詳應襲五經博士孔繼濤服滿起復緣由書冊

清乾隆五十二年七月

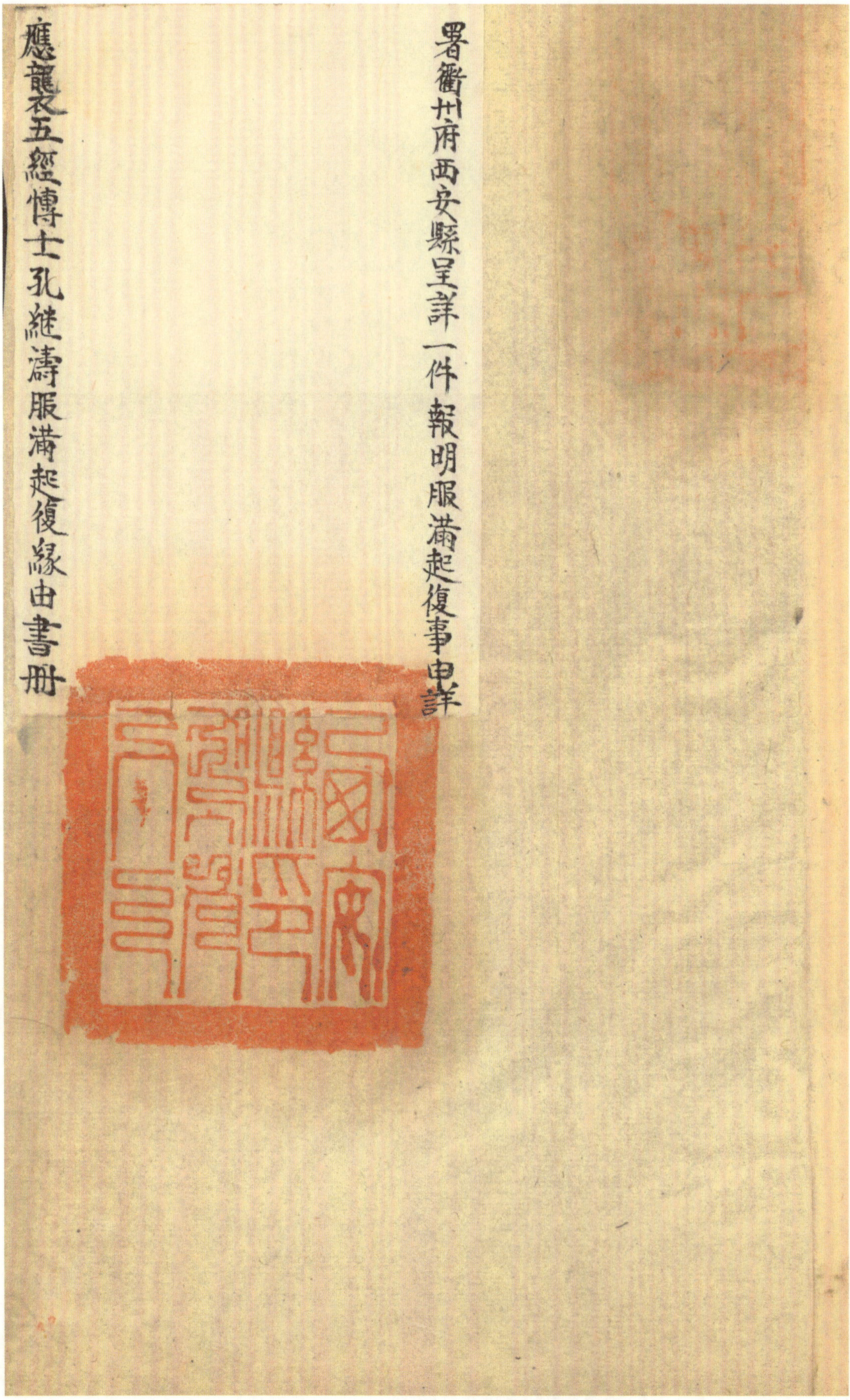
署衢州府西安縣呈詳一件報明服滿起復事申詳
應襲五經博士孔繼濤服滿起復緣由書冊

署衢州府西安縣知縣李秉鑰申詳應襲五經博士孔繼濤服滿起復緣由書冊

清乾隆五十二年七月

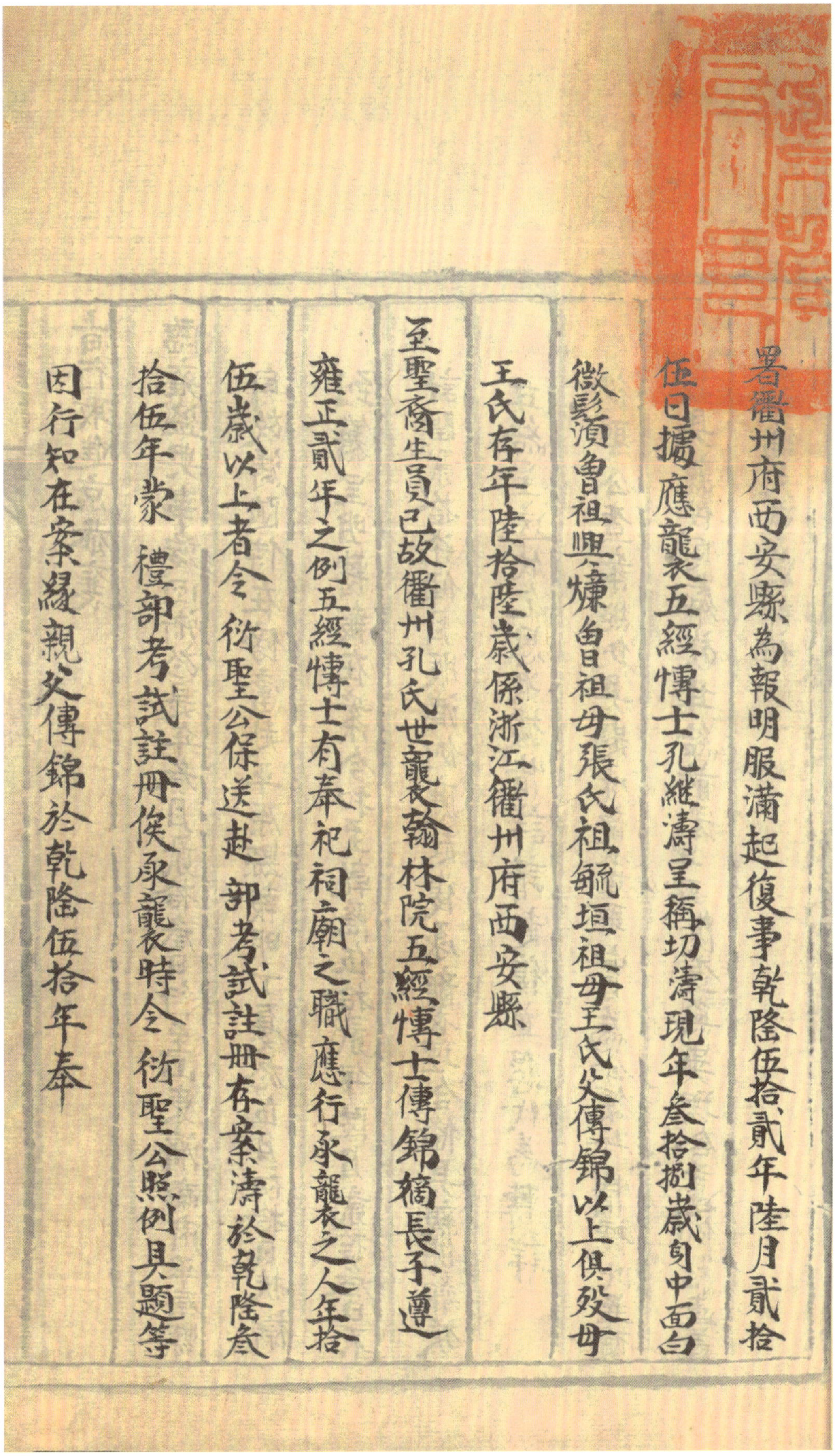
署衢州府西安縣為報明服滿起復事乾隆伍拾貳年陸月貳拾
伍日據應襲五經博士孔継濤呈稱切濤現年叁拾捌歲身中面白
微髭須曾祖興燫曾祖母張氏祖毓垣祖母王氏父傳錦以上俱歿母
王氏存年陸拾陸歲係浙江衢州府西安縣
至聖裔生員已故衢州孔氏世襲翰林院五經博士傳錦嫡長子遵
雍正貳年之例五經博士有奉祀祠廟之職應行承襲之人年拾
伍歲以上者令 衍聖公保送赴 部考試註冊存案濤於乾隆叁
拾伍年蒙 禮部考試註冊俟承襲時令 衍聖公照例具題等
因行知在案緣親父傳錦於乾隆伍拾年奉

署衢州府西安縣知縣李秉鑰申詳應襲五經博士孔繼濤服滿起復緣由書册

清乾隆五十二年七月

旨行取進京恭襲
臨雍盛典事竣回浙於是年叁月貳拾叁日行至山東濟南府平原縣
身故濤隨侍在傍當赴平原縣報明丁憂於伍月初拾日扶櫬
到籍呈明轉報在案今扣至乾隆伍拾貳年陸月貳拾叁日不
計閏貳拾柒個月服滿例應起復承襲理合備具親供鄰族
甘結呈送伏乞恩准據情詳請起復並懇代為轉詳
衍聖公查案照例具題承襲世職實為公便等情據此並據
投具親供同鄰族甘結前來卑職復查無異理合遵例粘連蓋
印備文申送仰祈

署衢州府西安縣知縣李秉鑰申詳應襲五經博士孔繼濤服滿起復緣由書冊

清乾隆五十二年七月

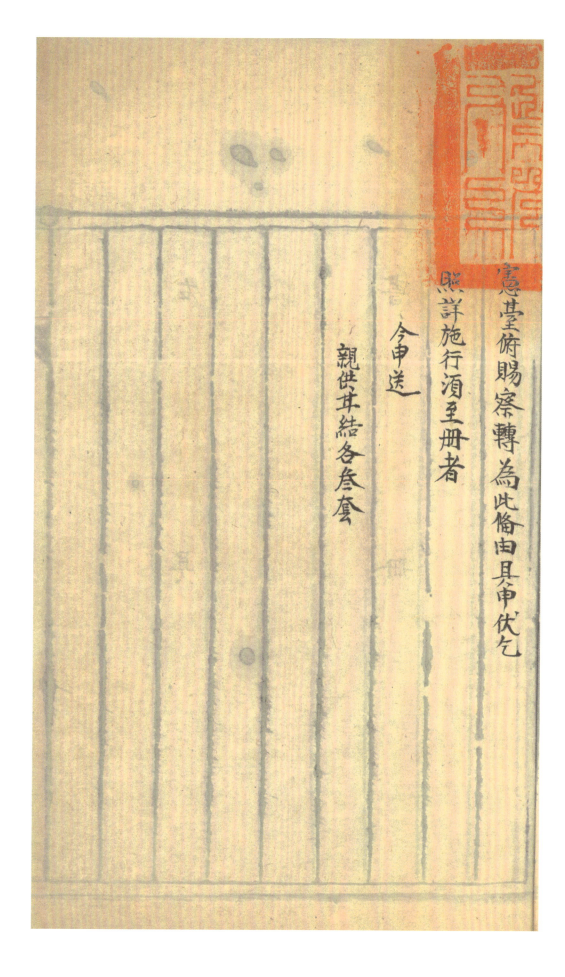

憲臺俯賜察轉為此備由具申伏乞
照詳施行須至冊者
今申送
親供甘結各叁套

署衢州府西安縣知縣李秉鑰申詳應襲五經博士孔繼濤服滿起復緣由書冊

清乾隆五十二年七月

右具

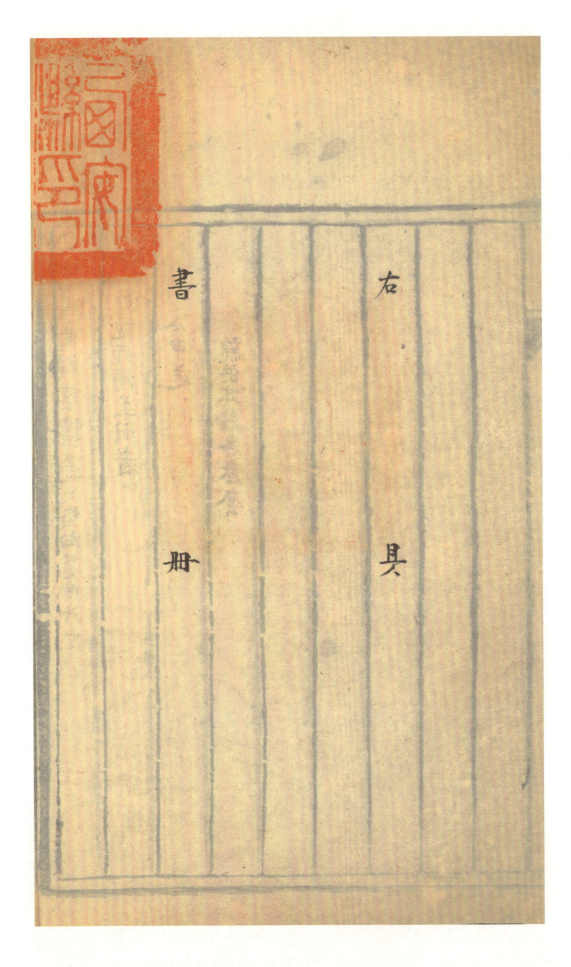

書冊

署衢州府西安縣知縣李秉鑰申詳應襲五經博士孔繼濤服滿起復緣由書冊

清乾隆五十二年七月

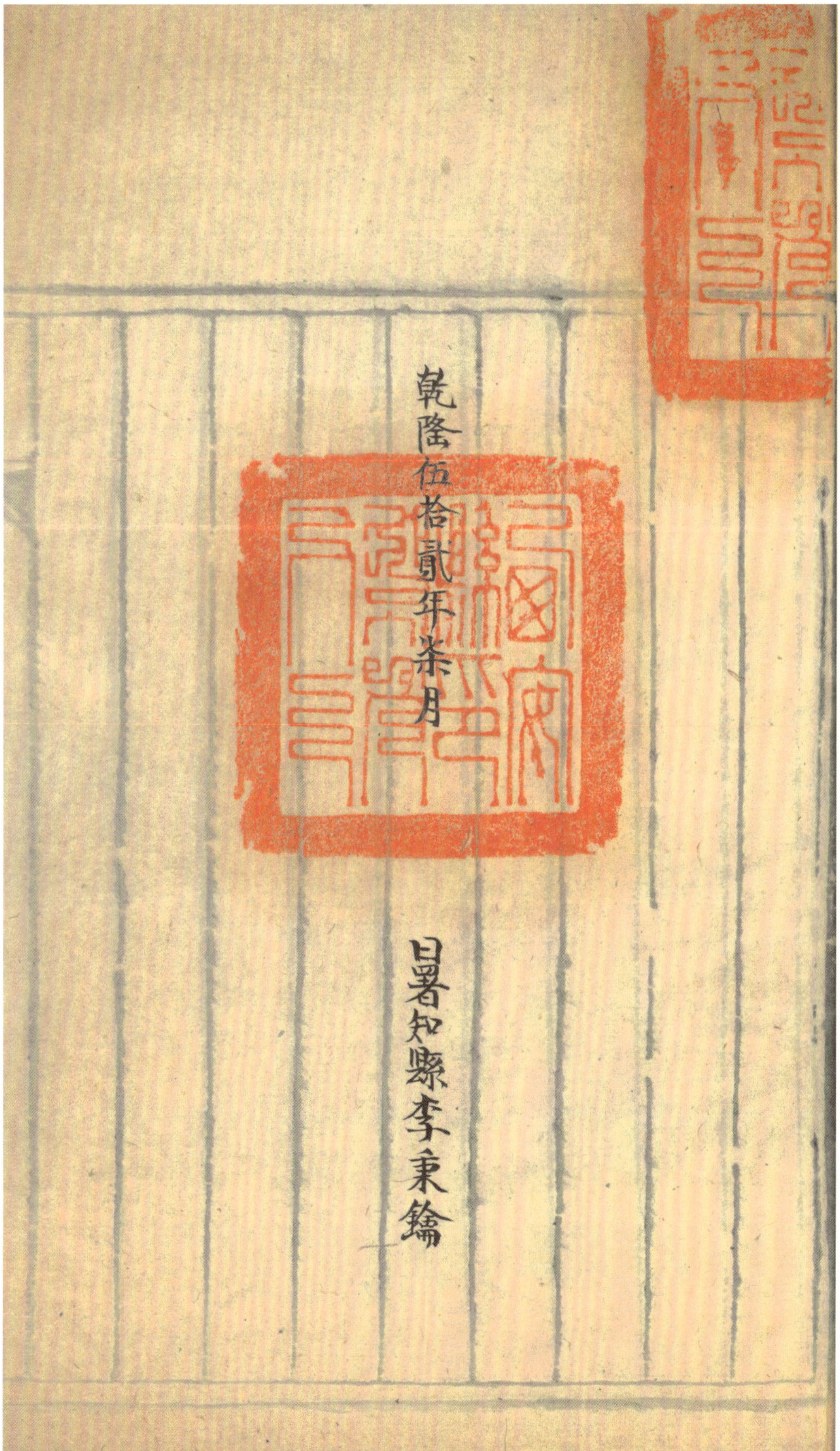
乾隆伍拾貳年柒月

署知縣李秉鑰

衍聖公孔［憲培］爲速將服滿緣由呈報并束裝來曲事致衢州孔氏翰林院五經博士［孔繼濤］劄付

清乾隆五十二年八月初五日

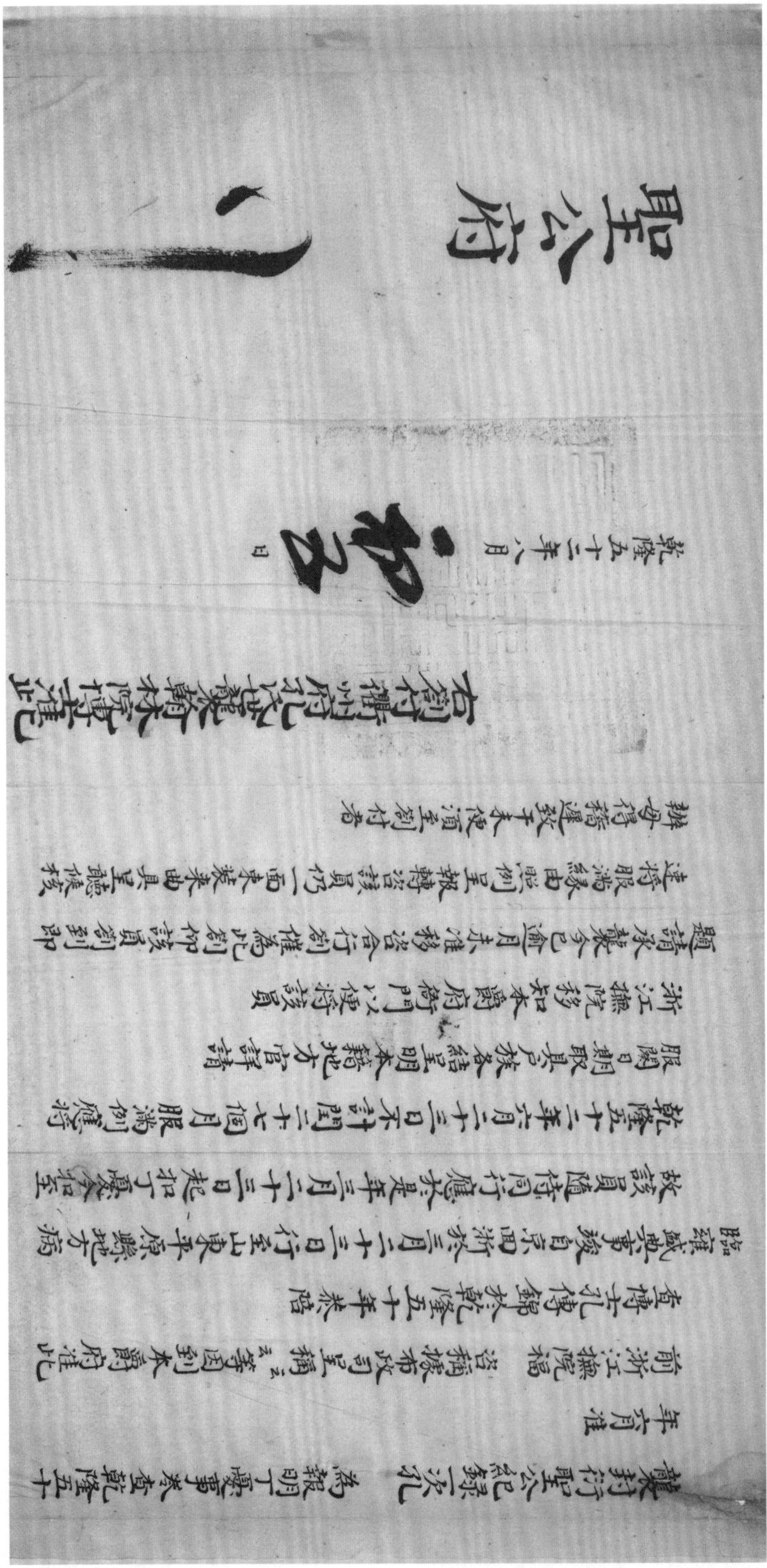

襲封衍聖公紀録一次孔　爲報明丁憂事案查乾隆五十
年六月准
前浙江撫院福　咨稱據布政司呈稱云云等因到本爵府准此
查博士孔傳錦於乾隆五十年恭陪
臨雍盛典事竣自京回浙於三月二十三日行至山東平原縣地方病
故該員隨侍同行應於是年三月二十三日起扣丁憂今扣至
乾隆五十二年六月二十三日不計閏二十七個月服滿例應將
服闋日期取具户族各結呈明本籍地方官詳請
浙江撫院移知本爵府衙門以便將該員
題請承襲今已逾月未准移咨合行劄催爲此劄仰該員劄到即
速將服滿緣由照例呈報轉咨該員仍一面束裝來曲具呈聽候核
辦毋得藉遲致干未便須至劄付者
右劄付衢州府孔氏世襲翰林院博士准此
乾隆五十二年八月初五日
聖公府

衍聖公孔［憲培］爲報明孔繼濤丁父憂服滿起復事致禮部咨

清乾隆五十二年九月二十九日

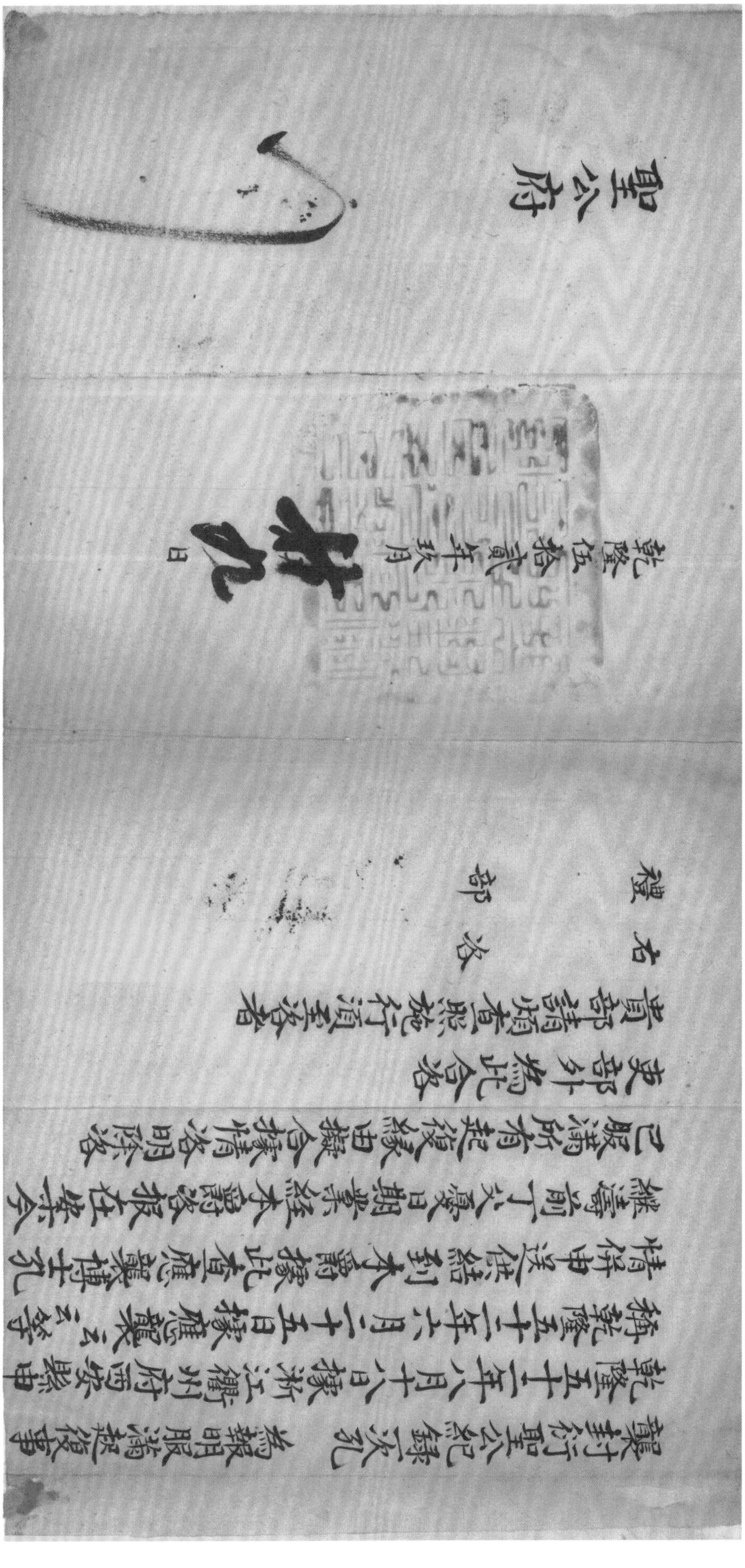
襲封衍聖公紀録一次孔　爲報明服滿起復事
乾隆五十二年八月十八日據浙江衢州府西安縣申
稱乾隆五十二年六月二十五日據應襲云云等
情併申送供結到本爵據此查應襲博士孔
繼濤前丁父憂日期業經本爵咨報在案今
已服滿所有起復緣由擬合據情咨明除咨
吏部外爲此合咨
貴部請煩查照施行須至咨者
右　咨
禮　部
乾隆伍拾貳年玖月　廿九　日
聖公府

衍聖公孔［憲培］爲報明孔繼濤丁父憂服滿起復事致吏部、禮部咨

清乾隆五十二年九月二十九日

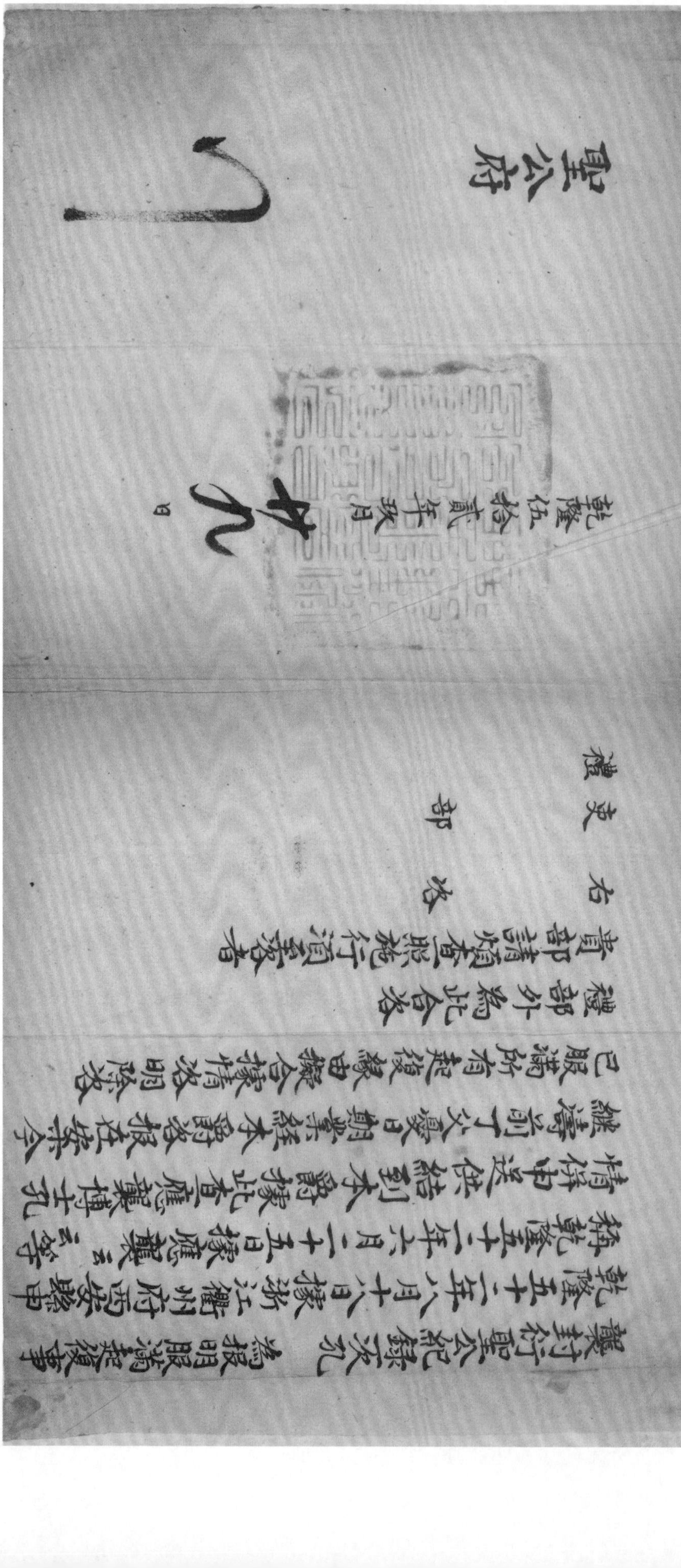

襲封衍聖公紀録一次孔　為報明服滿起復事
乾隆五十二年八月十八日據浙江衢州府西安縣申
稱乾隆五十二年六月二十五日據應襲云云等
情併申送供結到本爵據此查應襲博士孔
繼濤前丁父憂日期業經本爵咨報在案今
已服滿所有起復緣由擬合據情咨明除咨
禮部外為此合咨
貴部請煩查照施行須至咨者
右　咨
吏　部
禮
乾隆伍拾貳年玖月廿九日
聖公府

浙江巡撫覺羅［琅玕］爲報明孔繼濤丁父憂服滿起復事致衍聖公孔［憲培］咨

清乾隆五十二年九月二十六日

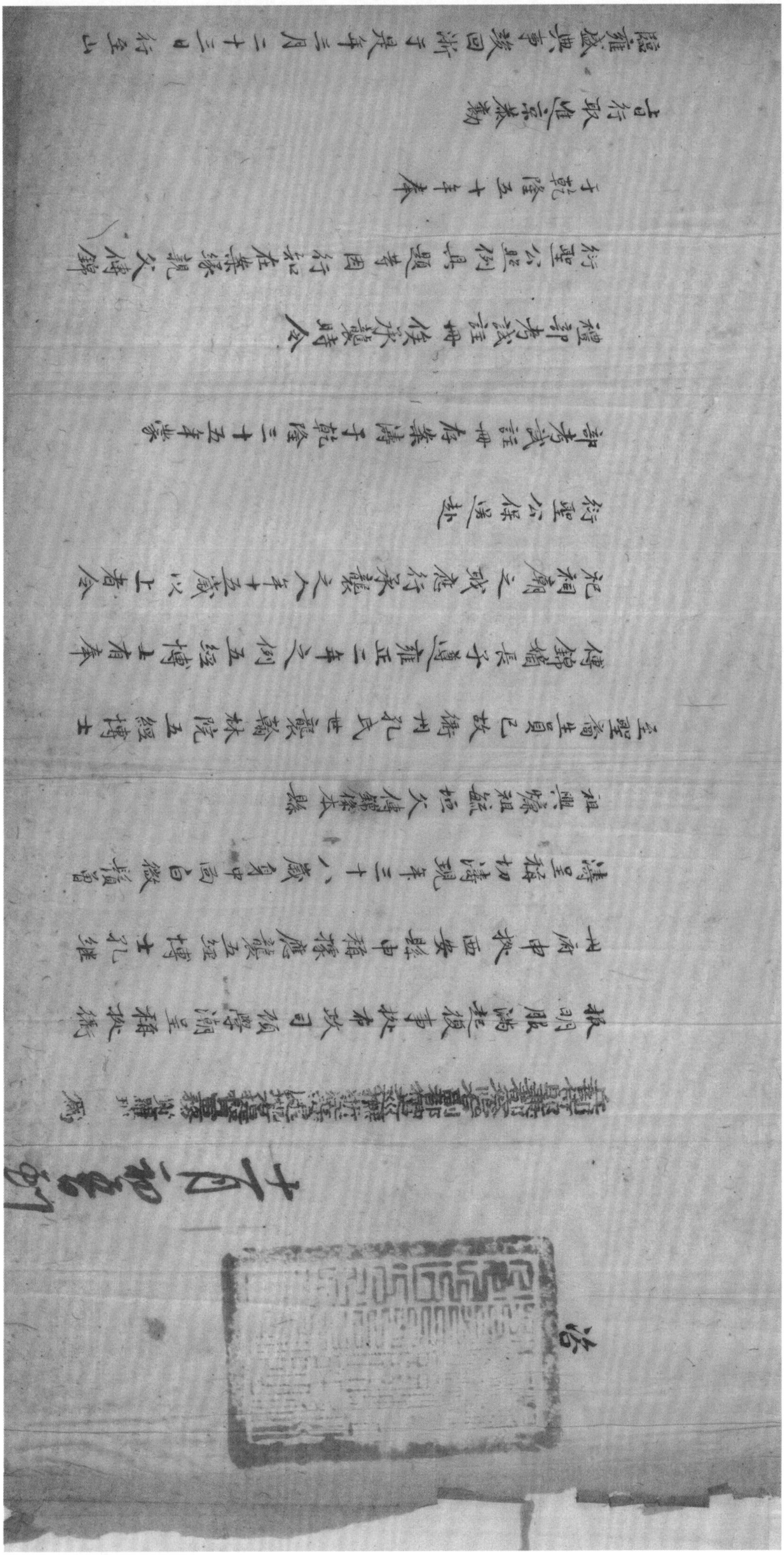
咨
兵部侍郎兼都察院右副都御史巡撫浙江等處地方提督軍務覺羅琅 爲
報明服滿起復事據布政司顧學潮呈稱據衢
州府申據西安縣申稱據應襲五經博士孔繼
濤呈稱切濤現年三十八歲身中面白微鬚曾
祖興燫祖毓垣父傳錦係本縣
至聖裔生員已故衢州孔氏世襲翰林院五經博士
傳錦嫡長子遵雍正二年之例五經博士有奉
祀祠廟之職應行承襲之人年十五歲以上者令
衍聖公保送赴
部考試註冊存案濤于乾隆三十五年蒙
禮部考試註冊俟承襲時令
衍聖公照例具題等因行知在案緣親父傳錦
于乾隆五十年奉
旨行取進京恭勷
臨雍盛典事竣回浙于是年三月二十三日行至山
十月初五到

浙江巡撫覺羅［琅玕］爲報明孔繼濤丁父憂服滿起復事致衍聖公孔［憲培］咨

清乾隆五十二年九月二十六日

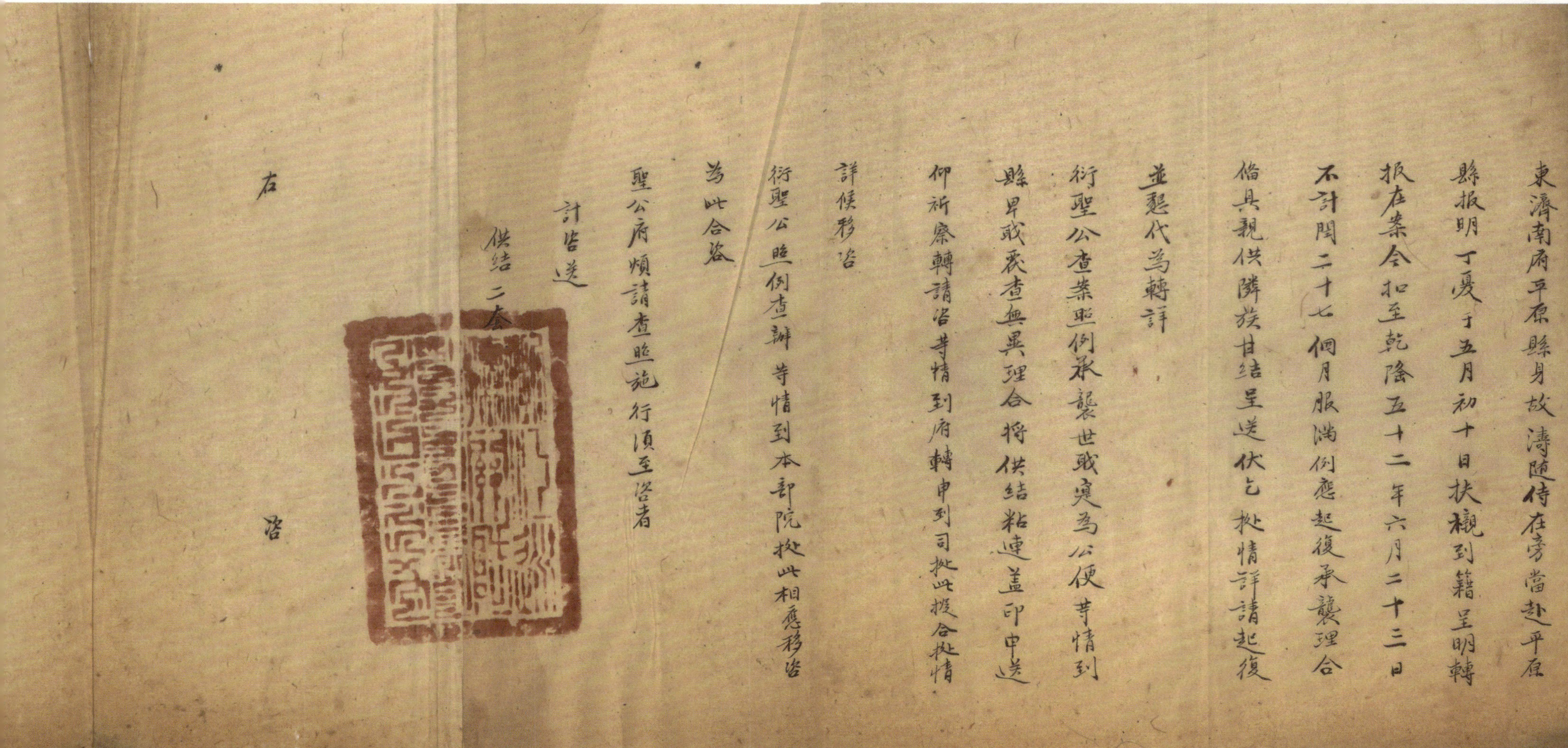

東濟南府平原縣身故濤隨侍在旁當赴平原
縣报明丁憂于五月初十日扶櫬到籍呈明轉
报在案今扣至乾隆五十二年六月二十三日
不計閏二十七個月服满例應起復承襲理合
備具親供隣族甘结呈送伏乞批情詳請起復
並懇代為轉詳
衍聖公查案照例承襲世職寔為公便等情到
縣畢職覆查無異理合將供結粘連蓋印申送
仰祈察轉請咨等情到府轉申到司批此援合批情
詳候移咨
衍聖公照例查辦等情到本部院據此相應移咨
為此合咨
聖公府煩請查照施行須至咨者
計咨送
供結二套
右
咨

浙江巡撫覺羅［琅玕］爲報明孔繼濤丁父憂服滿起復事致衍聖公孔［憲培］咨

清乾隆五十二年九月二十六日

乾隆伍拾貳年玖月二十六日

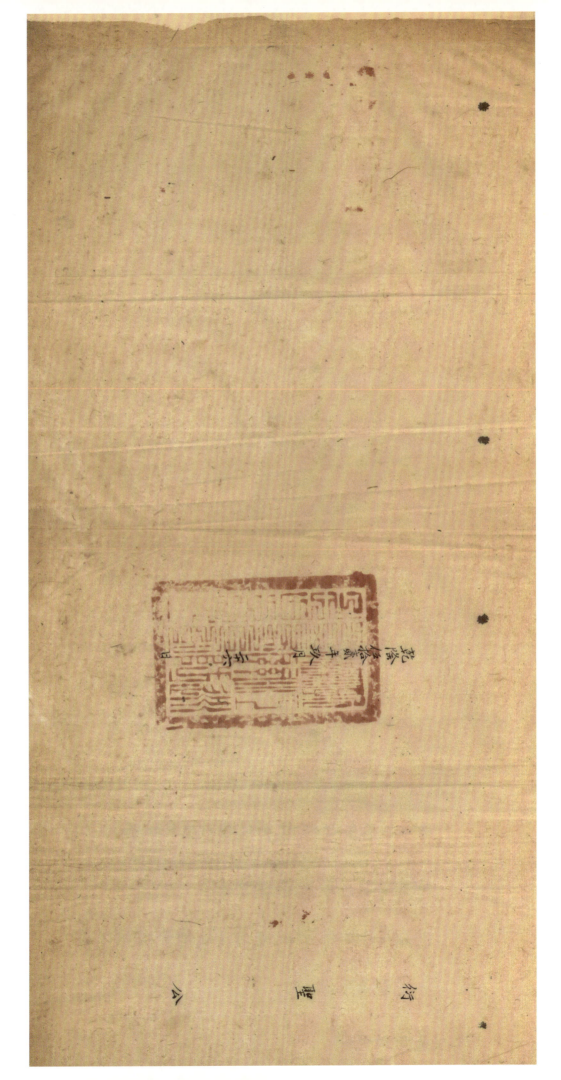

衍
聖
公

衍聖公孔［憲培］爲轉行西安縣速飭應襲博士孔繼濤來曲具呈以憑查核事致衢州府正堂［楊超］移

清乾隆五十三年十一月初二日

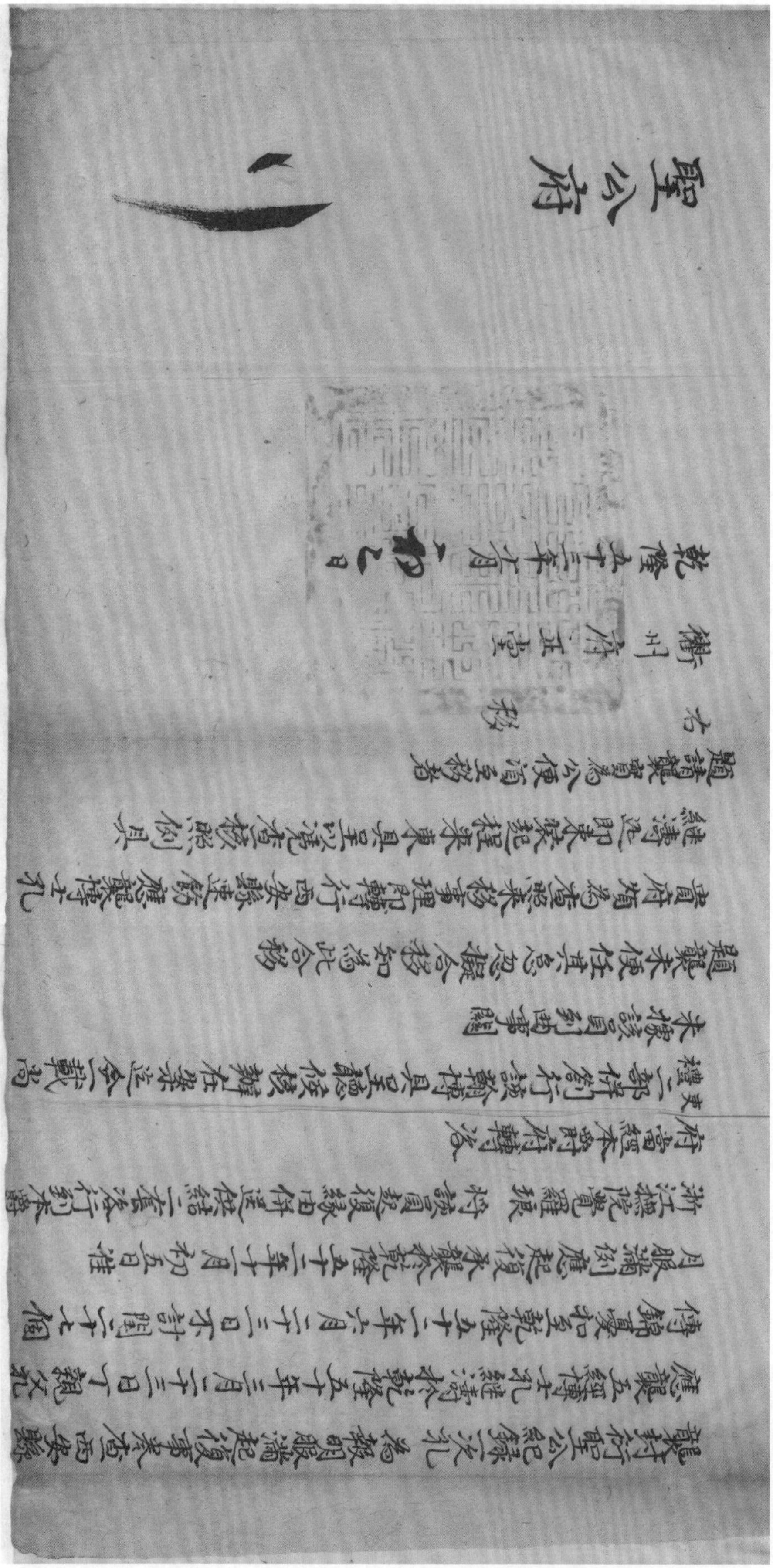

衍聖公孔[憲培]爲飭催赴曲具呈以憑查核事致衢州孔氏翰林院五經博士[孔繼濤]劄付

清乾隆五十三年十一月初二日

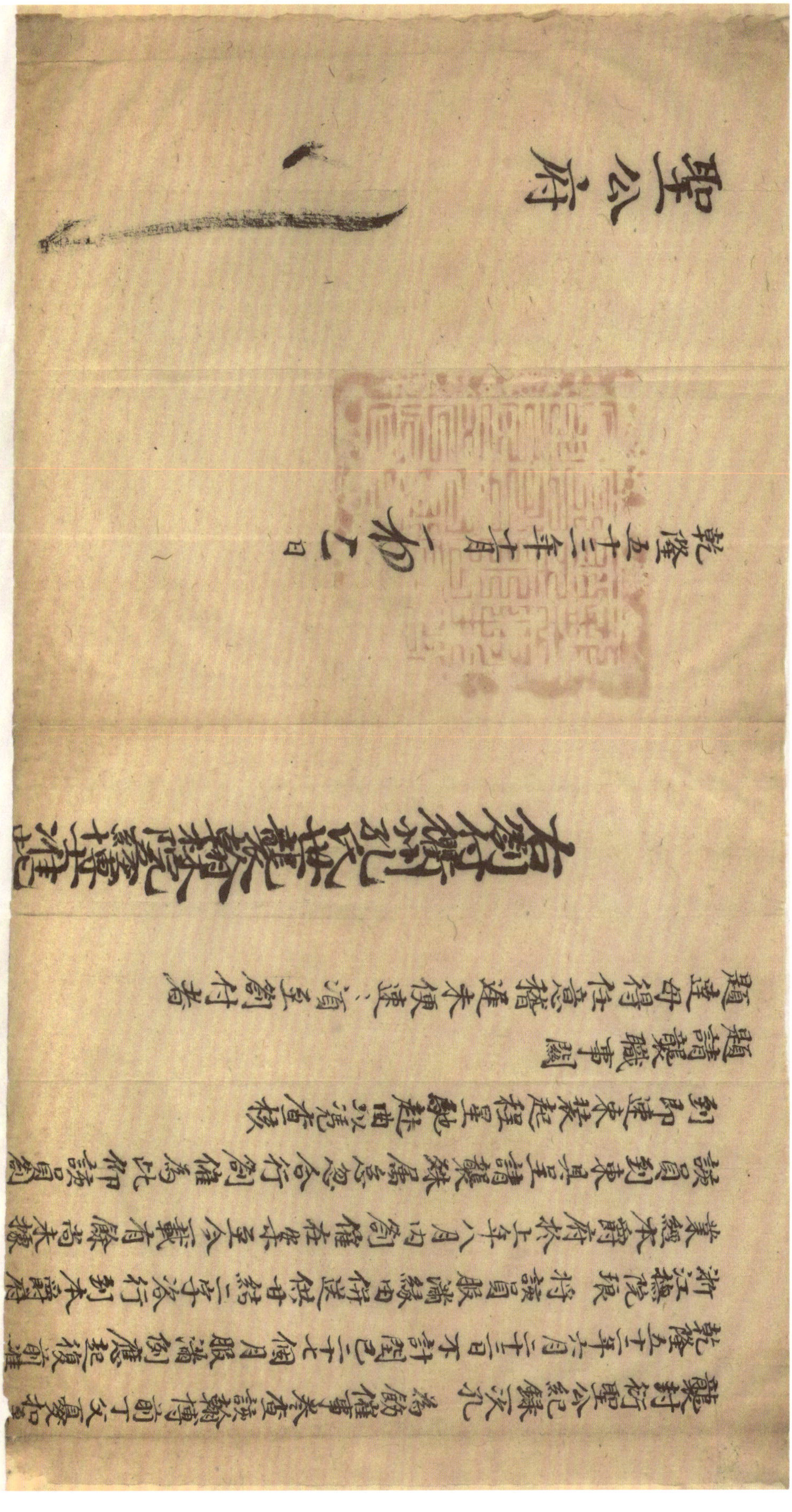
右劄付衢州孔氏世襲翰林院五經博士孔繼濤准此

乾隆五十三年十一月初二日

聖公府

衢州府西安縣今於

與印結為報明病故事結據隣族徐人表孔尚榮等結稱結得原襲五經博士孔繼濤現年肆拾捌歲係浙江衢州府西安縣

至聖裔生員已故衢州孔氏世襲翰林院五經博士傳錦嫡長子遵例於乾隆叁拾伍年蒙　禮部考試註冊俟承襲時令　衍聖公具

題緣父傳錦於乾隆伍拾年奉

旨行取進京恭襄

臨雍盛典事竣回浙於是年叁月貳拾叁日行至山東病故當即報明丁憂扣至乾隆伍拾貳年陸月貳拾叁日服闋起復承襲在案今繼濤於乾隆伍拾肆年閏伍月拾貳日在籍

病故等情前來據此覆查無異合具印結是實

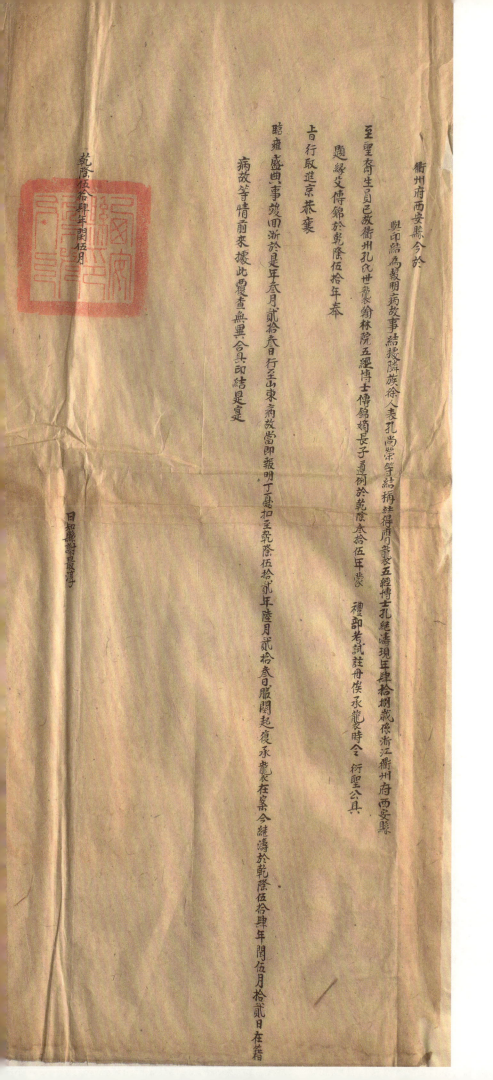

乾隆伍拾肆年閏伍月　日知縣謝長淳

衢州府西安縣知縣謝最淳爲孔繼濤病故事所具印結

清乾隆五十四年閏五月

具親供襲五經博士孔廣杓今具

親供爲報明丁憂事供得世職現年貳拾伍歲身中面白無鬚須曾祖毓垣曾祖母王氏祖傳錦俱歿祖母王氏存現年陸拾捌歲父繼濤嫡母王氏俱歿繼母崔氏存現年肆拾

陸歲係浙江衢州府西安縣

至聖裔已故衢州孔氏襲五經博士孔繼濤嫡長之子遵於乾隆伍拾年柒月初伍日蒙

襲封衍聖公 劄開本年叁月貳拾陸日准

禮部咨開祠祭司案呈准 衍聖公咨稱衢州孔氏世襲五經博士孔傳錦之嫡長孫孔廣杓年逾拾伍歲以上例應承襲之人送 部考試隨據孔廣杓隨文驗到 部於貳月拾玖日當堂

考試得孔廣杓文理通順准其註冊俟承襲時具 題等因行知在案茲緣親父繼濤於伍拾肆年閏伍月拾貳日在籍病故 職係親子例應丁憂守制並無過繼短喪情弊所具親供是實

乾隆伍拾肆年閏伍月

具親供襲五經博士孔廣杓（押）

衢州孔氏應襲博士孔廣杓爲報明其父孔繼濤病故例應丁憂事所具親供

清乾隆五十四年閏五月

具結狀浙江衢州府西安縣壹百肆拾壹庄里隣徐人表毛文斌親族程景先孔尚棨今具

甘結為報明丁憂事結得世職孔廣杓現年貳拾伍歲身中面白無鬚曾祖毓垣曾祖母王氏祖傳錦俱歿祖母王氏存現年陸拾捌歲父繼濤嫡母王氏俱歿繼母崔氏存現年肆拾

陸歲係浙江衢州府西安縣由

至聖裔已故衢州孔氏承襲五經博士孔繼濤嫡長子遵於乾隆伍拾年柒月初伍日蒙

襲封衍聖公 劄開本年叁月貳拾陸日准

禮部咨開祠祭司案呈准 衍聖公咨稱衢州孔氏應襲五經博士孔傳錦之嫡長孫孔廣杓年逾拾伍歲以上例應承襲之人送 部考試隨據孔廣杓隨文驗到 部於貳月拾玖日當堂考試得孔

廣杓文理通順准其註冊俟承襲時具 題等因行知在案緣杓親父繼濤於伍拾肆年閏伍月拾貳日在籍病故杓係親子例應丁憂並無過繼短喪情弊中間不致扶捏所結是寔

乾隆伍拾肆年閏伍月

日具甘結

里隣徐人表 毛文斌

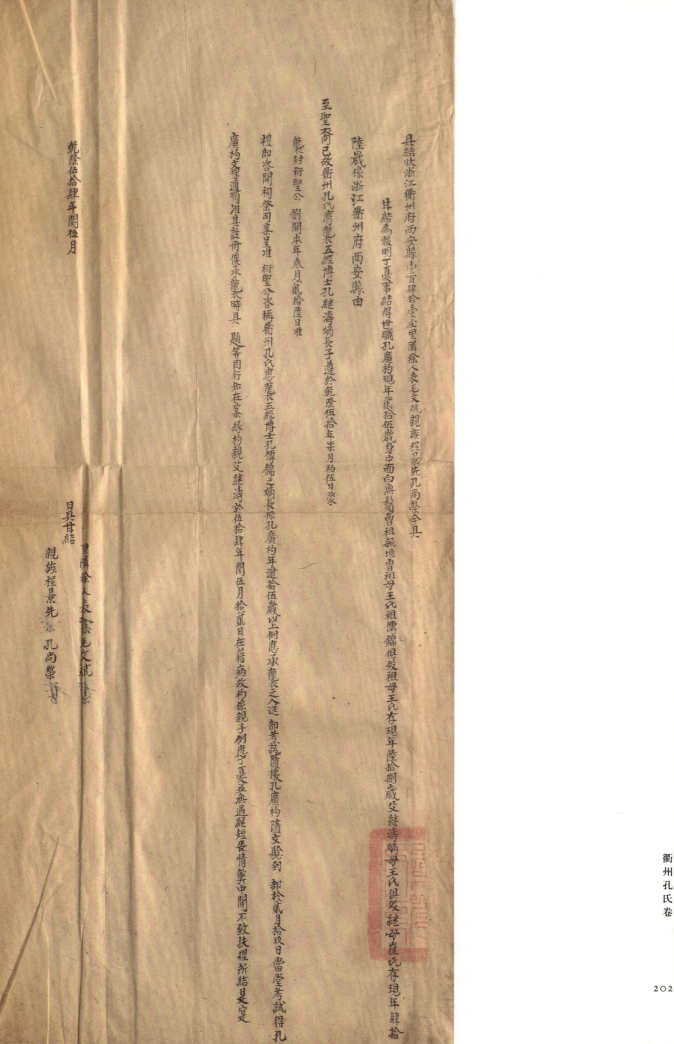

親族程景先 孔尚棨

浙江衢州府西安縣里鄰徐人表、親族程景先等爲孔廣杓丁父憂事所具結狀

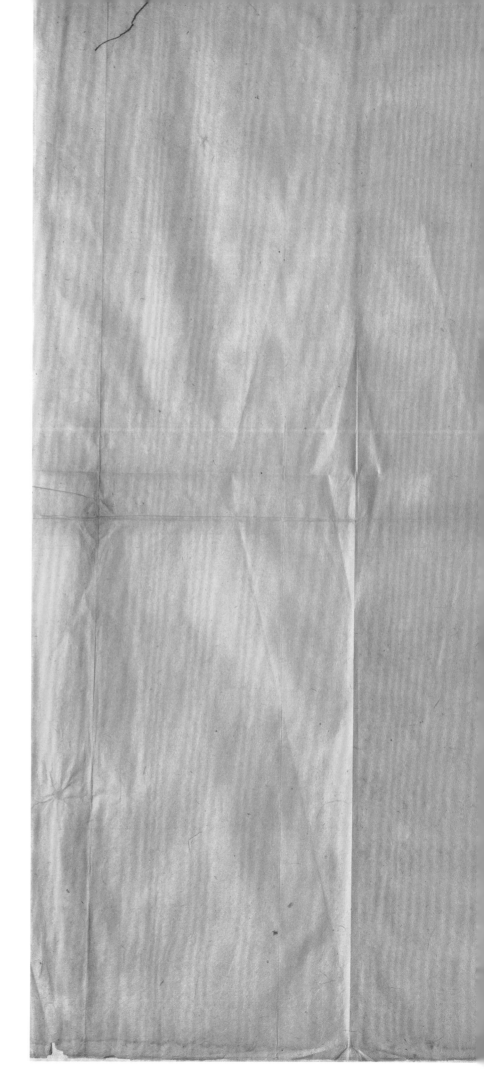

清乾隆五十四年閏五月

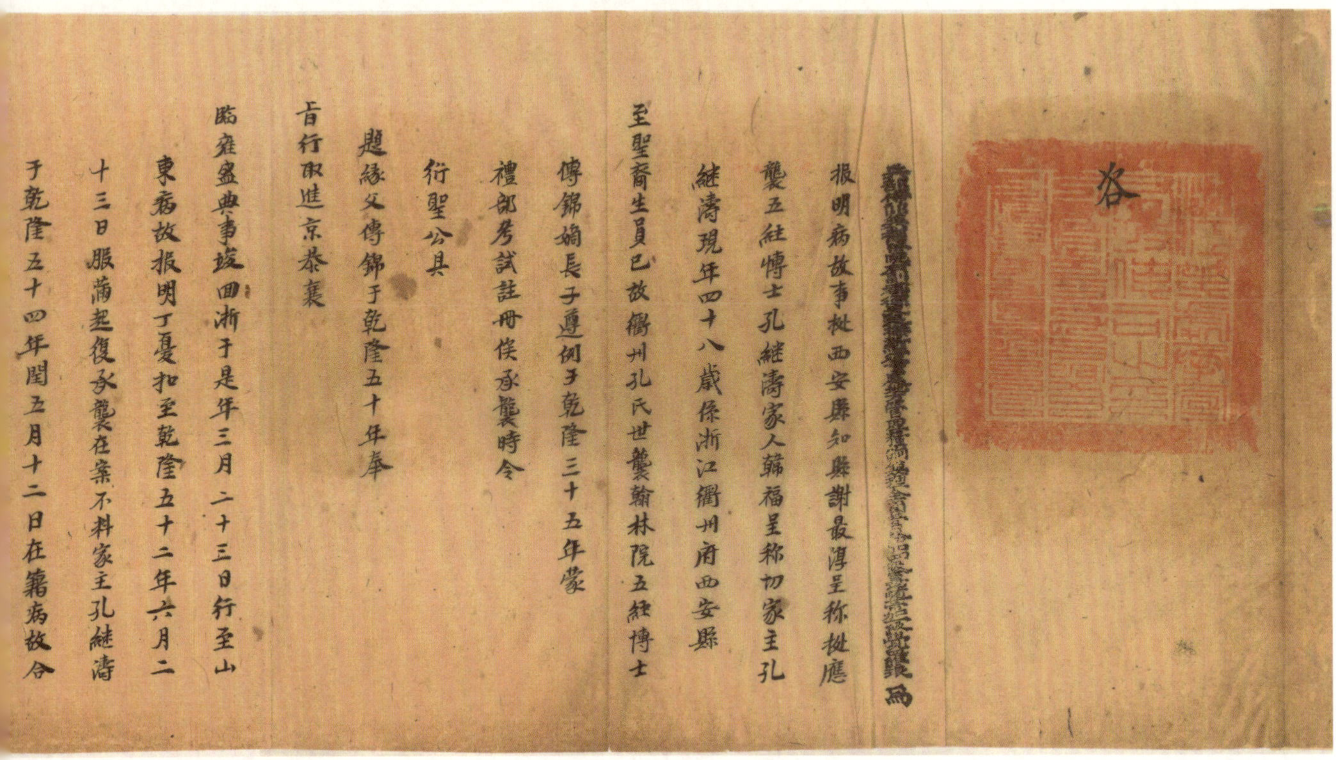

[illegible]爲

咨

報明病故事據西安縣知縣謝最淳呈稱據應
襲五經博士孔繼濤家人蘇福呈稱切家主孔
繼濤現年四十八歲係浙江衢州府西安縣
至聖裔生員已故衢州孔氏世襲翰林院五經博士
傳錦嫡長子遵例于乾隆三十五年蒙
禮部考試註冊俟承襲時令
衍聖公具
題緣父傳錦于乾隆五十年奉
旨行取進京恭襄
臨雍盛典事竣回浙于是年三月二十三日行至山
東病故報明丁憂扣至乾隆五十二年六月二
十三日服滿起復承襲在案不料家主孔繼濤
于乾隆五十四年閏五月十二日在籍病故合

浙江巡撫覺羅琅[玕]爲孔繼濤病故事致衍聖公[孔憲培]咨

清乾隆五十四年七月二十三日

徐人表孔尚崇等具送甘結前來復查無異理
合拟情照例加具印結備文申報仰祈咨明
衍聖公等情到本部院據此相應咨明爲此合
咨
貴爵煩請查照施行須至咨者
計咨送
印結一紙
右　咨
衍　聖　公
乾隆伍拾肆年柒月　二十三　日
布政司代印

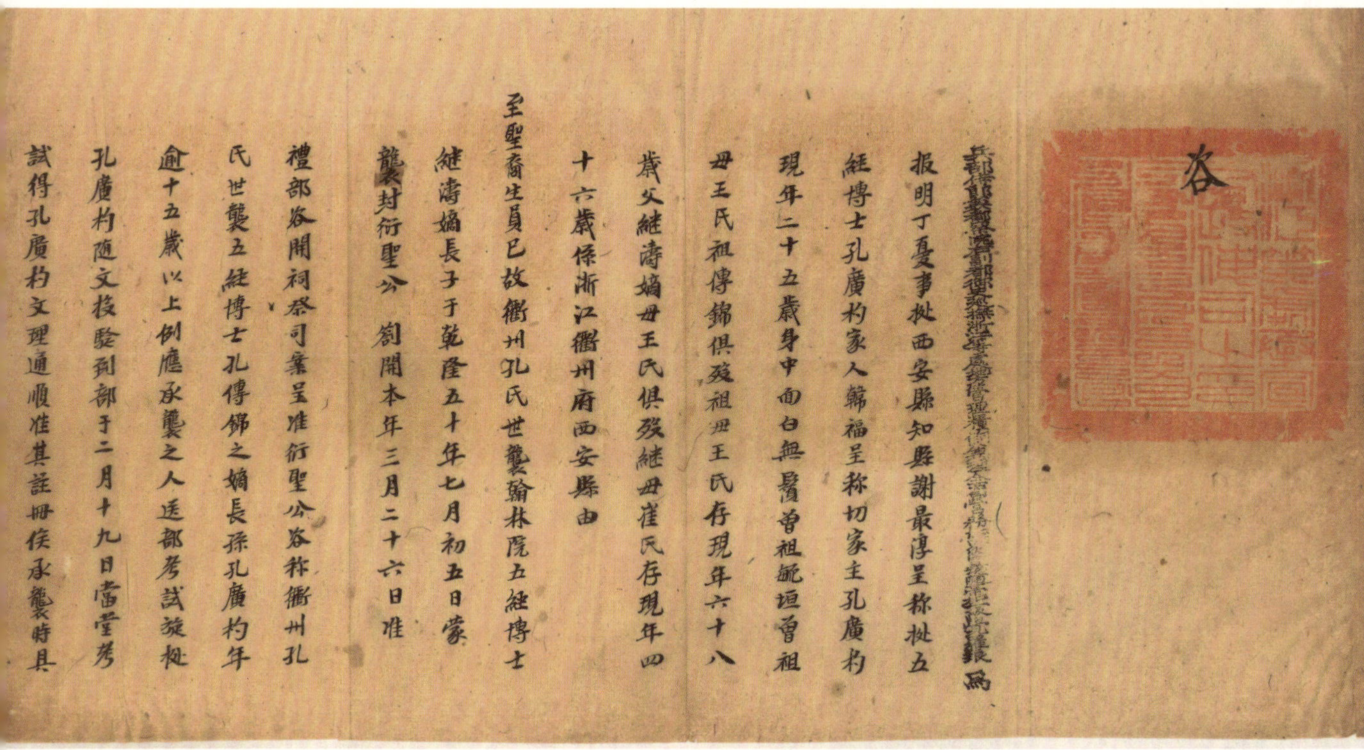
咨
兵部侍郎[illegible]爲
報明丁憂事據西安縣知縣謝最淳呈稱據五
經博士孔廣杓家人韓福呈稱切家主孔廣杓
現年二十五歲身中面白無鬚曾祖毓垣曾祖
母王氏祖傳錦俱歿祖母王氏存現年六十八
歲父繼濤嫡母王氏俱歿繼母崔氏存現年四
十六歲係浙江衢州府西安縣由
至聖裔生員已故衢州孔氏世襲翰林院五經博士
繼濤嫡長子于乾隆五十年七月初五日蒙
襲封衍聖公　劄開本年三月二十六日准
禮部咨開祠祭司案呈准衍聖公咨稱衢州孔
氏世襲五經博士孔傳錦之嫡長孫孔廣杓年
逾十五歲以上例應承襲之人送部考試旋據
孔廣杓隨文投驗到部于二月十九日當堂考
試得孔廣杓文理通順准其註冊俟承襲時具

浙江巡撫覺羅琅〔玕〕爲報明孔廣杓丁父憂事致衍聖公〔孔憲培〕咨

清乾隆五十四年七月二十三日

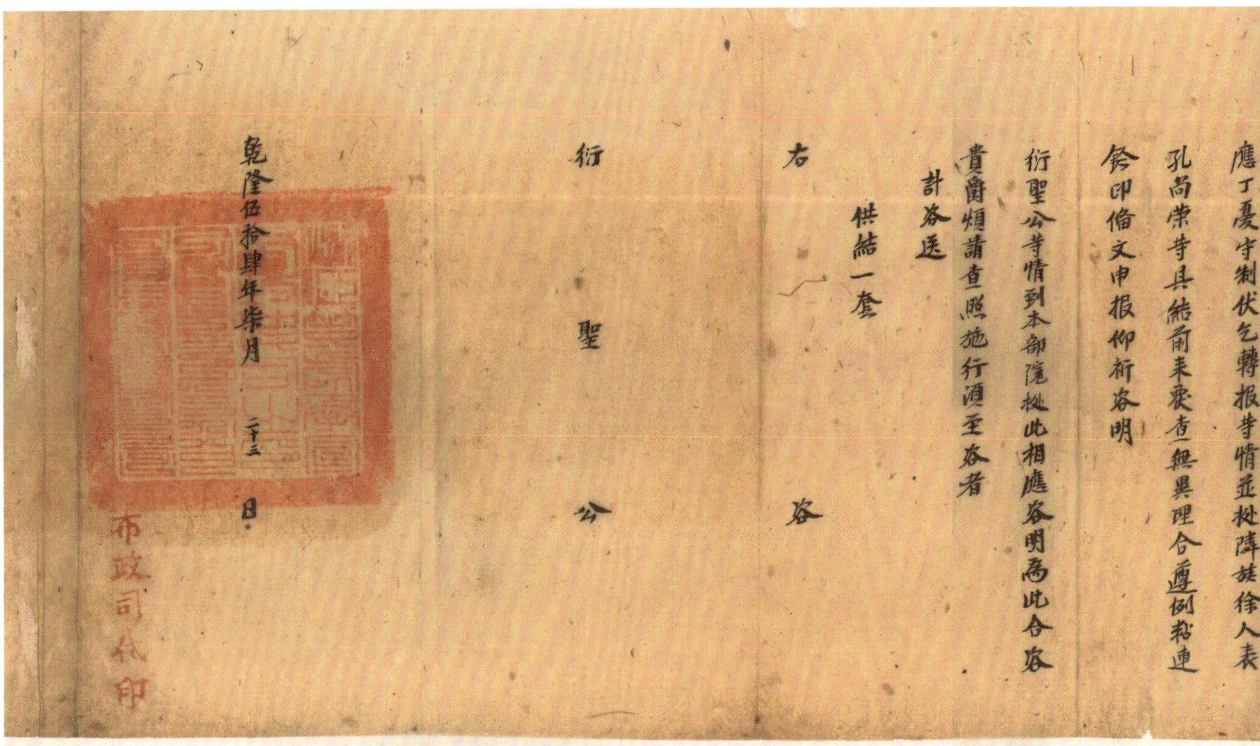
應丁憂守制伏乞轉報等情並據隣族徐人表
孔尚崇等具結前來覆查無異理合遵例取連
鈐印備文申報仰祈咨明
衍聖公等情到本部院據此相應咨明爲此合咨
貴爵煩請查照施行須至咨者
計咨送
供結一套
右　咨
衍　聖　公
乾隆伍拾肆年柒月　二十三　日
布政司代印

衍聖公孔［憲培］爲報明孔繼濤病故及其子孔廣杓例應丁憂守制事致禮部、吏部咨

清乾隆五十四年九月初九日

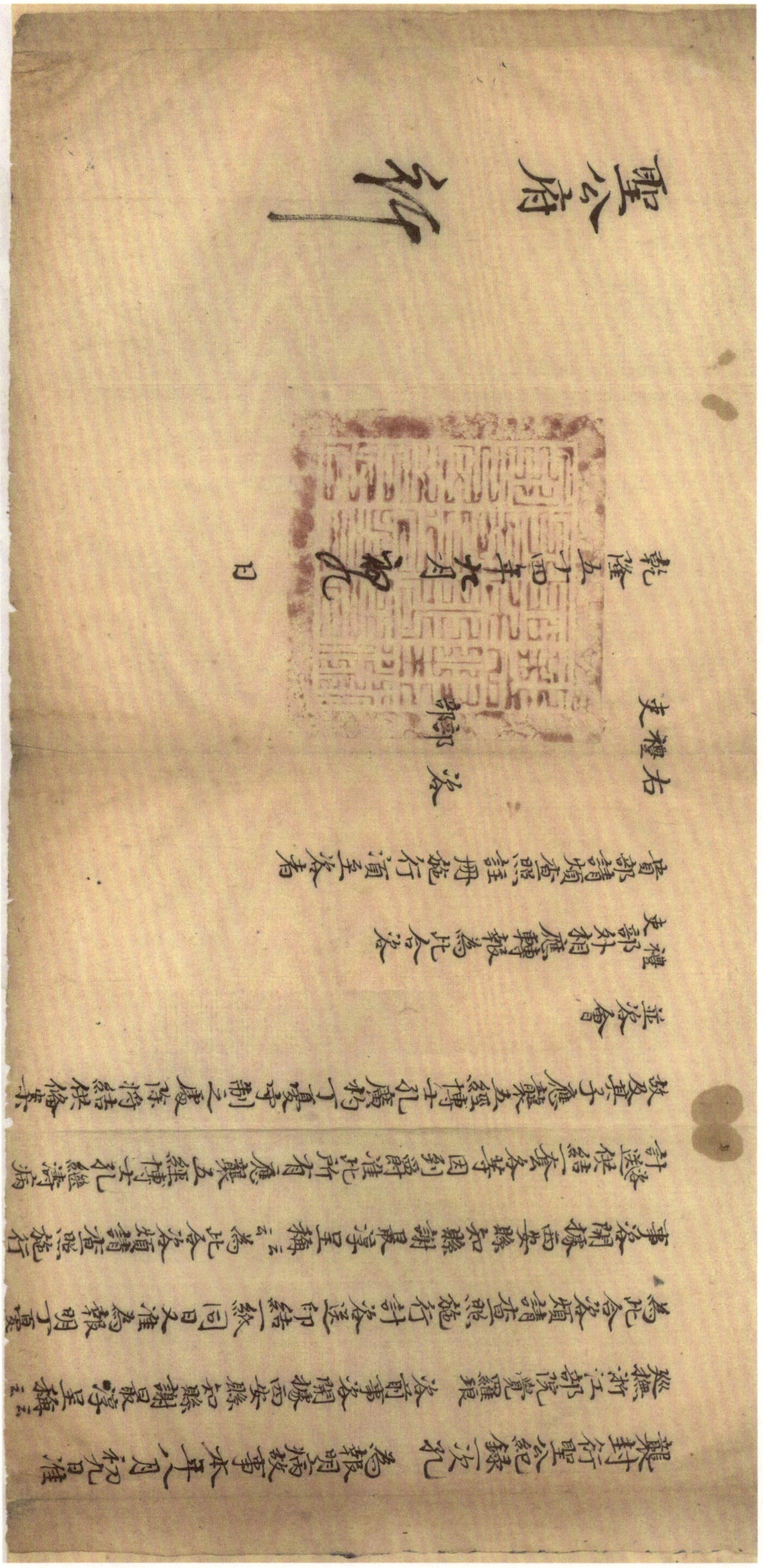

襲封衍聖公紀錄一次孔　爲報明病故事。本年八月初九日准

巡撫浙江部院覺羅琅　咨前事，咨開據西安縣知縣謝昆敬浮呈稱云云

爲此合咨煩請查照施行，計咨送印結一紙。同日又准爲報明丁憂

事，咨開據西安縣知縣謝昆取浮呈稱云云，爲此合咨煩請查照施行

計送供結一套。各等因到爵。准此，所有應襲五經博士孔繼濤病

故及其子應襲五經博士孔廣杓丁憂守制之處，除將結供備案

並咨會

禮部外，相應轉報。爲此合咨

貴部，請煩查照註冊施行，須至咨者。

右　咨

吏禮　部

乾隆五十四年九月初九日

衍

聖公府

衍聖公孔[憲培]爲進呈題本、揭帖事致通政司咨

清乾隆五十四年十二月十三日

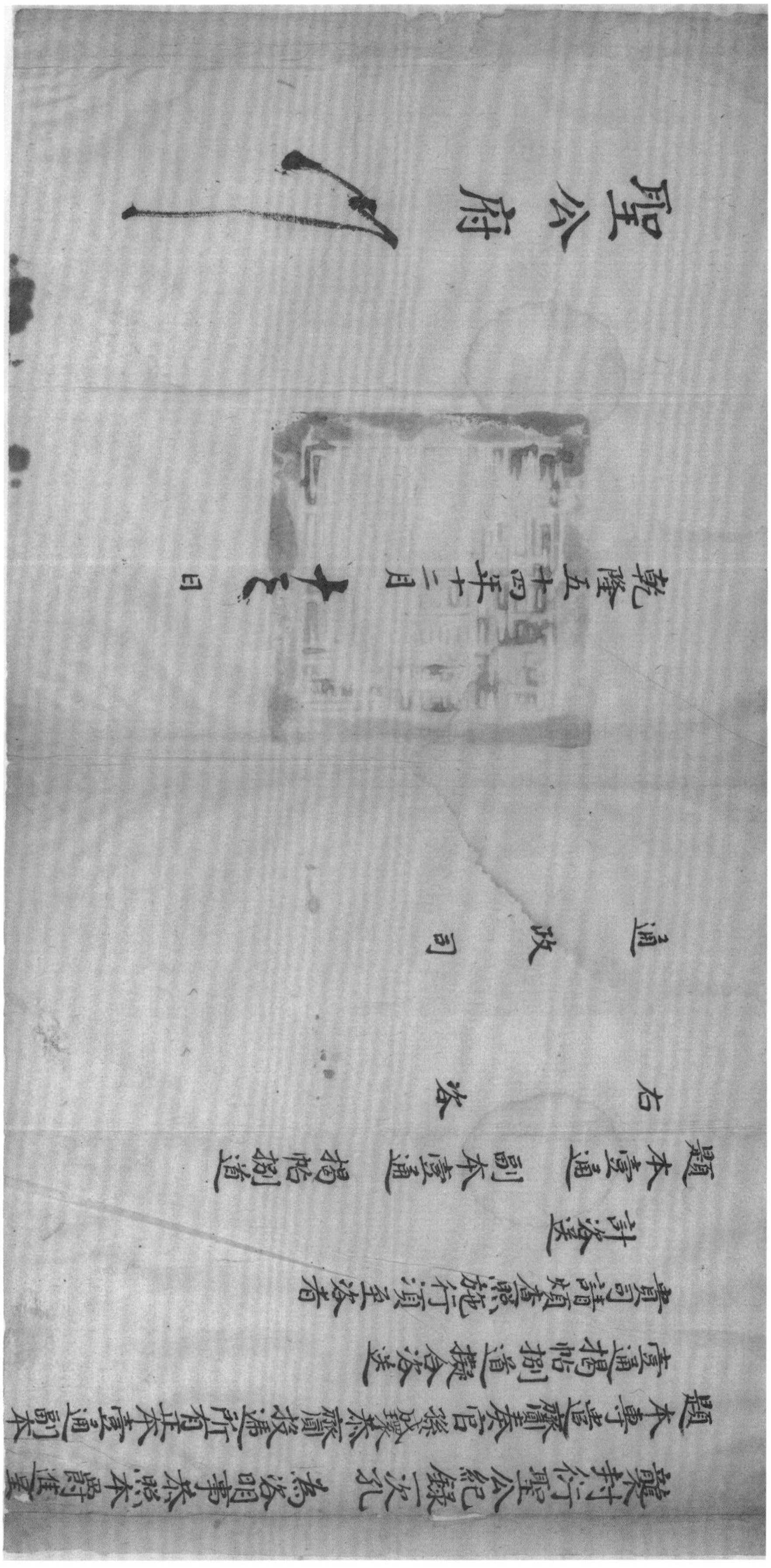
襲封衍聖公紀録一次孔　為咨明事恭照本爵進呈
題本專遣齎奏官孫成璨恭齎投遞所有正本壹通副本
壹通揭帖捌道擬合咨送
貴司請煩查照施行須至咨者
計咨送
題本壹通　副本壹通　揭帖捌道
右　咨
通　政　司
乾隆五十四年十二月　十三　日
聖公府
行

揭帖

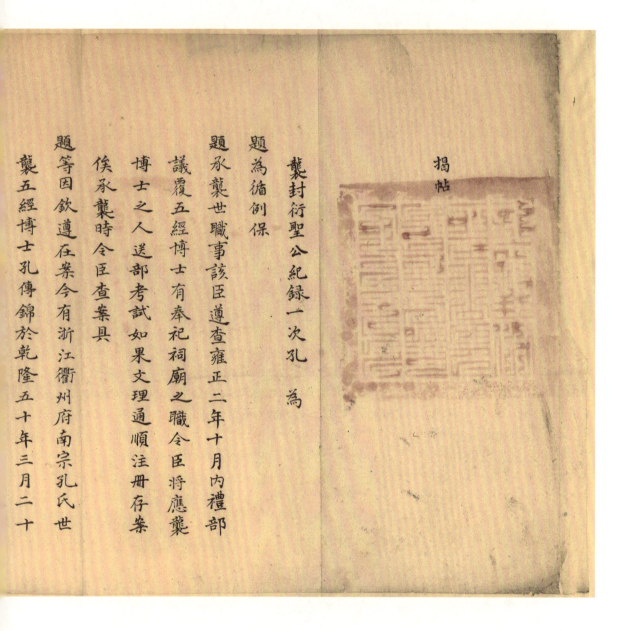

襲封衍聖公紀録一次孔　爲
題爲循例保
題承襲世職事該臣遵查雍正二年十月内禮部
議覆五經博士有奉祀祠廟之職令臣將應襲
博士之人送部考試如果文理通順注册存案
俟承襲時令臣查案具
題等因欽遵在案今有浙江衢州府南宗孔氏世
襲五經博士孔傳錦於乾隆五十年三月二十

衍聖公孔［憲培］爲循例保題孔廣杓承襲五經博士揭帖

清乾隆五十四年十二月十三日

經咨部在案有嫡長孫孔廣杓臣遵例於乾隆
五十年正月内将孔廣杓咨送禮部考試随准
禮部咨覆於二月十九日當堂考試得孔廣杓
文理通順准其注册等因到臣理合循例保
題請将孔廣杓承襲博士以專祠祀伏乞
皇上睿鑒勅部議覆施行為此除具
題外擬合具揭須至揭帖者
右　揭　帖
乾隆伍拾肆年拾貳月　十三　日

題副

孔子七十二代孫襲封衍聖公臣孔憲培謹

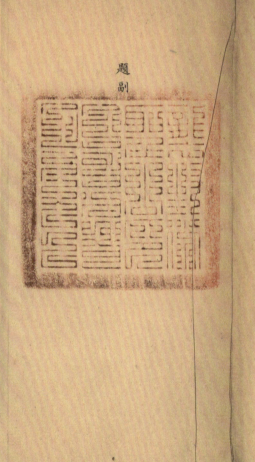

題為循例保

題承襲世職事該臣遵查雍正二年十月内禮部

議覆五經博士有奉祀祠廟之職令臣将應襲

博士之人送部考試如果文理通順注冊存案

俟承襲時令臣查案具

題等因欽遵在案今有浙江衢州府南宗孔氏世

襲五經博士孔傳錦於乾隆五十年三月二十

三日病故其嫡長子孔繼濤因感患怔忡時發

時止於乾隆五十四年閏五月十二日病故均

經咨部在案有嫡長孫孔廣杓臣遵例於乾隆

衍聖公孔憲培爲循例保題孔廣杓承襲五經博士題副及貼黃

清乾隆五十四年十二月十三日

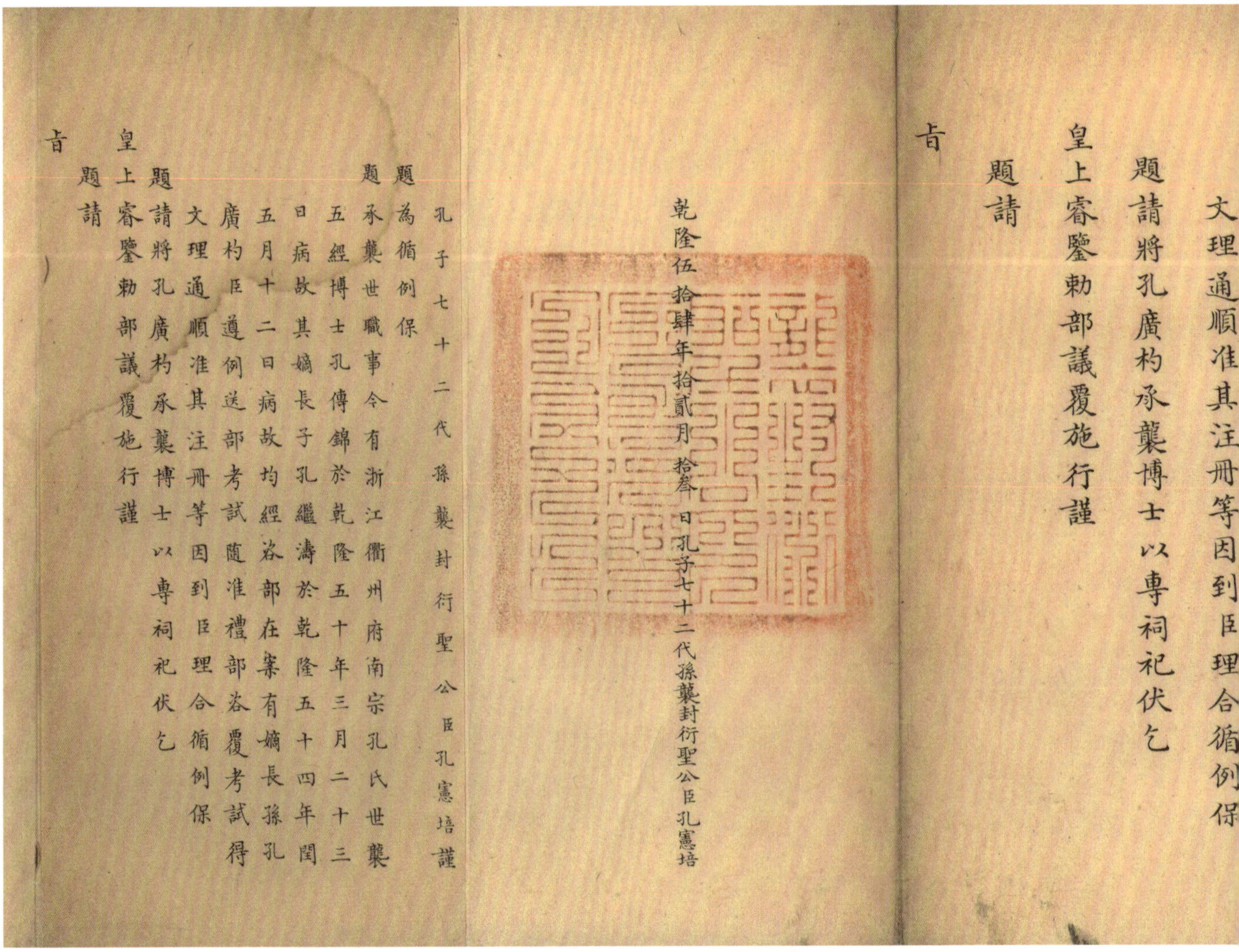
文理通順准其注冊等因到臣理合循例保
題請將孔廣杓承襲博士以專祠祀伏乞
皇上睿鑒勅部議覆施行謹
題請
旨

乾隆伍拾肆年拾貳月拾叁日孔子七十二代孫襲封衍聖公臣孔憲培

孔子七十二代孫襲封衍聖公臣孔憲培謹
題爲循例保
題承襲世職事今有浙江衢州府南宗孔氏世襲
五經博士孔傳錦於乾隆五十年三月二十三
日病故其嫡長子孔繼濤於乾隆五十四年閏
五月十二日病故均經咨部在案有嫡長孫孔
廣杓臣遵例送部考試隨准禮部咨覆考試得
文理通順准其注冊等因到臣理合循例保
題請將孔廣杓承襲博士以專祠祀伏乞
皇上睿鑒勅部議覆施行謹
題請
旨

衍聖公孔〔憲培〕爲循例保題孔廣杓承襲五經博士事致禮部咨

清乾隆五十四年十二月十三日

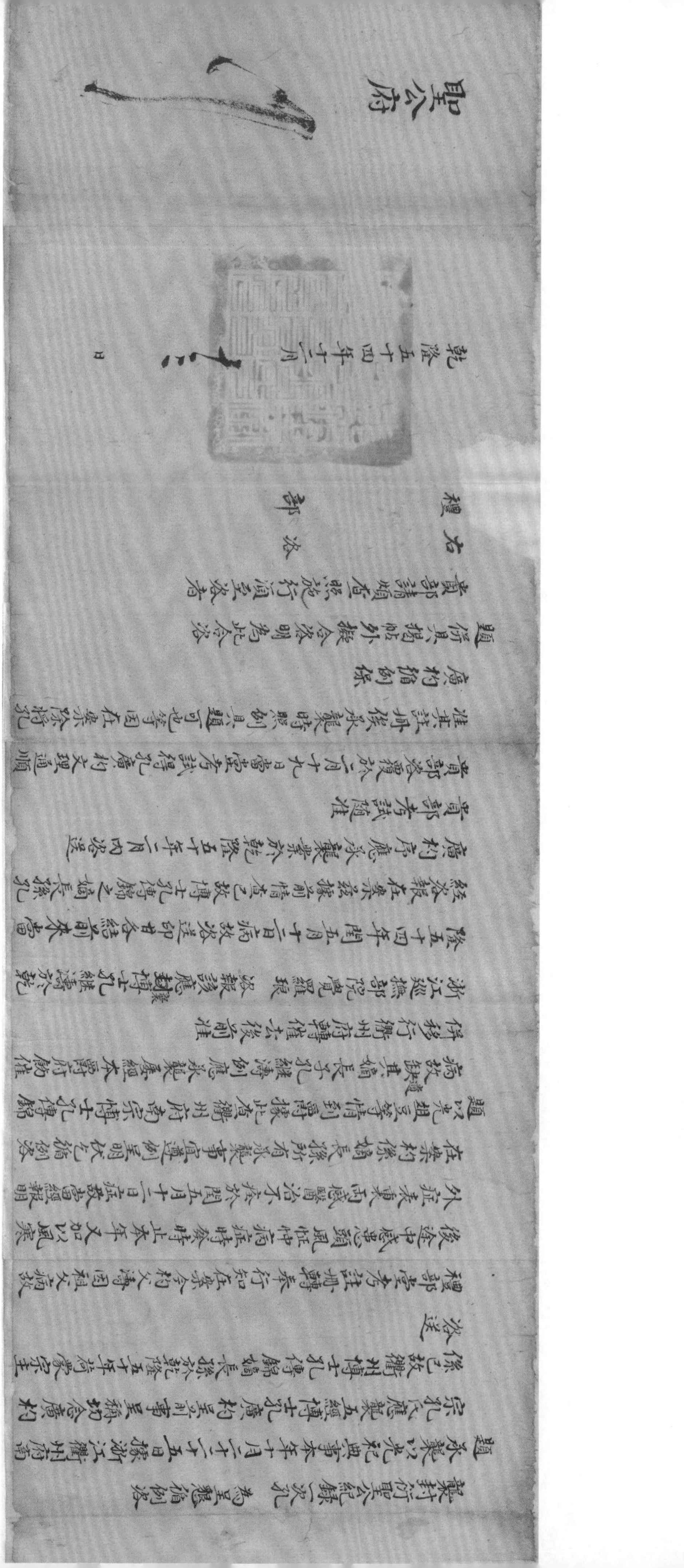
襲封衍聖公紀録一次孔　為呈懇循例咨
題承襲以光祀典事本年十月二十二十五日據浙江衢州府南
宗孔氏應襲五經博士孔廣杓呈前事呈稱切念廣杓
係已故衢州博士孔傳錦嫡長孫於乾隆五十年荷蒙宗主
咨送
禮部堂考註冊轉奉行知在案今杓父濤因祖父病故
後途中感患頭風怔忡病症時發時止本年又加以風寒
外症表裏兩感醫治不痊於閏五月十二日症故當經報明
在案杓係嫡長孫所有承襲事宜遵例呈明伏乞循例咨
題以光俎豆等情到爵據此查衢州府南宗博士孔傳錦
病故遺缺其嫡長子孔繼濤例應承襲奉經本爵府飭催
併移行衢州府轉催去後前准
浙江巡撫部院覺羅琅　咨報該應封襲博士孔繼濤於乾
隆五十四年閏五月十二日病故咨送印甘各結前來當
經咨報在案茲據前情查已故博士孔傳錦之嫡長孫孔
廣杓序應承襲業於乾隆五十年二月內咨送
貴部考試隨准
貴部咨覆於二月十九日當堂考試得孔廣杓文理通順
准其註冊俟承襲時照例具題可也等因在案除將孔
廣杓循例保
題併具揭帖外擬合咨明為此合咨
貴部請煩查照施行須至咨者
右　咨
禮　部
乾隆五十四年十二月　十三　日
聖公府

［清乾隆五十五年］七月二十五日

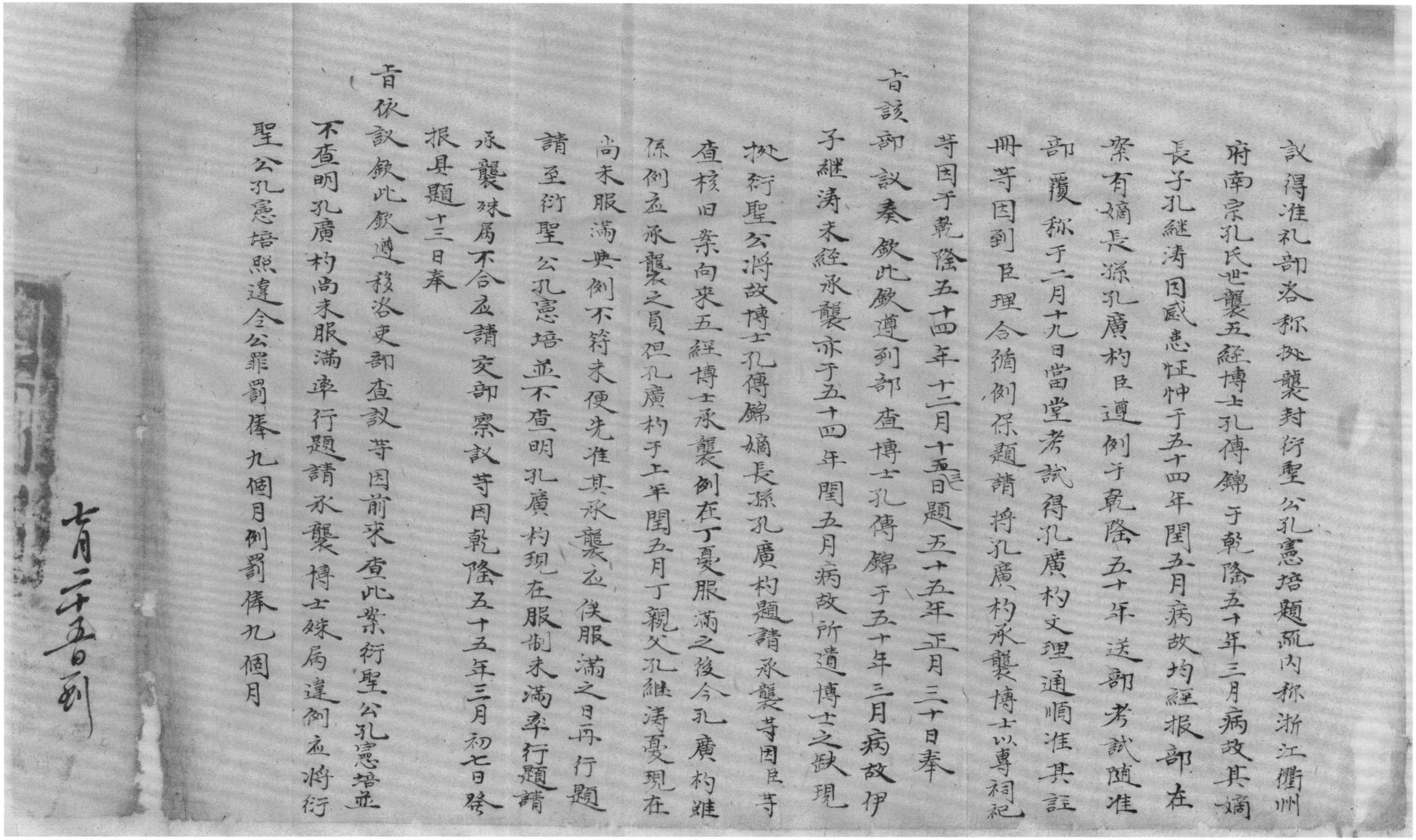

議得准礼部咨称承襲封衍聖公孔憲培題疏内称浙江衢州
府南宗孔氏世襲五經博士孔傳錦于乾隆五十年三月病故其嫡
長子孔繼濤因感患怔忡于五十四年閏五月病故均經报部在
案有嫡長孫孔廣杓臣遵例于乾隆五十年送部考試随准
部覆称于二月十九日當堂考試得孔廣杓文理通順准其註
冊等因到臣理合循例保題請將孔廣杓承襲博士以專祠祀
等因于乾隆五十四年十二月十五日題五十五年正月三十日奉
旨該部議奏欽此欽遵到部查博士孔傳錦于五十年三月病故伊
子繼濤未經承襲亦于五十四年閏五月病故所遺博士之缺現
擬衍聖公將故博士孔傳錦嫡長孫孔廣杓題請承襲等因臣等
查核旧案向来五經博士承襲例在丁憂服滿之後今孔廣杓雖
係例应承襲之員但孔廣杓于五十年閏五月丁親父孔繼濤憂現在
尚未服滿與例不符未便先准其承襲应俟服滿之日再行題
請至衍聖公孔憲培並不查明孔廣杓現在服制未滿率行題請
承襲殊屬不合应請交部察議等因乾隆五十五年三月初七日題
根具題十三日奉
旨依議欽此欽遵移咨吏部查議等因前來查此案衍聖公孔憲培並
不查明孔廣杓尚未服滿率行題請承襲博士殊屬違例应將衍
聖公孔憲培照違令公罪罰俸九個月例罰俸九個月

七月二十五日到

咨

欽命兵部侍郎兼都察院右副都御史巡撫浙江等處地方[illegible]福

遵

旨等事乾隆五十五年七月十一日准

戶部咨山東司案呈乾隆五十五年四月二十

八日准吏部咨称衍聖公將未服滿之人承襲

博士殊屬違例議處一案抄單知照前來應將

單開衍聖公罰俸之处抄單行文山東巡撫遵

照办理可也等因到本部院准此除行布政司

移行查照外擬合咨會為此合咨

山東巡撫覺羅長［麟］爲衍聖公違例罰俸事致衍聖公府咨

清乾隆五十五年七月二十一日

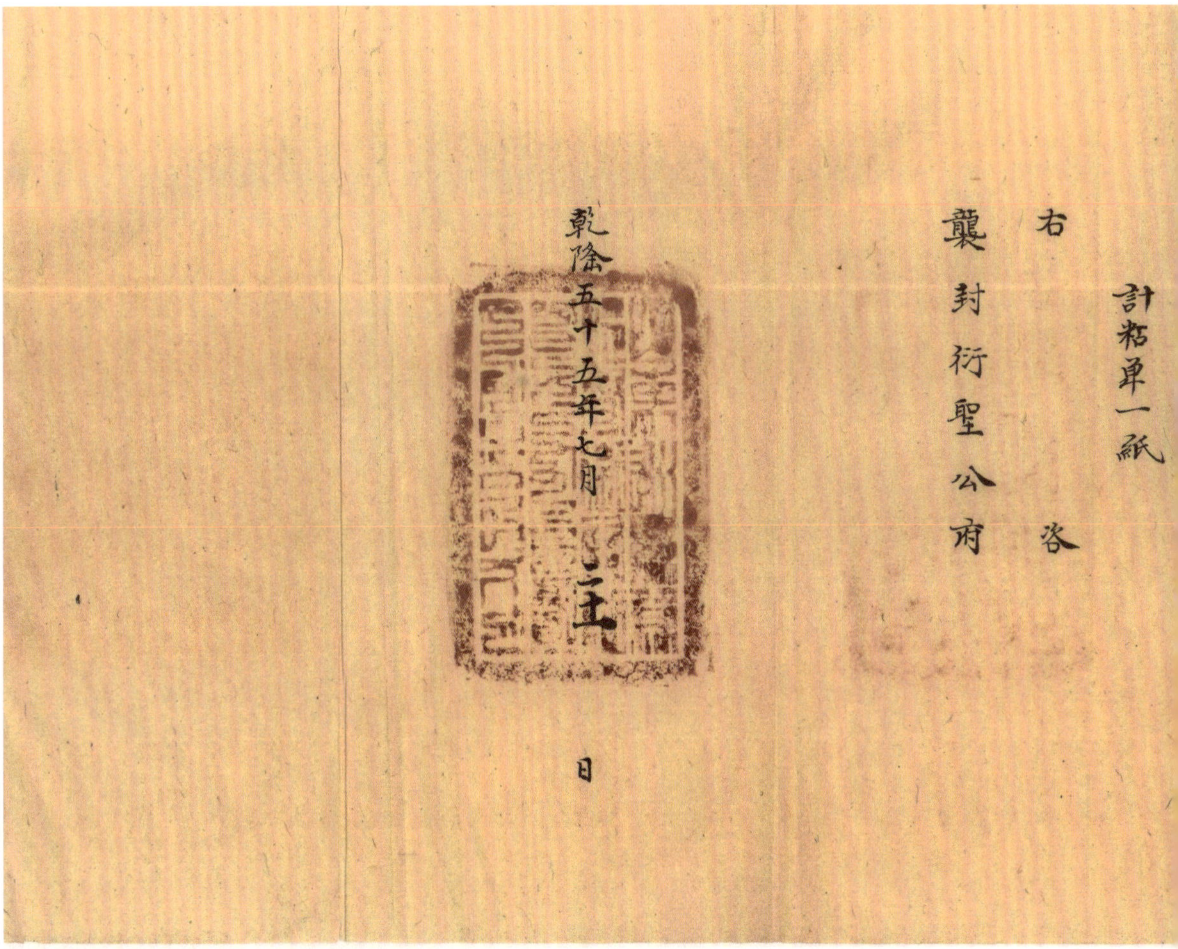
計粘單一紙

右　咨

襲封衍聖公府

乾隆五十五年七月二十一日

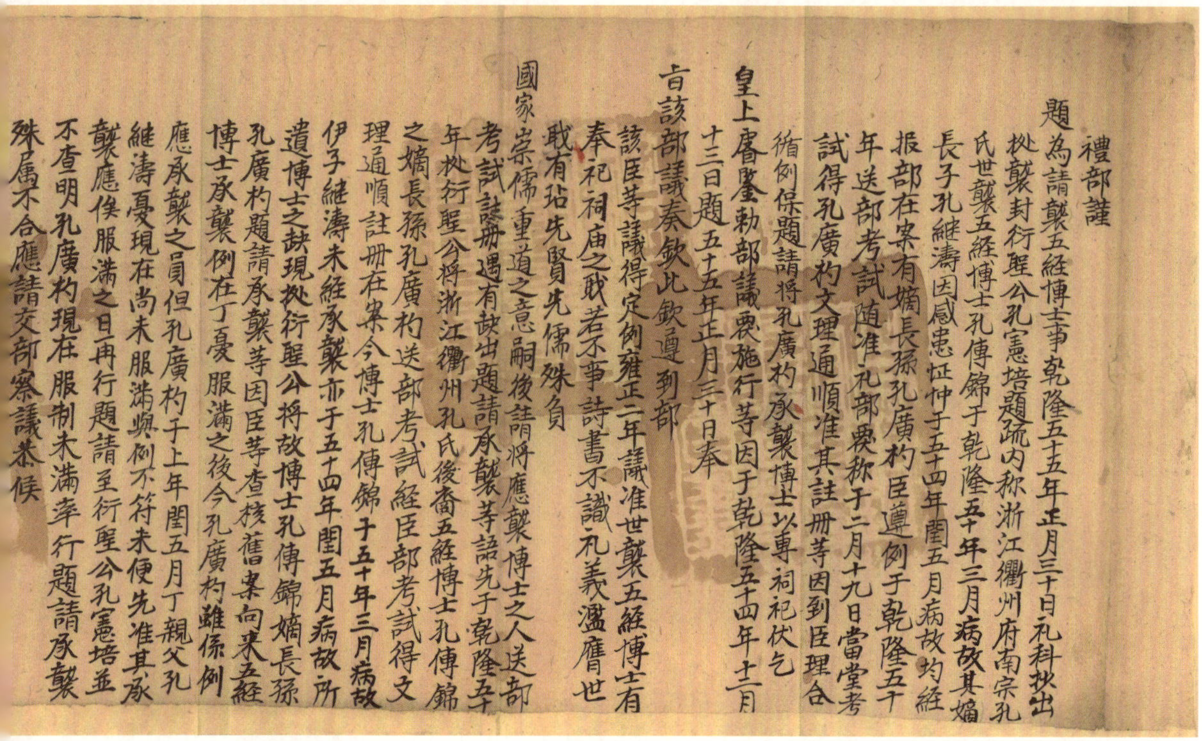
禮部謹
題為請襲五經博士事乾隆五十五年正月三十日礼科抄出
批襲封衍聖公孔憲培題疏内称浙江衢州府南宗孔
氏世襲五經博士孔傳錦于乾隆五十年三月病故其嫡
長子孔繼濤因感患怔忡于五十四年閏五月病故均經
報部在案有嫡長孫孔廣杓臣遵例于乾隆五十
年送部考試随准礼部覆称于二月十九日當堂考
試得孔廣杓文理通順准其註册等因到臣理合
循例保題請將孔廣杓承襲博士以專祠祀伏乞
皇上睿鑒勅部議覆施行等因于乾隆五十四年十二月
十三日題五十五年正月三十日奉
旨該部議奏欽此欽遵到部
該臣等議得定例雍正二年議准世襲五經博士有
奉祀祠廟之戢若不事詩書不識礼義濫膺世
戢有玷先賢先儒殊負
國家崇儒重道之意嗣後請將應襲博士之人送部
考試註册遇有缺出題請承襲等語先于乾隆五年
年批行聖公將浙江衢州孔氏後裔五經博士孔傳錦
之嫡長孫孔廣杓送部考試經臣部考試得文
理通順註册在案今博士孔傳錦于五十年三月病故
伊子繼濤未經承襲亦于五十四年閏五月病故所
遺博士之缺現批行聖公將故博士孔傳錦嫡長孫
孔廣杓題請承襲等因臣等查核舊案向來五經
博士承襲例在丁憂服滿之後今孔廣杓雖係例
應承襲之員但孔廣杓于上年閏五月丁親父孔
繼濤憂現在尚未服滿與例不符未便先准其承
襲應俟服滿之日再行題請至衍聖公孔憲培並
不查明孔廣杓現在服制未滿率行題請承襲
殊屬不合應請交部察議恭候

禮部爲議覆孔廣杓承襲事致衍聖公孔憲培咨（附原題抄單）

清乾隆五十五年三月

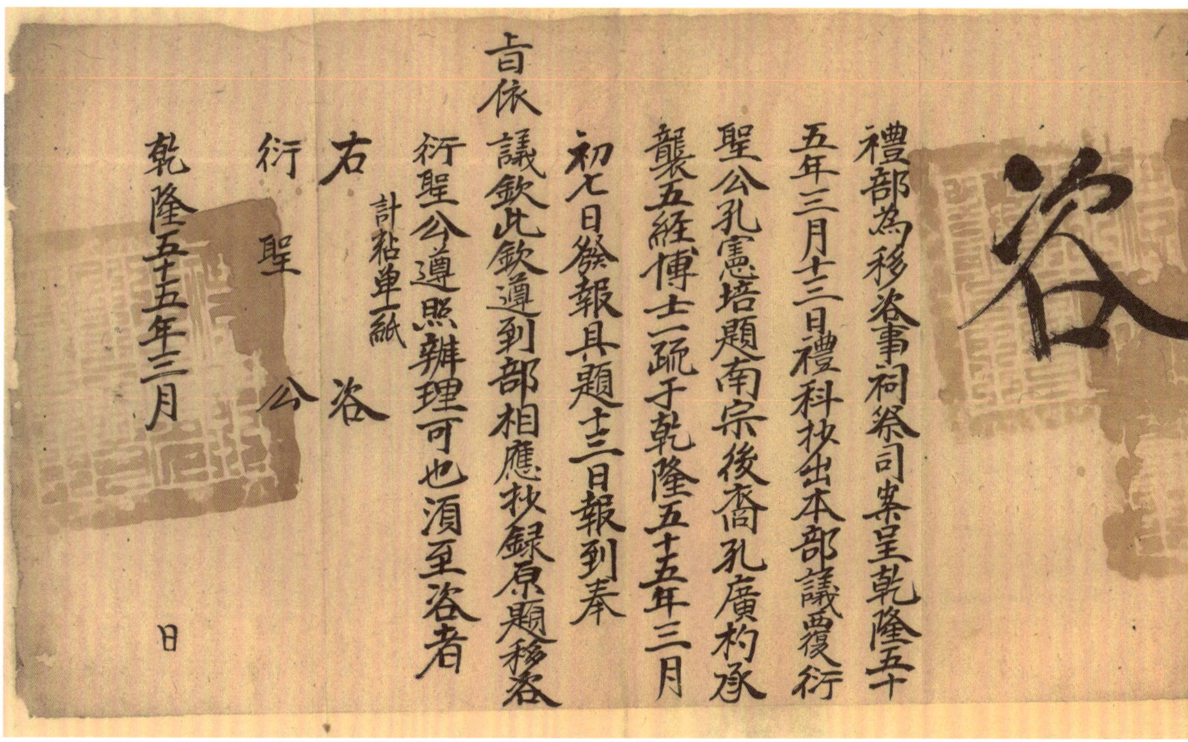
咨

禮部為移咨事祠祭司案呈乾隆五十
五年三月十三日禮科抄出本部議覆衍
聖公孔憲培題南宗後裔孔廣杓承
襲五經博士一疏于乾隆五十五年三月
初七日發報具題十三日報到奉
旨依議欽此欽遵到部相應抄録原題移咨
衍聖公遵照辦理可也須至咨者
計粘单一紙
右咨
衍聖公
乾隆五十五年三月 日

議得准禮部咨稱據襲封衍聖公孔憲培題疏內稱浙江衢州府
南宗孔氏世襲五經博士孔傳錦于乾隆五十年三月病故其嫡
長子孔繼濤因感患怔忡于五十四年閏五月病故均經報部在案
有嫡長孫孔廣杓臣遵例于乾隆五十年送部考試隨准禮部
覆稱于二月十九日當堂考試得孔廣杓文理通順准其註冊等
因到臣理合循例保題請將孔廣杓承襲博士以專祠祀等因移

乾隆五十四年十二月十三日題五十五年正月三十日奉

旨該部議奏欽此欽遵到部查博士孔傳錦于五十年三月病故伊子繼濤未
經承襲宗于五十四年閏五月病故所遺博士之缺現據衍聖公將故
博士孔傳錦嫡長孫孔廣杓題請承襲等因臣等查核舊案向來
五經博士承襲例在丁憂服滿之後今孔廣杓雖係例應承
襲之員但孔廣杓于上年閏五月丁親父孔繼濤憂現在尚未服
滿與例不符未便先准其承襲應俟服滿之日再行題請至衍
聖公孔憲培並不查明孔廣杓現在服制未滿率行題請承襲
殊屬不合應請交部察議等因乾隆五十五年三月初七日發報
具題十三日奉

旨依議欽此欽遵移咨吏部查議等因前來　查此案衍聖公孔憲培並
不查明孔廣杓尚未服滿率行題請承襲博士殊屬違例應將衍
聖公孔憲培照違令公罪罰俸九個月例罰俸九個月

吏部爲孔憲培違例罰俸知照事致衍聖公府咨（附孔憲培罰俸抄單）

清乾隆五十五年四月二十七日

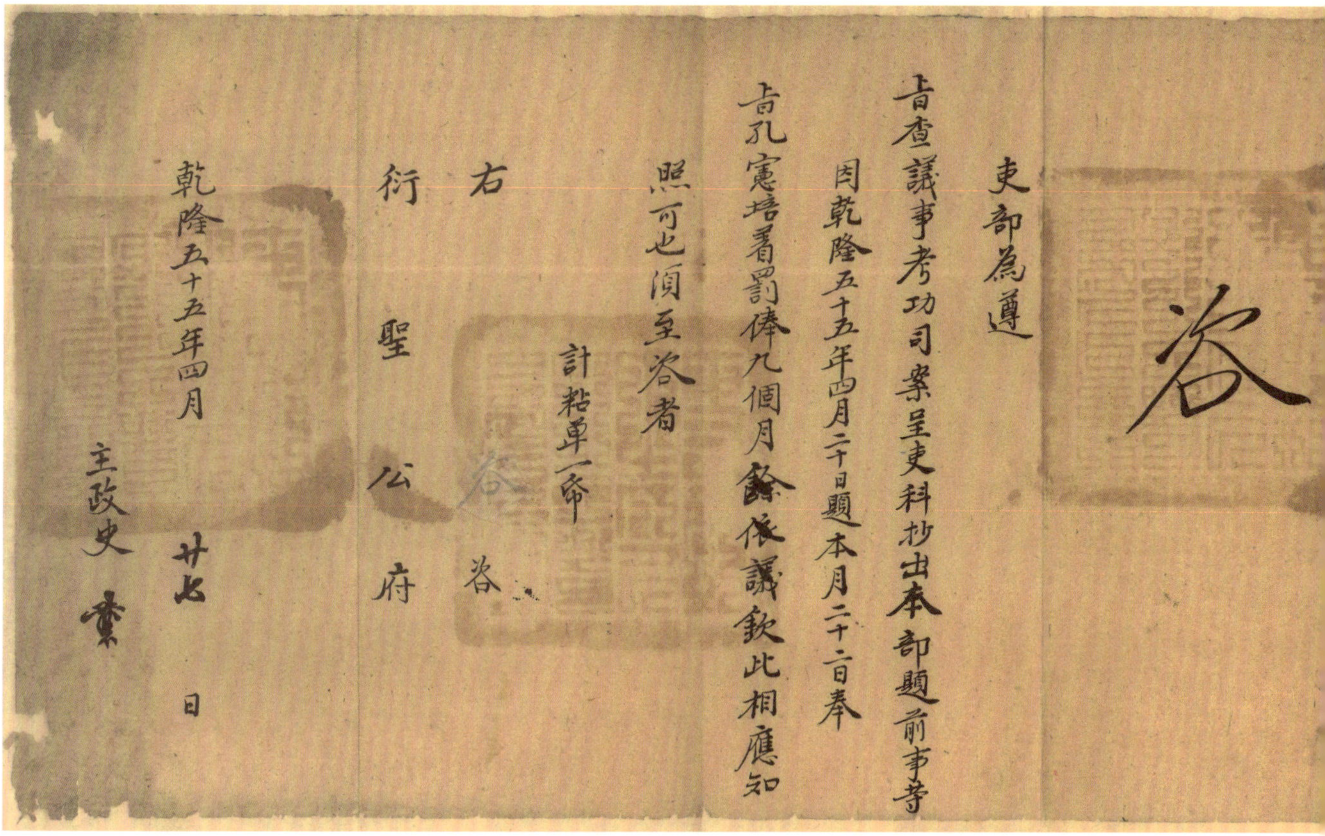
咨

吏部為遵
旨查議事考功司案呈吏科抄出本部題前事等
因乾隆五十五年四月二十日題本月二十二日奉
旨孔憲培著罰俸九個月餘依議欽此相應知
照可也須至咨者
計粘單一紙
右　咨
衍聖公府
乾隆五十五年四月　廿七　日
主政史

山東布政使葛［正華］爲孔憲培違例罰俸事致衍聖公府咨（附孔憲培罰俸抄單）

清乾隆五十五年七月

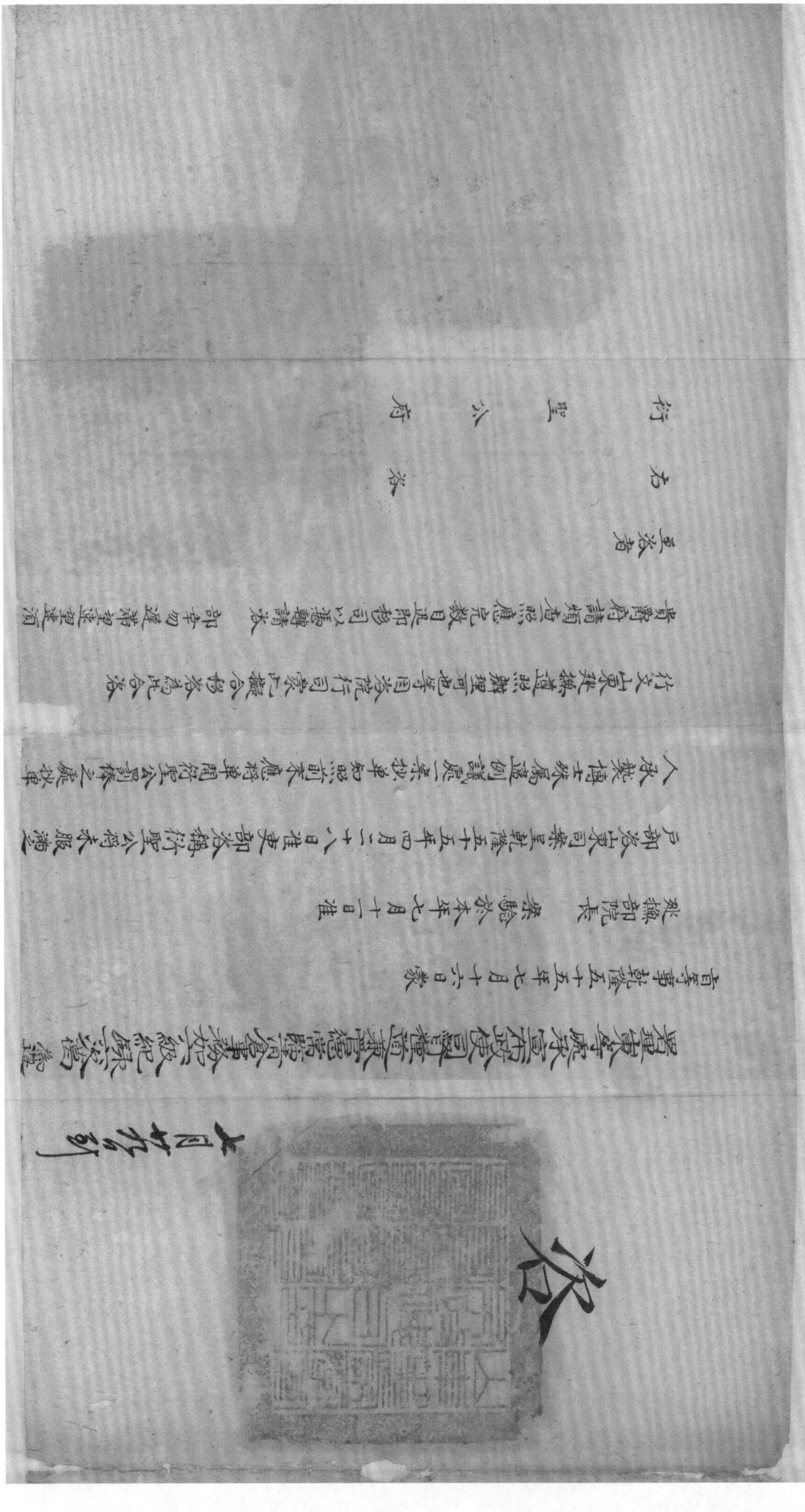
咨

七月廿九到

署理山東等處承宣布政使司督糧道兼管德州臨清倉事務加六級紀錄六次葛

旨事乾隆五十五年七月十六日蒙

兼撫部院長　案驗於本年七月十一日准

戶部咨山東司案呈乾隆五十五年四月二十八日准吏部咨稱衍聖公將未服滿之

人承襲博士殊屬違例議處一案抄單知照前來應將單開衍聖公罰俸之處抄單

行文山東巡撫遵照辦理可也等因咨院行司蒙此擬合移咨爲此合咨

貴爵府請煩查照應完數目迅即移司以憑轉請咨　部幸勿遲滯望速望速須

至咨者

右咨

衍聖公府

山東布政使葛［正華］爲孔憲培違例罰俸事致衍聖公府咨（附孔憲培罰俸抄單）

清乾隆五十五年七月

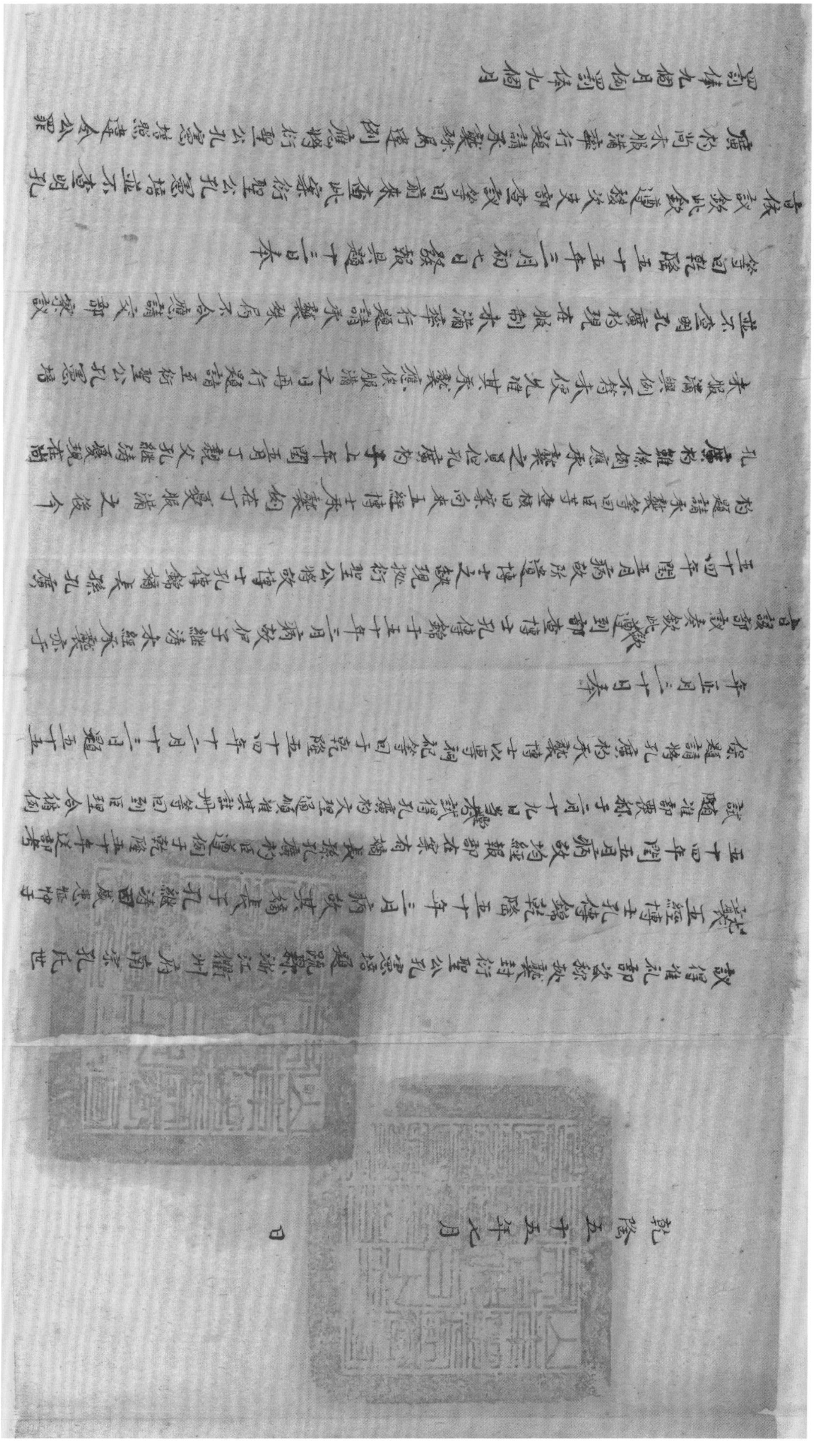
乾隆五十五年七月　日

無朝年

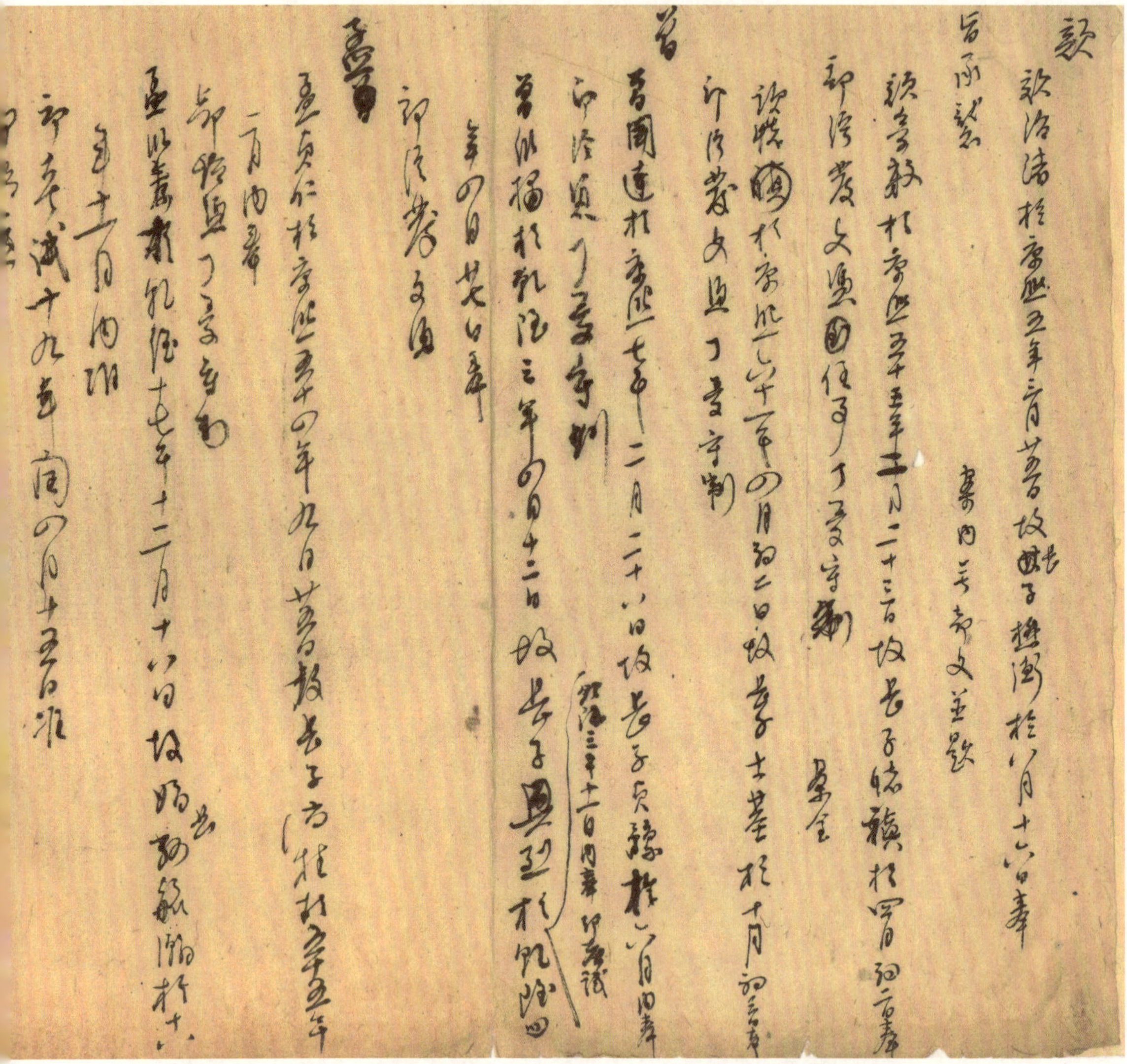

顏
顏治清於康熙五年三月廿三日故，長子懋衡於八月十六日奉
旨承襲　案內另有文並發
顏光敏於康熙二十五年十二月二十三日故，長子肇禎於四月初二日奉
部咨發文憑，因任子丁憂守制　業全
顏懋衡於康熙二十四年四月初二日故，長子士基於十月初三日奉
部咨發文憑丁憂守制
曾
曾國達於康熙七年二月二十八日故，長子貞禄於八月內奉
部咨憑丁憂守制　康熙三十年十二月內奉部咨試
曾繼植於乾隆三年四月十二日故，長子興烈於乾隆四
年四月廿六日奉
部咨發文憑
孟
孟貞仁於康熙五十四年九月廿三日故，長子尚桂於五十五年
二月內奉
部給憑丁憂守制
孟以壽於乾隆十七年十二月十八日故，嫡長孫繼溯於十八
年十二月內准
部咨減十九年閏四月十五日准
[illegible]

衍聖公府爲孔廣杓請咨題襲事致吏部、禮部咨

無朝年

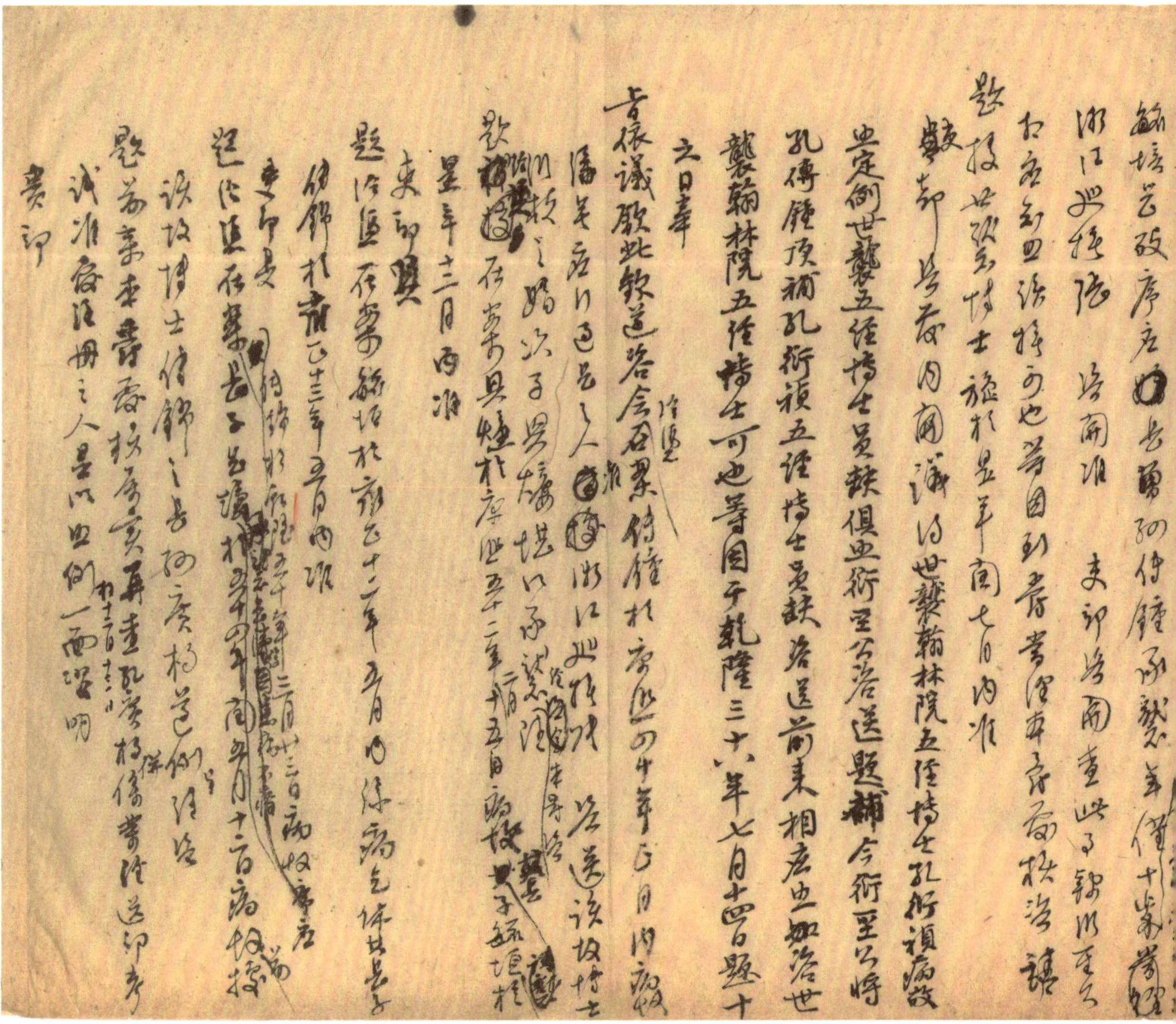
照定例世襲五經博士員缺俱由衍聖公咨送題補今衍聖公將
孔傳鐸頂補孔衍禎五經博士員缺咨送前來相應照例咨世
襲翰林院五經博士可也等因于乾隆三十八年七月十四日題
旨依議欽此欽遵咨會前來

為咨詢事准
吏部咨開祠祭司案呈云云奉道[illegible]办理乃也計粘單一紙內開
題為請襲五經博士事乃照等查核舊案云云請
旨等因奉到部准此查
先聖先賢後裔奉有定例[illegible]世襲博士世職業經奉旨
暫[illegible]仍見找
朝崇儒重道之鉅典本部欽遵辦理奉行有年茲查浙
江衢州府西安縣孔氏博士缺前有孔傳楨係西安縣
三十七年六月內病故其長子早逝長孫[illegible]
長曾孫傳鍾[illegible]於[illegible]三十八年五月內[illegible]江撫部院
張[illegible]部[illegible]子錄咨案知照
題授是年七月內[illegible]到部復將該本府核咨 吏部
旨依議欽此欽遵咨明在案又[illegible]孔興鑲係西安縣
二年二月內病故其長子毓垣於是年十二月內接
吏部具
題[illegible]毓垣於[illegible]十二年五月內病故
長子[illegible]再重[illegible]
[illegible]等查孔氏博士曾[illegible]
具[illegible]於是年十二月內[illegible]
[illegible]該年[illegible]
[illegible]孔氏博士[illegible]
十二月內病故其長孫毓[illegible]十二月

衍聖公［孔憲培］爲查明孔廣杓丁父憂守制事致吏部咨

無朝年

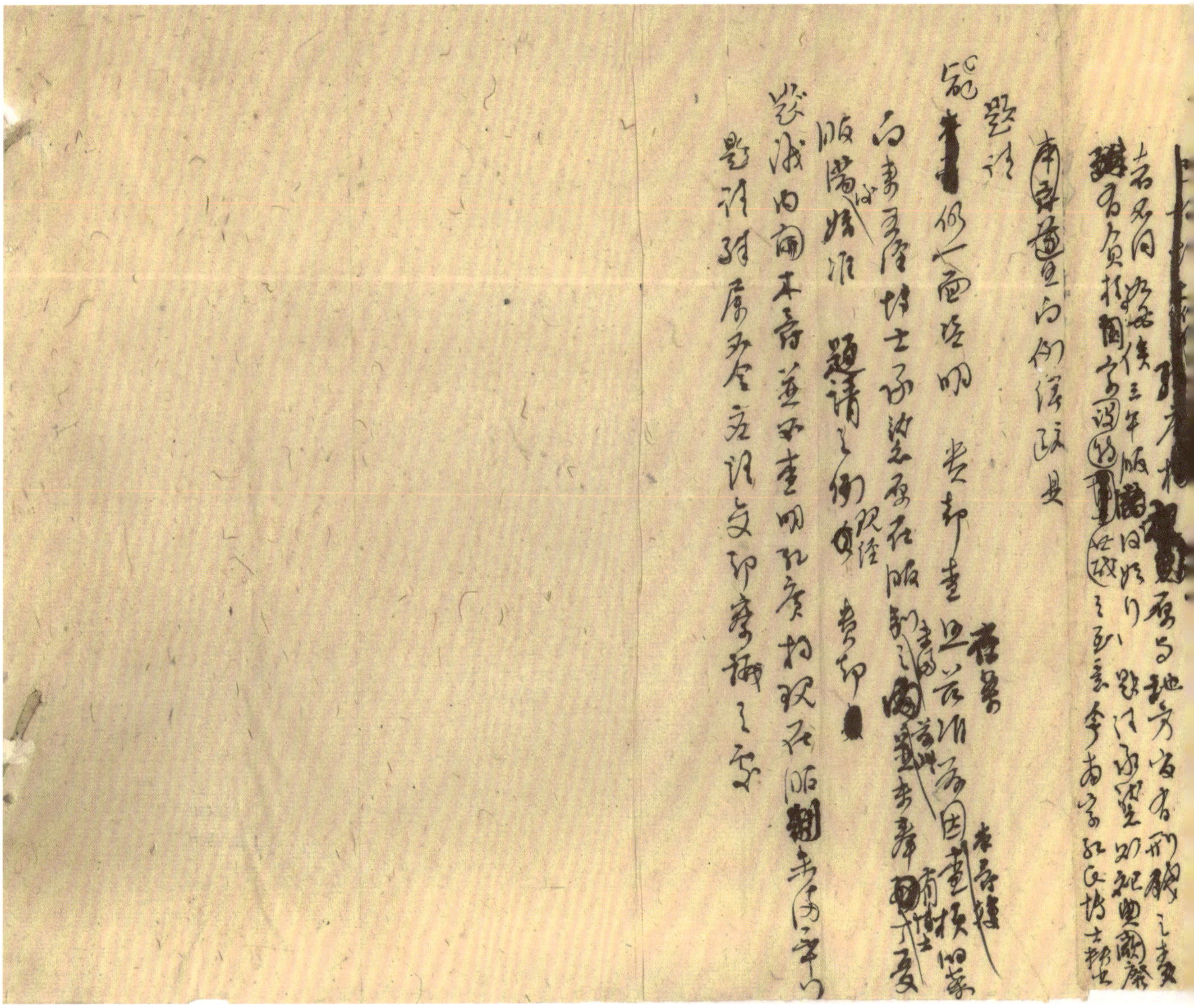

〇一一二◆題授浙江衢州孔氏翰林院五經博士（七）

清乾隆五十六年至六十年

衍聖公孔［憲培］爲轉飭催令孔廣杓來曲請領題本赴部辦理承襲事致浙江巡撫部院咨

清乾隆五十六年六月初一日

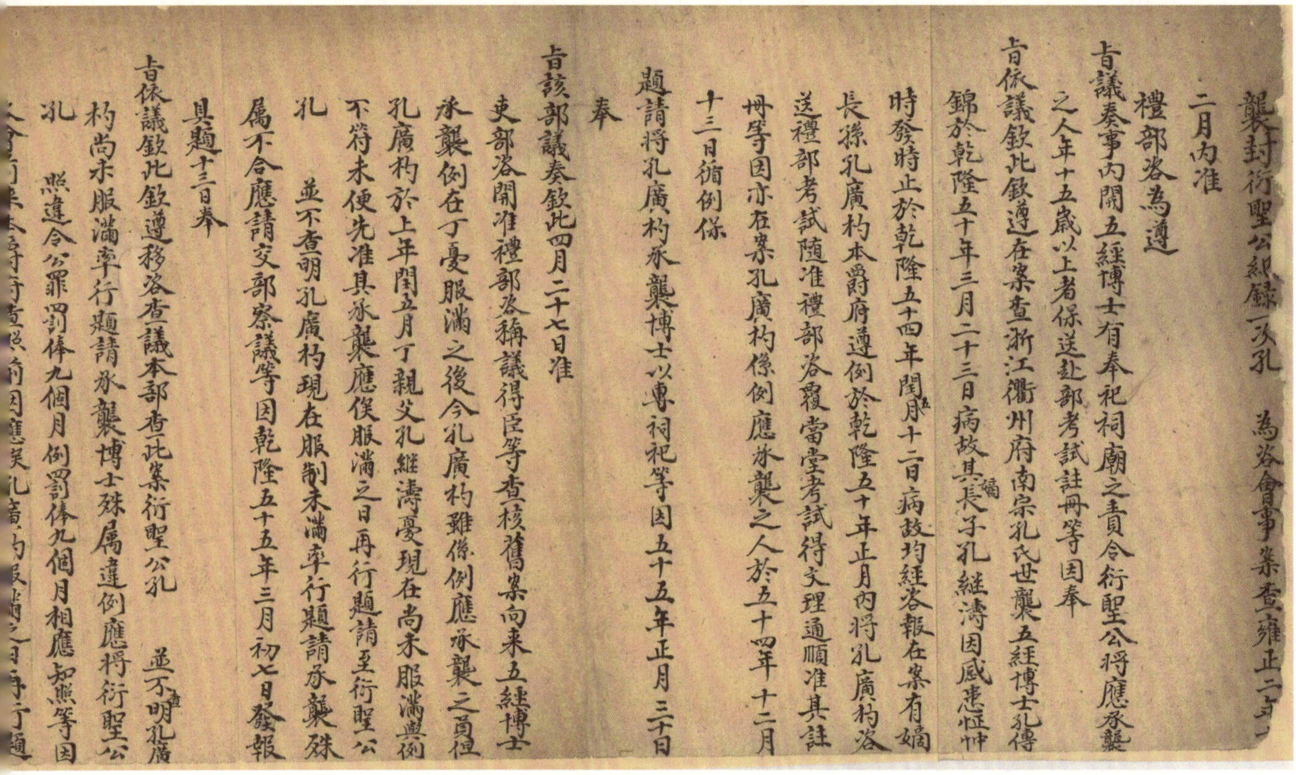
襲封衍聖公紀錄一次孔　爲咨會事案查雍正二年
二月內准
禮部咨爲遵
旨議奏事內開五經博士有奉祀祠廟之責令衍聖公將應承襲
之人年十五歲以上者保送赴部考試註冊等因奉
旨依議欽此欽遵在案查浙江衢州府南宗孔氏世襲五經博士孔傳
錦於乾隆五十年三月二十三日病故其嫡長子孔繼濤因感患怔忡
時發時止於乾隆五十四年閏五月十二日病故均經咨報在案有嫡
長孫孔廣杓本爵府遵例於乾隆五十年正月內將孔廣杓咨
送禮部考試隨准禮部咨覆當堂考試得文理通順准其註
冊等因亦在案孔廣杓係例應承襲之人於五十四年十二月
十三日循例保
題請將孔廣杓承襲博士以專祠祀等因五十五年正月三十日
奉
旨該部議奏欽此四月二十七日准
吏部咨開准禮部咨稱議得臣等查核舊案向來五經博士
承襲例在丁憂服滿之後今孔廣杓雖係例應承襲之員但
孔廣杓於上年閏五月丁親父孔繼濤憂現在尚未服滿與例
不符未便先准其承襲應俟服滿之日再行題請至衍聖公
孔　並不查明孔廣杓現在服制未滿率行題請承襲殊
屬不合應請交部察議等因乾隆五十五年三月初七日發報
具題十三日奉
旨依議欽此欽遵移咨查議本部查此案衍聖公孔　並不明查孔廣
杓尚未服滿率行題請承襲博士殊屬違例應將衍聖公
孔　照違令公罪罰俸九個月例罰俸九個月相應知照等因

衍聖公孔［憲培］爲飭催來曲請領題本赴部辦理承襲事致衢州孔氏應襲翰林院五經博士孔廣杓劄付

清乾隆五十六年六月初一日

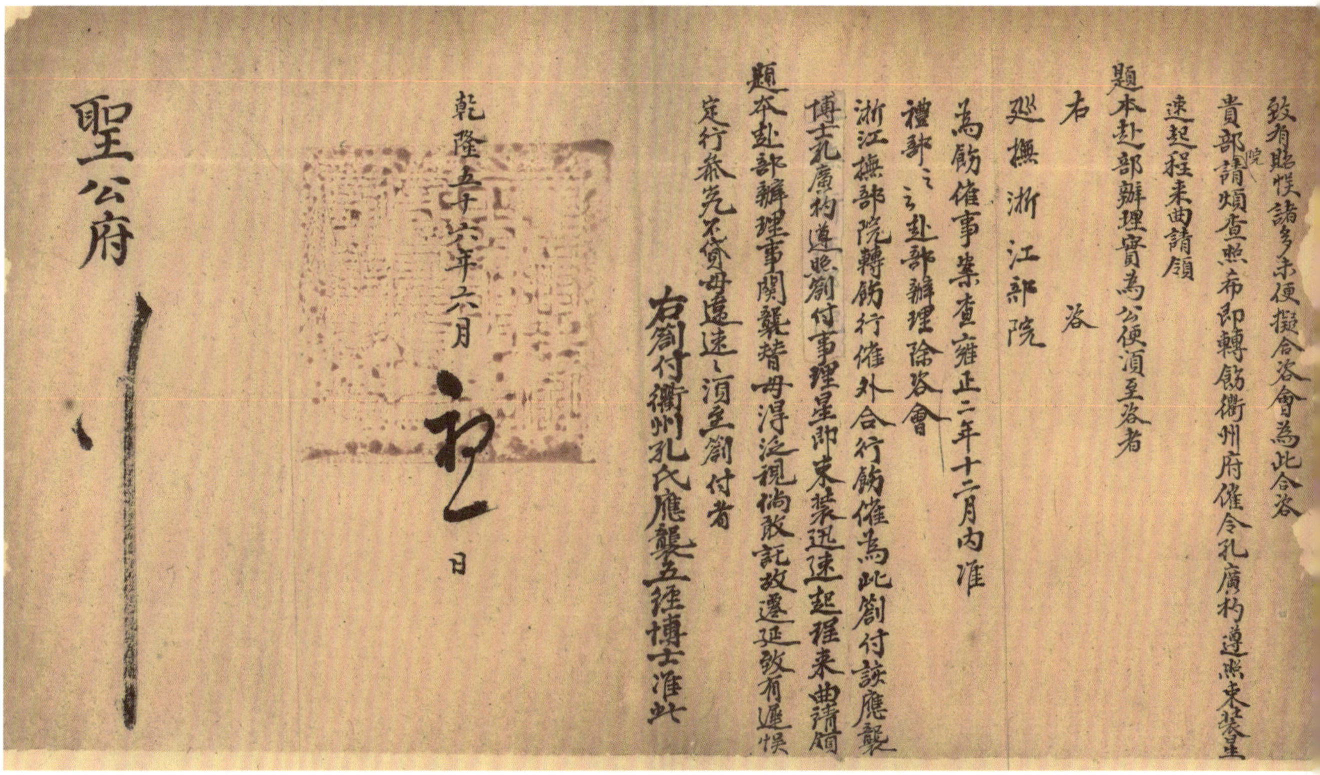
致有貽悞諸多未便擬合咨會為此合咨
貴部院請煩查照希即轉飭衢州府催令孔廣杓遵照束裝星
速起程來曲請領
題本赴部辦理實為公便須至咨者
右　咨
巡撫浙江部院
為飭催事案查雍正二年十二月內准
禮部云云赴部辦理除咨會
浙江撫部院轉飭行催外合行飭催為此劄付該應襲
博士孔廣杓遵照劄付事理星即束裝迅速起程來曲請領
題本赴部辦理事關襲替毋得泛視倘敢託故遷延致有遲悞
定行參究不貸毋違速速須至劄付者
右劄付衢州孔氏應襲五經博士准此
乾隆五十六年六月初一日
聖公府

衍聖公孔［憲培］爲轉行飭催孔廣杓來曲請領題本赴部辦理承襲事致浙江巡撫部院咨

清乾隆五十六年八月十六日

襲封衍聖公加二級紀録一次孔　爲咨催事案
查浙江衢州府南宗孔氏應襲翰林院五經博士
孔廣杓於乾隆五十四年閏五月十二日丁親父憂扣
至乾隆五十六年八月十二日不計閏二十七個月服闋
例應即行呈報并詣來曲請領
題本赴　部聽候核辦本爵府因其相距遥遠或致
屆期托故延悞定于
大部咨查前於本年六月初一日經本爵府查案咨
請
貴部院飭催在案今該應襲博士已於本月十二日服闋擬
合再行咨催爲此合咨
貴部院請煩查照先令咨内事理迅賜轉行飭催該
應襲博士孔廣杓星速來東照例辦理實爲公便須
至咨者
右　咨
浙江巡撫部院
襲封衍聖公加二級紀録一次孔　爲飭催事案查浙
江衢州府南宗孔氏云云今該應襲博士已於本月十二
日服闋除咨
浙江巡撫部院[illegible]

衍聖公孔［憲培］爲飭催來曲請領題本赴部辦理承襲事致衢州孔氏應襲翰林院五經博士孔廣杓劄付

清乾隆五十六年八月十六日

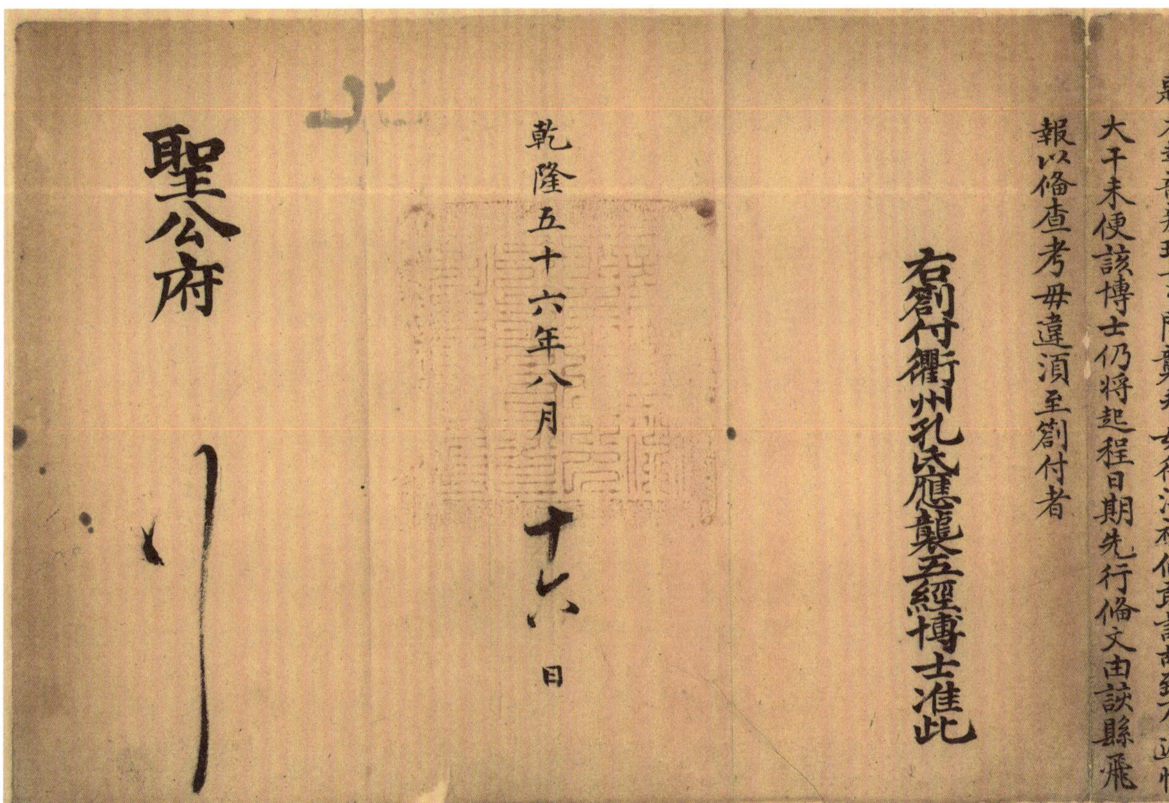
題本赴部辦理事關襲替毋得泛視倘敢詭故致有遲悞
大干未便該博士仍將起程日期先行備文由該縣飛
報以備查考毋違須至劄付者
右劄付衢州孔氏應襲五經博士准此
乾隆五十六年八月十六日
聖公府

禮部爲孔廣杓丁父憂服滿後再行題請承襲事及衍聖公孔憲培未查明服制未滿事題本抄件

〔清乾隆五十五年〕

禮部謹

題為請襲五經博士事乾隆五十五年正月三十日禮科抄出據襲封衍

聖公孔　題疏内稱浙江衢州府南宗孔氏世襲五經博士孔傳錦於乾

隆五十年三月病故其嫡長子孔繼濤因感患怔忡於五十四年閏五月

病故均經報部在案有嫡長孫孔廣杓臣遵例於乾隆五十年送部

考試隨准禮部覆稱於二月二十九日當堂考試得孔廣杓文理通順准

其註册等因到臣理合循例保題請將孔廣杓承襲博士以專祠祀

伏乞

皇上睿鑒勅部議覆施行等因於乾隆五十四年十二月十三日題五十五

年正月三十日奉

旨該部議奏欽此欽遵到部該臣等議得定例雍正二年議准世襲五

經博士有奉祀祠廟之職若不事詩書不識禮義濫膺世職有

玷先賢先儒殊負

國家崇儒重道之意嗣後請將應襲博士之人送部考試註册遇有缺

出題請承襲等語先于乾隆五十年據衍聖公將浙江衢州孔氏

後裔五經博士孔傳錦之嫡長孫孔廣杓送部考試經臣部考

試得文理通順註册在案今博士孔傳錦于五十年三月病故伊子

繼濤未經承襲亦於五十四年閏五月病故所遺博士之缺現據衍

聖公將故博士孔傳錦嫡長孫孔廣杓題請承襲等因臣等查

核舊案向來五經博士承襲例在丁憂服滿之後今孔廣杓雖係例

應承襲之員但孔廣杓于上年閏五月丁親父孔繼濤憂現在尚

未服滿與例不符未便先准其承襲應俟服滿之日再行題請至

衍聖公孔　並不查明孔廣杓現在服制未滿率行題請承襲殊

屬不合應請交部察議等因乾隆五十五年三月初七日發報具題

十三日奉

旨依議欽此

衍聖公孔［憲培］爲報明孔廣杓丁父憂服滿起復事致吏部、禮部咨

清乾隆五十六年十月初六日

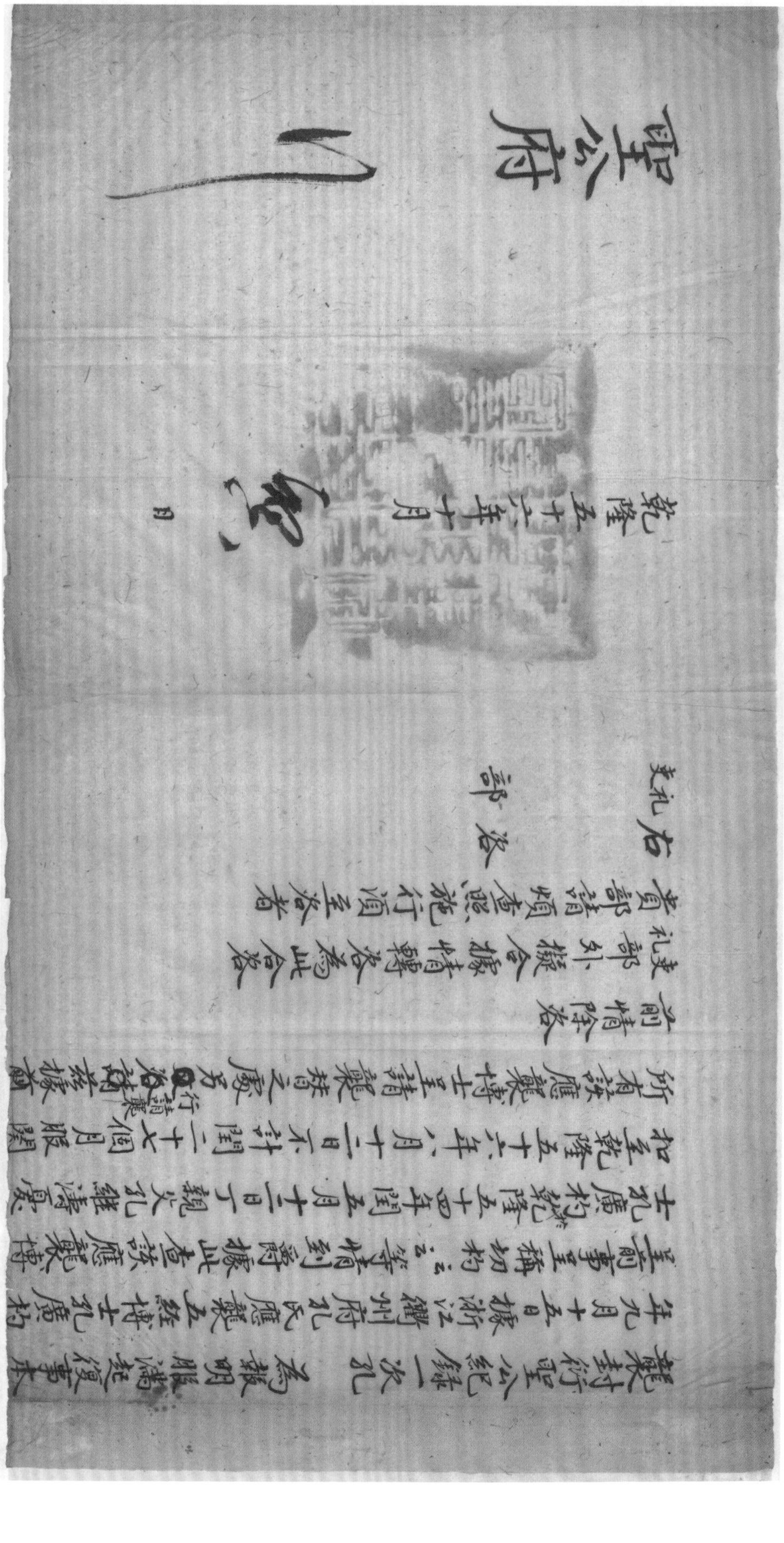
襲封衍聖公紀録一次孔　爲報明服滿起復事本
年九月十五日據浙江衢州府孔氏應襲五經博士孔廣杓
呈前事呈稱切杓云云等情到爵據此查該應襲博
士孔廣杓於乾隆五十四年閏五月十二日丁親父孔繼濤憂
扣至乾隆五十六年八月十二日不計閏二十七個月服闋
所有該應襲博士呈請襲替之處另行請襲咨請茲據前
前情除咨
吏礼部外擬合據情轉咨爲此合咨
貴部請煩查照施行須至咨者
右　咨
吏礼　部
乾隆五十六年十月　　日
聖公府

〔衍聖公府〕爲報明孔廣杓丁父憂服滿起復事致吏部、禮部咨

〔清乾隆五十六年〕

爲報明服滿起復事。本年九月十五日，據浙江衢州府孔氏
翰林五經博士孔廣杓呈前事，呈稱：切杓云云等情到府。
據此，查該翰林博士孔廣杓於乾隆五十四年閏五月
十二日丁親父孔傳濤憂，扣至乾隆五十六年八月
三十日，不計閏，二十七個月服闋，[redacted]所有該
翰林博士呈請起復，另文咨請前據呈報
服闋，除候該地方官咨會到日，結供備案外，擬
合據情轉咨，爲此合咨
貴部，請煩查照註冊施行。

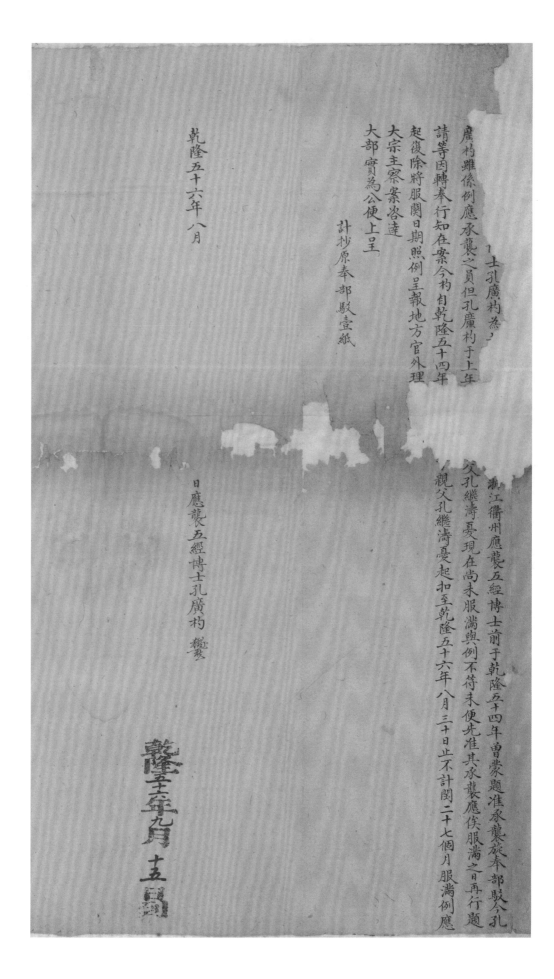

士孔廣杓為
廣杓雖係例應承襲之員但孔廣杓于上年
請等因轉奉行知在案今杓自乾隆五十四年
起復除將服闋日期照例呈報地方官外理
大宗主察案咨達
大部實為公便上呈
計抄原奉部駁壹紙
乾隆五十六年八月

浙江衢州應襲五經博士前于乾隆五十四年曾蒙題准承襲旋奉部駁今孔
父孔繼濤憂現在尚未服滿與例不符未便先准其承襲應俟服滿之日再行題
親父孔繼濤憂起扣至乾隆五十六年八月三十日止不計閏二十七個月服滿例應
日應襲五經博士孔廣杓

乾隆五十六年九月十五日

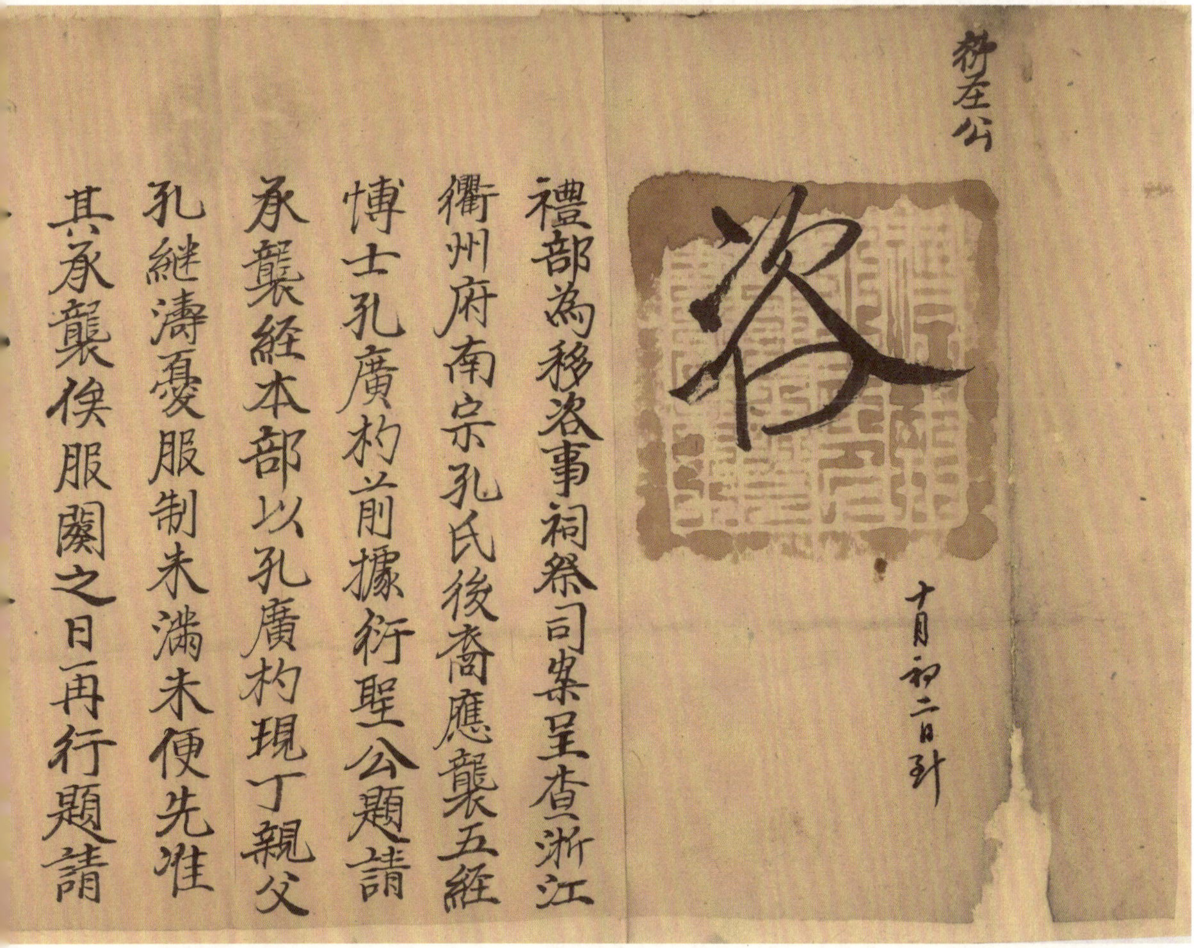

衍聖公

咨

十月初二日到

禮部為移咨事祠祭司案呈查浙江
衢州府南宗孔氏後裔應襲五經
博士孔廣杓前據衍聖公題請
承襲經本部以孔廣杓現丁親父
孔繼濤憂服制未滿未便先准
其承襲俟服闋之日再行題請

禮部爲孔廣杓丁父憂服滿題請承襲事致衍聖公［孔憲培］咨

清乾隆五十六年九月

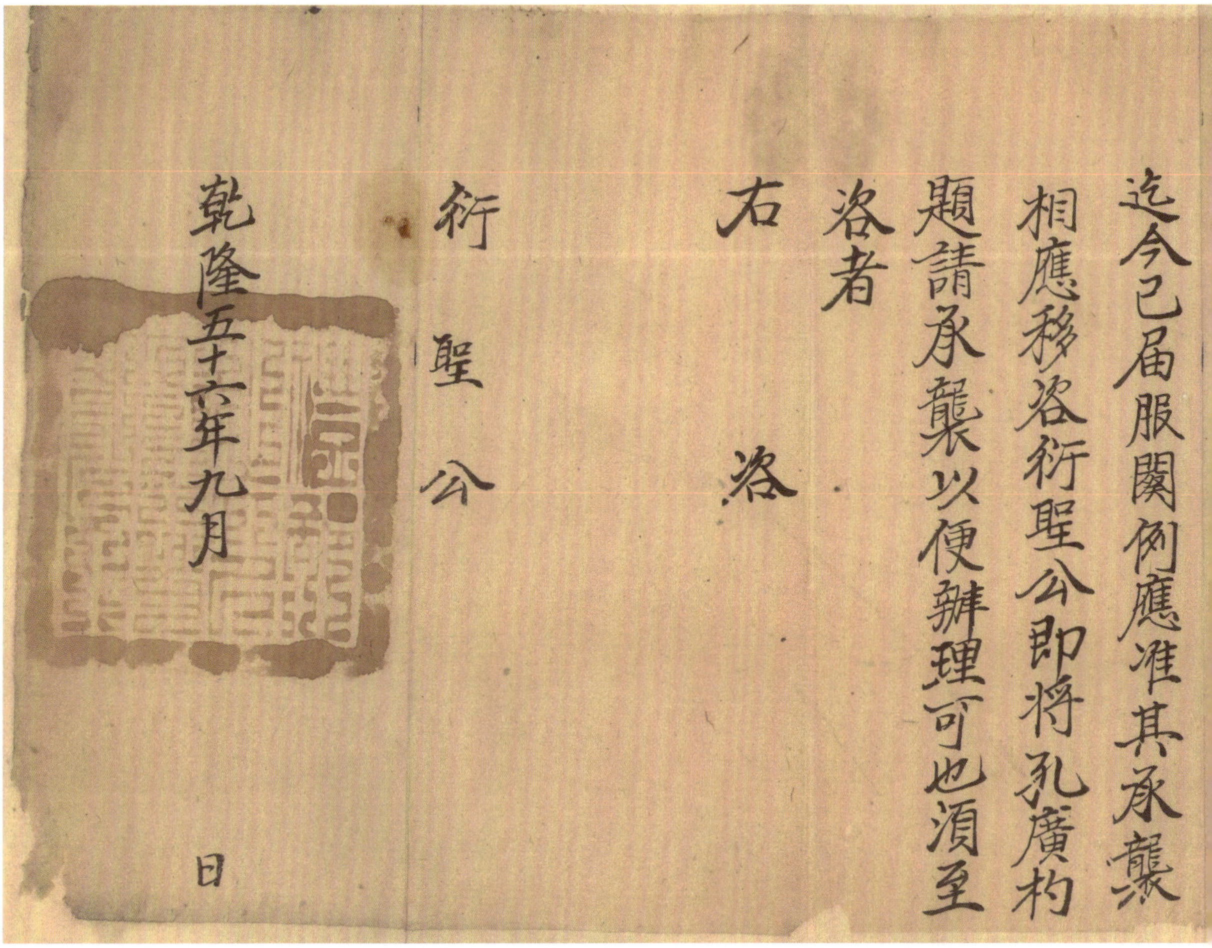
迄今已屆服闋例應准其承襲
相應移咨衍聖公即將孔廣杓
題請承襲以便辦理可也須至
咨者
右　咨
衍聖公
乾隆五十六年九月　日

親供

具親供應襲五經博士孔廣杓今具

親供爲報明起復事供得切職現年貳拾柒歲身中

曾祖毓垣曾祖母王氏祖傳錦俱歿祖母王氏存現年柒拾歲父

王氏俱歿繼母崔氏存現年肆拾捌歲係浙江衢州府西安縣人由

至聖裔已故衢州南宗孔氏應襲五經博士孔繼濤嫡長子遵於乾隆

月初伍日蒙

衍聖公　札開本年叁月貳拾陸日准

禮部咨開祠祭司案呈准

衍聖公咨稱衢州孔氏世襲五經博士孔傳錦嫡長孫孔廣杓年

上例應承襲之人送　部考試隨據孔廣杓隨文驗到本部於貳

當堂考試得孔廣杓文理通順准其註册俟承襲時具

題等因行知在案緣親父繼濤於伍拾肆年閏伍月拾貳日在籍病

子例應丁憂前經報明在案今例應除閏自乾隆伍拾肆年陸

至乾隆伍拾陸年玖月初壹日止貳拾柒個月服滿應行報明起復

爲繼短喪等項情弊所供是實

衢州孔氏應襲翰林院五經博士孔廣杓爲報明丁父憂服滿起復事所具親供

清乾隆五十六年十一月

乾隆伍拾陸年拾壹月

日具親供五經博士孔

具結狀浙江衢州府西安縣壹百肆拾壹庄里鄰徐人表毛文斌親族程景先孔

甘結爲報明起複事結得世職孔廣杓現年貳拾柒歲

崔氏存現年肆拾捌歲係浙江衢州府西安縣人由

至聖裔已故衢州孔氏應襲五經博士孔繼濤嫡長之子遵于乾隆伍拾年柒月

禮部咨開祠祭司案呈准　衍聖公咨稱衢州孔氏世襲五經博士孔傳

當堂考試得孔廣杓文理通順准其註冊俟承襲時具

題等因行知在案緣親父繼濤于乾隆伍拾肆年閏伍月拾貳日在籍病故杓係

玖月初壹日止貳拾柒個月服滿應行報明起復承襲並無過繼短喪情弊中

乾隆伍拾陸年拾壹月

浙江衢州府西安縣里鄰徐人表、親族程景先等爲報明孔廣杓丁父憂服滿起復事所具結狀

清乾隆五十六年十一月

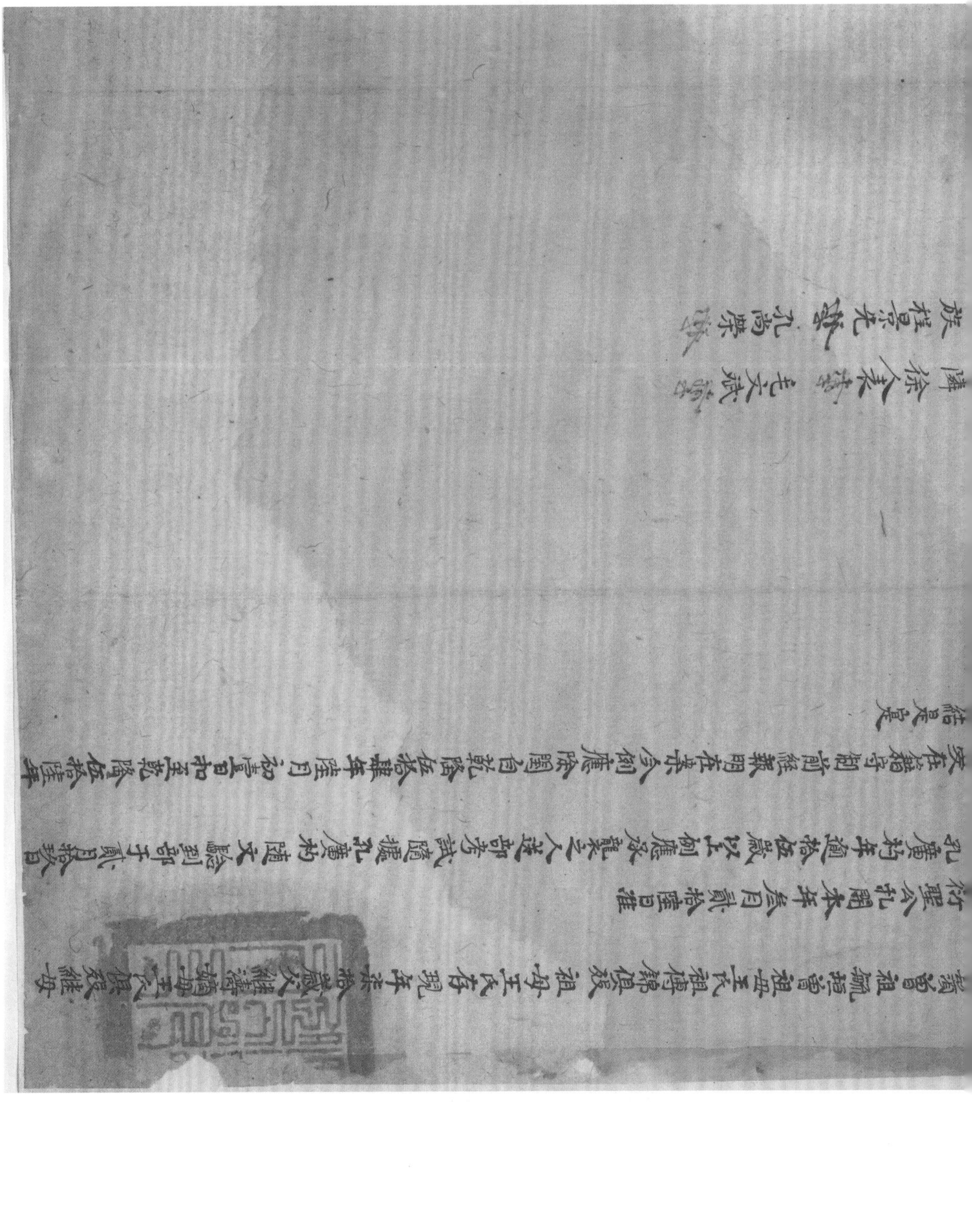
舊曾祖毓垣曾祖母王氏祖傅錦俱歿祖母王氏存現年柒拾歲父繼濤嫡母王氏俱歿繼母
衍聖公孔開本年叁月貳拾陸日准
孔廣杓年逾拾伍歲以上例應承襲之人送部考試隨據孔廣杓隨文驗到部于貳月拾肆日
憂在籍守制前經報明在案今例應除閏自乾隆伍拾肆年陸月初壹日起至乾隆伍拾陸年
結是寔
鄰徐人表 毛文斌
族程景先 孔尚榮

禮部爲孔廣杓承襲具題事致衍聖公［孔憲培］咨

清乾隆五十六年十二月

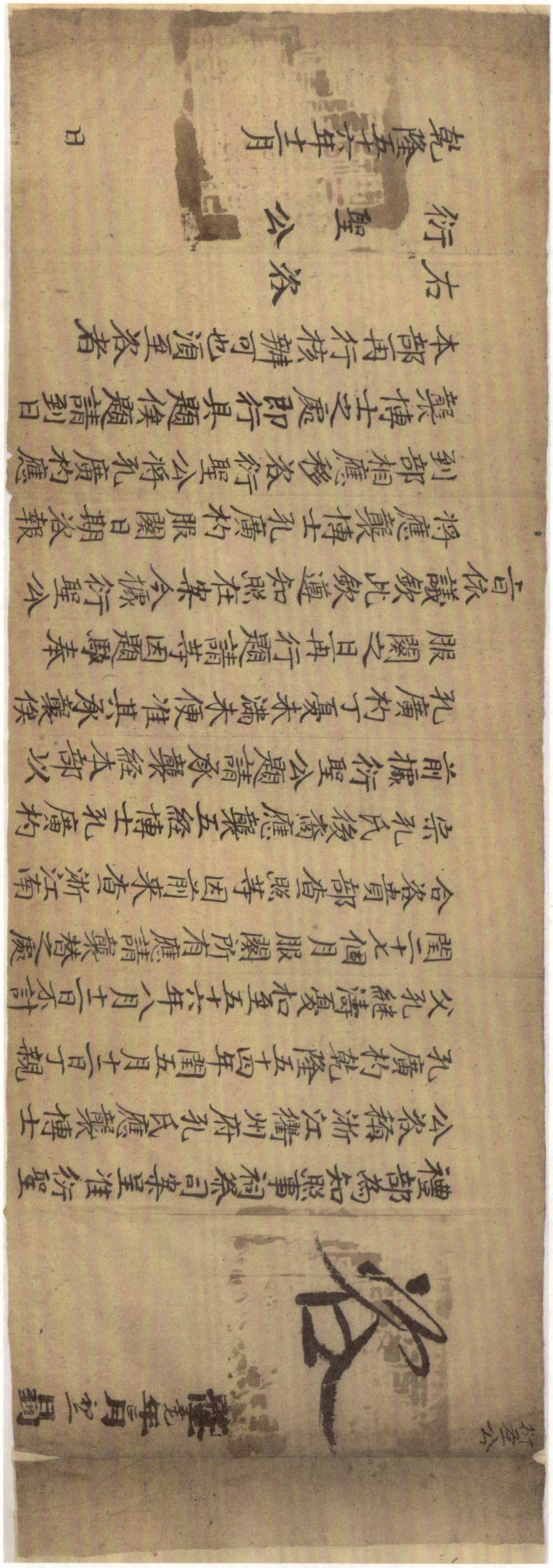

咨

隆五十六年十二月初二日到

禮部爲知照事祠祭司案呈准衍聖
公咨稱浙江衢州府孔氏應襲博士
孔廣杓乾隆五十四年閏五月十二日丁艱
父孔繼濤服憂扣至五十六年八月十二日不計
閏二十七個月服闋所有應請襲替之處
合咨貴部查照等因前來查浙江南
宗孔氏後裔應襲五經博士孔廣杓
前據衍聖公題請承襲經本部以
孔廣杓丁憂未滿未便准其承襲俟
服闋之日再行題請等因題駁奉
旨依議欽此欽遵知照在案今據衍聖公
將應襲博士孔廣杓服闋日期咨報
到部相應移咨衍聖公將孔廣杓應
襲博士之處即行具題俟題請到日
本部再行核辦可也須至咨者

右咨
衍聖公

乾隆五十六年十二月　日

衍聖公孔［憲培］爲再行飛催來曲請襲事致衢州孔氏應襲翰林院五經博士孔廣杓劄付

清乾隆五十六年十二月二十日

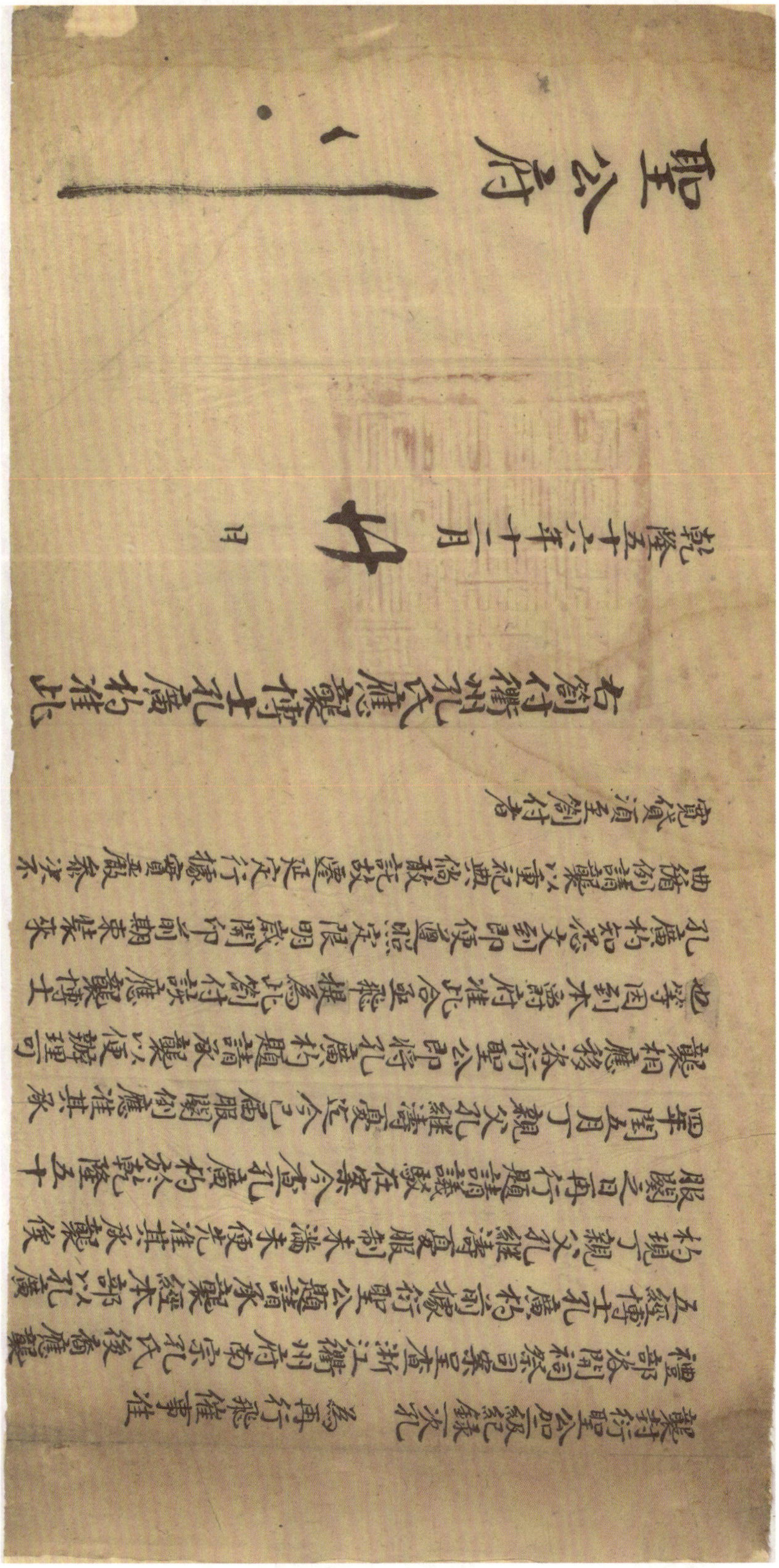
襲封衍聖公加二級紀錄一次孔　爲再行飛催事准
禮部咨開祠祭司案呈查浙江衢州府南宗孔氏後裔應襲
五經博士孔廣杓前據衍聖公題請承襲經本部以孔廣
杓現丁親父孔繼濤憂服制未滿未便先准其承襲俟
服闋之日再行題請議駁在案今查孔廣杓於乾隆五十
四年閏五月丁親父孔繼濤憂迄今已屆服闋例應准其承
襲相應移咨衍聖公即將孔廣杓題請承襲以便辦理可
也等因到本爵府准此合亟飛提爲此劄付該應襲博士
孔廣杓知悉文到即便遵照定限明歲開印前期束裝來
曲備例請襲以重祀典倘敢託故遷延定行據實嚴參决不
寬貸須至劄付者
右劄付衢州孔氏應襲博士孔廣杓准此
乾隆五十六年十二月　廿　日
聖公府

浙江巡撫福［崧］爲孔廣杓服滿起復供結扣算錯誤换送事致衍聖公［孔憲培］咨

清乾隆五十六年十二月二十日

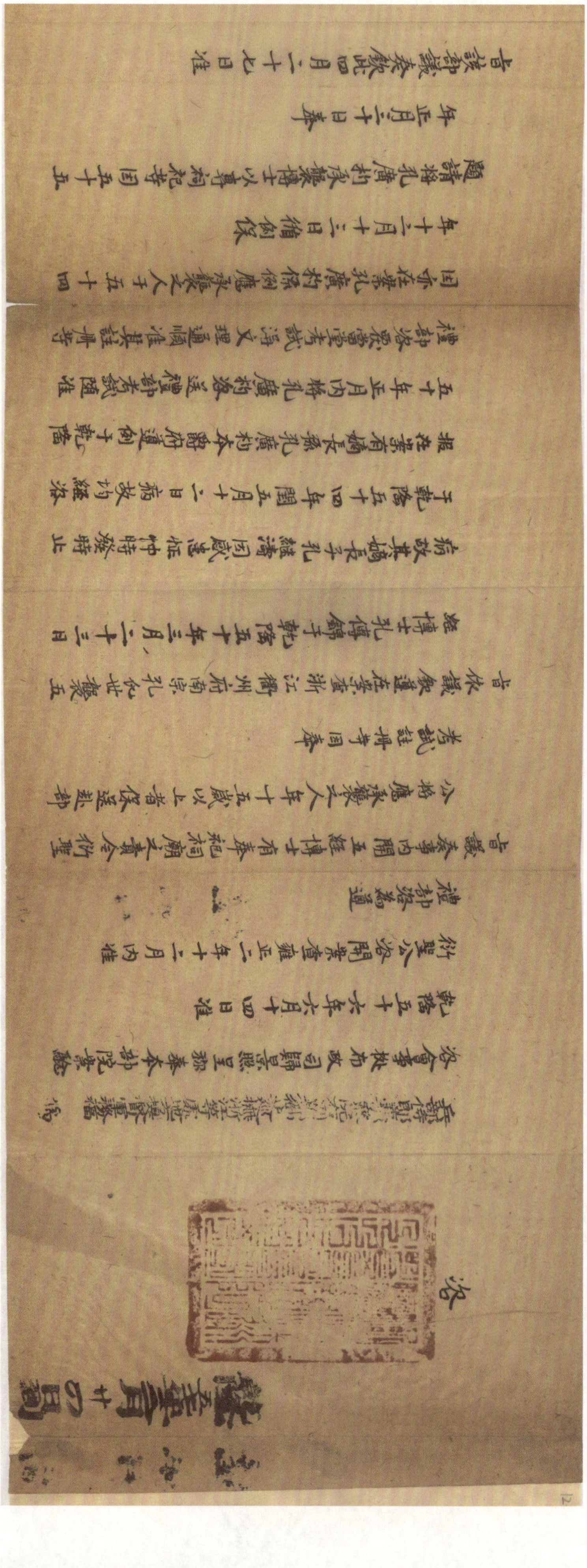

兵部侍郎兼都察院右副都御史巡撫浙江等處地方提督軍務福　爲
咨會事據布政司歸景照呈稱奉本部院案驗
乾隆五十六年六月十四日准
衍聖公咨開案查雍正二年十二月內准
禮部咨爲遵
旨議奏事內開五經博士有奉祀祠廟之責令衍聖
公將應承襲之人年十五歲以上者保送赴部
考試註冊等因奉
旨依議欽遵在案查浙江衢州府南宗孔氏世襲五
經博士孔傳錦于乾隆五十年三月二十三日
病故其嫡長子孔繼濤因感患怔忡時發時止
于乾隆五十四年閏五月十二日病故均經咨
報在案有嫡長孫孔廣杓本爵府遵例于乾隆
五十年正月內將孔廣杓咨送禮部考試隨准
禮部咨覆當堂考試語文理通順准其註冊等
因亦在案孔廣杓係例應承襲之人于五十四
年十二月十三日循例保
題請將孔廣杓承襲博士以專祠祀等因五十五
年正月二十日奉
旨該部議奏欽此四月二十七日准

咨

乾隆五十六年十二月廿四日

浙江巡撫福[崧]爲孔廣杓服滿起復供結扣算錯誤換送事致衍聖公[孔憲培]咨

清乾隆五十六年十二月二十日

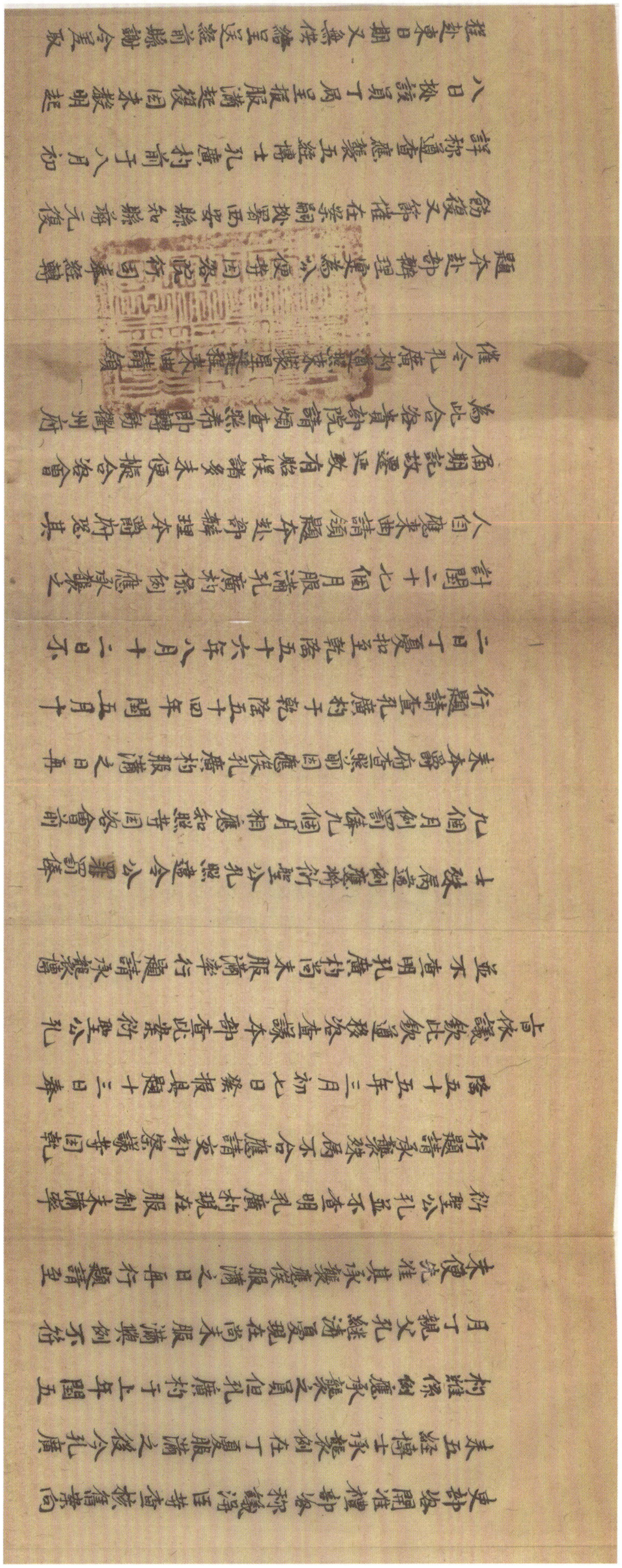
吏部咨開准禮部咨稱議得臣等查核舊案向
來五經博士承襲例在丁憂服滿之後今孔廣
杓雖係例應承襲之員但孔廣杓于上年閏五
月丁親父孔繼涑憂現在尚未服滿與例不符
未便先准其承襲應俟服滿之日再行題請至
衍聖公孔並不查明孔廣杓現在服制未滿率
行題請承襲殊屬不合應請交部察議等因乾
隆五十五年三月初七日發報具題十三日奉
旨依議欽此欽遵移咨查議本部查此案衍聖公孔
並不查明孔廣杓尚未服滿率行遽請承襲博
士殊屬違例應將衍聖公孔照違令公罪罰俸
九個月例罰俸九個月相應知照等因咨會前
來本爵府查照前因應俟孔廣杓服滿之日再
行題請查孔廣杓于乾隆五十四年閏五月十
二日丁憂扣至乾隆五十六年八月十二日不
計閏二十七個月服滿孔廣杓係例應承襲之
人自應來曲請領題本赴部辦理本爵府恐其
屆期託故遷延致有貽悮諸多未便擬合咨會
為此合咨貴部院請煩查照希即轉飭衢州府
催令孔廣杓遵照速來曲請領
題本赴部辦理寔為公便等因咨院行司奉經轉
飭復又節催在案嗣據署西安縣知縣蔣元復
詳稱遵查應襲五經博士孔廣杓前于八月初
八日據該員丁憂呈報服滿起復因未叙明起
程赴東日期又無供結呈送經前縣諭令差取

浙江巡撫福［崧］爲孔廣杓服滿起復供結扣算錯誤換送事致衍聖公［孔憲培］咨

清乾隆五十六年十二月二十日

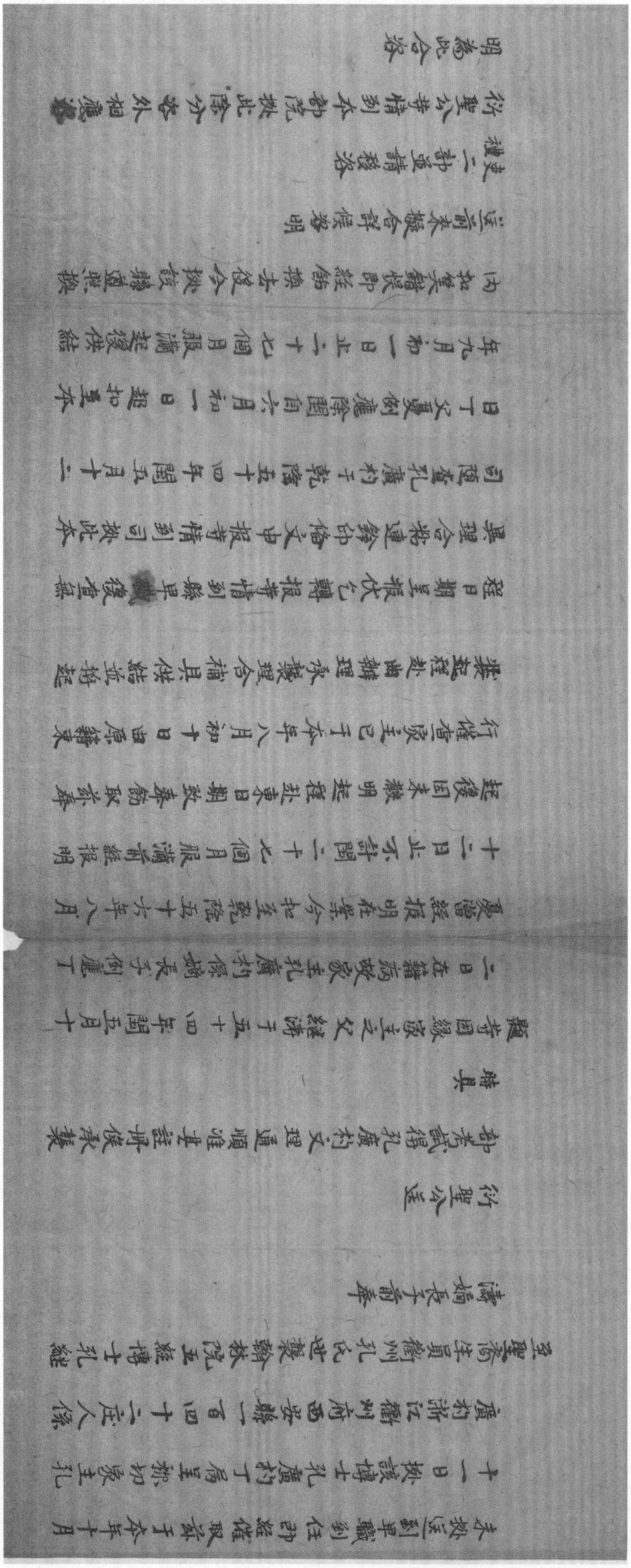
未投送到卑職到任即經催取茲于本年十月
十一日據該博士孔廣杓丁房呈稱切象主孔
廣杓浙江衢州府西安縣一百四十二庄人係
至聖裔生員衢州孔氏世襲翰林院五經博士孔繼
濤嫡長子前奉
衍聖公送
部考試得孔廣杓文理通順准其註冊俟承襲
時具
題莽因緣家主之父繼濤于五十四年閏五月十
二日在籍病故家主孔廣杓係嫡長子例應丁
憂當經報明在案今扣至乾隆五十六年八月
十二日止不計閏二十七個月服滿前經報明
起復因未聲明起程赴東日期致奉飭取茲奉
行催查家主已于本年八月初十日由原籍束
裝起程赴曲辦理承襲理合補具供結並將起
程日期呈報伏乞轉報等情到縣卑職覆查無
異理合粘連鈐印備文申報等情到司據此本
司隨查孔廣杓于乾隆五十四年閏五月十二
日丁父憂例應除閏自六月初一日起扣至本
年九月初一日止二十七個月服滿起復供結
內扣算錯悮即經飭換去後今據該縣遵照換
送前來擬合詳候咨明
吏禮二部並請移咨
衍聖公等情到本部院據此除分咨外相應咨
明為此合咨

浙江巡撫福［崧］爲孔廣杓服滿起復供結扣算錯誤換送事致衍聖公［孔憲培］咨

清乾隆五十六年十二月二十日

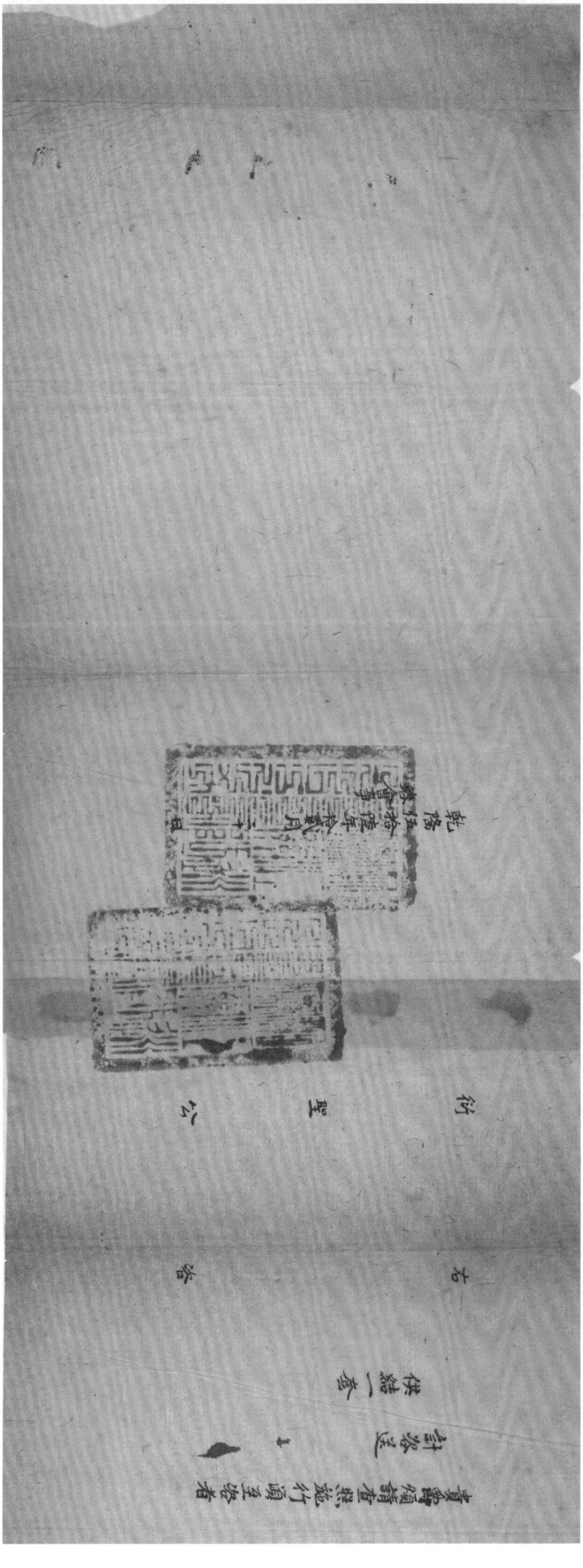
請煩查照施行須至咨者
計咨送
供結一套
右咨
衍聖公
乾隆伍拾陸年拾貳月二十日

衍聖公孔〔憲培〕爲飭催孔廣杓來曲領咨赴部題襲事致浙江巡撫部院咨

清乾隆五十七年二月初十日

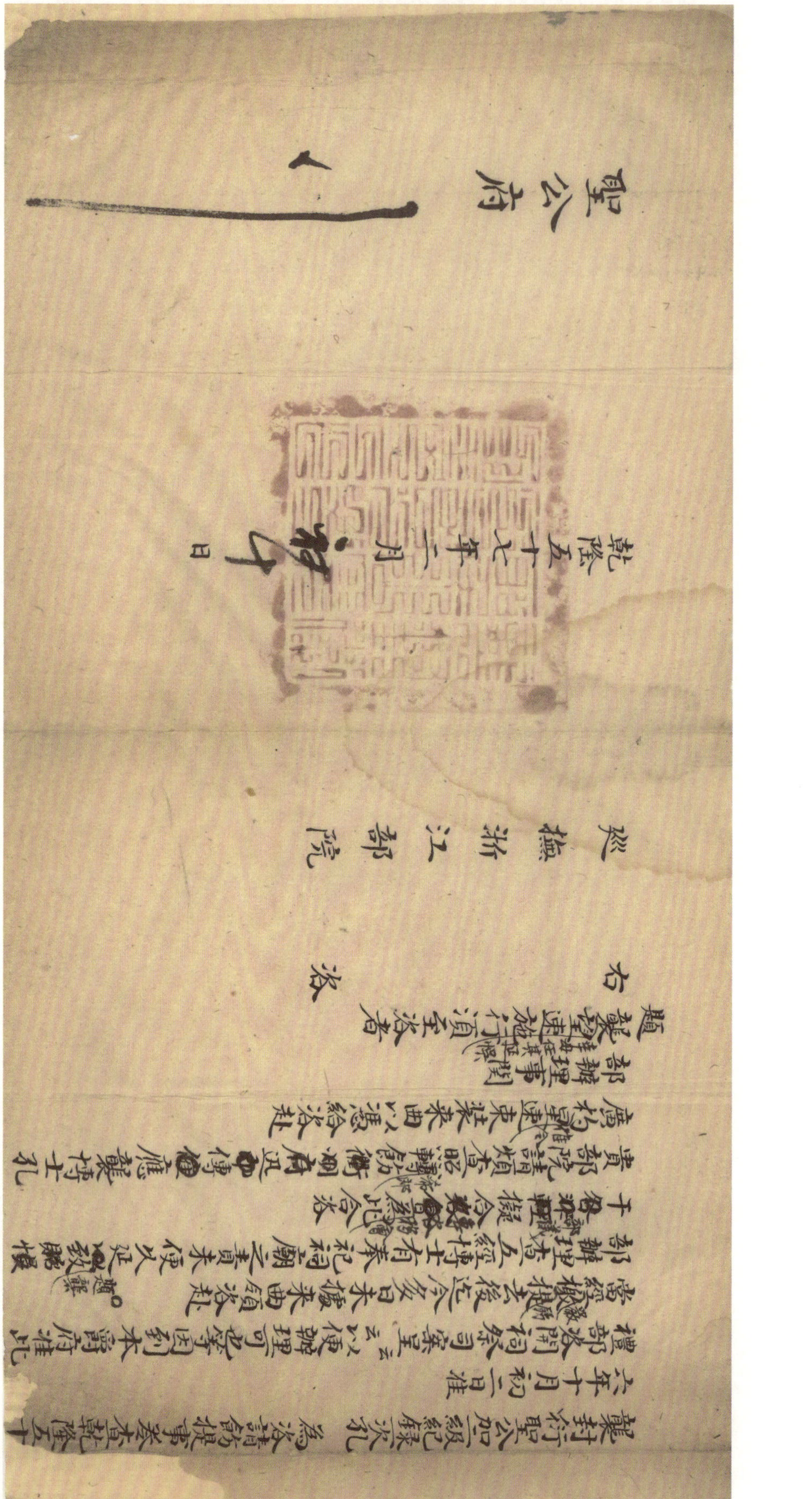
襲封衍聖公加二級紀録一次孔 爲咨請飭提事。案查乾隆五十
六年十月初二日准
禮部咨開祠祭司案呈云云以便辦理可也等因到本爵府准此
當經檄提去後迄今多日未據来曲領咨赴
部辦理查五經博士有奉祀祠廟之責未便久延以致貽悮
干咎擬合咨爲此合咨
貴部院請煩查照轉飭衢州府迅即傳應襲博士孔
廣杓速束裝来曲以憑給咨赴
部辦理事關
題襲望速施行須至咨者
右 咨
巡撫浙江部院
乾隆五十七年二月初十日
聖公府
行

浙江巡撫福[崧]爲覆明孔廣杓起程赴曲日期事致衍聖公[孔憲培]咨

清乾隆五十七年三月初二日

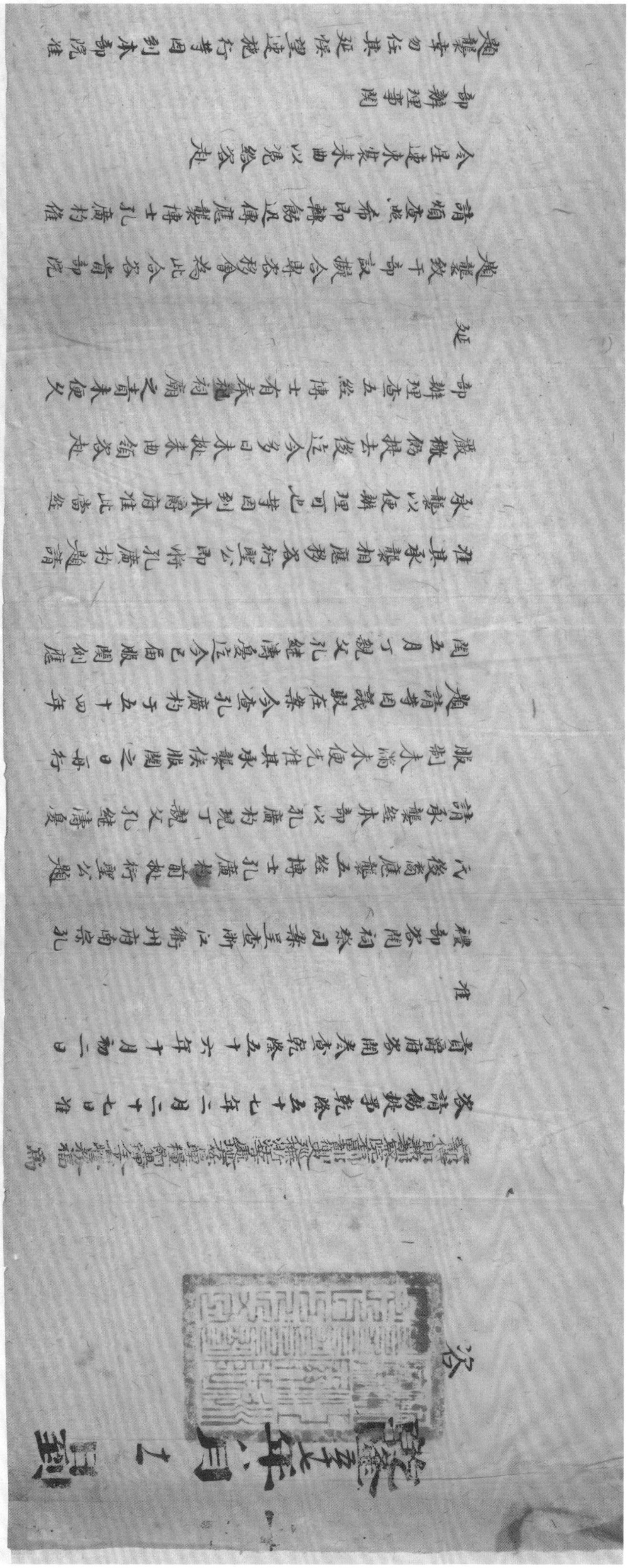

咨請飭赴事。乾隆五十七年二月二十七日准
貴爵府咨開：案查乾隆五十六年十月初二日
准
禮部咨開祠祭司案呈：查浙江衢州府南宗孔
氏後裔應襲五經博士孔廣杓前赴衍聖公題
請承襲。經本部以孔廣杓現丁親父孔繼濤憂，
服制未滿，未便先准其承襲，俟服闋之日再行
題請等因。議駁在案。今查孔廣杓于五十四年
閏五月丁親父孔繼濤憂，迄今已届服闋，例應
准其承襲，相應移咨衍聖公，即將孔廣杓題請
承襲，以便辦理可也。等因到本爵府。准此，當經
嚴檄飭提去後，迄今多日未挨來曲領咨赴
部辦理。查五經博士有奉祀祠廟之責，未便久
延
題襲，致干部議駁。合亟移會，爲此合咨貴部院，
請煩查照，希即轉飭迅傳應襲博士孔廣杓催
令星速束裝來曲，以憑給咨赴
部辦理。事關
題襲，幸勿任其延悮，望速施行。等因到本部院。准

浙江巡撫福［崧］爲覆明孔廣枸起程赴曲日期事致衍聖公［孔憲培］咨

清乾隆五十七年三月初二日

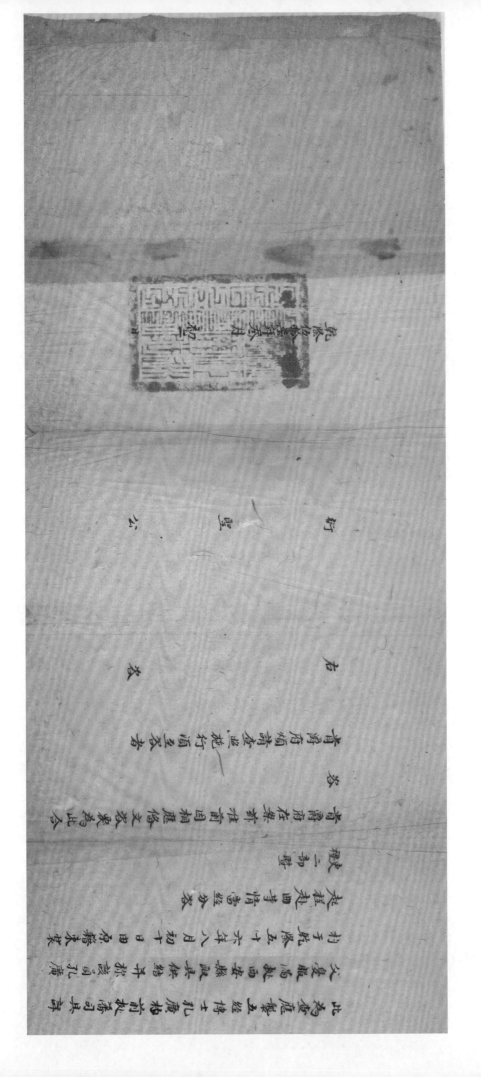

此為查應襲五經博士孔廣枸前赴藩司具詳
父憂服滿赴西安縣取具供結并稱該員孔廣
枸于乾隆五十六年八月初十日由原籍束裝
起程赴曲阜情由經分咨
吏禮二部暨
貴爵府在案茲准前因相應備文咨會為此合
咨
貴爵府煩請查照施行須至咨者
右　咨
衍聖公
乾隆伍拾柒年叁月初二日

衍聖公孔［憲培］爲再轉飭催孔廣杓來曲領咨赴部題襲事致浙江巡撫部院咨

清乾隆五十七年四月二十六日

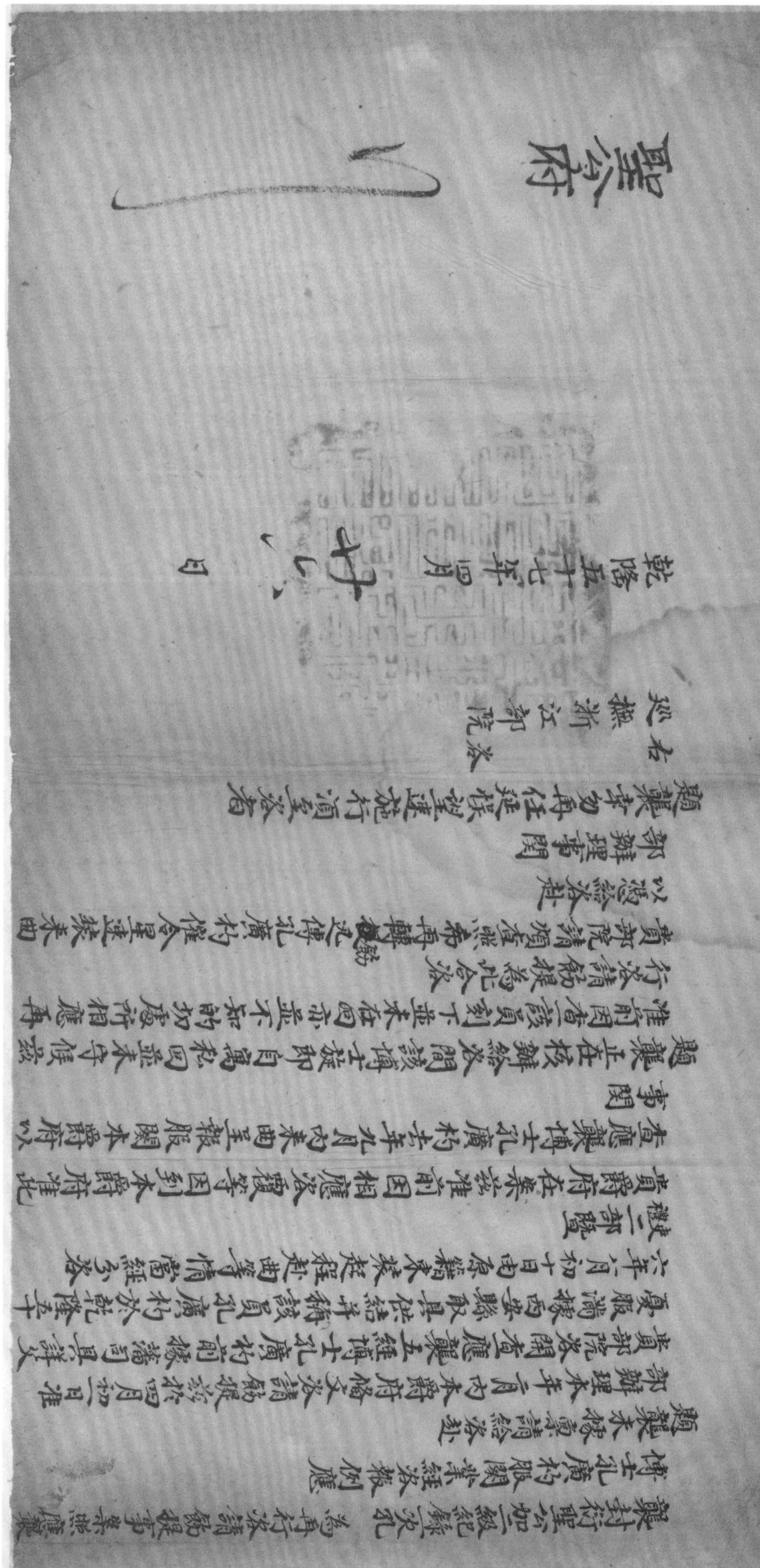

襲封衍聖公加二級紀録一次孔　爲再行咨請飭提事案照應襲
博士孔廣杓服闋業經咨報例應
題襲未據稟請給咨赴
部辦理本年二月内本爵府備文咨請飭提茲於四月初一日准
貴部院咨開查應襲五經博士孔廣杓前據藩司具詳父
憂服滿據西安縣取具供結并稱該員孔廣杓於乾隆五十
六年八月初十日由原籍束裝起程赴曲等情當經分咨
禮吏二部暨
貴爵府在案茲准前因相應咨覆等因到本爵府准此
查應襲博士孔廣杓去年九月内來曲呈報服闋本爵府以
事關
題襲正在核辦給咨間該博士旋即自寓私回並未守候茲
准前因查該員刻下並未在西亦並不知的切處所相應再
行咨請飭提爲此合咨
貴部院請煩查照希再轉飭迅傳孔廣杓催令星速裝來曲
以憑給咨赴
部辦理事關
題襲幸勿再任延悞望速施行須至咨者
右　咨
巡撫浙江部院
乾隆五十七年四月廿六日
聖公府

襲封衍聖公加二級紀録一次孔　爲咨提事案照衢州府南
宗應襲五經博士孔廣杓於乾隆五十六年九月初一日服闋例應咨
爵府給咨具
題請襲以專祀典屢准
禮部咨催節經本爵府叙案咨請
貴部院轉飭嚴催在案前准
貴部院咨覆内開查應襲五經博士孔廣杓前據藩司具詳又
夏服滿據西安縣取具供結并據該員孔廣杓於乾隆五十六年
八月初十日由原籍束裝起程赴曲等情當經分咨
禮二部暨貴爵府在案茲准前因相應備文咨覆等因前來
查該應襲博士係專奉衢州　文廟祀事爲南宗主鬯於服滿
後理應呈明服闋請
題給咨赴　部恭候頒劄任事詎於上年八月由原籍起程來曲赴
呈報不候具
題旋即私回屢經催提潛匿不出以致久稽替襲曠廢祀典咨有
依歸如果該博士未回原籍何以前送五十六年十一月親供該博
士具名畫押情弊顯然合本爵府無憑給咨設有貽悞察議之處深
爲未便合亟再行咨會爲此合咨
貴部院煩請查照轉行布政司檄行衢州府嚴飭該縣迅速查察差
傳應襲博士孔廣杓立刻起程仍望專差伴送來東以憑給咨具
題倘該博士仍前匿延即祈飭取該里鄰親族確實甘結移覆核辦再
查該博士胞叔孔繼洋由　恩貢候選州判分發河南該員繼洋現

衍聖公孔［憲培］爲轉飭嚴催孔廣杓來曲領咨赴部題襲事致浙江巡撫部院咨

清乾隆五十七年十月二十日

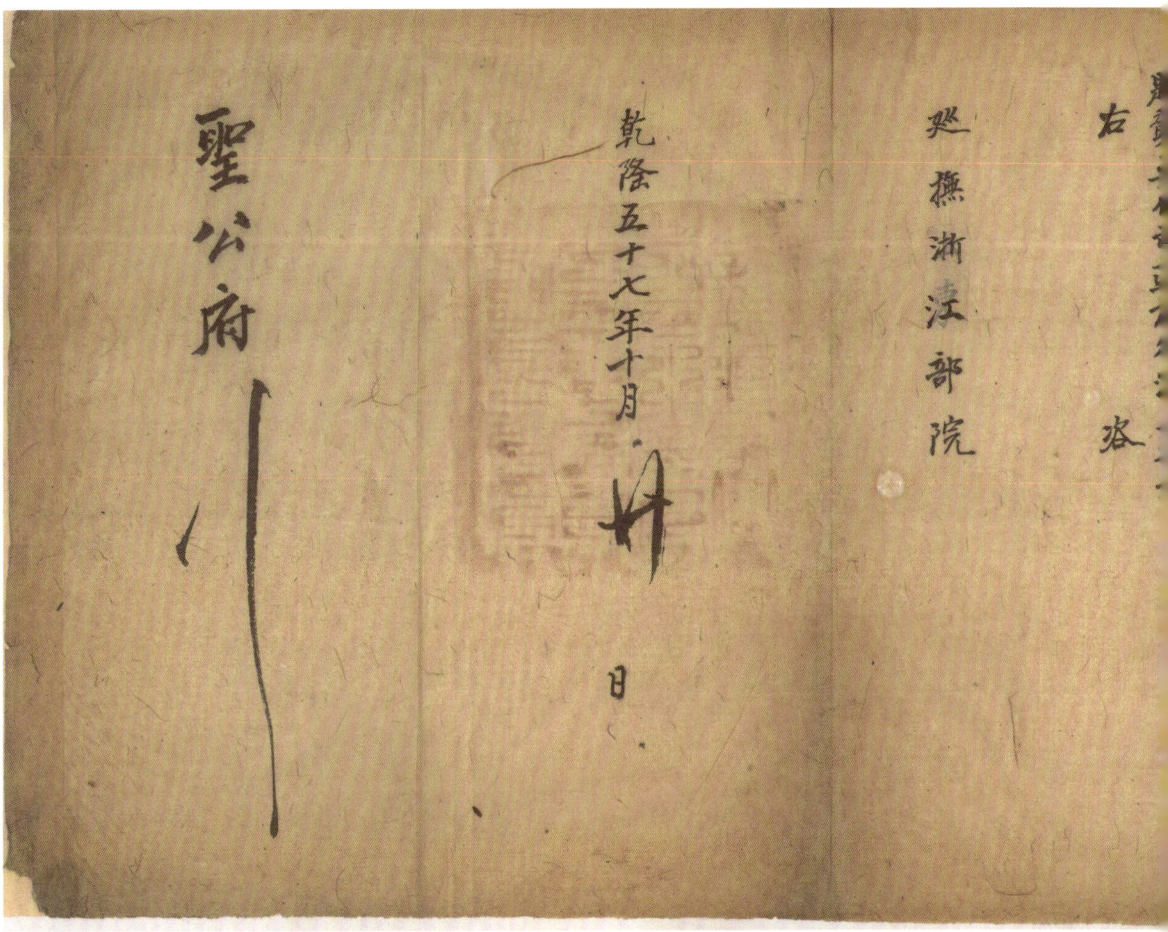
右　咨
巡撫浙江部院
乾隆五十七年十月廿日
聖公府

親供

具親供應襲五經博士孔廣杓今於

親供爲報明丁憂事供得切職現年二十八歲身中面白

祖母王氏祖傳錦祖母王氏父繼濤嫡母王氏以上俱殁繼母崔氏存現

州府西安縣至

聖裔周巳故南宗孔氏應襲五經博士孔繼濤嫡長子奏乾隆五十年七月初五日

襲封衍聖公札開本年三月二十六日准

禮部咨開祠祭司案呈准

衍聖公咨稱衢州孔氏世襲五經博士孔傳錦之嫡長孫孔廣杓年逾十

丈人送部考試隨據孔廣杓隨文驗到本部於二月十九日當堂考試得孔

註冊俟承襲時具

題等因行知在案緣親父繼濤於五十四年閏五月十二日在籍病故當經報

月十二日不計閏二十七個月服闋報明起復俟請具

題承襲在案不料祖母王氏於五十八年二月十三日在籍病故職 係嫡長

母制並無過繼頂襲等項情弊所具親供是實

衢州孔氏應襲翰林院五經博士孔廣杓爲報明丁祖母憂事所具親供

清乾隆五十八年二月

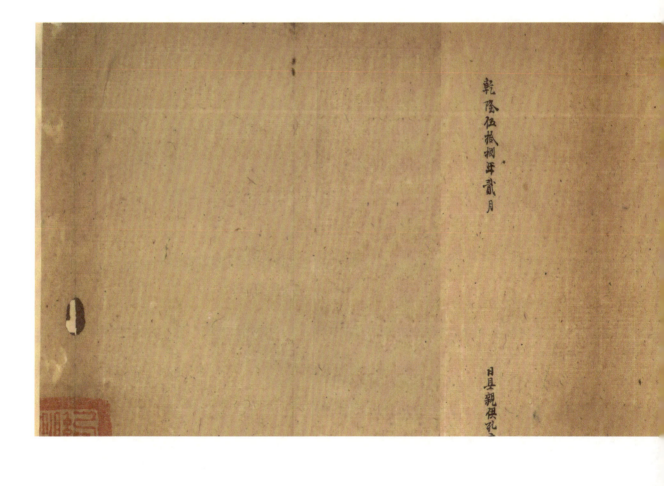

具結狀浙江衢州府西安縣一百四十三庄里遂係八章毛大成觀族□
甘結爲稟明丁憂事結得世職孔廣杓現年二
十歲係浙江衢州府西安縣至
聖裔已故南宗孔氏世襲五經博士孔傳錦長子於乾隆五十年七月初
禮部咨開祠祭司案呈准 衍聖公咨稱南宗孔氏世襲五經博士孔
得孔廣杓文理通順准其世襲承襲時具
題等因行知在案緣觀父傳錦於乾隆五十四年閏五月十二日在籍病
題承襲在案不料祖母王氏於乾隆五十八年二月十三日在籍病故

乾隆伍拾捌年貳月

浙江衢州府西安縣里鄰徐人章、親族程景先等爲報明孔廣杓丁祖母憂事所具結狀

清乾隆五十八年二月

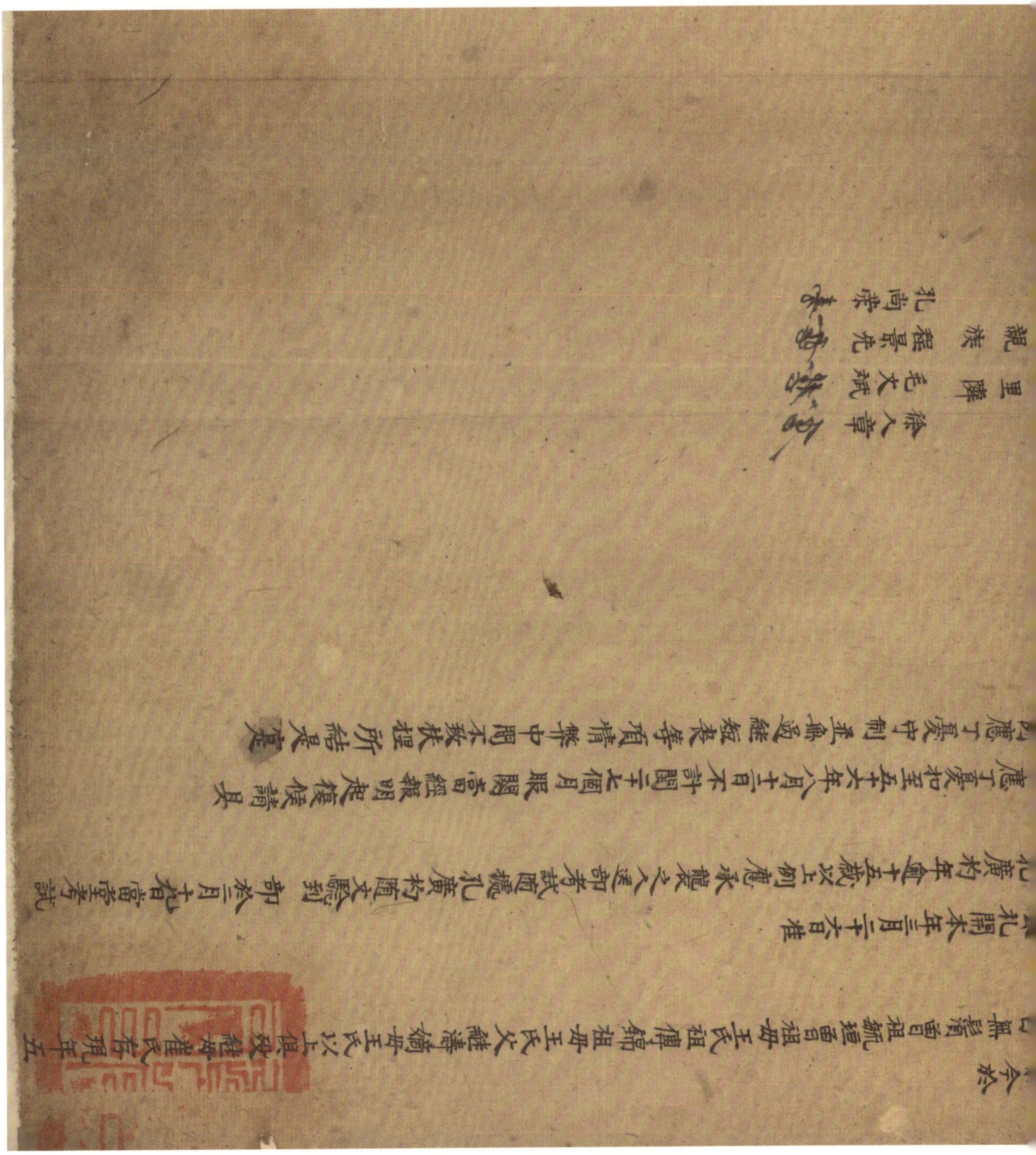

今於

無隱 曾祖瓛 曾祖母王氏 祖傳錦 祖母王氏 父繼溥 嫡母王氏 以上俱歿 繼母崔氏 存 現年五

扎聞本年三月二十六日准

孔廣杓年歲十五歲以上例應承襲之人送部考試隨據孔廣杓隨文驗到 部於三月十九日當堂考試

應丁憂扣至五十六年八月十二日不計閏二十七個月服闋應經報明題請具

以應丁憂中制丞無逾繼緱表等項情弊中間不致狀捏所結是實

里鄰 徐人章

親族 程景先 毛文斌

孔尚[illegible]

浙江巡撫覺羅長［麟］爲孔廣杓丁祖母憂事致衍聖公［孔憲培］咨

清乾隆五十八年三月二十日

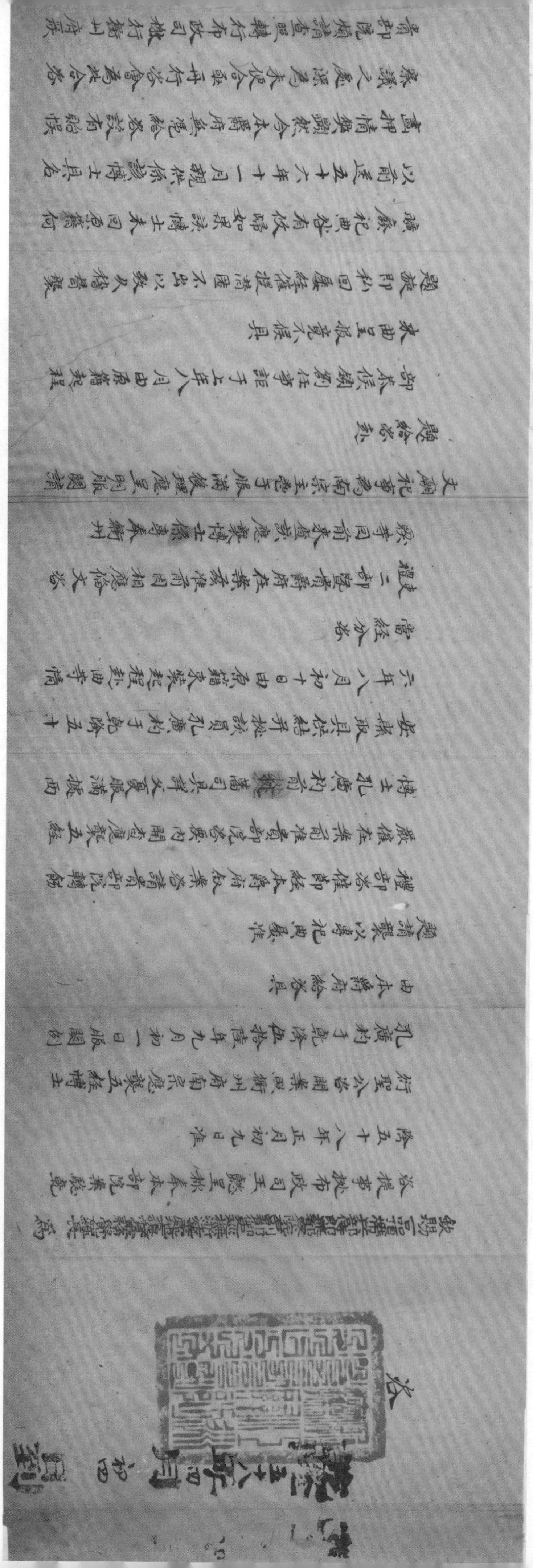
欽賜一品頂戴[illegible]覺羅長　爲
咨復事。據布政司王懿呈稱：奉本部院案驗，乾
隆五十八年正月初九日准
衍聖公咨開：案照衢州府南宗應襲五經博士
孔廣杓于乾隆伍拾陸年九月初一日服闋，例
由本爵府給咨具
題請襲，以專祀典。嗣准
禮部咨准吏部咨，據本爵府叙案咨請，業經部院轉飭
嚴催在案。茲准貴部院咨稱內開：查應襲五經
博士孔廣杓前據藩司具詳丁憂服滿，擬西
安縣取具供結，并據該員孔廣杓于乾隆五十
六年八月初十日由原籍衢州起程赴東等情，
當經分咨
禮吏二部暨貴爵府在案。茲准前因，相應備文咨
會，等因。前來查該應襲博士係奉衢州
文廟祀事，爲南宗主鬯，于服滿後理應呈明服闋，請
題給咨赴
部承襲。詎任事于上年八月由原籍起程
來曲呈報，竟不候具
題，旋即私回，屢經催提，潛匿不出，以致久稽晉襲
曠廢祀典，咎有攸歸。如果該博士未回原籍，何
以前于五十六年十一月觀供係該博士具名
畫押，情弊顯然。今本爵府無憑給咨，致有貽誤
祭議之處，殊屬未便，合亟行咨會，爲此合咨
貴部院煩請查照，轉行布政司檄行衢州府飭
咨
乾隆五十八年四月初四日到

浙江巡撫覺羅長［麟］爲孔廣杓丁祖母憂事致衍聖公［孔憲培］咨

清乾隆五十八年三月二十日

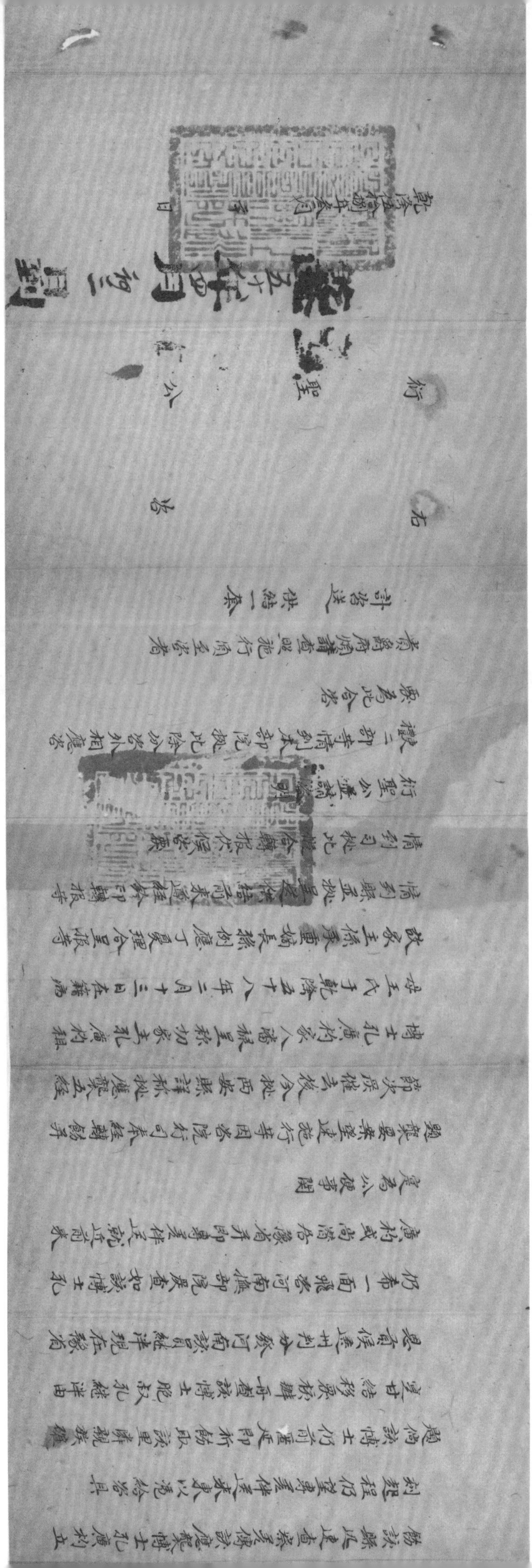

襲封衍聖公加二級紀録一次孔　為事閔

題

襲再行咨催事准

禮部咨開祠祭司案呈查已考丁憂服滿博士孔廣

杓未據題請承襲到部查設立五經博士係有奉祠

廟之責久懸不補殊非慎重之道相應再行移咨衍

聖公速即具題並具移送部核辦毋再任意遲延可也

等因到本爵府准此查該應襲南宗衢州博士已考服滿之孔廣杓

十六年十月內據孔廣杓丁屬呈稱不家申送親供一紙迺廣

杓手押該員如果並未在籍又係何人代畫顯係該孔廣杓冥

知潛匿實所不解復上年十月內咨請轉飭該縣查察差

催去後迄今仍不來由茲准　大部咨催前來未便再任延緩

致干察議合亟再行飛催即祈

迅賜轉行嚴飭催令該應襲博士孔廣杓即日起程赍

役伴送來東以憑給咨具

題襲替以重　祀典倘復仍前抗違祈即查取該員職名咨覆

本爵府以便咨覆

大部辦理實為公便為此合咨

貴院須請查照先今來文事理核辦施行望速切速須

衍聖公孔[憲培]爲再催孔廣杓起程來曲給咨題請襲替事致浙江巡撫部院咨

清乾隆五十八年三月二十四日

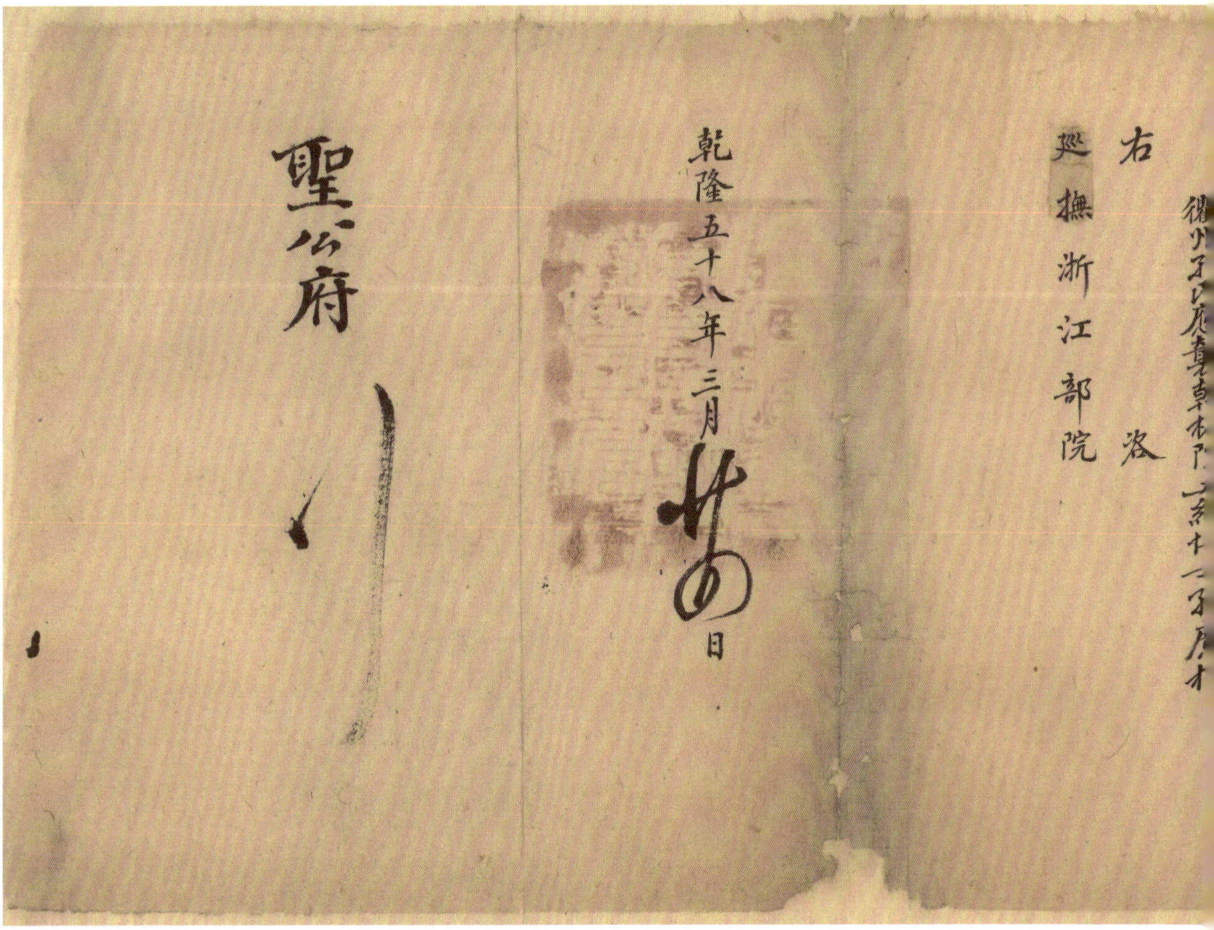

右　咨

巡撫浙江部院

乾隆五十八年三月廿四日

聖公府

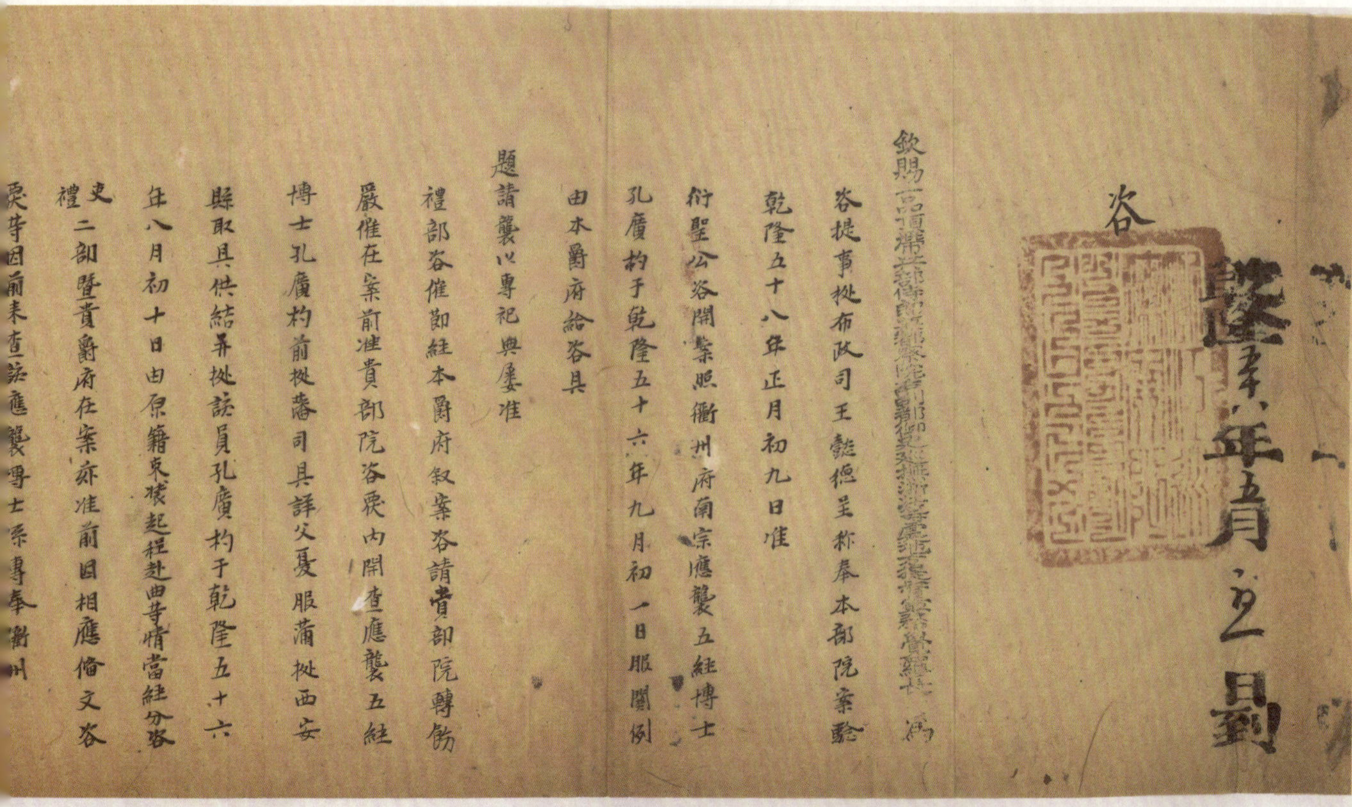
咨

乾隆五十八年五月　日

欽賜一品頂帶兵部侍郎兼都察院右副都御史巡撫浙江等處地方提督軍務[illegible]為

咨提事據布政司王懿德呈稱奉本部院案驗

乾隆五十八年正月初九日准

衍聖公咨開案照衢州府南宗應襲五經博士

孔廣杓于乾隆五十六年九月初一日服闋例

由本爵府給咨具

題請襲以專祀典奉准

禮部咨催飭經本爵府叙案咨請貴部院轉飭

嚴催在案前准貴部院咨覆內開查應襲五經

博士孔廣杓前據藩司具詳父憂服滿據西安

縣取具供結并據該員孔廣杓于乾隆五十六

年八月初十日由原籍束裝起程赴曲等情當經分咨

禮吏二部暨貴爵府在案亦准前因相應備文咨

覆等因前來查該應襲博士係專奉衢州

浙江巡撫覺羅長［麟］爲孔廣杓回籍及丁祖母憂事致衍聖公［孔憲培］咨

清乾隆五十八年三月二十五日

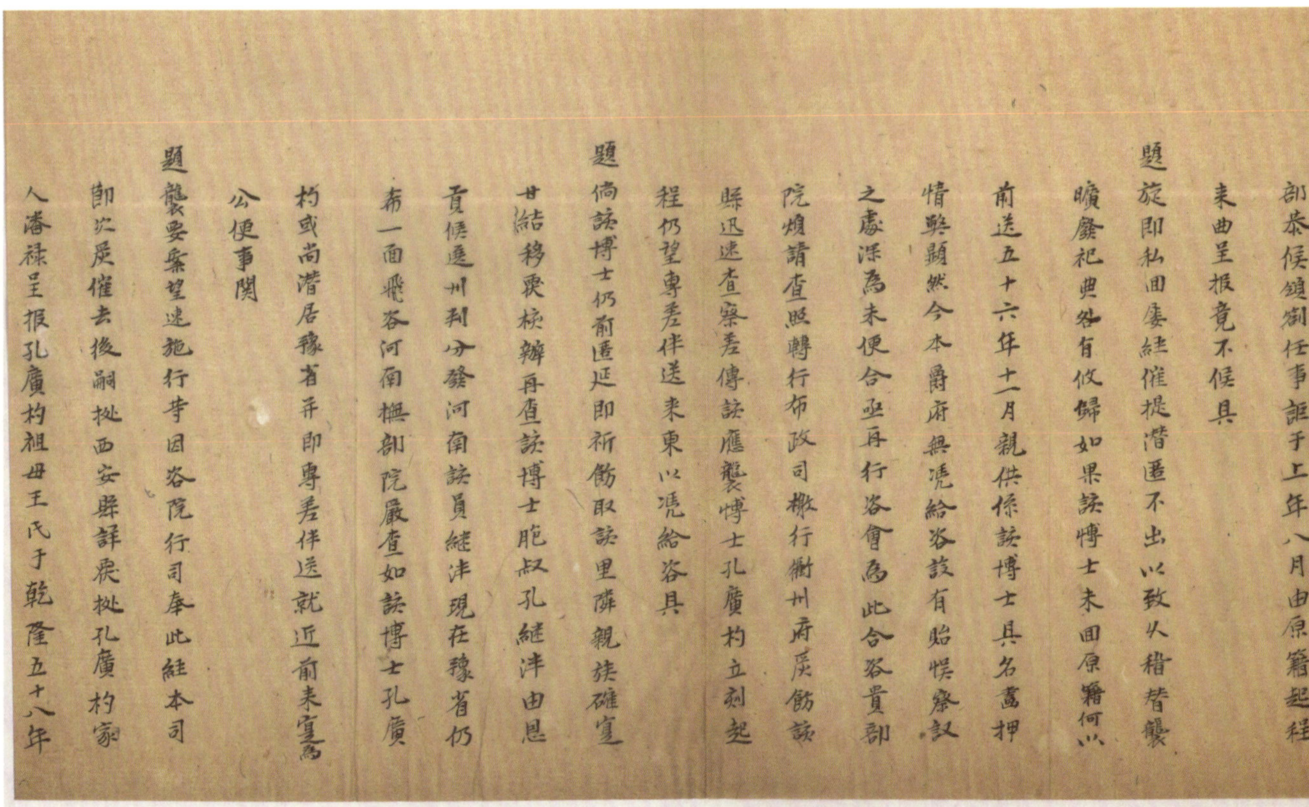
部恭候鎸劄任事詎于上年八月由原籍起程
來曲呈报竟不候具
題旋即私回婁縣催提潛匿不出以致久稽替襲
曠廢祀典咎有攸歸如果該博士未回原籍何以
前送五十六年十一月親供係該博士具名畫押
情弊顯然今本爵府無憑給咨該有貽悮察議
之處深為未便合亟再行咨會為此合咨貴部
院煩請查照轉行布政司檄行衢州府嚴飭該
縣迅速查察差傳該應襲博士孔廣杓立刻起
程仍望專差伴送來東以憑給咨具
題倘該博士仍前匿延即祈飭取該里隣親族確寔
甘結移取核辦再查該博士胞叔孔繼沣由恩
貢候選州判分發河南該員繼沣現在豫省仍
希一面飛咨河南撫部院嚴查如該博士孔廣
杓或尚潛居豫省并即專差伴送就近前來寔為
公便事関
題襲要案望速施行等因咨院行司奉此經本司
節次嚴催去後嗣據西安縣詳稱據孔廣杓家
人潘祿呈报孔廣杓祖母王氏于乾隆五十八年

二月十三日在籍病故廣杓係承重嫡長孫例應
丁憂等情取具供結送司即經轉請咨覆
衍聖公並請咨明
吏禮二部查照在案今據西安縣詳称遵查是案
前奉飭催屢飭差傳並復據孔廣杓呈称切杓
于乾隆五十六年八月内自衢起程于九月十
一日抵曲即謁見
衍聖公面請具
題承襲博士守候兩月有餘因盤費缺乏是以于
十一月十八日起程回衢措那盤費仍欲起程赴
東無如祖母患病臥床目擊情傷不忍遠離詎
祖母于五十八年二月十三日病故杓係嫡長承重
孫例應丁艱呈蒙轉詳在案俯賜俟服滿赴曲候
題合再將回籍並現丁承重孫憂緣由日期具情
呈報伏候俯賜轉詳等情據此復查該應襲博
士孔廣杓丁祖母王氏憂已據呈報取具供結
申詳在案並復據具呈前情理合備文具詳仰
祈察核轉請咨覆等情到司據此合再詳候咨
覆

浙江巡撫覺羅長［麟］爲孔廣杓回籍及丁祖母憂事致衍聖公［孔憲培］咨

清乾隆五十八年三月二十五日

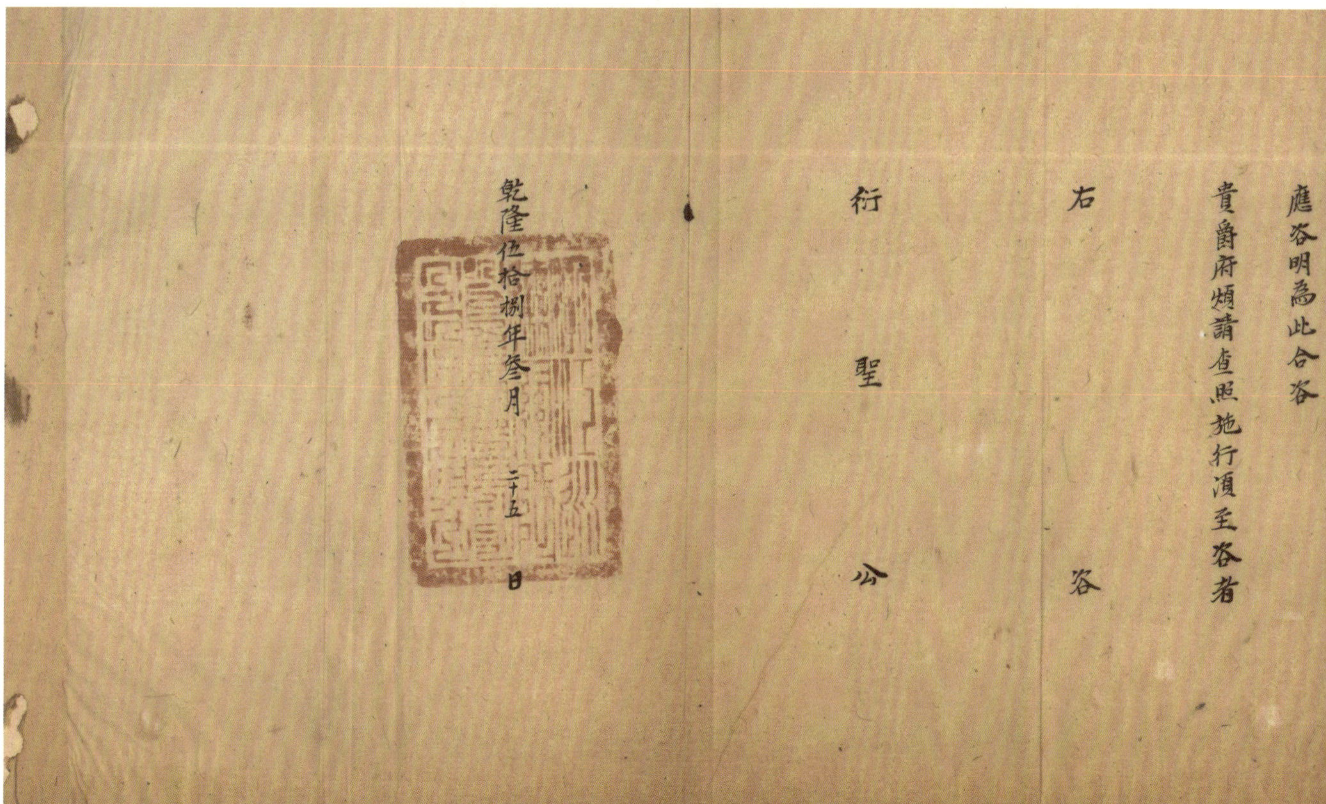
應咨明爲此合咨

貴爵府煩請查照施行須至咨者

右 咨

衍聖公

乾隆伍拾捌年叁月二十五日

禮部爲准孔廣杓丁祖母憂事致衍聖公［孔憲培］咨

清乾隆五十八年四月

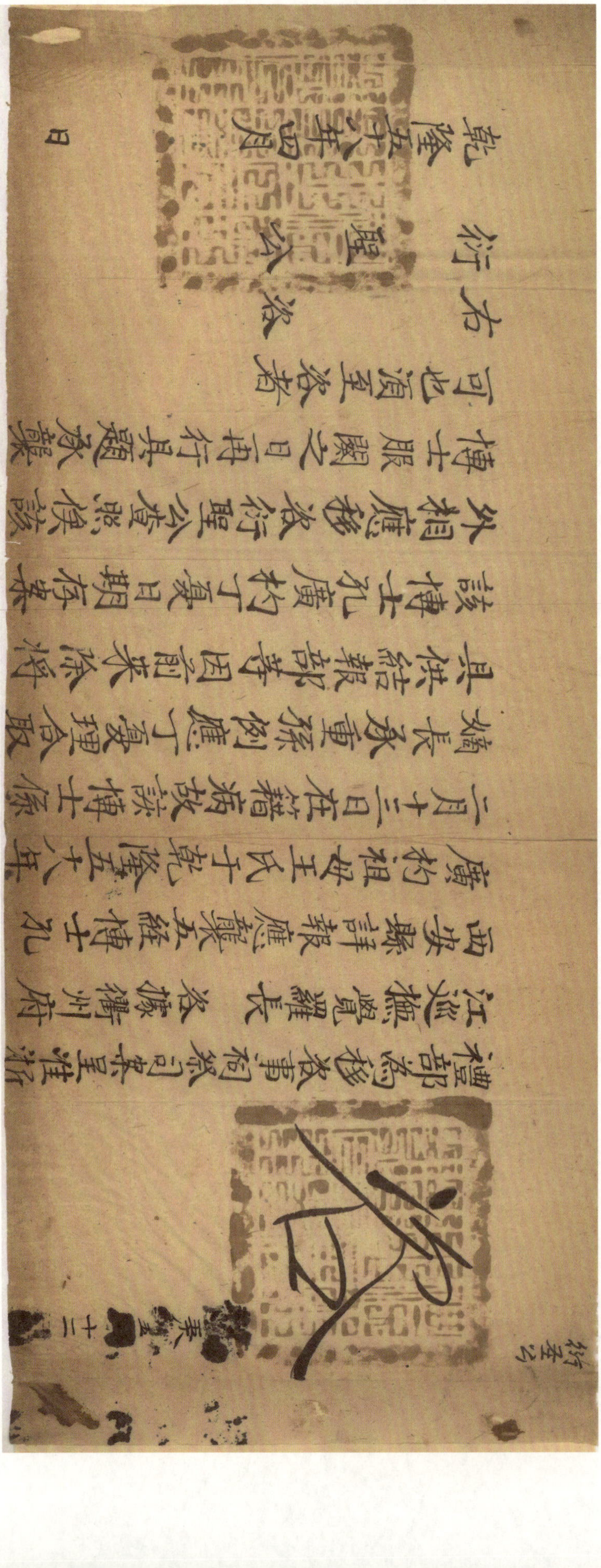
衍聖公

咨

禮部爲移咨事祠祭司案呈准浙
江巡撫覺羅長 咨據衢州府
西安縣詳報應襲五經博士孔
廣杓祖母王氏于乾隆五十八年
二月十三日在籍病故該博士係
嫡長承重孫例應丁憂理合取
具供結報部等因前來除將
該博士孔廣杓丁憂日期存案
外相應移咨衍聖公查照俟該
博士服闋之日再行具題承襲
可也須至咨者
右 咨
衍 聖公
乾隆五十八年四月 日

十二

衍聖公孔［憲培］爲孔廣杓丁祖母憂事致吏部、禮部咨

清乾隆五十八年四月二十八日

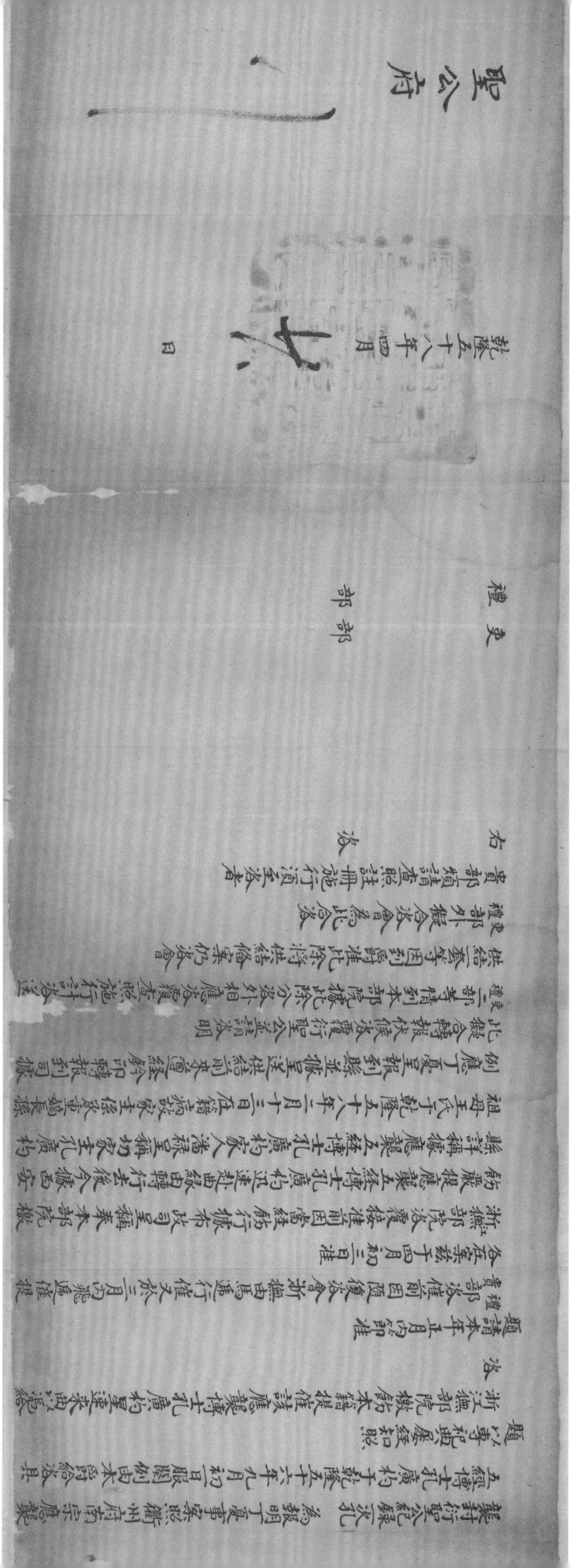
襲封衍聖公紀錄一次孔　爲報明丁憂事案照衢州府南宗應襲
五經博士孔廣杓于乾隆五十六年九月初一日服闋例由本爵府給咨具
題以專祀典屢經知照
浙江撫部院飭令本籍具提催該應襲博士孔廣杓星速來東以憑給
咨　咨
題請本年正月內欽部催
禮
貴部咨催前因随復咨會浙撫由馬遞行催又於三月內飛遞催提
各在案茲于四月初三日准
浙江撫部院咨覆內開准前因當經飭行據布政司呈稱奉本部院檄
飭嚴提應襲五經博士孔廣杓迅速赴東由錄轉行去後今據西安
縣詳稱據應襲五經博士孔廣杓家人潘祿呈稱切家主孔廣杓
祖母王氏于乾隆五十八年二月十三日在籍病故家主係承重嫡長孫
例應丁憂呈報到縣並據呈送供結前來遵經給印轉報到司據
此擬合轉報伏候咨覆衍聖公並請咨明
吏禮二部等情到本部院據此除分咨外相應咨覆查照施行計咨送
供結一套等因到爵准此除將供結備案仍咨會
吏禮部外擬合咨會爲此合咨
貴部煩請查照註冊施行須至咨者
右　咨
吏部
禮部
乾隆五十八年四月廿八日
聖公府

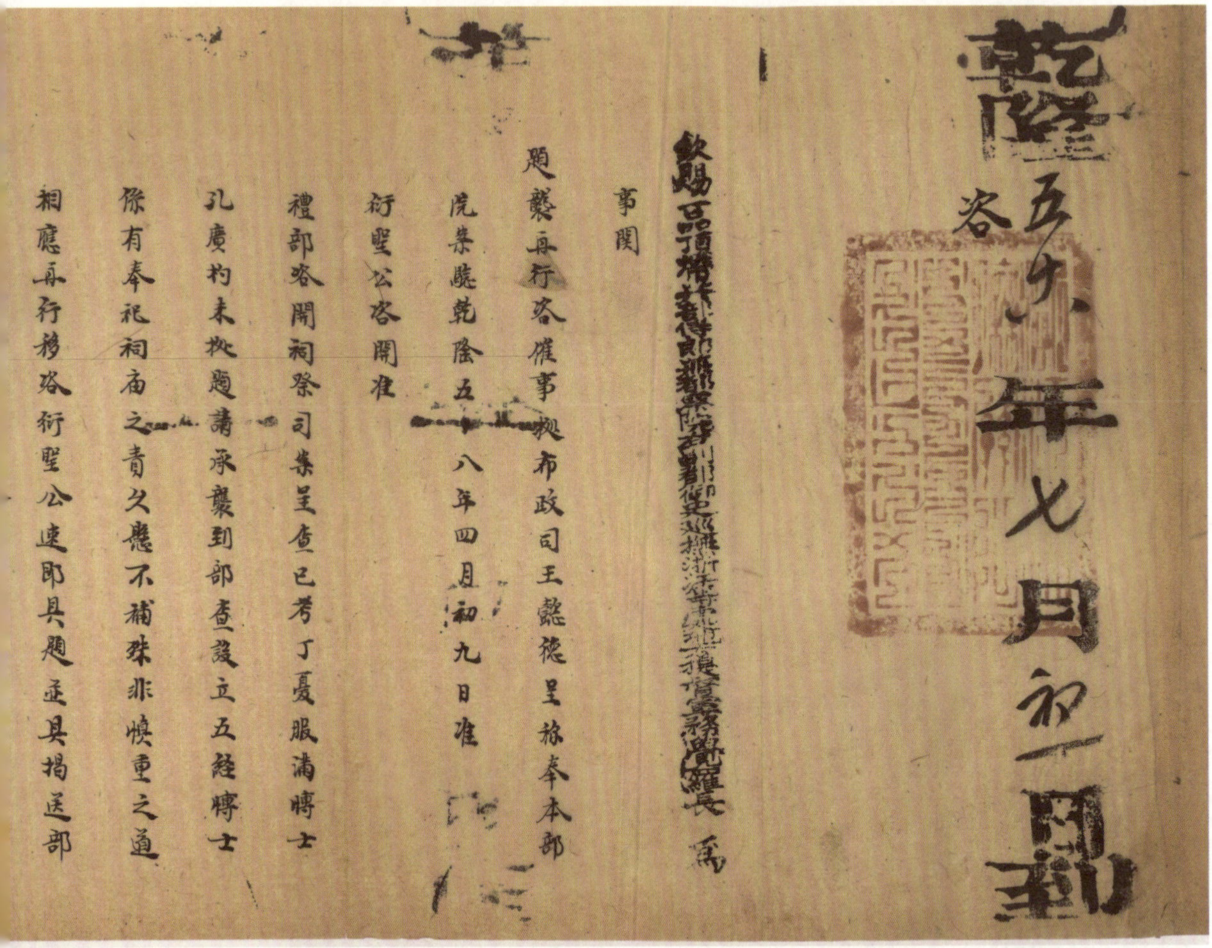

乾隆五十八年七月初一日到

咨

欽賜二品頂帶花翎兵部侍郎兼都察院右副都御史巡撫浙江等處地方提督軍務兼理糧餉覺羅長 為

事関

題襲再行咨催事據布政司王懿德呈稱奉本部

院案驗乾隆五十八年四月初九日准

衍聖公咨開准

禮部咨開祠祭司案呈查已考丁憂服滿博士

孔廣杓未據題請承襲到部查設立五經博士

係有奉祀祠廟之責久懸不補殊非慎重之道

相應再行移咨衍聖公速即具題並具揭送部

浙江巡撫覺羅長［麟］爲孔廣杓因丁祖母憂未便題襲事致衍聖公［孔憲培］咨

清乾隆五十八年五月二十日

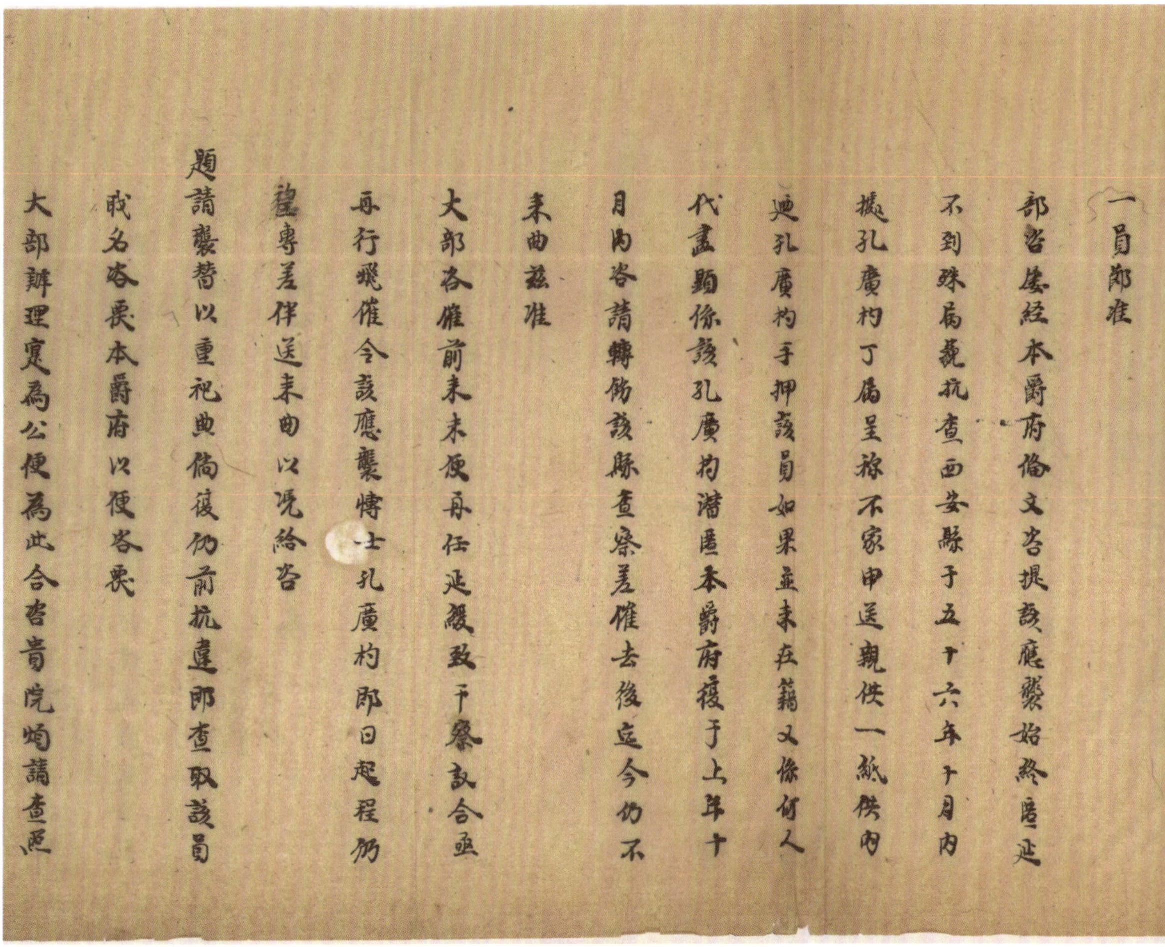

一員郎准

部咨屢經本爵府備文咨提該應襲始終匿延

不到殊屬藐抗查西安縣于五十六年十月內

據孔廣杓丁屬呈稱不家申送親供一紙內

迺孔廣杓手押該員如果並未在籍又係何人

代畫顯係該孔廣杓潛匿本爵府獲于上年十

月內咨請轉飭該縣查察差催去後迄今仍不

來曲茲准

大部咨催前來未便再任延緩致干參試合亟

再行飛催令該應襲博士孔廣杓即日起程仍

遴專差伴送來曲以憑給咨

題請襲替以重祀典倘復仍前抗違即查取該員

職名咨參本爵府以便咨參

大部辦理實爲公便爲此合咨貴院煩請查照

部咨暨先今來文事理核辦賜覆施行望速切
速計咨提衢州孔氏應襲翰林院五經博士孔
廣杓等因咨院行司奉此本司案查衢州孔氏
應襲博士孔廣杓前因回籍奉
衍聖公咨查到浙轉行飭查催據西安縣詳據
孔慶杓呈稱杓于乾隆五十六年八月間抵曲
守候
題請承襲後因盤費缺乏于是年十一月十八日
回衢本欲設措盤費起束奈因祖母患病或愈
或發懨懨至今于五十八年二月十三日遭祖
母王氏病故杓係嫡長孫例應承重丁憂取具
供結呈報由縣詳覆到司本司當經叙詳請咨
在案茲奉前因擬合查案詳候咨覆
衍聖公並請咨明

浙江巡撫覺羅長［麟］爲孔廣杓因丁祖母憂未便題襲事致衍聖公［孔憲培］咨

清乾隆五十八年五月二十日

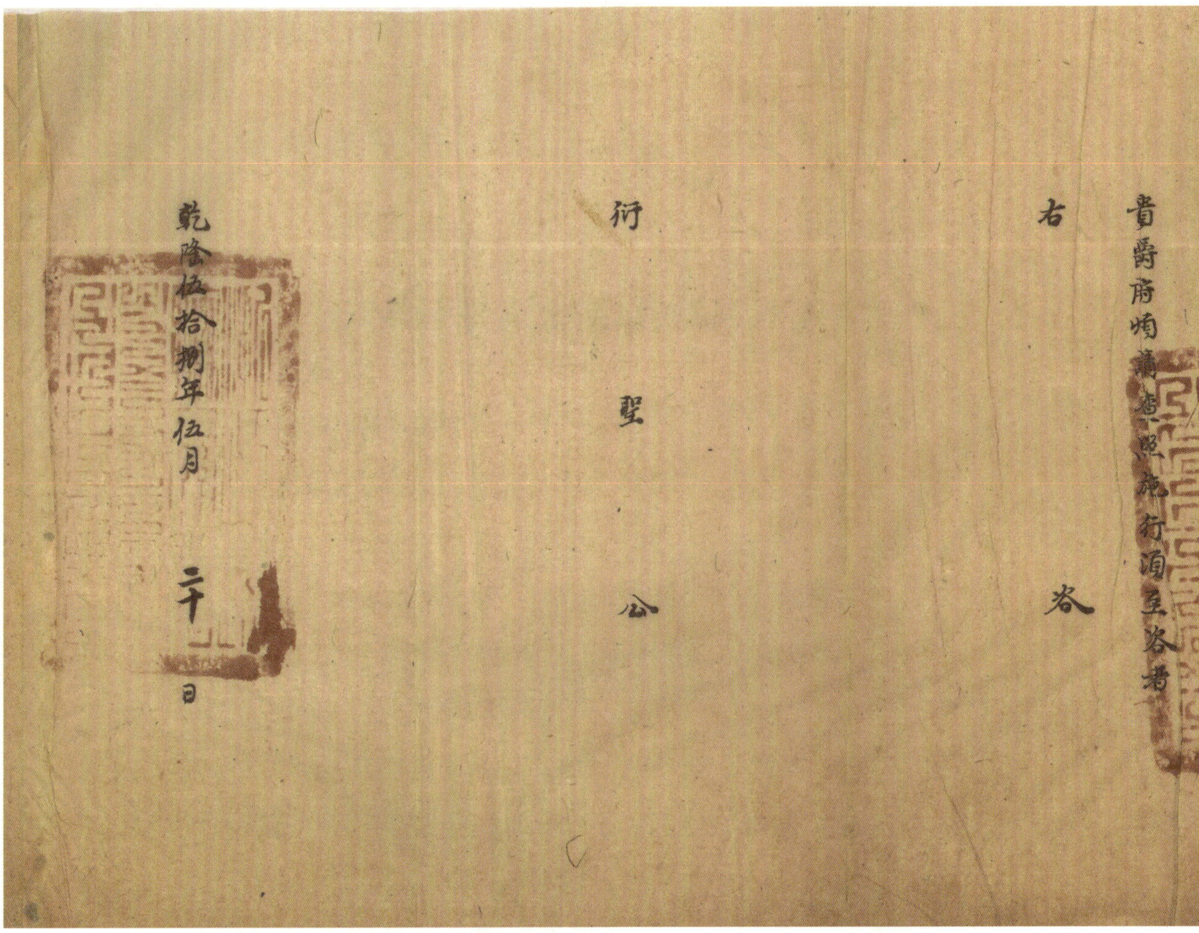
貴爵府煩請查照施行須至咨者

右　咨

衍聖公

乾隆伍拾捌年伍月　二十日

衍聖公府爲傳催孔廣杓來東呈報服滿題襲事致浙江巡撫部院咨

清乾隆六十年四月二十九日

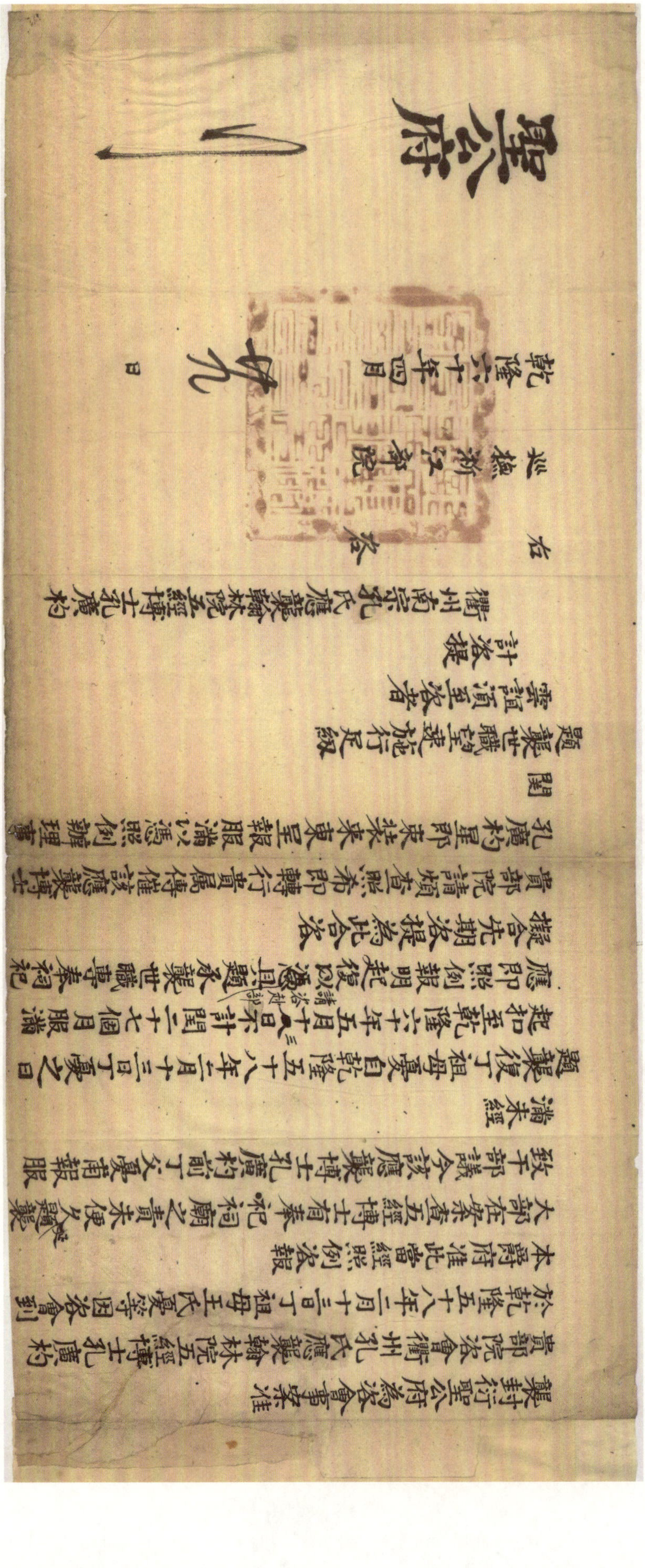

襲封衍聖公府爲咨會事。案准
貴部院咨會衢州孔氏應襲翰林院五經博士孔廣杓於乾隆五十八年二月十三日丁祖母王氏憂守制，因咨會到
本爵府。准此，當經照例咨報
大部在案。查五經博士有奉祀祠廟之責，未便久曠襲，致干部議。今該應襲博士孔廣杓前丁父憂甫報服滿，未經
題襲，復丁祖母憂，自乾隆五十八年二月十三日丁憂之日起，扣至乾隆六十年五月十三日，不計閏，二十七個月服滿，
應即照例報明起復，以憑具題承襲世職，專奉祠祀。
擬合先期咨提。爲此合咨
貴部院，請煩查照，希即轉行貴屬，傳催該應襲博士
孔廣杓星即束裝來東，呈報服滿，以憑照例辦理
題襲世職，望速施行，足紉
雲誼。須至咨者。
計咨提
衢州南宗孔氏應襲翰林院五經博士孔廣杓
右　咨
巡撫浙江部院
乾隆六十年四月　日
孔
聖公府
行

衍聖公府爲再行傳催孔廣杓來東呈報服滿題襲事致浙江巡撫部院咨

清乾隆六十年八月十六日

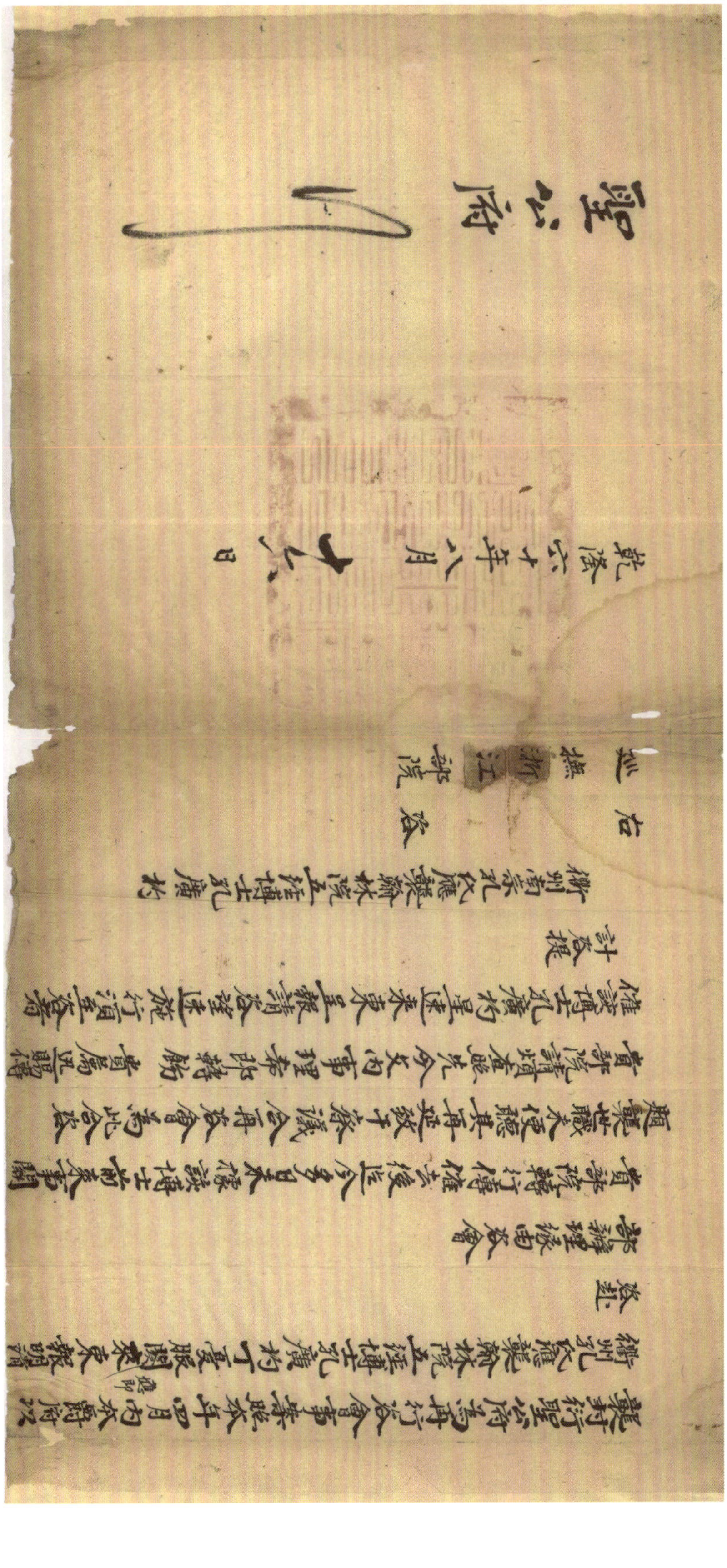
襲封衍聖公府爲再行咨會事案照本年四月内本爵府以
衢州孔氏應襲翰林院五經博士孔廣杓丁憂服闋應即來東報明請
咨赴
部辦理緣由咨會
貴部院轉行傳催去後迄今多日未據該博士前來事關
題襲世職未便聽其再延致干參議合再咨會爲此合咨
貴部院請煩查照先今文内事理希即轉飭　貴屬迅賜傳
催該博士孔廣杓星速來東呈報請咨望速施行須至咨者
計咨提
衢州南宗孔氏應襲翰林院五經博士孔廣杓
右　　咨
巡撫浙江部院
乾隆六十年八月十六日
聖公府
行

隆六十年六月十五日

咨

兵部侍郎[illegible]覺羅吉慶 為

報明服滿起復事拠署布政司事按察使謝啟

昆呈称拠衢州府申拠西安縣申称拠知數家

人潘録稟称切家主孔廣杓世襲南宗博士有

主母王氏于乾隆五十八年二月十三日在籍

病故家主係嫡長孫例應承重丁憂當經報明

在案今扣止乾隆六十年五月十三日不計閏

二十七個月服闋例應起復伏乞轉詳等情並

取具里隣親族各結親供鈐印申請核轉等情

到府轉報到司拠此除經飭取該博士起程日

期另詳請咨外擬合詳候咨明

衍聖公並請咨明

浙江巡撫覺羅吉［慶］爲報明孔廣杓丁祖母憂服滿起復事致衍聖公［孔慶鎔］咨

清乾隆六十年八月初三日

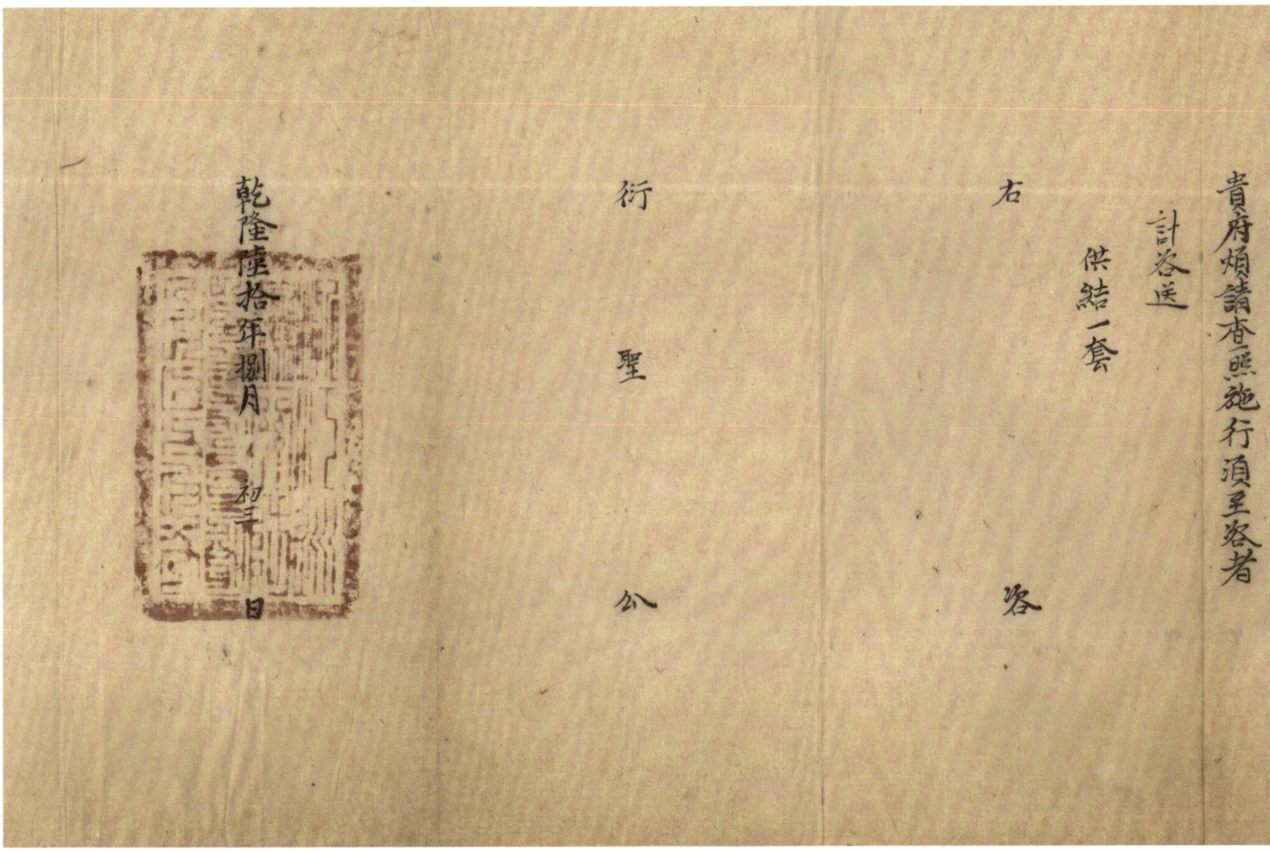

貴府煩請查照施行須至咨者

計咨送

供結一套

右　咨

衍　聖　公

乾隆陸拾年捌月初三日

親供

具親供應襲五經博士孔廣杓 今於

與親供為報明服滿起復事供得竊 職現年三十歲身中面白

無鬚曾祖毓垣曾祖母王氏祖傳錦祖母王氏父繼濤嫡母王氏以上俱歿繼母崔

氏存現年五十二歲係浙江衢州府西安縣

聖裔已故南宗孔氏應襲五經博士孔繼濤嫡長子於乾隆五十年七月初五日蒙

襲封衍聖公孔開本年三月二十六日准

禮部咨開祠祭司案呈准

衍聖公咨稱衢州孔氏世襲五經博士孔傳錦之嫡長孫孔廣杓年逾十五歲

以上例應承襲之人送

部考試隨據孔廣杓隨文驗到本部於二月十九日當堂考試孔廣杓文理

通順准其註册俟承襲時具

題等因行知在案緣親父繼濤於五十四年閏五月十二日在籍病故前經報明丁

憂扣至乾隆五十六年八月十二日不計閏二十七個月服闋呈報起復候請具

題承襲在案不料祖母王氏於乾隆五十八年二月十三日在籍病故係屬嫡長孫

例應丁祖母憂報明在案今扣至乾隆六十年五月十三日不計閏二十七個月服

滿理應呈明起復候請具

題承襲並無過繼短喪等項違碍情事所具親供是寔

清乾隆六十年五月

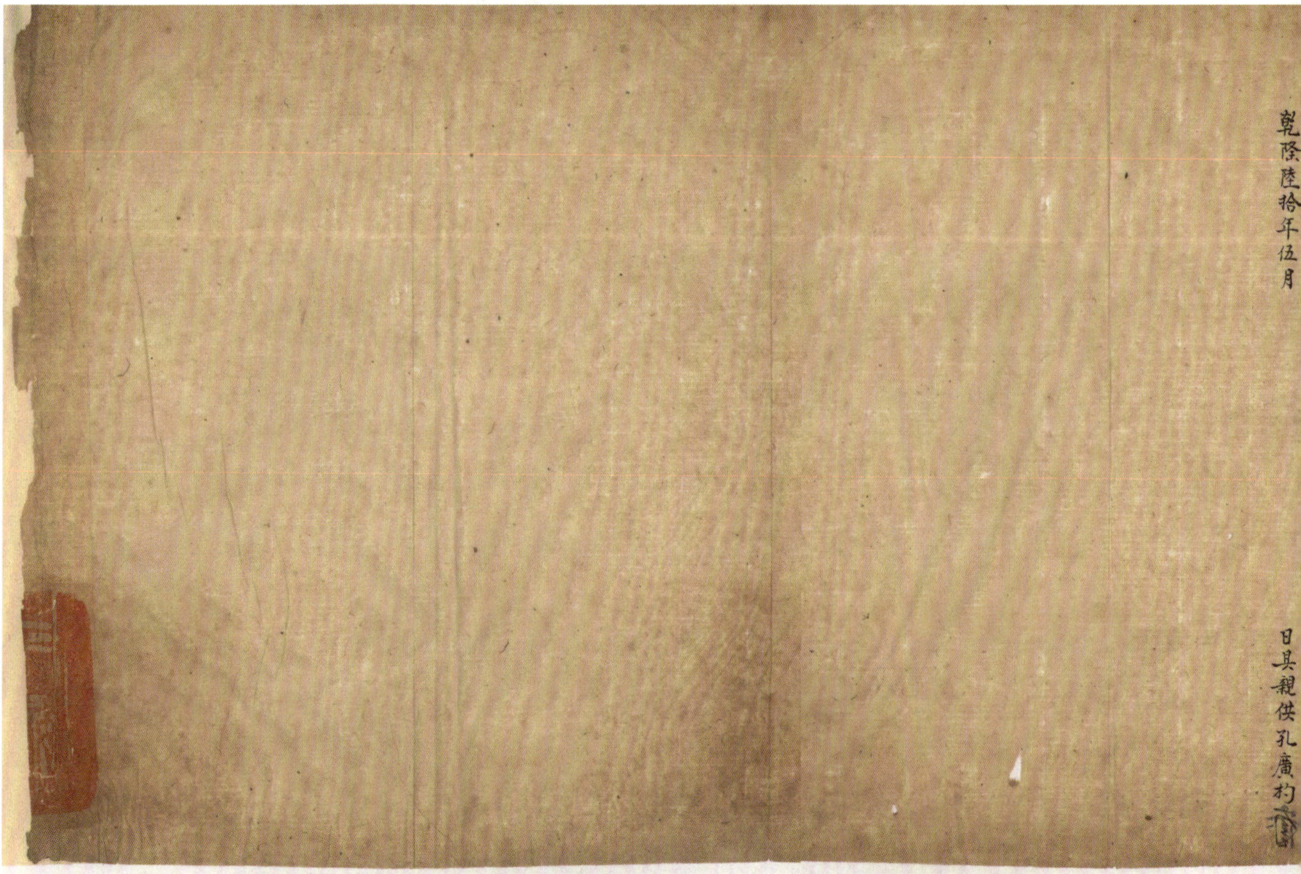

乾隆陸拾年伍月　　日具親供孔廣杓

具結狀浙江衢州府西安縣一百四十二庄里隣徐興龍毛□

與具結為報明服滿起

氏以上俱殁繼母崔氏存現年五十二歲係浙江衢州府西安縣

聖裔已故南宗孔氏世襲五經博士孔繼濤之嫡長子於乾隆五十年

衍聖公札開本年三月二十六日准

禮部咨開祠祀司案呈准

衍聖公咨稱南宗孔氏世襲五經博士孔傳錦之嫡長孫孔廣

部考試隨據孔廣杓隨文驗到本部二月十九日當堂考試孔

題等因行知在案緣親父孔繼濤於乾隆五十四年閏五月十二日在

題承襲在案不料祖母王氏於乾隆五十八年二月十三日在籍病故

題承襲並無過繼短喪等項違礙情事中間不致扶捏所

乾隆拾年伍月

浙江衢州府西安縣里鄰徐興龍、親族程景先等爲報明孔廣杓丁祖母憂服滿起復事所具結狀

清乾隆六十年五月

衍聖公府爲報明孔廣杓丁祖母憂服滿起復事致吏部、禮部咨

清乾隆六十年九月二十日

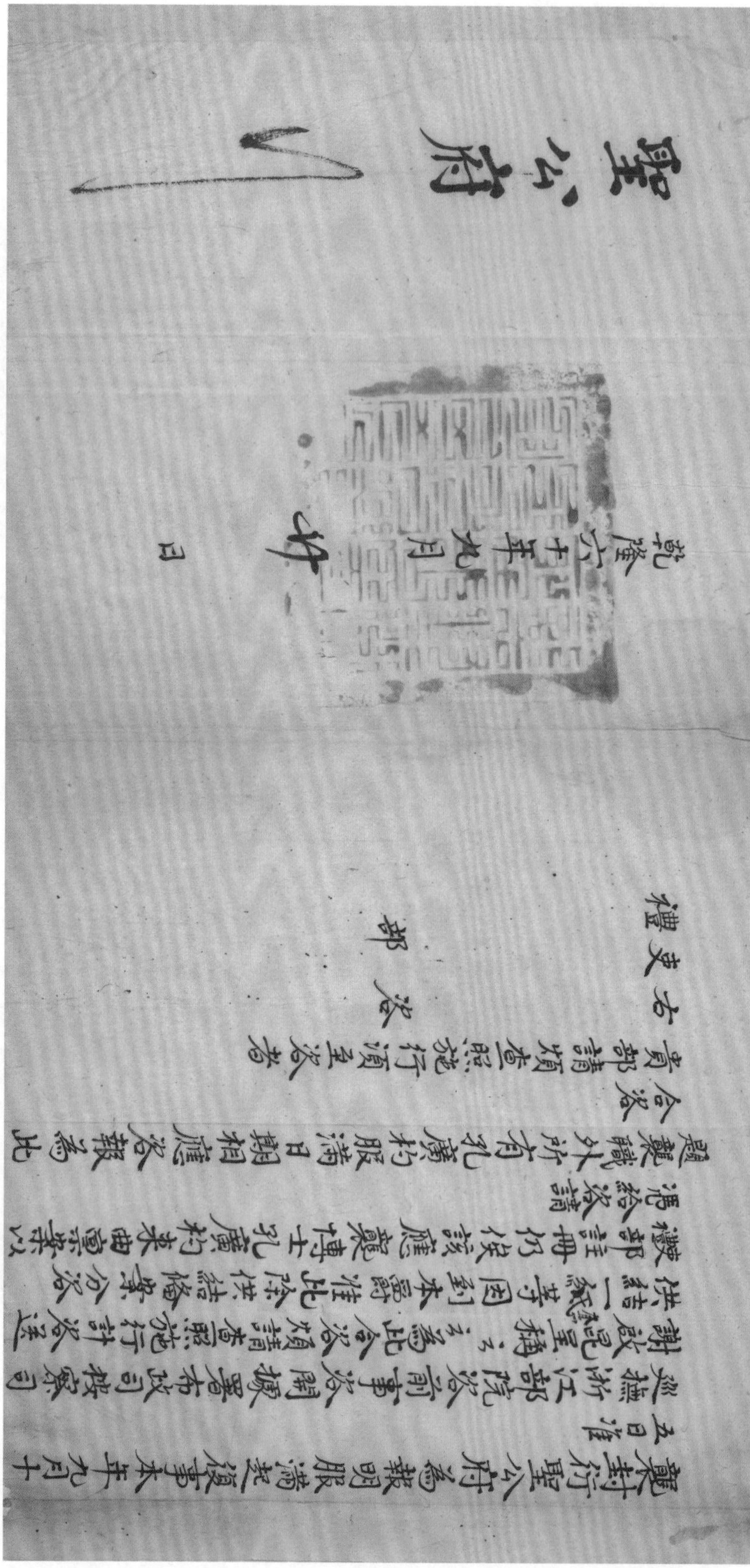

襲封衍聖公府爲報明服滿起復事本年九月十
五日准
巡撫浙江部院咨前事咨開據署布政司按察司
謝啟昆呈稱云云云云爲此合咨煩請查照施行計咨送
供結一紙等因到本爵准此除供結備案分咨
禮吏部註冊仍俟該應襲博士孔廣杓來曲稟案以
憑給咨請
題襲職外所有孔廣杓服滿日期相應咨報爲此
合咨
貴部請煩查照施行須至咨者

右　咨
吏　部
禮

乾隆六十年九月廿日

聖公府

浙江巡撫覺羅吉［慶］爲孔廣杓患病暫不能赴東事致衍聖公［孔慶鎔］咨

清乾隆六十年九月十八日

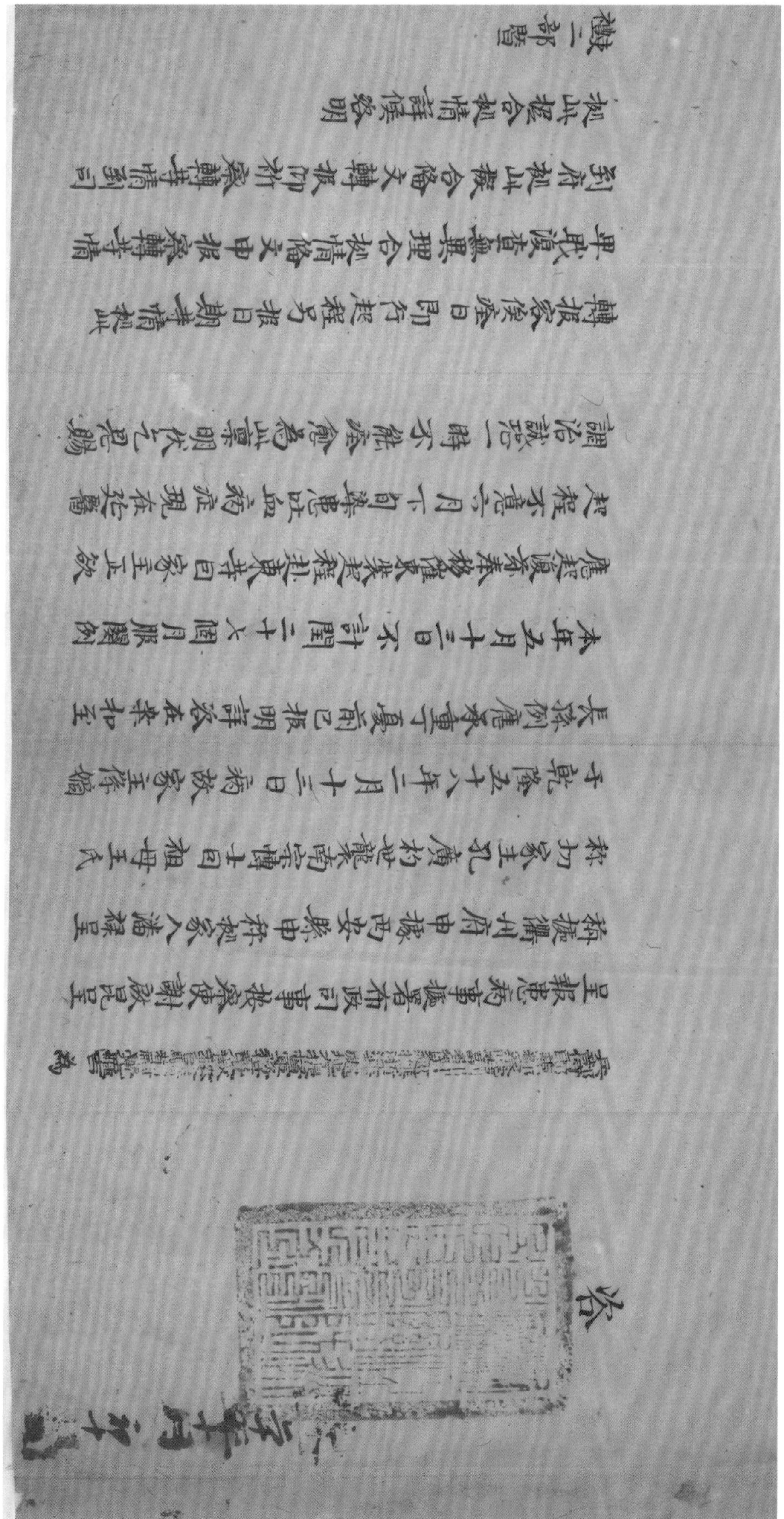

[illegible]爲
呈報患病事據署布政司事按察使謝啟昆呈
稱據衢州府申據西安縣申稱叔家人潘祿呈
稱切家主孔廣杓世襲南宗博士因祖母王氏
于乾隆五十八年二月十三日病故家主係嫡
長孫例應承重丁憂前已報明詳咨在案扣至
本年五月十三日不計閏二十七個月服闋例
應起復咨奉務催束裝起程赴東等因家主正欲
起程不意六月下旬舊患吐血病症現在延醫
調治誠恐一時不能痊愈爲此稟明伏乞恩賜
轉報容俟痊日即行起程另報日期等情據此
卑職覆查無異理合據情備文申報察轉等情
到府據此覆合備文轉報仰祈察轉等情到司
據此覆合據情詳候咨明
禮二部暨

咨

浙江巡撫覺羅吉[慶]爲孔廣杓患病暫不能赴東事致衍聖公[孔慶鎔]咨

清乾隆六十年九月十八日

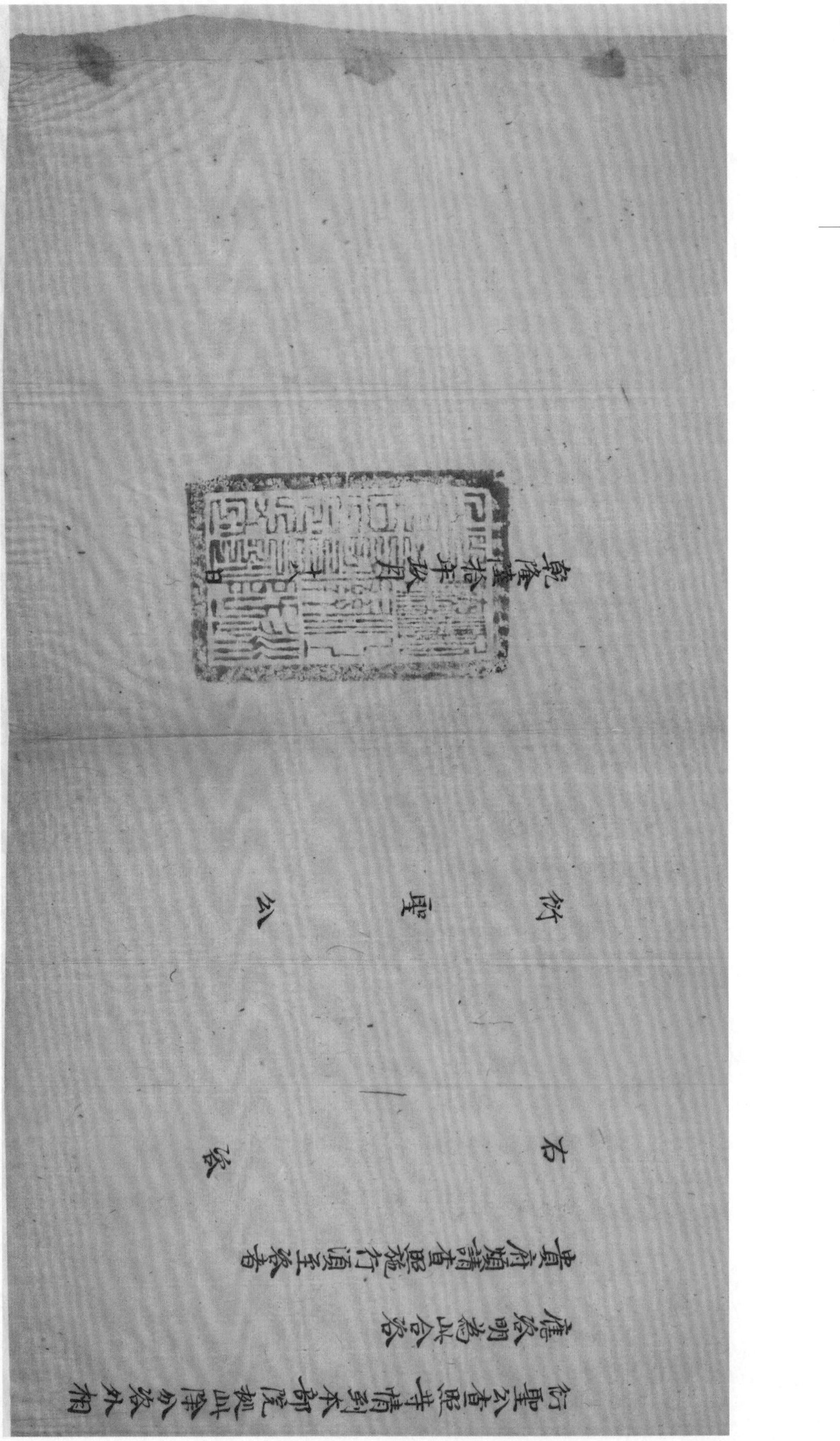
衍聖公查照等情到本部院據此除分咨外相
應咨明爲此合咨
貴府煩請查照施行須至咨者
右　　咨
衍　聖　公
乾隆陸拾年玖月十八日

禮部爲孔廣杓、曾傳鎮題請承襲事致衍聖公［孔慶鎔］咨

清乾隆六十年九月

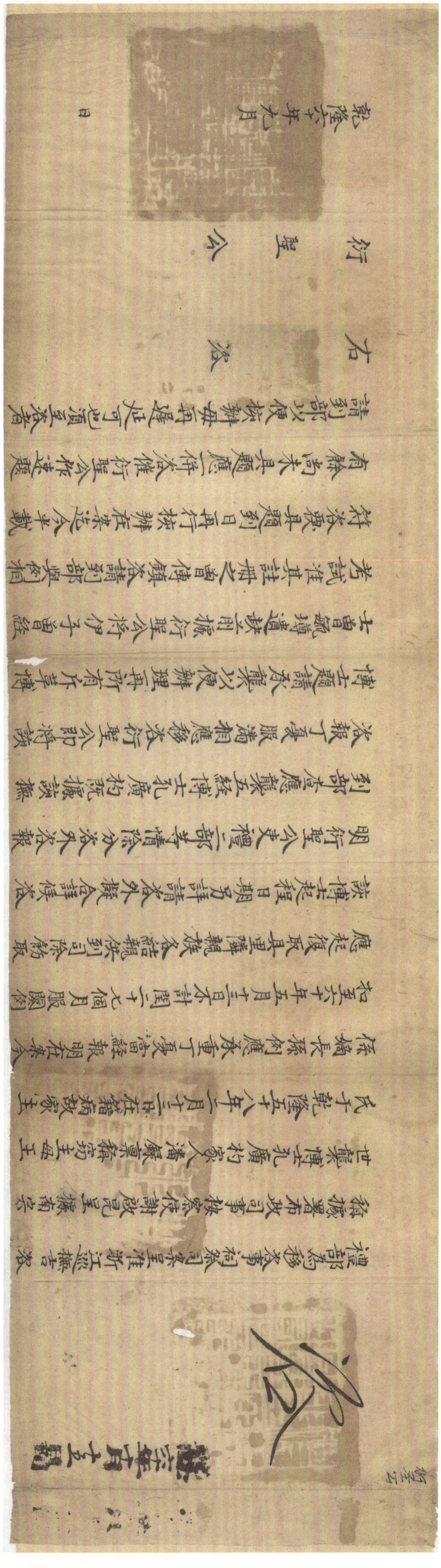
衍聖公

咨

六十年九月十五日

禮部為移咨事祠祭司案呈准浙江巡撫吉 咨
稱據署布政司事按察使謝啟昆呈據南宗
世襲博士孔廣杓家人潘録稟稱窃主母王
氏于乾隆五十八年二月十三日在籍病故家主
係嫡長孫例應承重丁憂當經報明在案今
扣至六十年五月十三日不計閏二十七個月服闋例
應起復取具里隣親族各結親供到司除飭取
該博士起程日期另詳請咨外擬合詳候咨
明衍聖公吏禮二部等情除分咨外咨報
到部查應襲五經博士孔廣杓既據該撫
咨報丁憂服滿相應移咨衍聖公即將該
博士題請承襲以便辦理再所有斥革博
士曾毓墫遺缺前據衍聖公將伊子曾經
考試准其註冊之曾傳鎮咨請到部與例相
符咨覆具題到日再行核辦在案迄今半載
有餘尚未具題應一併咨催衍聖公作速題
請到部以便核辦毋再遲延可也須至咨者
右　咨
衍　聖　公
乾隆六十年九月　　日

浙江衢州府西安縣知縣許執中爲轉報孔廣杓起程日期事致衍聖公孔［慶鎔］申

清乾隆六十年九月初一日

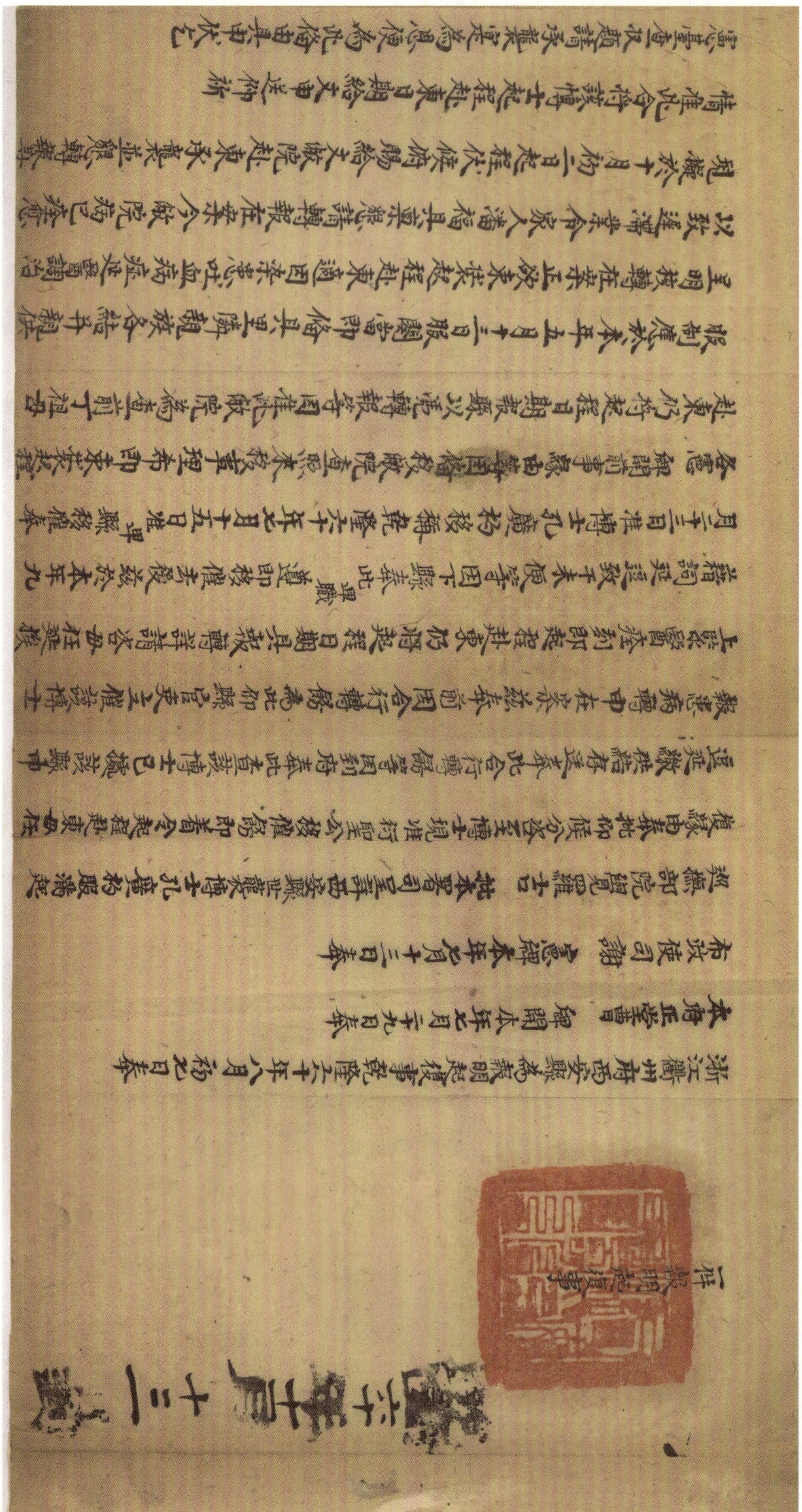

浙江衢州府西安縣知縣許執中爲轉報孔廣杓起程日期事致衍聖公孔［慶鎔］申

清乾隆六十年九月初一日

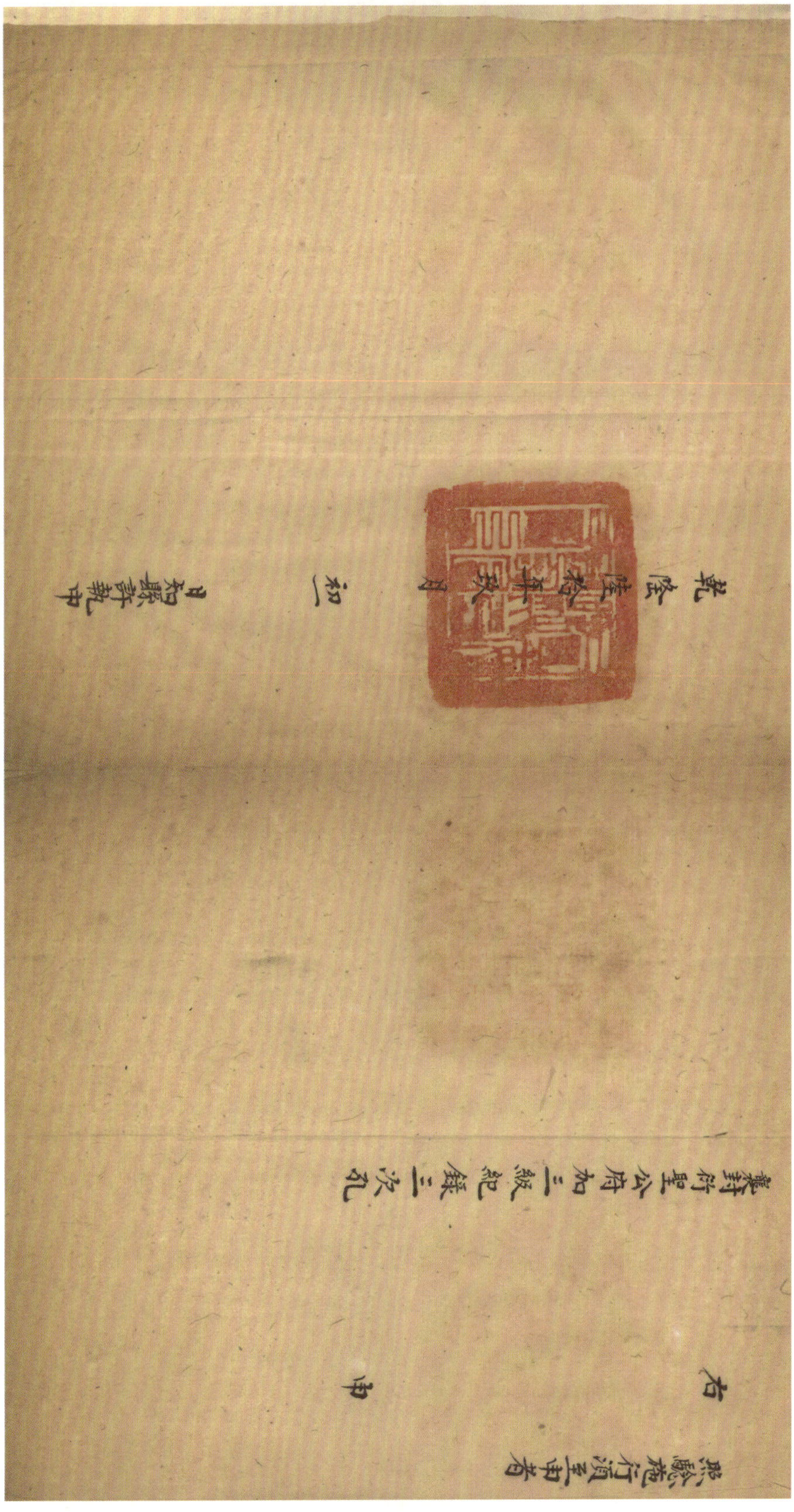
右
照驗施行須至申者
申
襲封衍聖公府加三級紀錄三次孔
乾隆陸拾年玖月　初一　日知縣許執中

衍聖公府爲孔廣杓服滿題請承襲事致禮部咨

清乾隆六十年十一月十八日

襲封衍聖公府爲咨請事。乾隆六十年十月十五日准
貴部咨開祠祭司案呈，准浙江撫吉　咨稱，據署布政司
事按察使謝　呈，據南宗世襲博士孔廣杓家人潘
禄稟稱，竊主母王氏于乾隆五十八年二月十三日在籍病
故，家主係嫡長孫，例應承重丁憂，當經報明在案。今扣
至六十年五月十三日，不計閏，二十七個月服闋，例應起復。
取具里隣親族各結、親供到司，除飭取該博士起程
日期另詳請咨外，擬合詳候咨明衍聖公、吏、禮二部等
情，除分咨外，咨報到部。查應襲五經博士孔廣杓，既據
該撫咨報丁憂服滿，相應移咨衍聖公即將該博士題請
承襲，以便辦理等因到本爵府。准此，查浙江衢州府南宗
孔氏應襲博士孔廣杓，曾于乾隆五十四年十二月十三日經
本爵循例保
題，請將孔廣杓承襲博士，以專祠祀等因，于五十五年正月三十日奉
旨：該部議奏。欽此。是年三月內准
貴部咨稱議得，臣等查核舊案，向來五經博士承襲，例
在丁憂服滿之後。今孔廣杓雖係例應承襲之員，但孔廣杓
于上年閏五月丁親父孔繼濤憂，現在尚未服滿，與例不符，
未便先准其承襲，應俟服滿之日，再行題請。至衍聖公
孔　並不查明孔廣杓現在服制未滿，率行題請承
襲，殊屬不合，應請交部察議等因。乾隆五十五年三
月初七日發報，具題。十三日奉
旨：依議。欽此。欽遵到部，相應抄録原題，移咨衍聖公，遵照辦
理。復准
吏部咨稱，查此案衍聖公孔　並不查明孔廣杓尚未服
滿，率行題請承襲博士，殊屬違例，應將衍聖公孔　照
違令公罪，罰俸九個月例，罰俸九個月，相應知照，各
等因。咨會到本爵，當經欽遵轉行飭遵去後，
嗣准浙江撫部院福　咨會，該孔廣杓於乾隆五十四年閏五
月十二日丁父憂，例應除閏，自六月初一日起，扣至五十六年九
月初一日止，二十七個月服滿起復等因。本爵一面咨報
貴部，并經轉飭該應襲來曲請咨具題，正在辦理間，
於乾隆五十四年四月內准浙江撫部院長　咨稱，據該應襲
博士家人潘禄呈報，孔廣杓祖母王氏於乾隆五十八年二月
十三日在籍病故，杓係承重嫡長孫，例應丁憂等情，咨會

衍聖公府爲孔廣杓服滿題請承襲事致禮部咨

清乾隆六十年十一月十八日

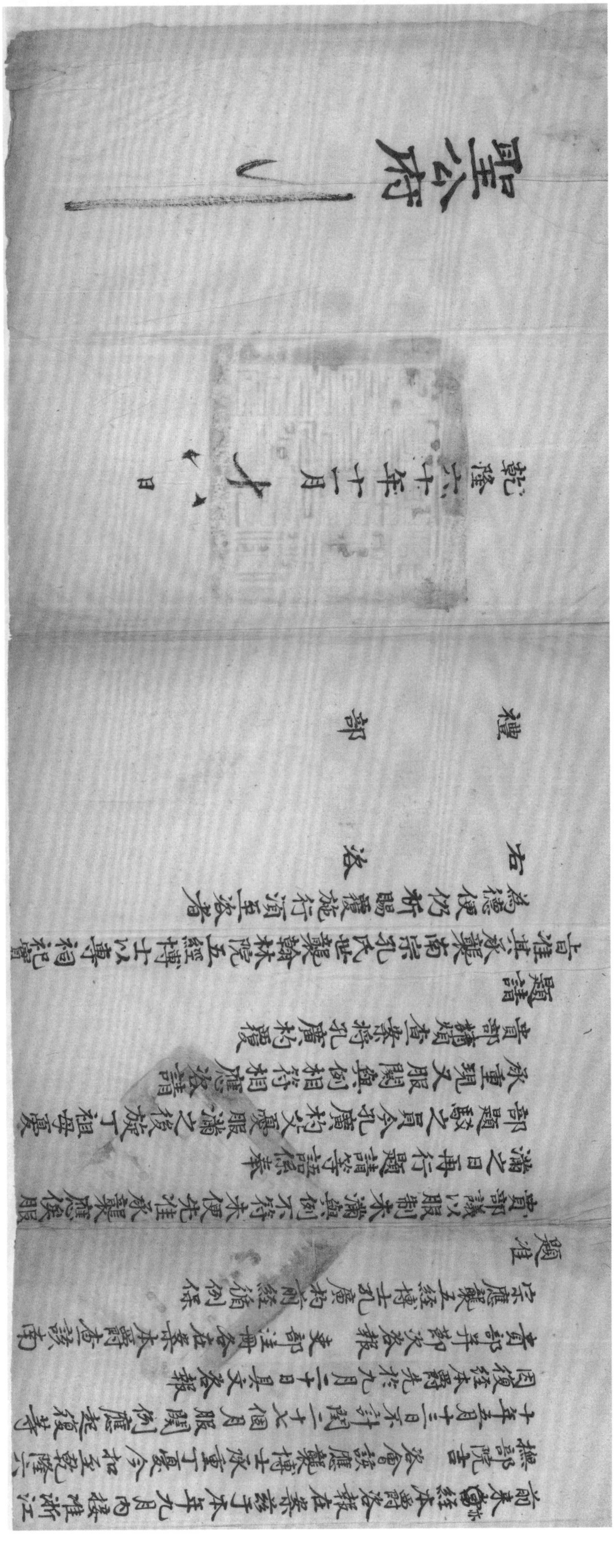

十二月廿七日到

咨

兵部侍郎兼都察院右副都御史巡撫浙江等處地方提督軍務兼理糧餉加六級紀錄十次覺羅吉　爲

呈報等事據布政司汪志伊呈稱案查西安縣

世襲五經博士孔廣杓呈報患病當經前署司詳請

分咨移明一俟醫調痊愈另取起程日期詳咨

在案今據衢州府西安縣申稱卑職遵即移催

去後茲于本年九月二十三日准博士孔廣杓

移稱敝院前丁祖母服制應于本年五月十三

日服闋當即備具里隣親族各結并親供呈明

核轉在案正欲束装起程赴東適因染患吐血病症

延醫調治以致遲滯業令家人潘福具稟懇請

轉報亦在案今敝院病已痊愈現擬于十月初

浙江巡撫覺羅吉[慶]爲轉報孔廣杓起程赴東日期事致衍聖公[孔慶鎔]咨

清乾隆六十年十一月二十八日

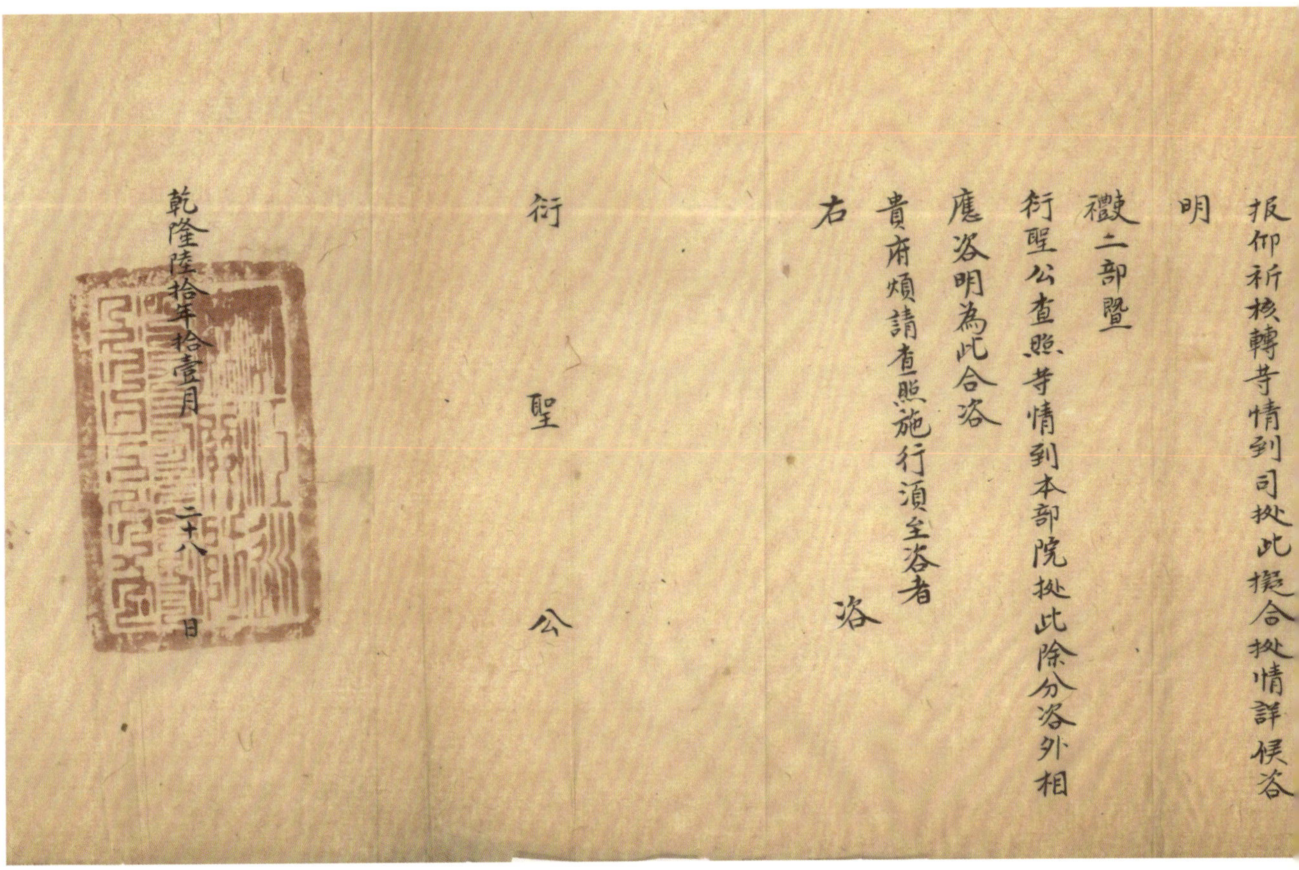

報仰祈核轉等情到司據此擬合據情詳候咨
明
吏禮二部暨
衍聖公查照等情到本部院據此除分咨外相
應咨明為此合咨
貴府煩請查照施行須至咨者
右　　咨
衍　　聖　　公
乾隆陸拾年拾壹月二十八日

○一一三◆題授浙江衢州孔氏翰林院五經博士（八）

清嘉慶元年至十九年

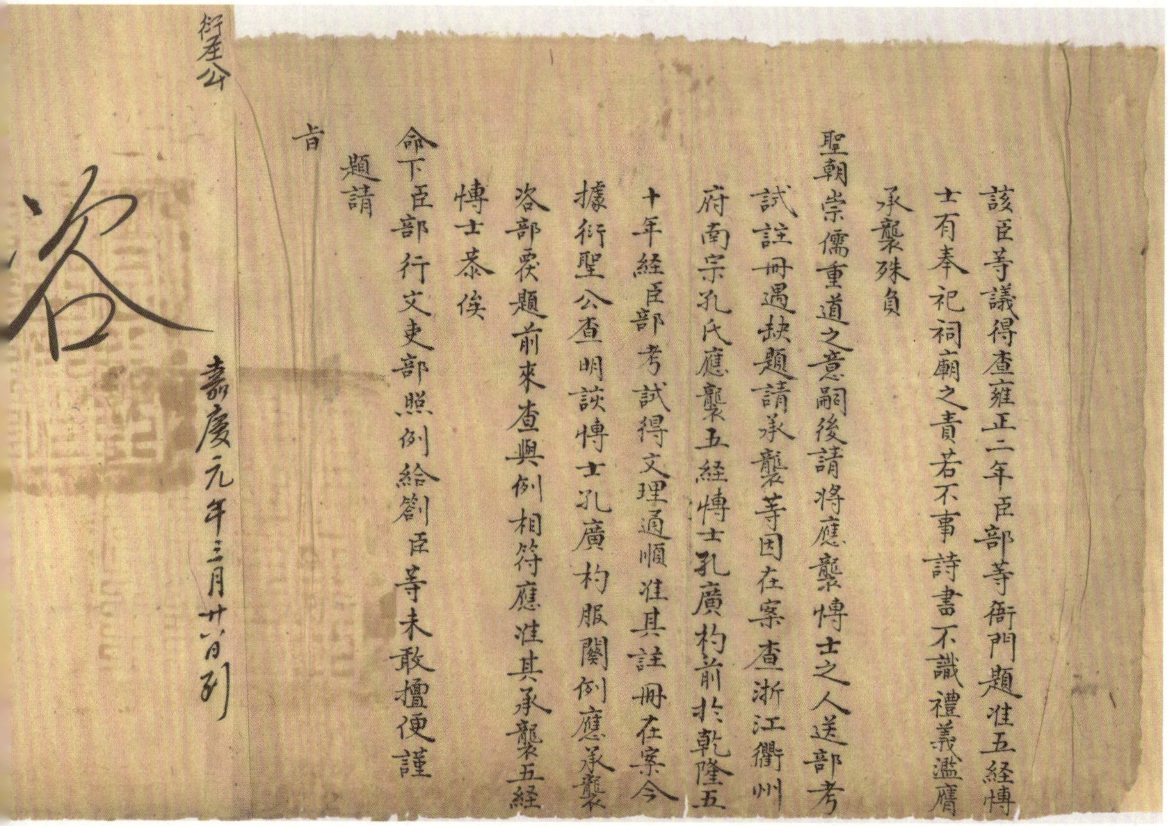

衍聖公

咨

嘉慶九年三月廿八日到

該臣等議得查雍正二年臣部等衙門題准五經博士有奉祀祠廟之責若不事詩書不識禮義濫膺承襲殊負

聖朝崇儒重道之意嗣後請將應襲博士之人送部考試註冊遇缺題請承襲等因在案查浙江衢州府南宗孔氏應襲五經博士孔廣杓前於乾隆五十年經臣部考試得文理通順准其註冊在案今據衍聖公查明該博士孔廣杓服闋例應承襲咨部覆題前來查與例相符應准其承襲五經博士恭俟

命下臣部行文吏部照例給劄臣等未敢擅便謹

題請

旨

禮部爲奉旨准孔廣杓承襲事致衍聖公［孔慶鎔］咨（附原題抄單）

清嘉慶元年二月

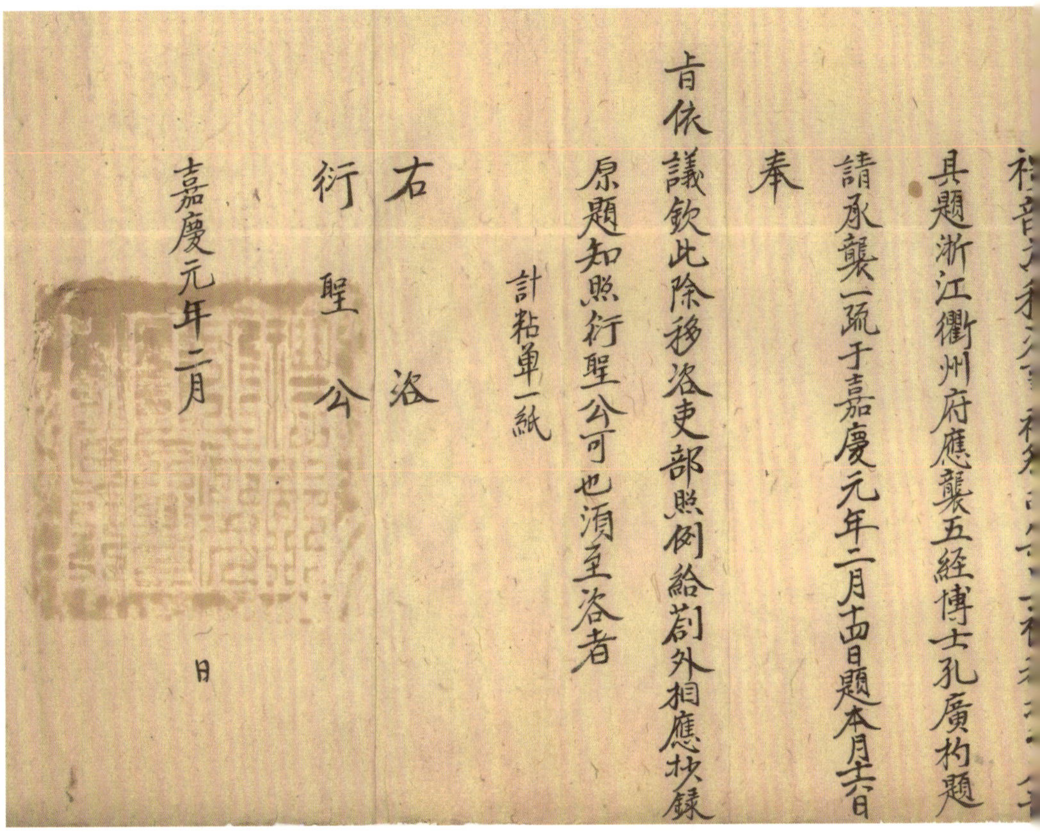
具題浙江衢州府應襲五經博士孔廣杓題
請承襲一疏于嘉慶元年二月十四日題本月十六日
奉
旨依議欽此除移咨吏部照例給劄外相應抄錄
原題知照衍聖公可也須至咨者
計粘單一紙
右咨
衍聖公
嘉慶元年二月　日

吏部爲給發孔廣杓劄付事致衍聖公［孔慶鎔］咨

清嘉慶元年三月二十八日

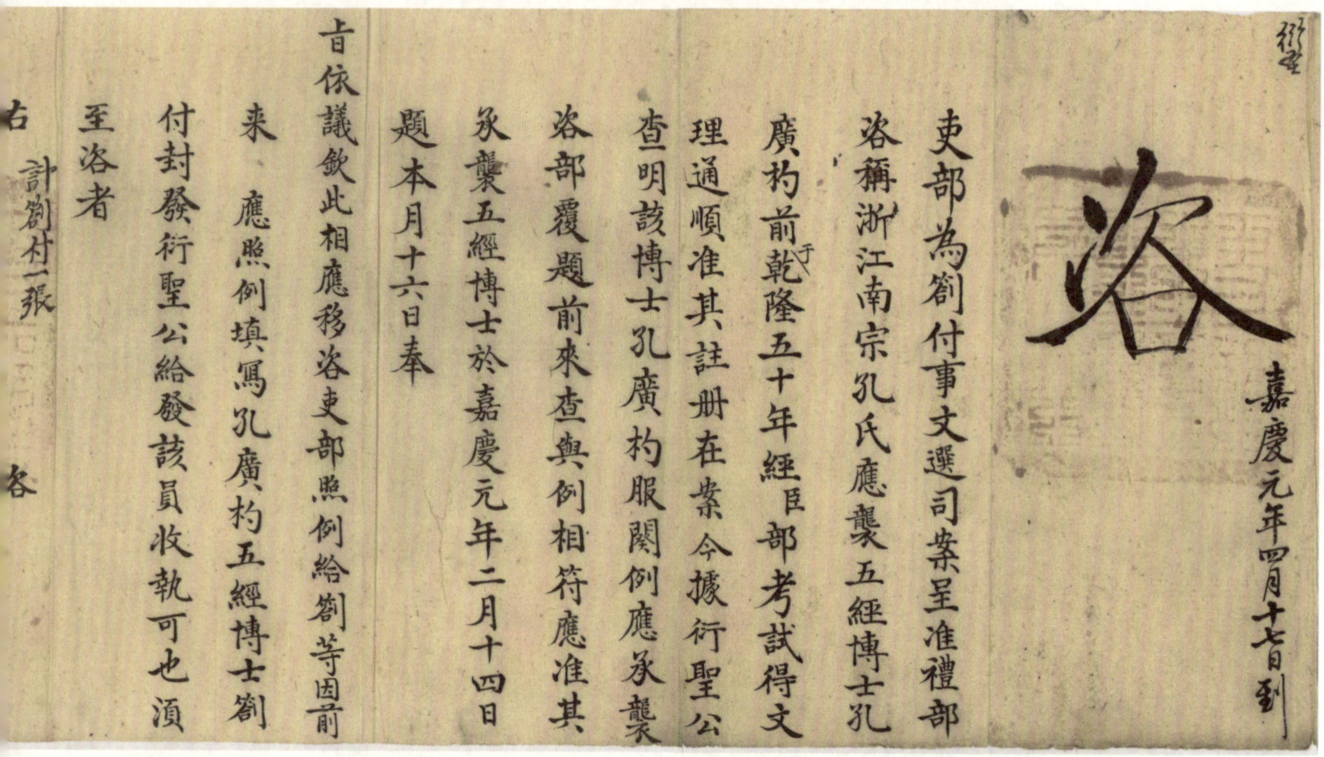
衍聖

咨

嘉慶元年四月十七日到

吏部為劄付事文選司案呈准禮部
咨稱浙江南宗孔氏應襲五經博士孔
廣杓前于乾隆五十年經臣部考試得文
理通順准其註冊在案今據衍聖公
查明該博士孔廣杓服闋例應承襲
咨部覆題前來查與例相符應准其
承襲五經博士於嘉慶元年二月十四日
題本月十六日奉
旨依議欽此相應移咨吏部照例給劄等因前
來　應照例填寫孔廣杓五經博士劄
付封發衍聖公給發該員收執可也須
至咨者
右
計劄付一張
咨

衍聖公府爲轉發孔廣杓劄付并取具到任日期事致浙江巡撫部院咨

清嘉慶元年十一月十三日

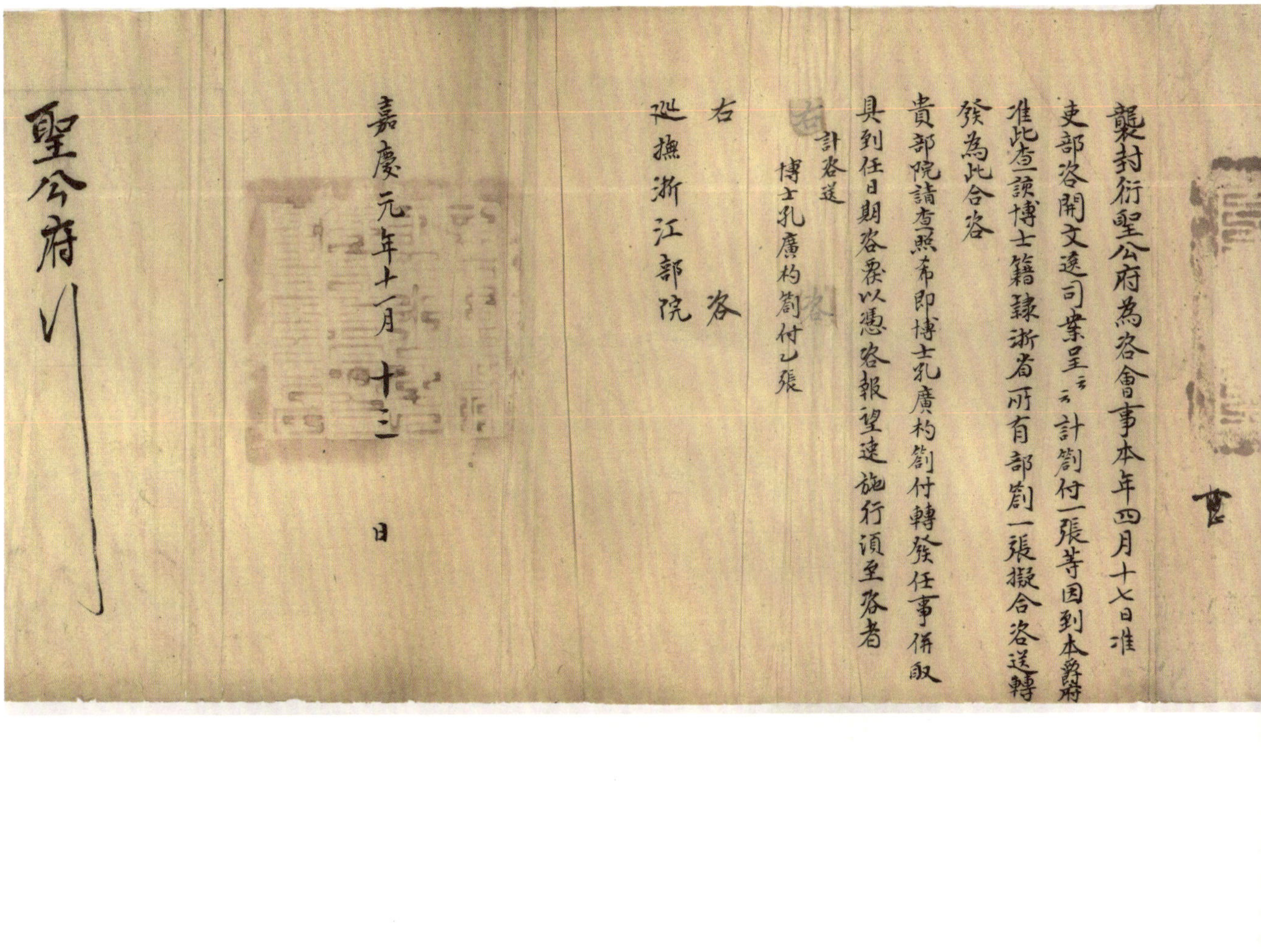

襲封衍聖公府為咨會事本年四月十七日准
吏部咨開文選司案呈云云計劄付一張等因到本爵府
准此查該博士籍隸浙省所有部劄一張擬合咨送轉
發為此合咨
貴部院請查照希即博士孔廣杓劄付轉發任事併取
具到任日期咨覆以憑咨報望速施行須至咨者

計咨送
博士孔廣杓劄付乙張

右　咨
巡撫浙江部院

嘉慶元年十一月十三日

聖公府

浙江巡撫玉［德］爲覆明孔廣杓接劄到任日期事致衍聖公［孔慶鎔］咨

清嘉慶二年三月二十一日

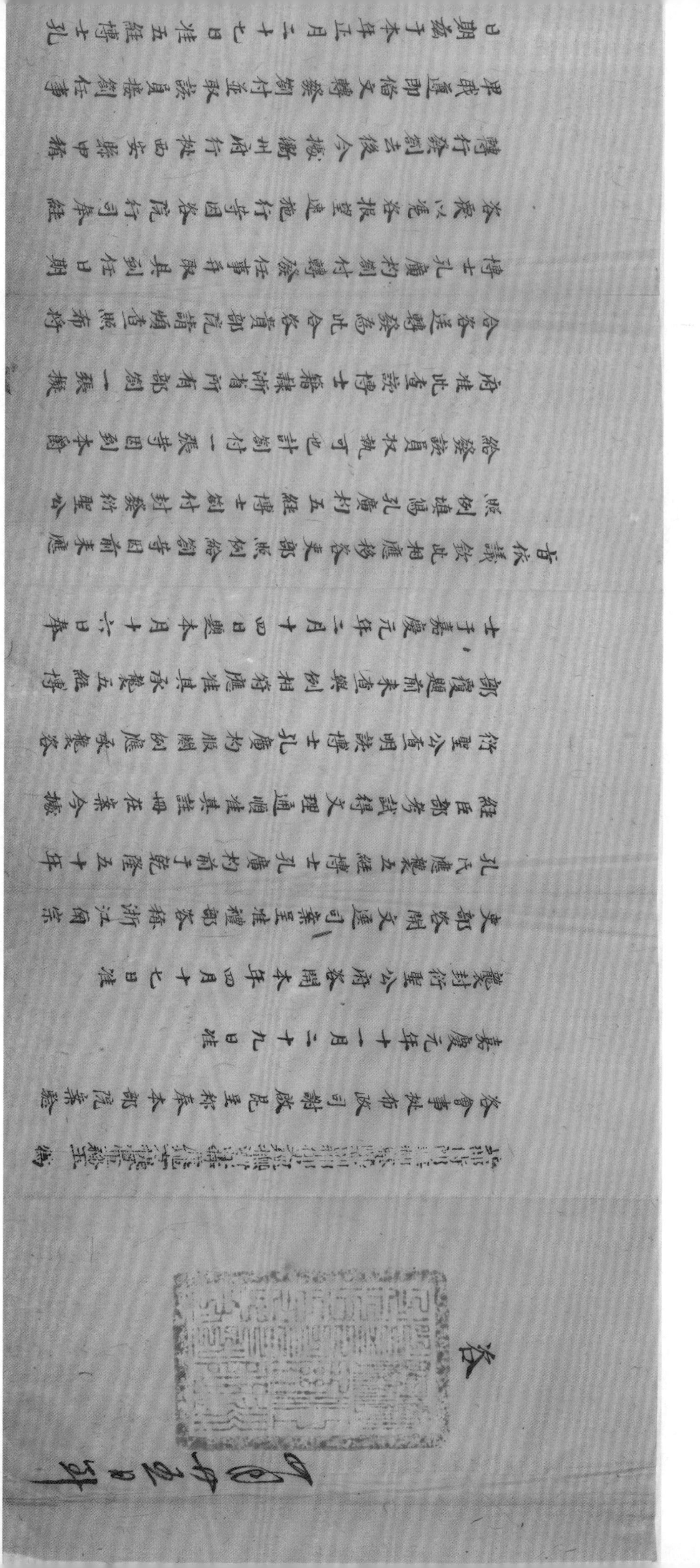
兵部侍郎兼都察院右副都御史巡撫浙江等處地方提督軍務玉 爲
咨會事據布政司謝啟昆呈稱奉本部院案驗
嘉慶元年十一月二十九日准
襲封衍聖公府咨開本年四月十七日准
吏部咨開文選司案呈准禮部咨稱浙江衢宗
孔氏應襲五經博士孔廣杓前于乾隆五十年
經臣部考試得文理通順准其註冊在案今據
衍聖公查明該博士孔廣杓服闋例應承襲咨
部覆題前來查與例相符應准其承襲五經博
士于嘉慶元年二月十四日題本月十六日奉
旨依議欽此相應移咨吏部照例給劄等因前來應
照例填寫孔廣杓五經博士劄付封發衍聖公
給發該員收執可也計劄付一張等因到本爵
府准此查該博士籍隸浙省所有部劄一張擬
合咨送轉發爲此合咨貴部院請煩查照布將
博士孔廣杓劄付轉發任事并取具到任日期
咨覆以憑咨報望速施行等因咨院行司奉經
轉行發劄去後今據衢州府行據西安縣申稱
卑職遵即備文轉發劄付并取該員接劄任事
日期茲于本年正月二十七日准五經博士孔
咨

浙江巡撫玉［德］爲覆明孔廣杓接劄到任日期事致衍聖公［孔慶鎔］咨

清嘉慶二年三月二十一日

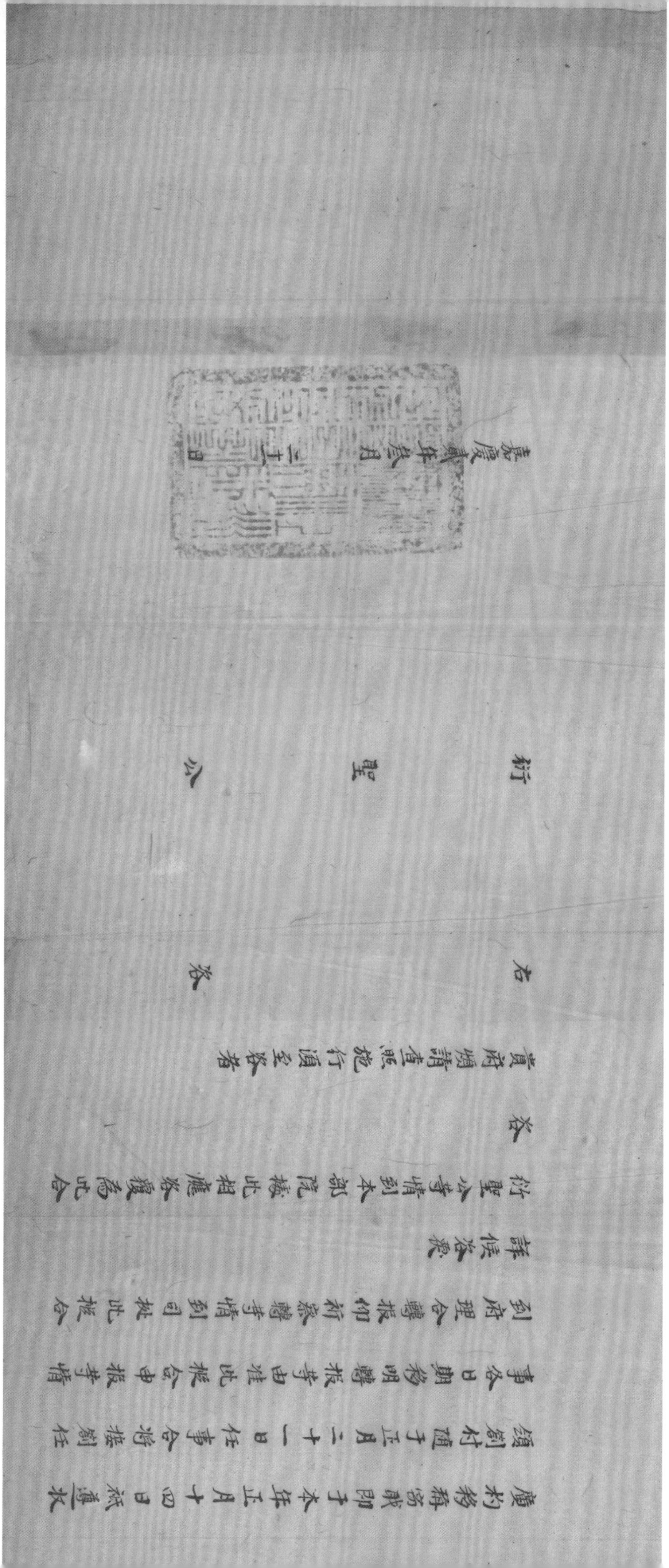
廣杓移稱窃職即于本年正月十四日祇遵收
領劄付隨于正月二十一日任事合將接劄任
事各日期移明轉報等由准此擬合申報等情
到府理合轉報仰祈察轉等情到司批此擬合
詳候咨覆
衍聖公等情到本部院據此相應咨覆為此合
咨
貴府煩請查照施行須至咨者
右　　咨
衍　聖　公
嘉慶貳年叁月二十一日

衍聖公府爲報明孔廣杓到任日期事致禮部、吏部咨

清嘉慶二年六月二十日

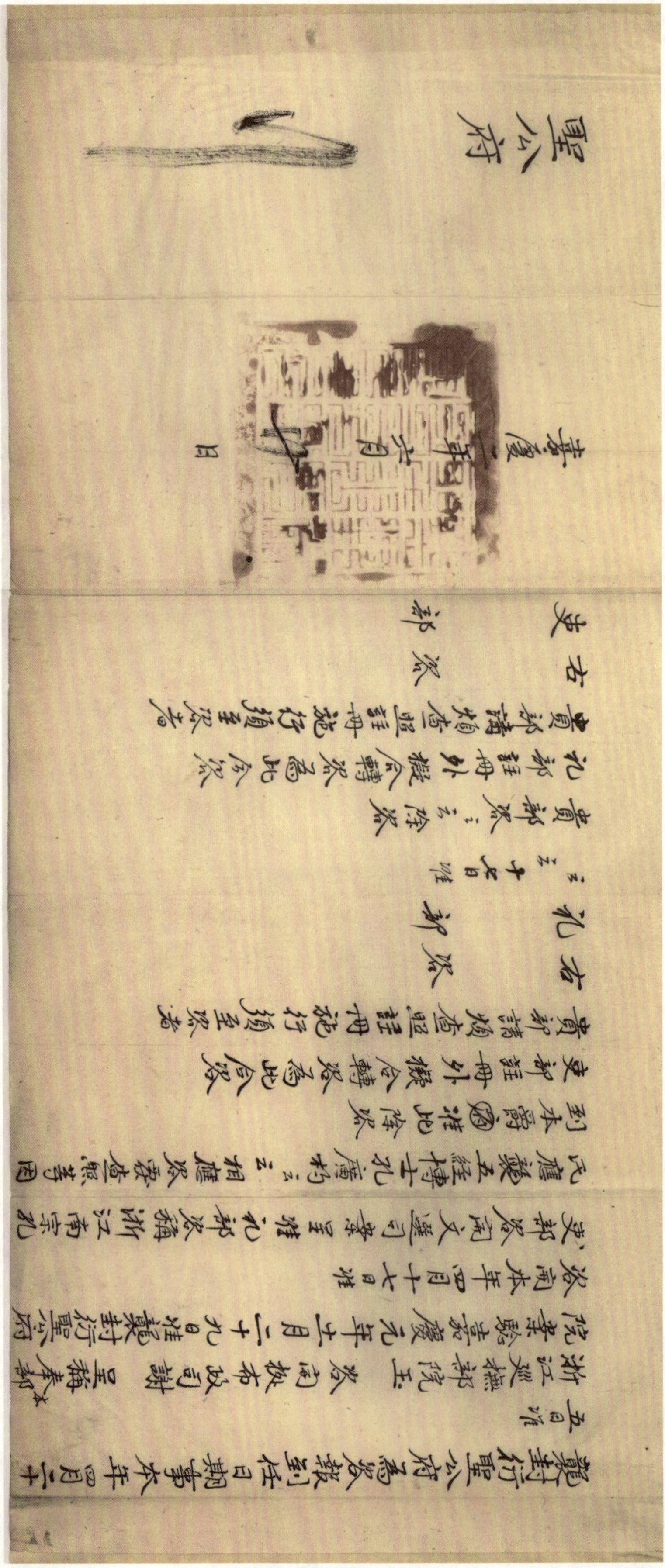

襲封衍聖公府爲咨報到任日期事。本年四月二十
五日准
浙江巡撫部院玉　咨開：據布政司謝　呈稱：奉本部
院案驗，嘉慶元年十一月二十九日准襲封衍聖公府
咨開：本年四月十七日准
吏部咨開：文選司案呈，准禮部咨稱：浙江南宗孔
氏應襲五經博士孔廣杓云云，相應咨覆查照等因
到本爵府，准此，除咨
吏部註冊外，擬合轉咨。爲此合咨
貴部，請煩查照註冊施行。須至咨者。
右　咨
禮　部
云云十七日准
貴部咨云云，除咨
禮部註冊外，擬合轉咨。爲此合咨
貴部，請煩查照註冊施行。須至咨者。
右　咨
吏　部
嘉慶二年六月　日
聖公府

浙江巡撫蔣［攸銛］爲報明孔廣杓、孔廣林等丁母憂事致衍聖公府咨

清嘉慶十六年八月初四日

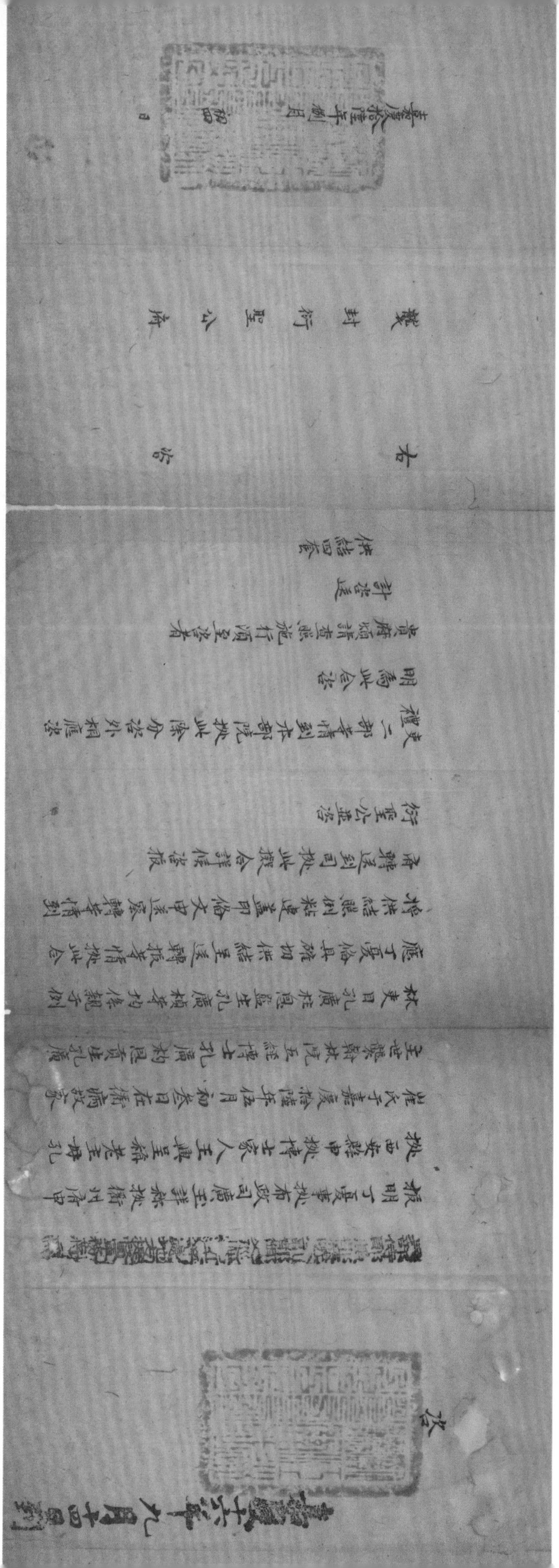
嘉慶十六年九月十四日到
咨
爲報明丁憂事。據布政司廣玉詳稱：據衢州府申，
據西安縣申，據博士家人王興呈稱：老主母孔
崔氏于嘉慶拾陸年伍月初叁日在衢病故，家
主世襲翰林院五經博士孔廣杓、恩貢生孔廣
林、吏目孔廣桂、廪生孔廣楨等均係親子，例
應丁憂，備具確切供結呈送，轉報等情。據此，合
將供結照例粘連蓋印，備文申送察轉等情到
府，轉送到司。據此，擬合詳候咨報
衍聖公並咨
吏、禮二部等情到本部院。據此，除分咨外，相應咨
明。爲此合咨
貴府，煩請查照施行。須至咨者。
計咨送
供結四套
右　　咨
襲封衍聖公府
嘉慶拾陸年捌月　初四　日

親供

具親供世襲翰林院五經博士孔廣杓　今於

與親供為報明丁憂事供得切職現年肆拾捌歲身

中面白微髭須嘉慶元年貳月拾陸日奉

旨承襲授職生母崔氏於嘉慶拾陸年伍月初叁日病故職係屬親子例應丁

憂理合呈明所具親供是實

衢州孔氏翰林院五經博士孔廣杓爲報明丁生母憂事所具親供

清嘉慶十六年五月

具結狀族人孔繼漢 孔廣梘 左隣徐太立 右隣孫秉初 今於

與結狀為報明丁憂事結得博士孔廣杓今伊生母崔氏于嘉慶拾陸年伍月初三日病故杓實係

親子例應丁憂不敢隱匿所具結狀是實

嘉慶拾陸年伍月

日具結狀族人孔繼漢 孔廣梘 左隣徐太立 右隣孫秉初

族人孔繼漢、左鄰徐太立等爲報明孔廣杓丁生母憂事所具結狀

清嘉慶十六年五月

親供

具親供恩監生孔廣楨　今於
與親供為報明丁憂事切生現年叁拾肆歲身中
面白無鬚，于嘉慶貳年科試蒙
阮大宗師取入附生，于嘉慶叁年恭遇
臨雍大典，行取觀禮，禮成，蒙　吏部議叙奉
旨准作恩監生。今生生母崔氏于嘉慶拾陸年伍月初三日病故，生係親子
例應丁憂，理合呈明。所具親供是實。

嘉慶拾陸年伍月　　日具親供孔廣楨

恩監生孔廣楨爲報明丁生母憂事所具親供

清嘉慶十六年五月

具結狀族人孔繼漢 孔廣梘 左隣徐太立 右隣孫秉初 今於

與結狀為報明丁憂事結得恩監孔廣禎今伊生母崔氏于嘉慶拾陸年伍月初二日病故禎實係

親子例應丁憂不敢隱匿所具結狀是寔

嘉慶拾陸年伍月

日具結狀族人孔繼漢 孔廣梘

左隣徐太立 右隣孫秉初

族人孔繼漢、左鄰徐太立等爲報明孔廣楨丁生母憂事所具結狀

清嘉慶十六年五月

親供

具親供恩貢生孔廣林 今於

與親供爲報明丁憂事切生現年肆拾伍歲身中面白

微鬚于乾隆伍拾年科試蒙

賓大宗師取入附生於嘉慶叁年恭遇

臨雍大典行取陪祀禮成蒙

恩送監肄業期滿 禮部議叙奉

旨准作恩貢生今生生母崔氏于嘉慶拾陸年伍月初三日病故生係親子例

應丁憂理合呈明所具親供是實

嘉慶拾陸年伍月 日具親供孔廣林

恩貢生孔廣林爲報明丁生母憂事所具親供

清嘉慶十六年五月

具結狀族人孔繼漢 孔廣槐 左隣徐太立 右隣孫東初 今於
與結狀爲報明丁憂事結得恩貢生孔廣林今伊生母崔氏于嘉慶拾陸年伍月初三日病
故伊實係親子例應丁憂不敢隱匿所具結狀是實

嘉慶拾陸年伍月 日具結狀族人孔繼漢 孔廣槐 左隣徐太立 右隣孫東初

族人孔繼漢、左鄰徐太立等爲報明孔廣林丁生母憂事所具結狀

清嘉慶十六年五月

親供

具親供吏目孔廣柱今於

與親供為報明丁憂事切職現年肆拾叁歲身中

面白微鬚由監生于嘉慶叁年恭遇

臨雍大典行取觀禮禮成　吏部議叙奉

旨准作吏目今職生母崔氏于嘉慶拾陸年伍月初三日病故職係親子例應

丁憂理合呈明所具親供是寔

嘉慶拾陸年伍月　　日具親供孔廣柱

吏目孔廣柱爲報明丁生母憂事所具親供

清嘉慶十六年五月

具結狀族人孔繼漢 左隣徐太立
孔廣棍 右隣孫東初 今於

與結狀為報明丁憂事結得吏目孔廣柱今伊生母崔氏于嘉慶拾陸年伍月初三日病故

伊實係親子例應丁憂不敢隱匿所具結狀是實

嘉慶拾陸年伍月

日具結狀族人孔繼漢
孔廣棍

左隣徐太立
右隣孫東初

族人孔繼漢、左鄰徐太立等爲報明孔廣柱丁生母憂事所具結狀

清嘉慶十六年五月

衍聖公府爲報明孔廣杓丁母憂事致吏部、禮部咨

清嘉慶十六年十月二十七日

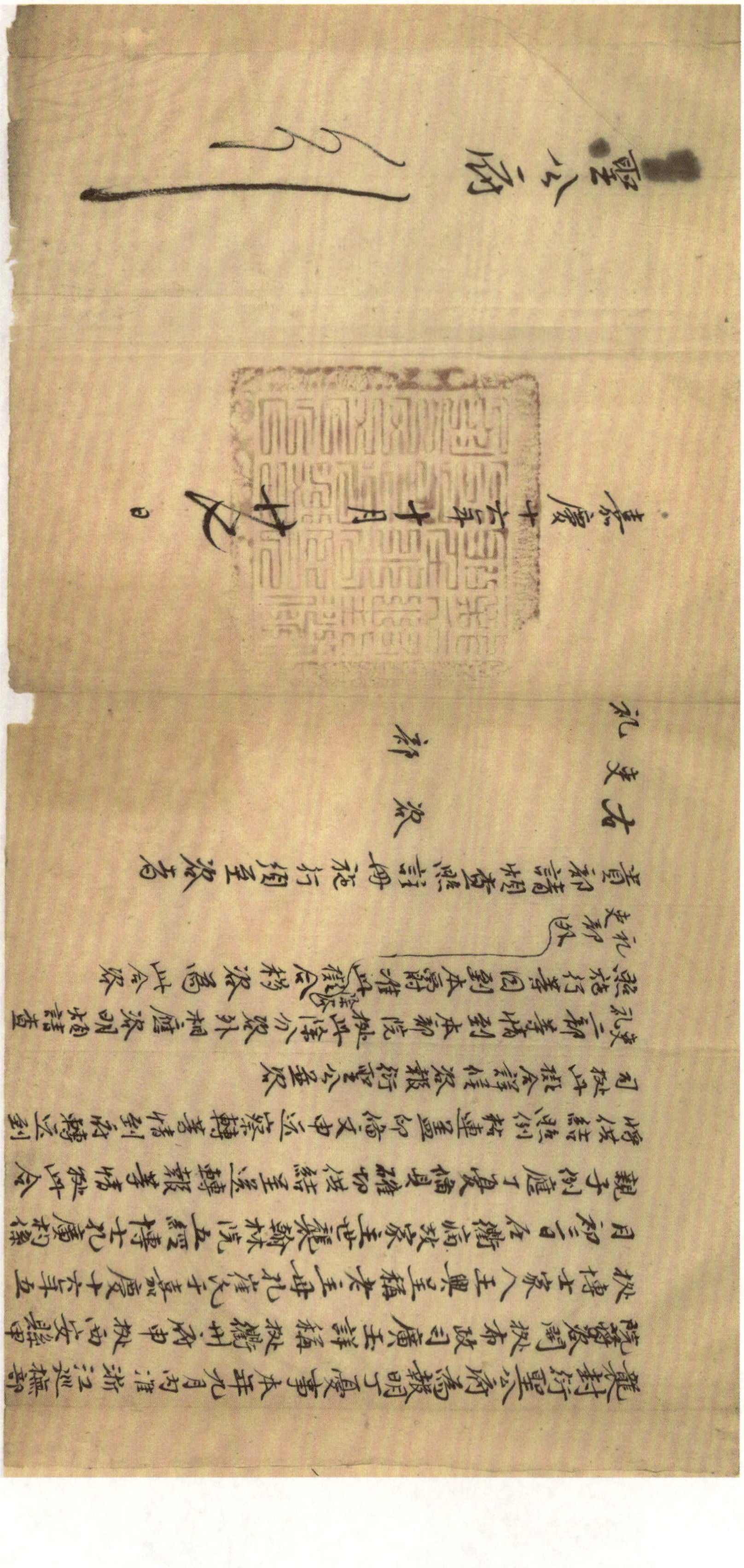
襲封衍聖公府爲報明丁憂事本年九月内准浙江巡撫部
院蔣咨開據布政司廣玉詳稱據衢州府申據西安縣申
據博士家人王興呈稱老主母孔崔氏于嘉慶十六年五
月初三日在衢病故家主世襲翰林院五經博士孔廣杓係
親子例應丁憂備具確切供結呈送轉報等情據此合
將供結照例粘連蓋印備文申送察轉等情到府轉送到
司據此擬合詳候咨報衍聖公查照
吏
禮二部等情到本部院據此除分咨外相應咨明煩請查
照施行等因到本爵准此除咨
吏
禮部外擬合移咨爲此合咨
貴部請煩查照註册施行須至咨者
右　咨
吏
禮　部
嘉慶十六年十月廿七日
聖公府
行

浙江巡撫李［奕疇］爲報明孔廣杓、孔廣林等丁生母憂服滿起復事致衍聖公府咨

清嘉慶十八年十一月初九日

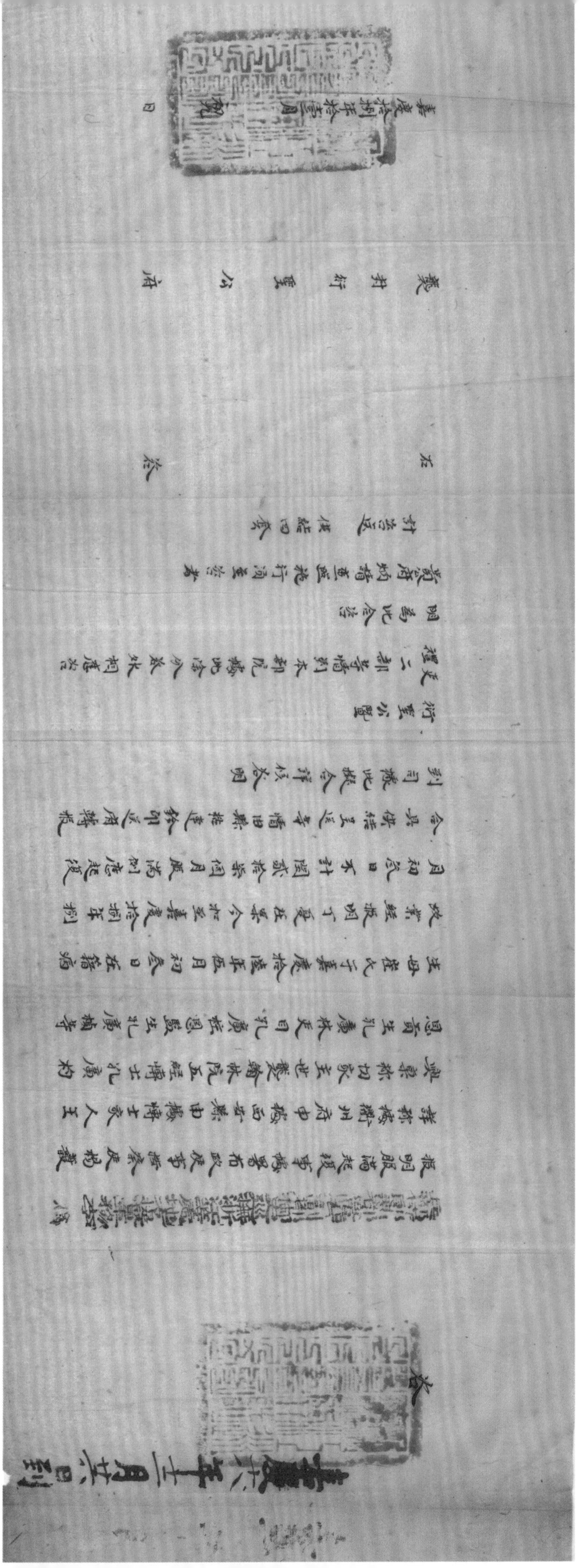

親供

具親供世襲翰林院五經博士孔廣杓　今於

與親供爲報明服滿起復事切職現年伍拾歲身中

面白微鬚于嘉慶元年二月十六日奉

旨承襲授職曾祖毓垣曾祖母王氏祖傳錦祖母王氏父繼濤母王氏以上俱歿

生母崔氏于嘉慶拾陸年伍月初叁日在籍病故

當經報明丁憂在案今扣至嘉慶拾捌年捌月初

叁日不計閏貳拾柒個月服滿例應起復所具親

供是實

衢州孔氏翰林院五經博士孔廣杓爲報明丁生母憂服滿起復事所具親供

清嘉慶十八年八月

具結狀族人孔繼漢、孔毓麒，左隣徐太立、右隣徐純光，今於

與結狀為報明服滿起復事，結得博士孔廣杓曾祖毓垣、曾祖母王氏，祖傳錦、祖母王氏，父繼濤、母王氏，以上俱歿。生母崔氏于嘉慶拾陸年伍月初叁日在籍病故，當經報明丁憂在案。今扣至嘉慶拾捌年捌月初叁日，不計閏，貳拾柒個月服滿，例應起復。不敢隱匿，所具結狀是實。

嘉慶拾捌年捌月　日具結狀族人孔繼漢（押）
孔毓麒（押）
左隣徐太立　十
右隣徐純光（押）

族人孔繼漢、左鄰徐太立等爲報明孔廣杓丁生母憂服滿起復事所具結狀

清嘉慶十八年八月

親供

具親供恩監生孔廣楨　今於

與親供為報明服滿起復事切生現年三十六歲身中

面白無鬚由附生于嘉慶叁年恭遇

臨雍大典行取觀禮礼成奉

旨准作恩監生曾祖毓垣曾祖母王氏祖傳錦祖母王氏父繼濤母王氏以上俱殁生母崔

氏於嘉慶拾陸年伍月初叁日在籍病故當經報明丁

憂在案今扣至嘉慶拾捌年捌月初三日不計閏貳拾

柒個月服滿例應起復所具親供是實

恩監生孔廣楨爲報明丁生母憂服滿起復事所具親供

清嘉慶十八年八月

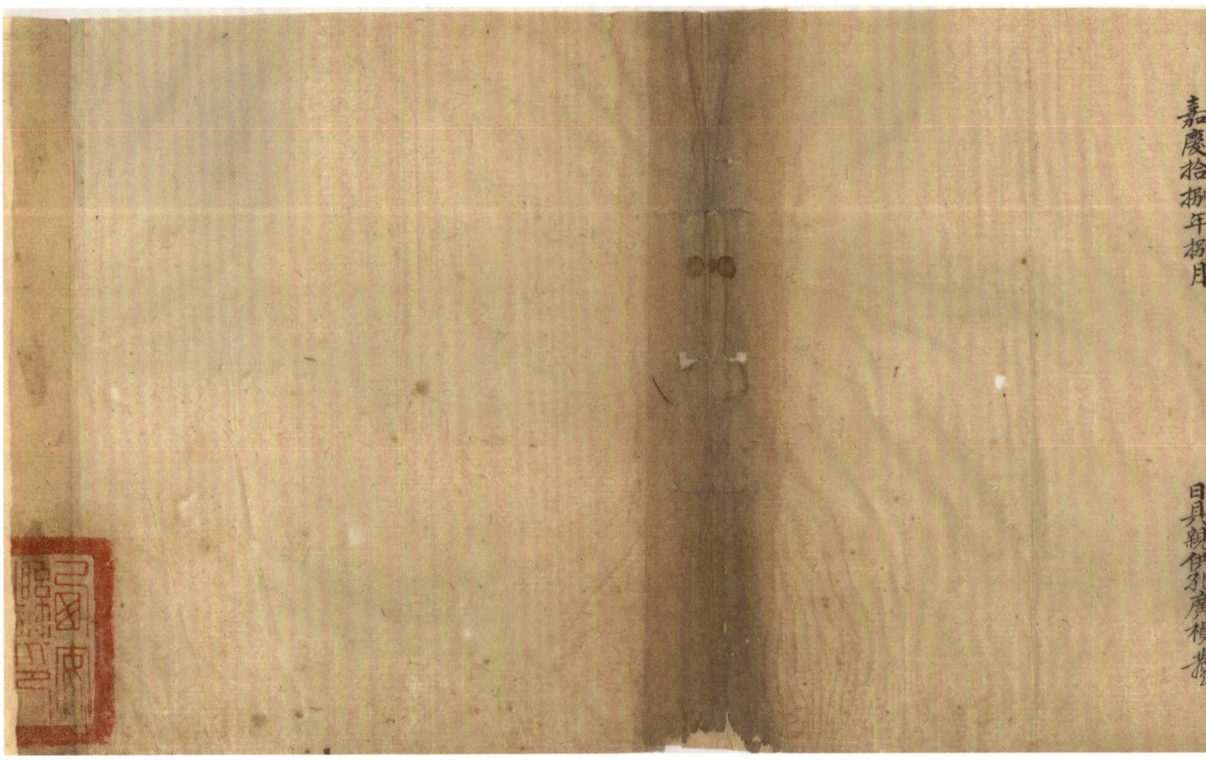

嘉慶拾捌年捌月

日具親供孔廣楨

具結狀族人孔繼漢孔毓麒左隣徐太立右隣徐純光今於

與結狀為報明服滿起復事結得　恩監生孔廣楨曾祖毓垣曾祖母王氏祖傳錦祖母王氏

父繼濤以上俱歿生母崔氏于嘉慶拾陸年伍月初叁日在籍病故當經報明丁憂在案今扣至嘉慶拾捌年捌月初三

日不計閏貳拾柒個月服滿例應起復不敢隱匿所具結狀是實

嘉慶拾捌年捌月　日具結狀族人孔繼漢
孔毓麒

左隣徐太立　十
右隣徐純光

族人孔繼漢、左鄰徐太立等爲報明孔廣楨丁生母憂服滿起復事所具結狀

清嘉慶十八年八月

親供

具親供恩貢生孔廣林　今於

與親供為報明服滿起復事切生現年四十七歲

身中面白微鬚由附生于嘉慶叁年恭逢

臨雍大典行取陪祀禮成奉

旨准作恩貢生曾祖毓垣曾祖母王氏祖傳錦祖母王氏父繼濤母王氏以

上俱故生母崔氏於嘉慶拾陸年伍月初叁日

在籍病故當經報明丁憂在案今扣至嘉慶

拾捌年捌月初叁日不計閏貳拾柒個月服滿

例應起復所具親供是實

恩貢生孔廣林爲報明丁生母憂服滿起復事所具親供

清嘉慶十八年八月

具結狀族人孔繼漢孔毓麒左隣徐太立右隣徐紀光今於

與結狀爲報明服滿起復事結得恩貢生孔廣林曾祖毓垣曾祖母王氏祖傳錦祖母王氏父繼濤母王氏以上俱歿生母崔氏于嘉慶拾陸年伍月初叁日在籍病故當經報明丁憂在案今扣至嘉慶拾捌年捌月初叁日不計閏貳拾柒個月服滿例應起復不敢隱匿所具結狀是實

嘉慶拾捌年捌月　日具結狀族人　孔繼漢（押）　孔毓麒（押）

左隣徐太立　十

右隣徐紀光（押）

族人孔繼漢、左鄰徐太立等爲報明孔廣林丁生母憂服滿起復事所具結狀

清嘉慶十八年八月

親供

具親供吏目孔廣桂　今於

與親供為報明服滿起復事切歲現年四十四
歲身中面白微鬚由監生于嘉慶叁年恭遇
臨雍大典行叙觀禮禮成奉
旨准作吏目曾祖毓垣曾祖母王氏祖傳錦祖母王氏父繼濤母王氏以
上俱殁生母崔氏於嘉慶拾陸年伍月初叁日
在籍病故當經報明丁憂在案今扣至嘉慶
拾捌年捌月初叁日不計閏貳拾柒個月服
滿例應起復所具親供是實

吏目孔廣柱爲報明丁生母憂服滿起復事所具親供

清嘉慶十八年八月

具結狀族人孔繼漢、孔毓麒，左隣徐太立，右隣徐純光，今於

與結狀為報明服滿起復事。結得吏目孔廣柱曾祖毓垣，曾祖母王氏，祖傳錦，祖母王氏，父

繼濤，以上俱歿。生母崔氏于嘉慶拾陸年伍月初叁日在籍病故，當經報明丁憂在案。今扣至嘉慶拾捌年捌月初三日，

不計閏，貳拾柒個月服滿，例應起復，不敢隱匿，所具結狀是實。

嘉慶拾捌年捌月　　日具結狀族人　孔繼漢　孔毓麒

左隣徐太立　右隣徐純光　十

族人孔繼漢、左鄰徐太立等爲報明孔廣柱丁生母憂服滿起復事所具結狀

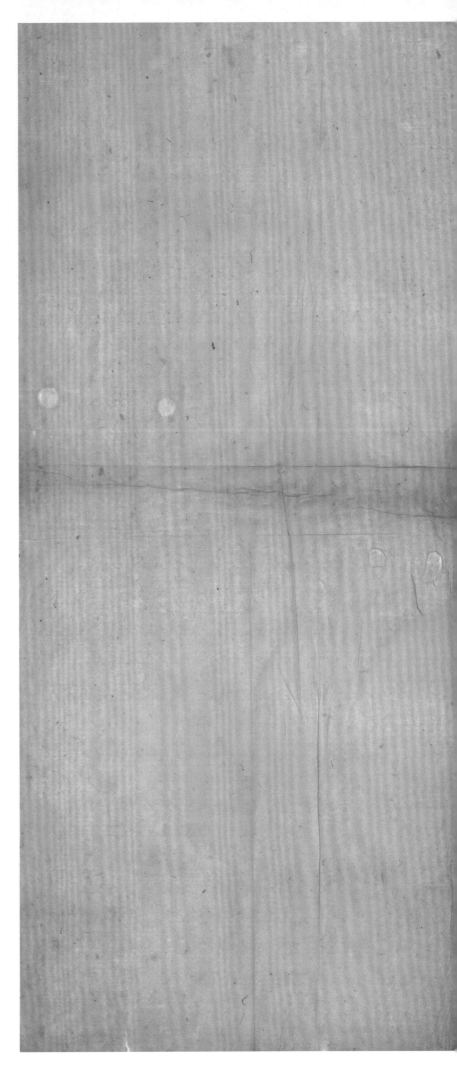

清嘉慶十八年八月

衍聖公府爲報明孔廣杓丁生母憂服滿起復事致吏部、禮部咨

清嘉慶十九年閏二月初八日

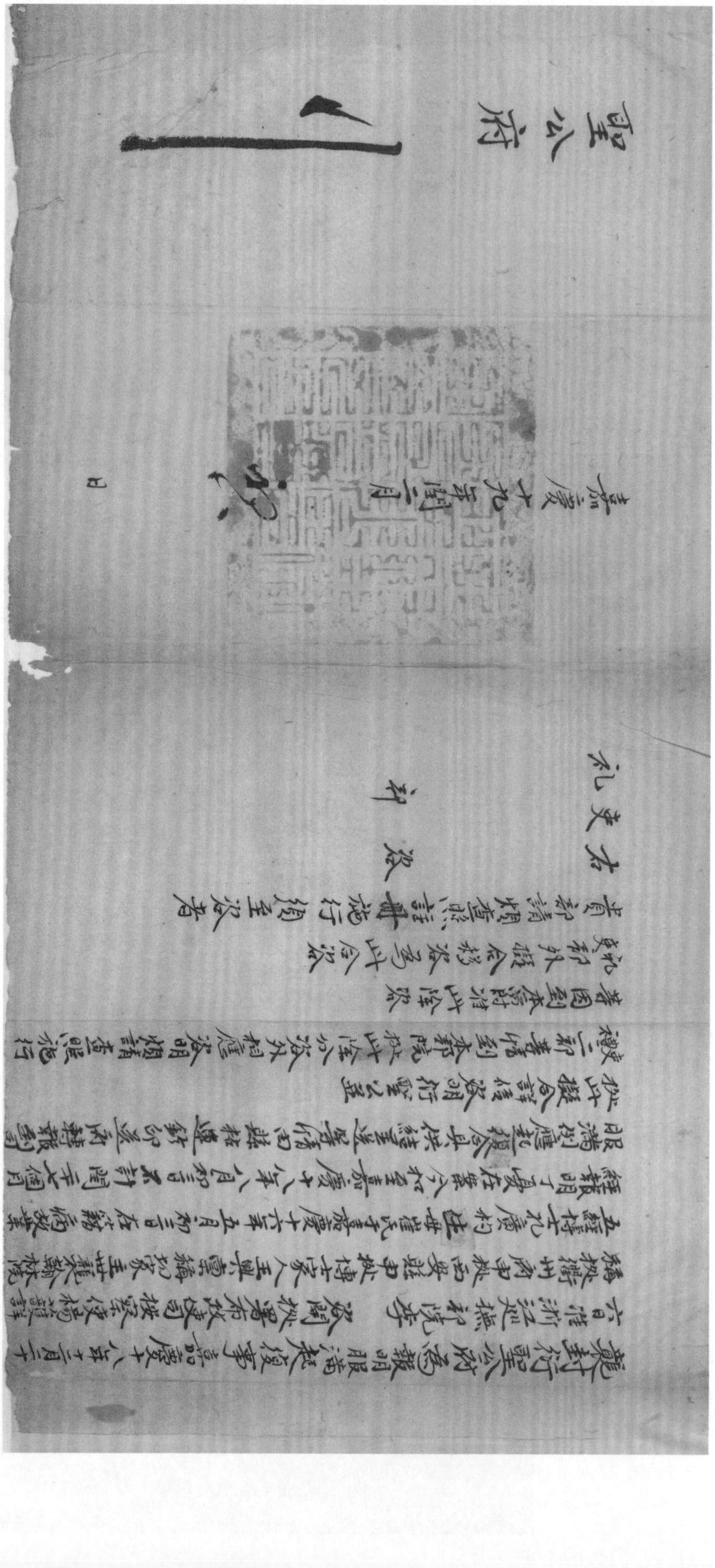

襲封衍聖公府爲報明服滿起復事。嘉慶十八年十二月二十
六日准浙江巡撫部院李　咨開：據署布政使司按察使楊護詳
稱：據衢州府申，據西安縣申，據博士家人王興稟稱：切家主世襲翰林院
五經博士孔廣杓生母崔氏于嘉慶十六年五月初三日在籍病故，業
經報明丁憂在案。今扣至嘉慶十八年八月初三日，不計閏，二十七個月
服滿，例應起復，合具供結，並送等情，由縣粘連鈐印，送府轉報到司。
據此，擬合詳候咨明衍聖公並
吏禮二部等情到本部院。據此，除分咨外，相應咨明，煩請查照施行
等因到本府。准此，除咨
吏部外，擬合移咨。爲此合咨
貴部，請煩查照註冊施行，須至咨者。

右　咨

吏

禮　部

嘉慶十九年閏二月　日

聖公府

○一一四◆題授浙江衢州孔氏翰林院五經博士（九）

清嘉慶二十年至二十五年

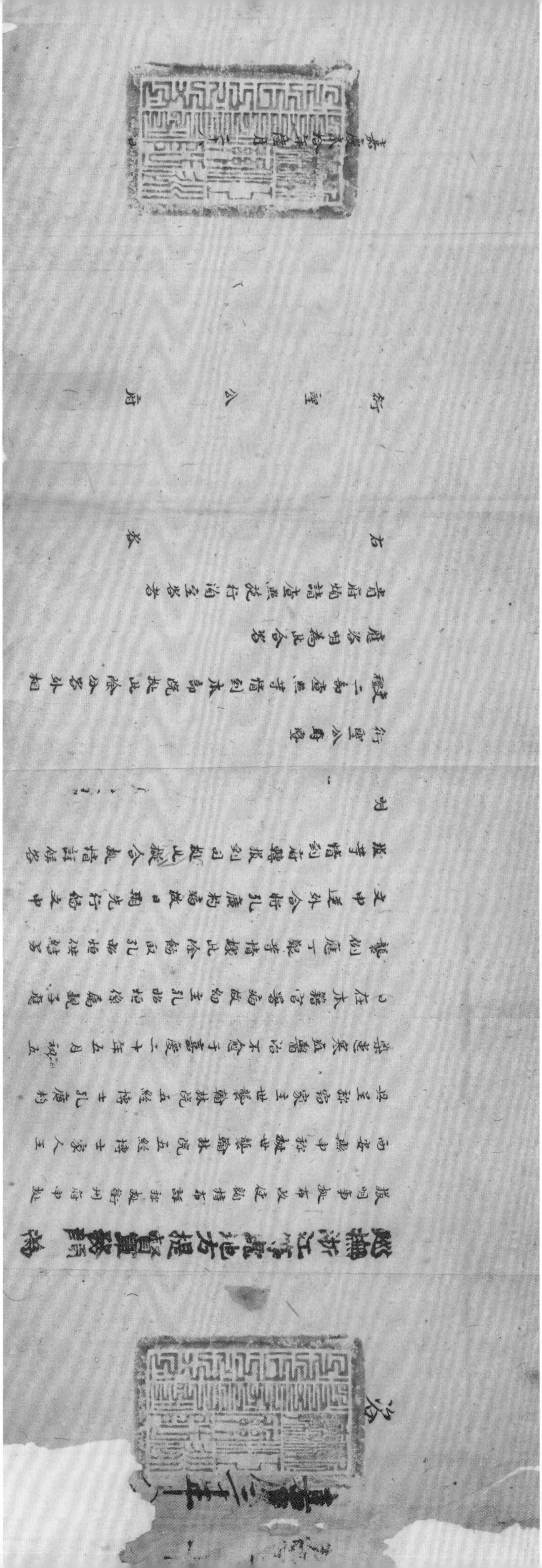

浙江巡撫顏〔檢〕爲報明孔廣杓病故日期事致衍聖公府咨

清嘉慶二十年六月二十八日

衍聖公府爲飭繳孔廣杓原領劄付及查明孔昭烜身份事致浙江巡撫部院咨

清嘉慶二十年九月初十日

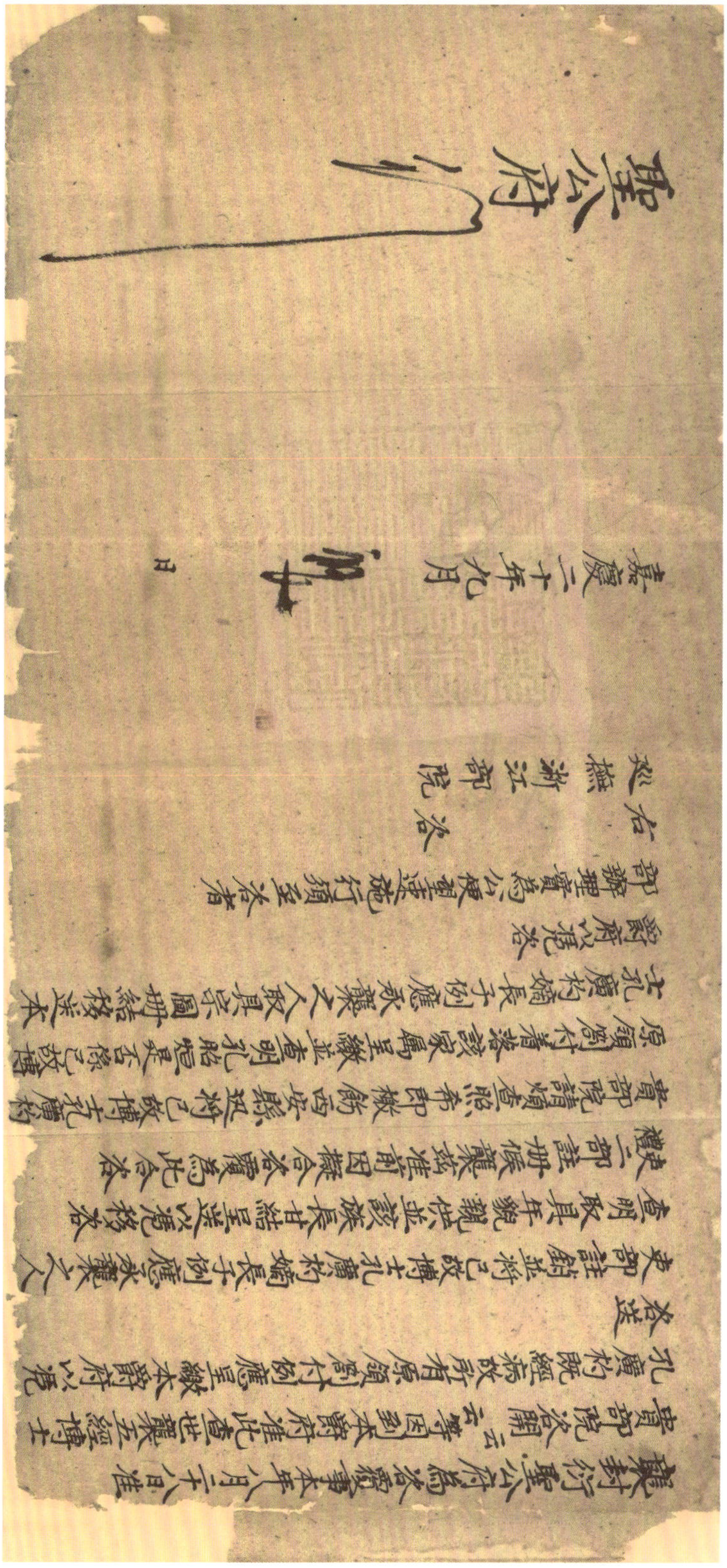

襲封衍聖公府為咨覆事本年八月二十八日准
貴部院咨開云云等因到本爵府准此查世襲五經博士
孔廣杓既經病故所有原領劄付例應呈繳本爵府以憑
咨送
吏部註銷並將已故博士孔廣杓嫡長子例應承襲之人
查明取具年貌親供並該族長甘結呈送以憑核咨
禮吏二部註冊候襲茲准前因擬合咨覆為此合咨
貴部院請煩查照希即檄飭西安縣迅將已故博士孔廣杓
原領劄付著落該家屬呈繳並查明孔昭烜是否係已故博
士孔廣杓嫡長子例應承襲之人取具宗圖冊結移送本
爵府以憑咨
部辦理實為公便望速施行須至咨者
右　咨
巡撫浙江部院
嘉慶二十年九月　日
聖公府　行

襲封衍聖公府為報明事本年八月二十八日准巡撫浙江
部院顔　咨開據布政使額　詳称據衢州府申據西安縣
申称據世襲翰林院五經博士家人王興呈称竊家主世襲翰林
院五經博士孔廣杓染患寒症醫百治不痊于嘉慶二十年五
月初五日在本籍官署病故印主孔昭烜係屬親子應襲
例應丁艱等情據此除飭取孔昭烜供結另文申送外合將孔
廣杓病故日期先行備文申報等情到府轉報到司　據此擬
合據情詳候咨明衍聖公府
吏礼二部查照等情到本部院據此除分咨外相應咨明請
煩查照等因到本爵准此正在咨報间旋于十月初二日復准巡
撫浙江部院顔　咨開據布政使額　詳称據衢州府申称
案據西安縣申报世襲翰林院五經博士孔廣杓在籍病故
聲明伊子孔昭烜丁憂供結另文申送各緣由當經轉报在
案今據該縣申送丁憂供結到府理合申送察轉等情到
司據此該本司查得世襲翰林院五經博士孔廣杓病故茲據
該府申報業經詳請分咨在案茲據該府申送伊子孔昭烜
供結前來相應詳候咨送衍聖公府
吏礼二部查照等情到本部院據此除分咨外相應咨達煩請查
照施行等因前來查孔昭烜係衢州孔氏已故博士孔廣杓嫡
長子例應承襲之人應候服闋再行照例給咨赴
部考試
題襲茲准　浙江巡撫部院顔　業將孔昭烜丁憂供結咨送
貴部查照所有已故博士孔廣杓原領劄付俟查取到日另文

衍聖公府爲報明孔廣杓病故日期及其子孔昭烜丁憂守制并請令先行主奉祀事致吏部、禮部咨

清嘉慶二十年十月初三日

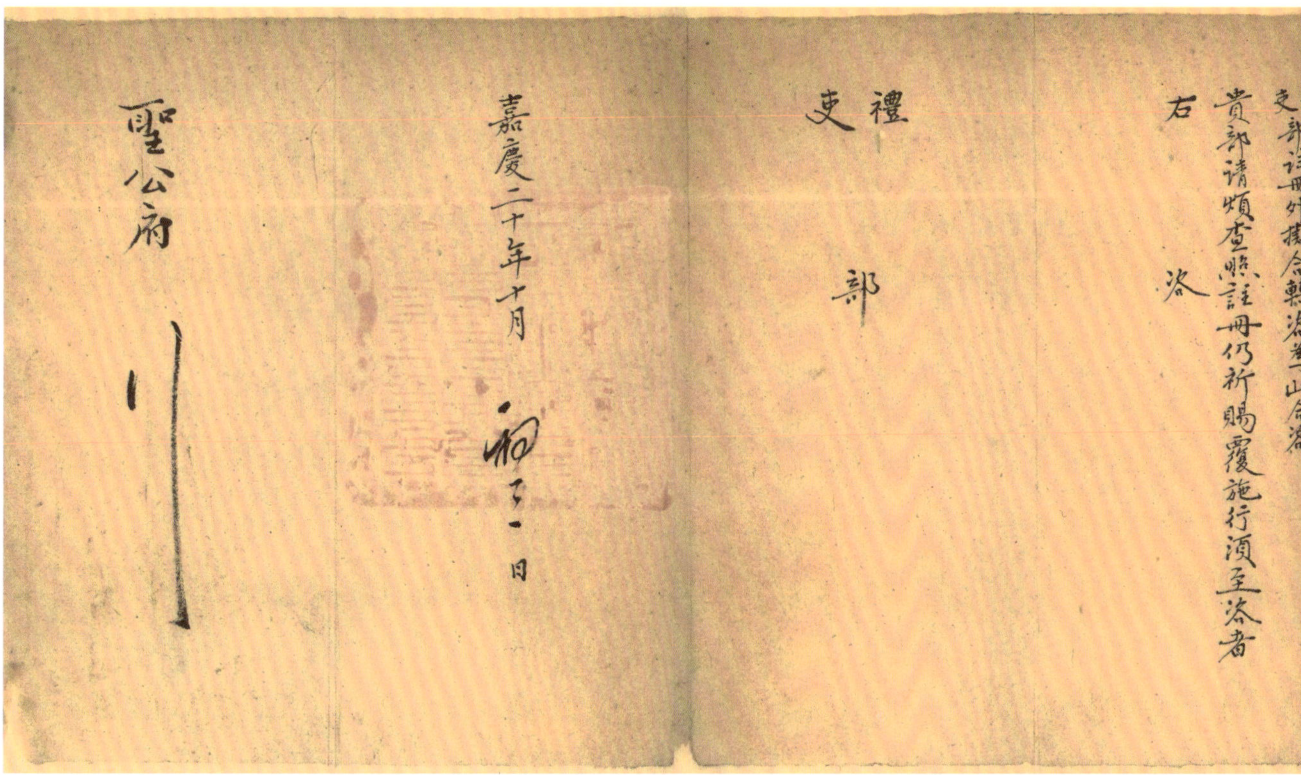
吏部註册外擬合轉咨爲此合咨
貴部請煩查照註册仍祈賜覆施行須至咨者
右　咨
禮　部
吏　部
嘉慶二十年十月初三日
聖公府

嘉慶二十年十月初二日到

咨

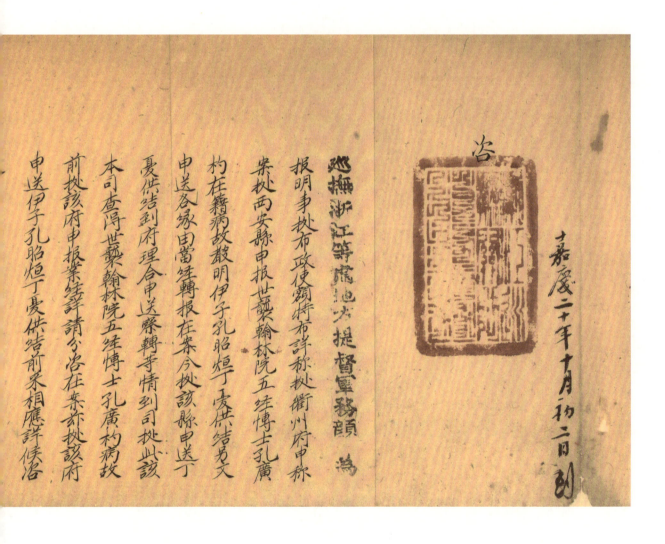

巡撫浙江等處地方提督軍務顔　為
報明事據布政使額特布詳稱據衢州府申稱
案據西安縣申報世襲翰林院五經博士孔廣
杓在籍病故報明伊子孔昭烜丁憂供結另文
申送各緣由當經轉報在案今據該縣申送丁
憂供結到府理合申送察轉等情到司據此該
本司查得世襲翰林院五經博士孔廣杓病故
前據該府申報業經詳請分咨在案茲據該府
申送伊子孔昭烜丁憂供結前來相應詳候咨

浙江巡撫顏［檢］爲咨送孔昭烜丁父憂供結事致衍聖公府咨

清嘉慶二十年七月二十八日

吏禮二部查照等情到本部院據此除分咨外相
應咨達爲此合咨
貴府煩請查照施行須至咨者
計咨送
供結一套
右　咨
襲封衍聖公府
嘉慶貳拾年柒月二十八日

親供

具親供生員孔昭烜今於

與親供為報明丁憂事切烜現年貳拾叁歲身中面

白無鬚曾祖傳錦曾祖母王氏祖繼濤祖母王氏崔氏父廣杓母程氏生母余氏以

上俱歿繼母勞氏存年肆拾伍歲烜於嘉慶拾叁年拾壹月蒙

劉大宗師歲試取入附生今烜生父世襲翰林院五經博士孔廣杓於嘉慶貳拾年

伍月初伍日在署病故烜係親生嫡長子例應丁憂理合呈明所具親供是實

生員孔昭烜爲報明丁父憂事所具親供

清嘉慶二十年五月

具結狀浙江衢州府西安縣壹百肆拾貳庄里鄰徐[illegible]泰煜繼溶今於

與結狀為報明丁憂事結得生員孔昭烜現年貳拾叁歲身

中面白無鬚須曾祖傳錦曾祖母王氏祖繼濤祖母[illegible]杓母程氏生母余氏以上俱歿繼母勞氏存昭烜於嘉慶拾叁年拾壹月蒙

劉大宗師歲試入學今伊生父世襲翰林院五經博士孔[illegible]嘉慶貳拾年伍月初伍日在署病故昭烜實係親生嫡長子例應丁憂不敢

隱匿所具結狀是實

嘉慶貳拾年伍月

[illegible]結狀親族鄭鍾鑾孔繼溶（押）

里鄰徐泰立徐泰煜（押）

浙江衢州府西安縣親族鄭鐘、里鄰徐泰立等爲報明孔昭烜丁父憂事所具結狀

清嘉慶二十年五月

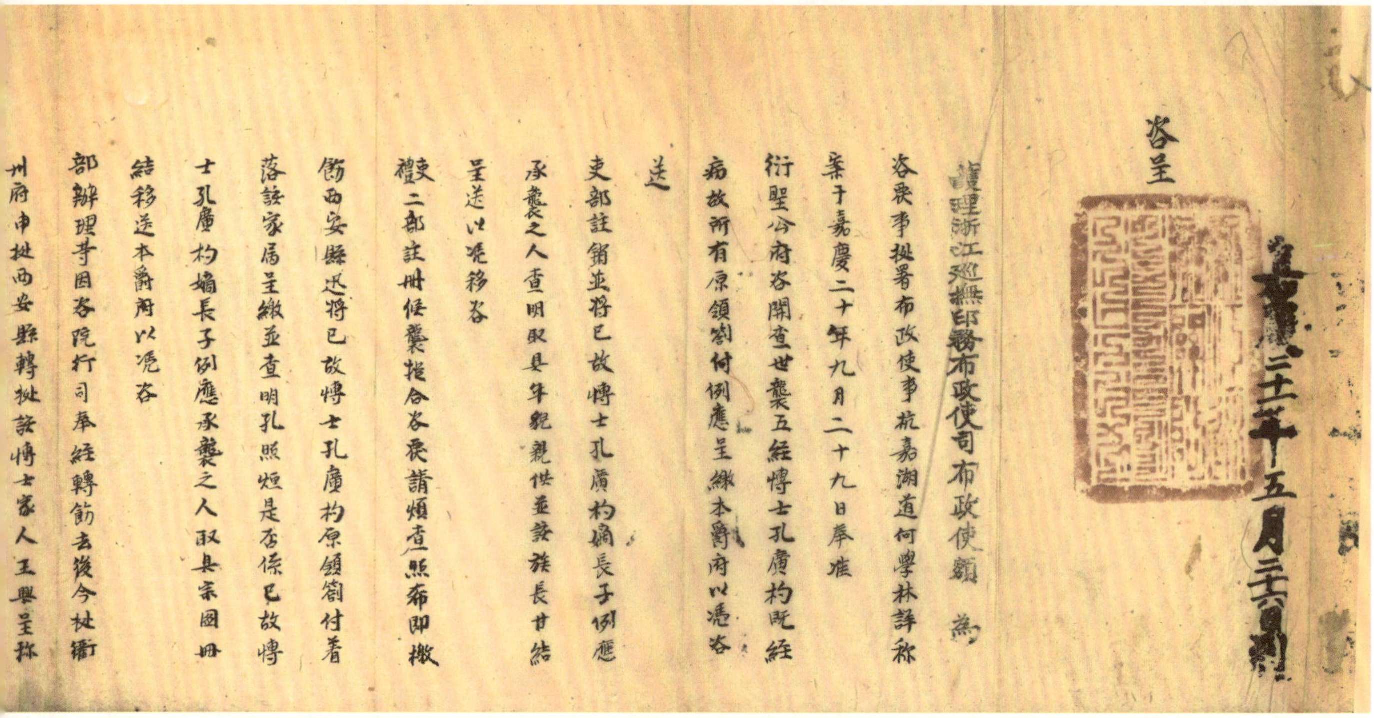
嘉慶二十一年五月二十六日
咨呈
護理浙江巡撫印務布政使司布政使額　為
咨覆事據署布政使事杭嘉湖道何學林詳稱
案于嘉慶二十年九月二十九日奉准
衍聖公府咨開查世襲五經博士孔廣杓既經
病故所有原領劄付例應呈繳本爵府以憑咨
送
吏部註銷並將已故博士孔廣杓嫡長子例應
承襲之人查明取具年貌親供並該族長甘結
呈送以憑移咨
吏禮二部註冊俾襲擬合咨覆請煩查照希即檄
飭西安縣迅將已故博士孔廣杓原領劄付着
落該家屬呈繳並查明孔照烜是否係已故博
士孔廣杓嫡長子例應承襲之人取具宗圖册
結移送本爵府以憑咨
部辦理等因咨院行司奉經轉飭去後今據衢
州府申據西安縣轉據該博士家人王興呈稱

浙江布政使額［特布］爲轉繳孔廣杓原領劄付事致衍聖公府咨

清嘉慶二十一年四月十二日

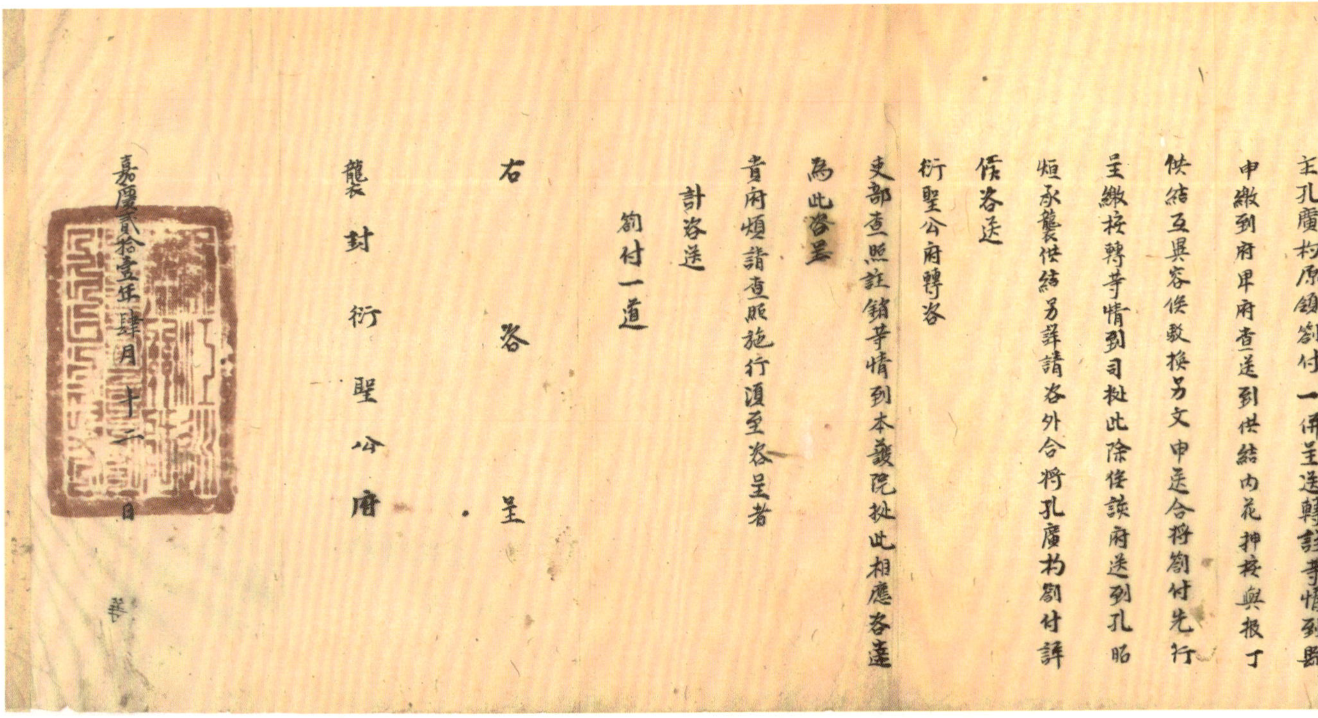

主孔廣杓原領劄付一併呈送轉詳等情到縣
申繳到府畢府查送到供結內花押核與報丁
供結互異咨俟發換另文申送合將劄付先行
呈繳核轉等情到司批此除俟該府送到孔昭
烜承襲供結另詳請咨外合將孔廣杓劄付詳
候咨送
衍聖公府轉咨
吏部查照註銷等情到本護院批此相應咨達
為此咨呈
貴府煩請查照施行須至咨呈者
計咨送
劄付一道
右咨呈
襲封衍聖公府
嘉慶貳拾壹年肆月十二日

衍聖公府爲轉繳孔廣杓原領劄付事致吏部、禮部咨

清嘉慶二十一年七月初一日

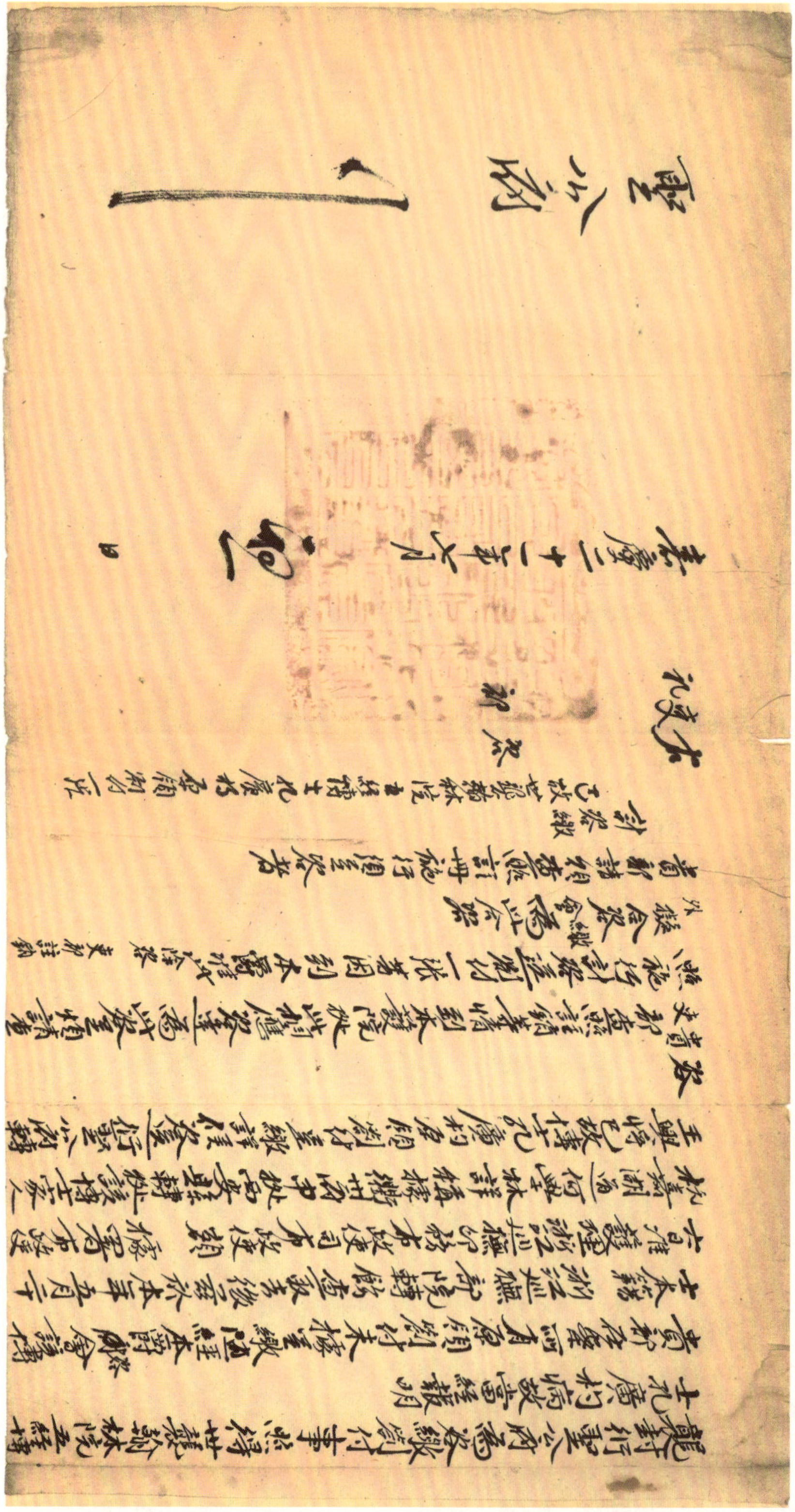

浙江巡撫楊［護］爲報明孔昭烜丁父憂服滿起復及咨送供結事致衍聖公府咨

清嘉慶二十三年七月三十日

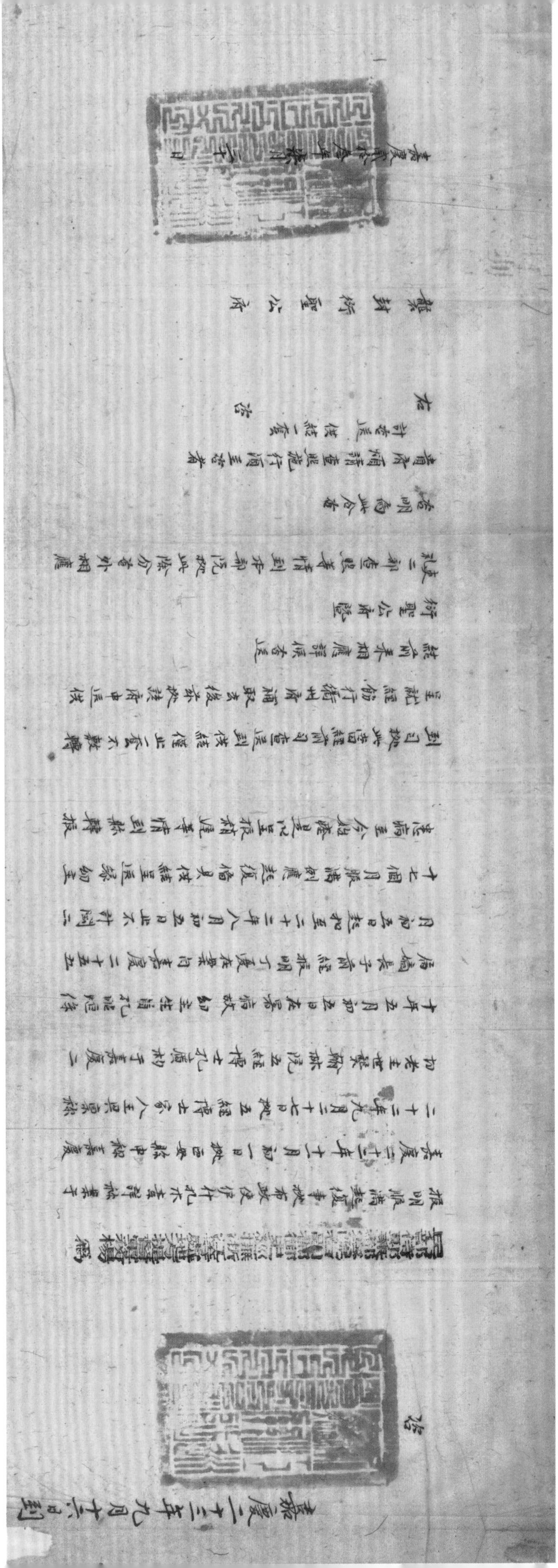

親供

具親供生員孔昭烜今於

與親供爲報明服滿起復事切烜現年貳拾陸歲

身中面白無鬚曾祖傳錦曾祖母王氏祖繼濤祖母王氏崔氏父廣杓母林氏

生母余氏以上俱歿繼母勞氏存年肆拾捌歲烜於嘉慶拾叁年蒙

劉大宗師歲試取入附生烜父世襲翰林院五經博士孔廣杓於嘉慶貳拾年

伍月初伍日在署病故當經報明丁憂烜係嫡長子應承襲職在案今自嘉慶貳

拾年伍月初伍日丁憂起扣至貳拾貳年捌月初伍日止不計閏貳拾柒個月

服滿例應起復並無過繼抗粮各項違碍情事所具親供是實

生員孔昭烜爲報明丁父憂服滿起復事所具親供

清嘉慶二十三年六月

具結狀浙江衢州府西安縣壹百肆拾貳庄里隣[illegible]王達三親族鄭鍾孔繼瀚今於
[illegible]結狀為報明服滿起復事結得生員孔昭烜現年貳拾陸歲身中面白無鬚曾祖
傳錦曾祖母王氏祖繼濤祖母王氏崔氏父[illegible]余氏以上俱歿繼母勞氏存年肆拾捌歲昭烜於嘉慶拾叁年棠
劉大宗師歲試入學烜父世襲翰林院五經博士[illegible]於嘉慶貳拾年伍月初伍日在署病故當經報明丁憂烜係嫡長子應承襲職在案
今自嘉慶貳拾年伍月初伍日丁憂起扣至貳拾[illegible]初伍日止不計閏貳拾柒個月服滿例應起復並無過繼抗糧各項違礙情事
中間不致扶捏所具結狀是實

嘉慶貳拾叁年陸月

具結狀

里隣徐泰煜（押） 王達三（押）

親族鄭鍾（押） 孔繼瀚（押）

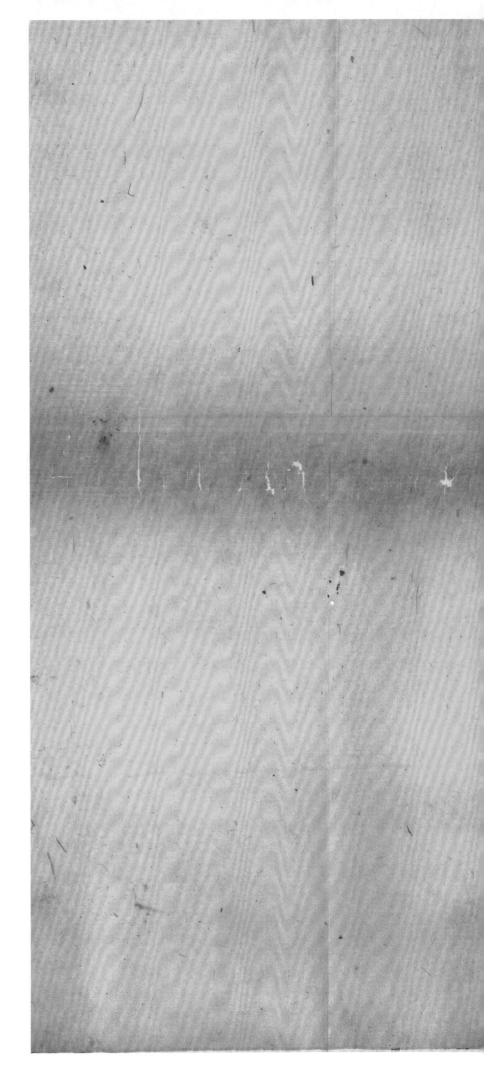

浙江衢州府西安縣里鄰徐泰煜、親族鄭鐘等爲報明孔昭烜丁父憂服滿起復事所具結狀

清嘉慶二十三年六月

衍聖公府爲孔昭烜來曲領咨赴部考試題襲事致浙江巡撫部院咨

清嘉慶二十三年九月十七日

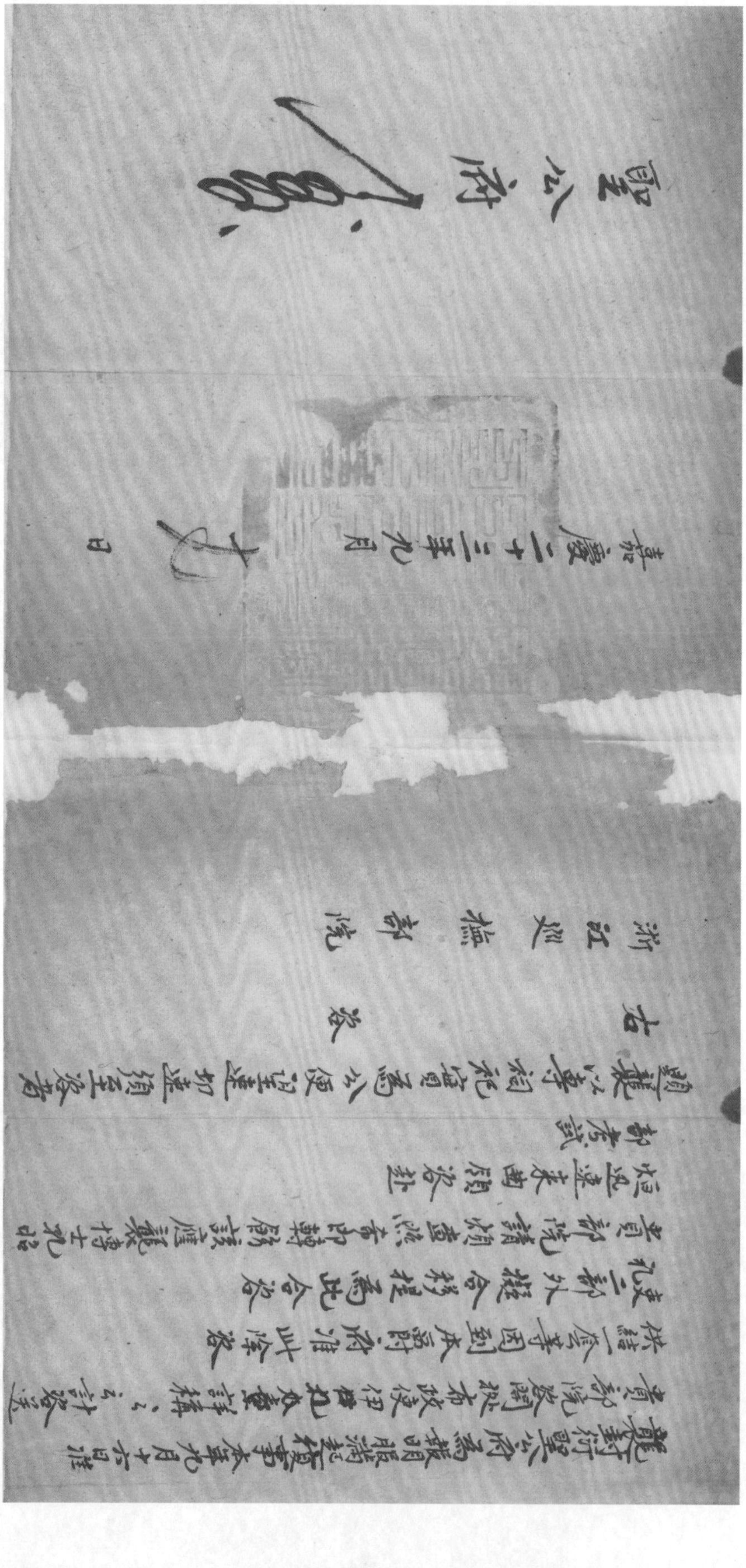

襲封衍聖公府爲報明服滿起復事本年九月十六日准
貴部院咨開批布政使伊札飭查詳稱云云計咨送
供結一套等因到本爵府准此除咨
吏二部外擬合移提爲此合咨
貴部院請煩查照希即轉飭該應襲博士孔昭
烜迅速來曲領咨赴
部考試
題襲以專祠祀實爲公便望速切速須至咨者
右　咨
浙江巡撫部院
嘉慶二十三年九月十七日
聖公府

衍聖公府爲報明孔昭烜因病未按時赴部考試事致吏部、禮部咨

清嘉慶二十三年十月二十八日

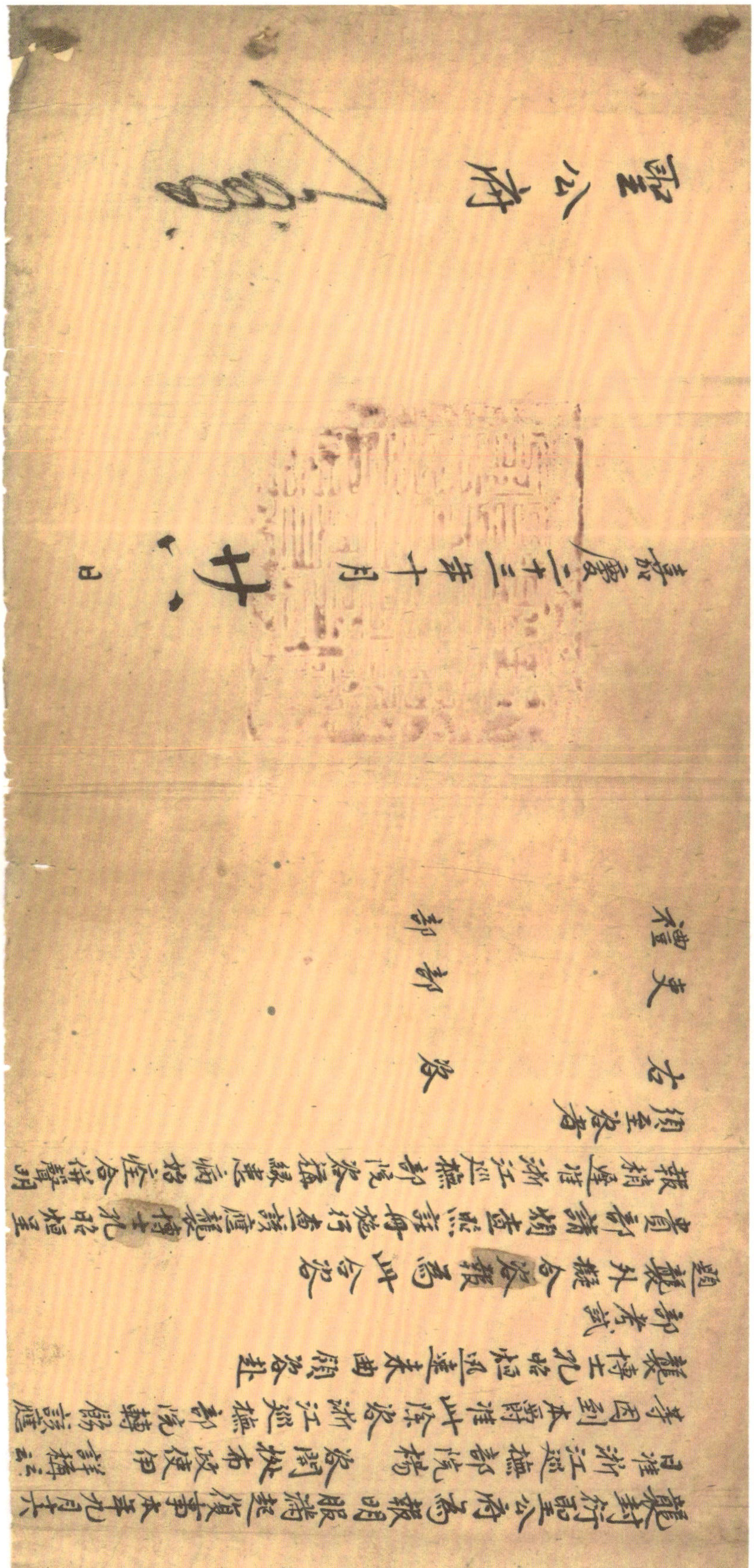
襲封衍聖公府爲報明服滿起復事。本年九月十六
日准浙江巡撫部院楊　咨開：據布政使伊　詳稱云云
等因到本爵。准此，除咨浙江巡撫部院轉飭該
襲博士孔昭烜迅速來曲，賫咨赴
部考試，
題襲外，擬合咨報。爲此合咨
貴部，請煩查照註冊施行。查該襲博士孔昭烜呈
報稍遲，准浙江巡撫部院咨稱緣患病始痊，合併聲明。
須至咨者。
右　　咨
吏　　部
禮　　部
嘉慶二十三年十月廿八日
聖公府

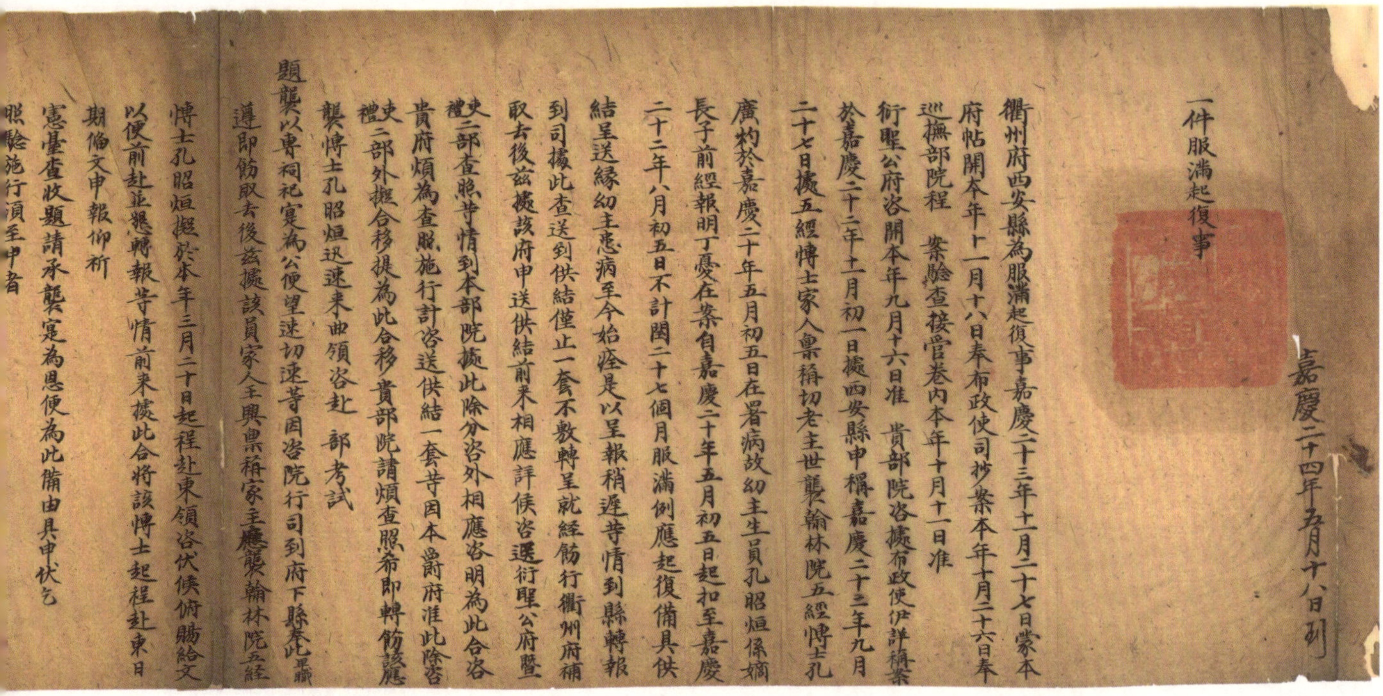

嘉慶二十四年五月十八日到

一件服滿起復事

衢州府西安縣為服滿起復事嘉慶二十三年十一月二十七日蒙本
府帖開本年十一月十八日奉布政使司抄案本年十月二十六日奉
巡撫部院程 案驗查接管卷內本年十月十一日准
衍聖公府咨開本年九月十六日准 貴部院咨據布政使伊詳稱案
於嘉慶二十二年十一月初一日據西安縣申稱嘉慶二十二年九月
二十七日據五經博士家人稟稱切老主世襲翰林院五經博士孔
廣杓於嘉慶二十年五月初五日在署病故幼主生員孔昭烜係嫡
長子前經報明丁憂在案自嘉慶二十年五月初五日起扣至嘉慶
二十二年八月初五日不計閏二十七個月服滿例應起復備具供
結呈送緣幼主患病至今始痊是以呈報稍遲等情到縣轉報
到司據此查送到供結僅止一套不敷轉呈就經飭行衢州府補
取去後茲據該府申送供結前來相應詳候咨送衍聖公府暨
吏禮二部查照等情到本部院據此除分咨外相應咨明為此合咨
貴府煩為查照施行計咨送供結一套等因本爵府准此除咨
吏禮二部外擬合移提為此合移 貴部院請煩查照希即轉飭該應
襲博士孔昭烜迅速來曲領咨赴 部考試
題襲以專祠祀寔為公便望速切速等因咨院行司到府下縣奉此卑職
遵即飭取去後茲據該員家人王興稟稱家主應襲翰林院五經
博士孔昭烜擬於本年三月二十日起程赴東領咨伏候俯賜給文
以便前赴並懇轉報等情前來據此合將該博士起程赴東日
期備文申報仰祈
憲臺查收題請承襲寔為恩便為此備由具申伏乞
照驗施行須至申者

衢州府西安縣知縣吳鼎輔爲報明孔昭烜啓程赴東日期事致衍聖公孔「慶鎔」申

清嘉慶二十四年三月

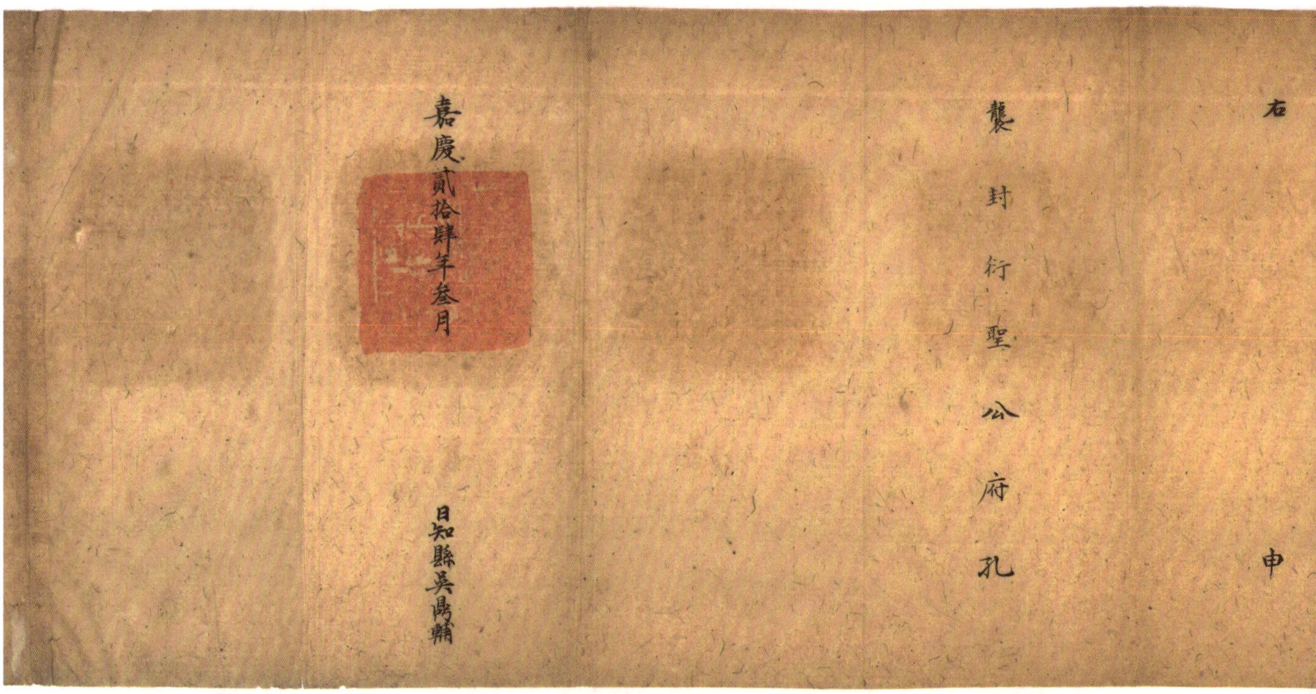

浙江巡撫陳［若霖］爲報明孔昭烜啓程赴東日期事致衍聖公府咨

清嘉慶二十四年閏四月二十四日

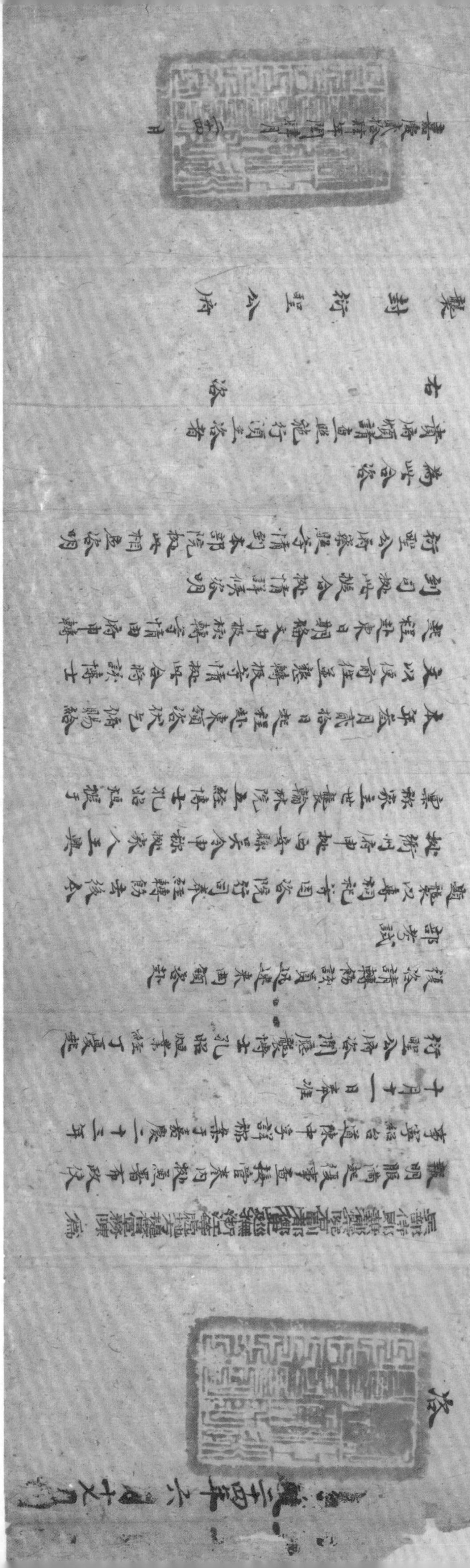
咨
二十四年六月十七日

兵部侍郎兼都察院右副都御史巡撫浙江等處地方提督軍務陳 爲
報明服滿起復事。查接管卷内據署布政使
事寧紹台道陳中孚詳稱：案于嘉慶二十三年
十月十一日奉准
衍聖公府咨開：應襲博士孔昭烜業經丁憂起
復，咨請轉飭該員迅速來東領咨赴
部考試
題襲，以專祠祀等因，咨院行司，奉經轉飭去後。今
據衢州府申，據西安縣吴令申稱，據家人王興
稟稱：家主世襲翰林院五經博士孔昭烜，擬于
本年叁月貳拾日起程赴東，領咨伏乞俯賜給
文，以便前往，並懇轉報等情。據此，合將該博士
起程赴東日期備文申報，核轉等情，由府申轉
到司。據此，擬合據情詳候咨明
衍聖公府察照等情，到本部院。據此，相應咨明。
爲此合咨
貴府煩請查照施行，須至咨者。
右　　咨
襲封衍聖公府
嘉慶貳拾肆年閏肆月　二十四　日

衍聖公府爲孔昭烜丁父憂服滿請咨赴部考試題襲事致禮部咨

清嘉慶二十四年五月二十四日

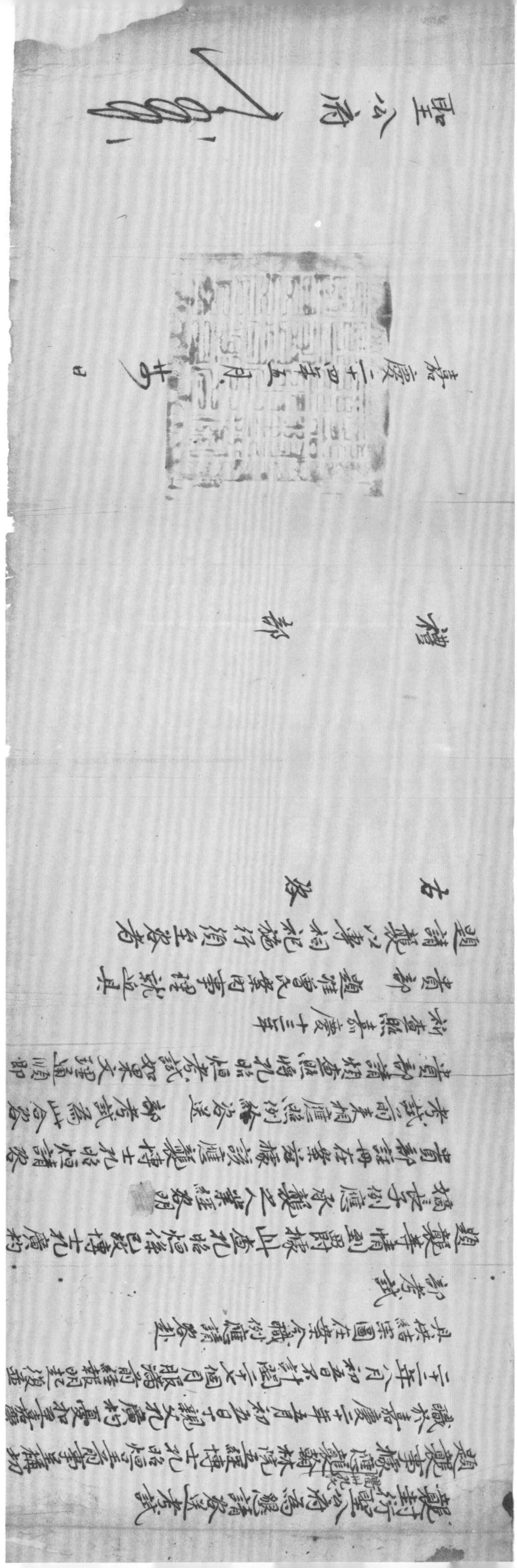

襲封衍聖公府爲[illegible]請咨送考試
題襲事據應襲翰林院五經博士孔昭烜呈稱切
職於嘉慶二十年五月初五日丁親父孔廣杓憂扣至嘉慶
二十三年八月初五日[illegible]二十七個月服滿例應報明起復並
具[illegible]宗圖[illegible]例應[illegible]咨赴
部考試
題襲等情到府據此查孔昭烜係已故博士孔廣杓
嫡長子例應承襲之人業經查明
貴部註冊在案茲據該應襲博士孔昭烜請咨
考試前來相應照例給咨送　部考試爲此合咨
貴部請煩查照將孔昭烜考試[illegible]
[illegible]嘉慶十三年
貴部　題准[illegible]案內事理[illegible]
題請襲以專祠祀施行須至咨者
右　咨
禮　部
嘉慶二十四年五月廿四日
聖公府

衢州孔氏應襲翰林院五經博士孔昭烜爲懇請咨
部考試
題請襲職事切烜于嘉慶二十年五月初五日丁親父孔廣杓憂扣至嘉慶二十二年八月初五日不計閏二十七個月服滿前經
報明起復並具供結宗圖在案理合呈請
大宗主公爺電鑒察案咨
部考試
題請承襲專主祠事實爲德便上呈

嘉慶二十四年五月　日

禮部爲奉旨准孔昭烜承襲事致衍聖公府咨（附原題抄單）

清嘉慶二十四年十一月

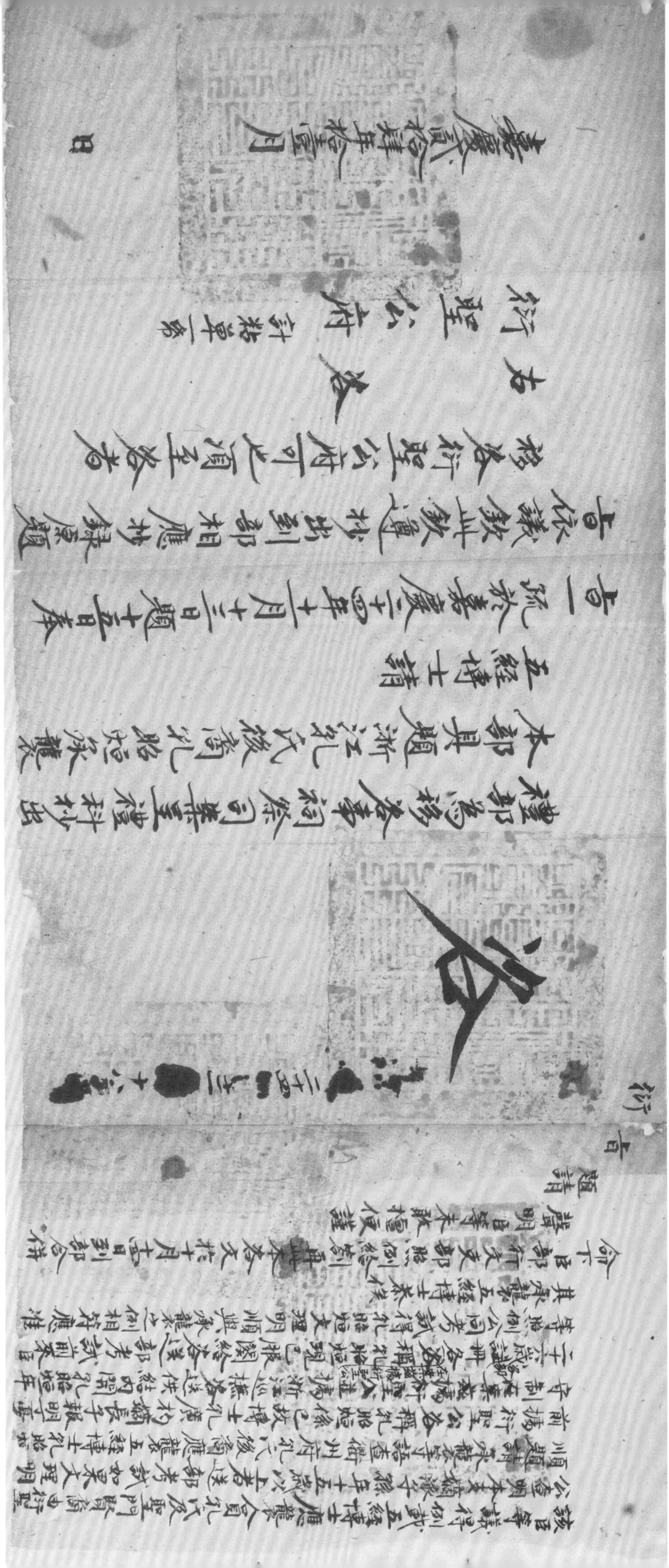

該臣等議得例載五經博士應襲人員孔氏及聖門賢裔由衍聖
公查明本支嫡派子孫年十五歲以上者送部考試如果文理明
順題請承襲等語查衢州府孔氏後裔應襲五經博士孔昭烜
前據衍聖公咨稱孔昭烜係已故博士孔廣杓嫡長子報明丁憂
守制在案茲據衍聖公准據浙江巡撫咨送供結内開孔昭烜年
二十六歲諸冊各咨稱孔昭烜現已服闋給咨送部考試前來臣
等照例公同考試得孔昭烜文理明順與承襲之例相符應准
其承襲五經博士恭俟
命下臣部行文吏部照例給劄再此本咨文於十月十四日到部合併
聲明臣等未敢擅便謹
題請
旨

衍

咨

禮部爲移咨事祠祭司案呈禮科抄出
本部具題浙江孔氏後裔孔昭烜承襲
五經博士請
旨一疏於嘉慶二十四年十一月十三日題十五日奉
旨依議欽此欽遵抄出到部相應抄錄原題
移咨衍聖公府可也須至咨者
右 咨
衍聖公府 計粘單一帋
嘉慶貳拾肆年拾壹月 日

衍聖公府爲奉旨准承襲事致衢州孔氏應襲翰林院五經博士孔昭烜劄付

清嘉慶二十四年十二月十九日

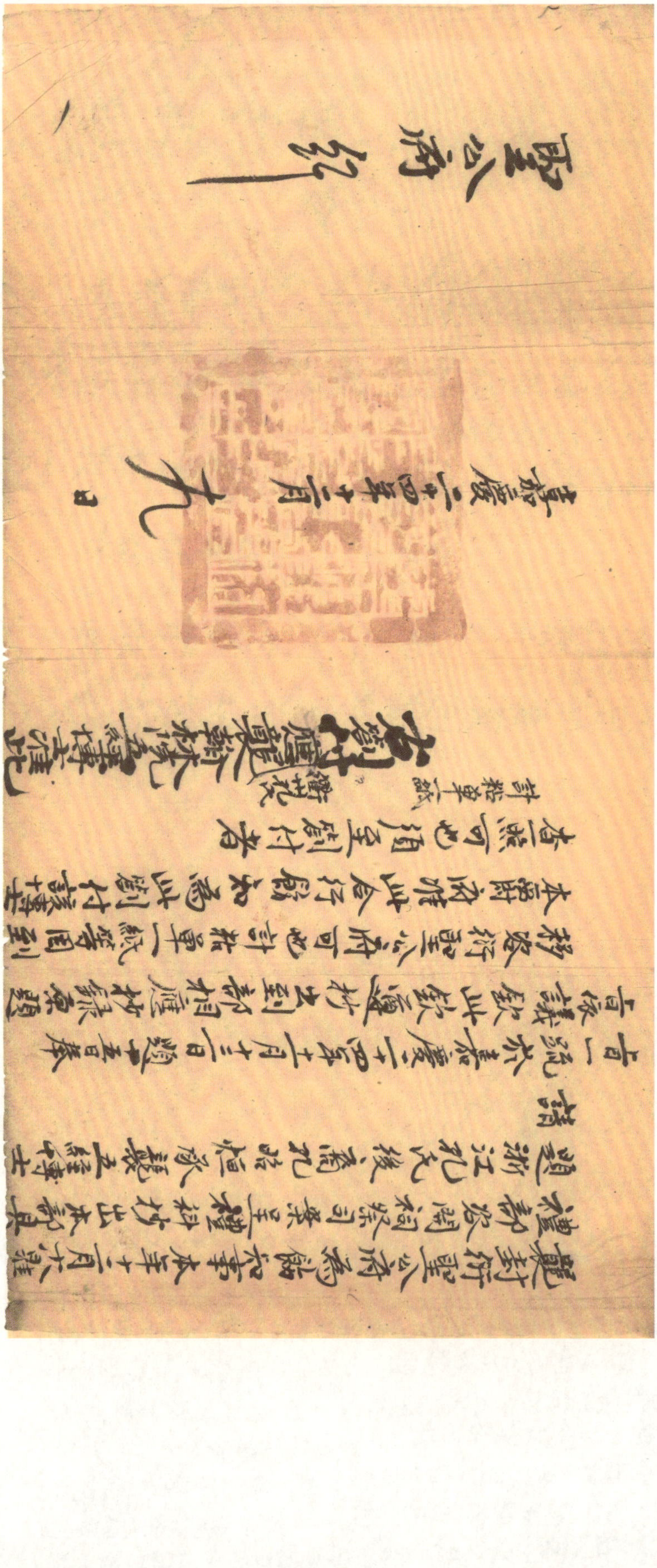

襲封衍聖公府爲飭知事本年十二月十八日准
禮部咨開祠祭司案呈禮科抄出本部具
題浙江孔氏後裔孔昭烜承襲五經博士
請
旨一疏於嘉慶二十四年十一月十三日題十五日奉
旨依議欽此欽遵抄出到部相應抄錄原題
移咨衍聖公府可也計粘單一紙等因到
本爵府准此合行飭知爲此劄付該博士
查照可也須至劄付者
計粘單一紙
右劄付衢州孔氏應襲翰林院五經博士准此
嘉慶二十四年十二月 十九 日
聖公府 行

吏部爲給發孔昭烜劄付事致衍聖公[孔慶鎔]咨

清嘉慶二十四年十二月二十日

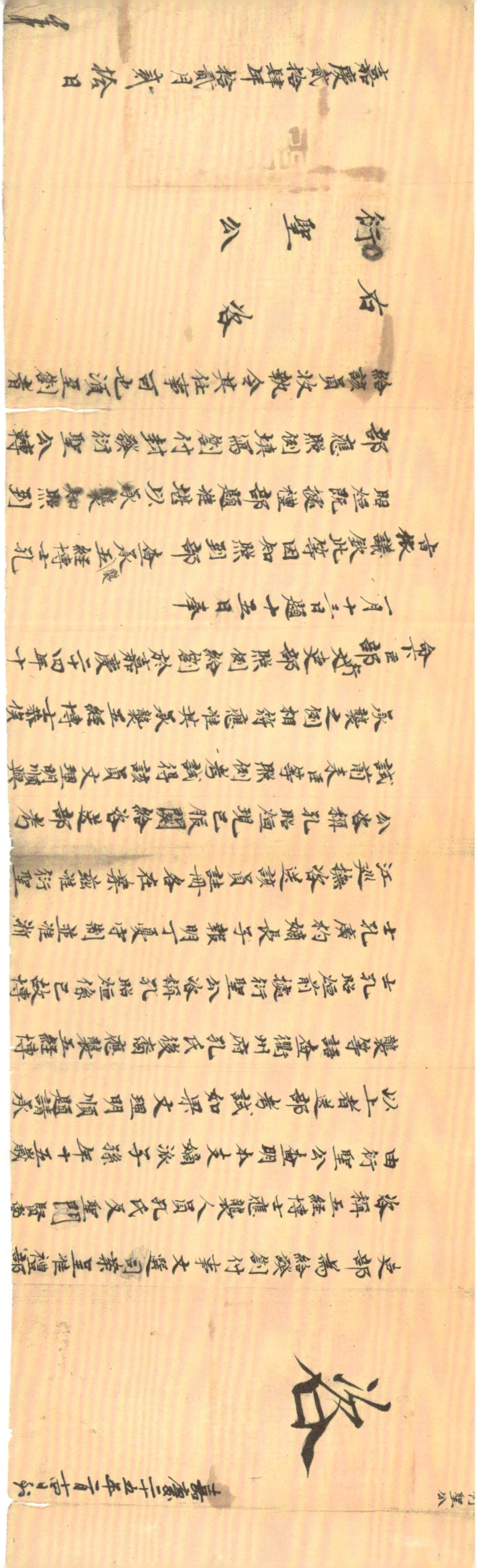

衍聖公

嘉慶二十五年二月十四日到

咨

吏部爲給發劄付事文選司案呈准禮部
咨稱五經博士應襲人員孔氏及聖門賢裔
由衍聖公查明本支嫡派子孫年十五歲
以上者送部考試如果文理明順題請承
襲等語查衢州府孔氏後裔應襲五經博
士孔昭烜前據衍聖公咨稱孔昭烜係已故博
士孔廣杓嫡長子報明丁憂守制並准浙
江巡撫咨送該員註冊各在案茲准衍聖
公咨稱孔昭烜現已服闋給咨送部考
試前來臣等照例考試得該員文理明順與
承襲之例相符應准其承襲五經博士恭俟
命下臣部行文吏部照例給劄於嘉慶二十四年十
一月十三日題十五日奉
旨依議欽此等因知照到部查承襲五經博士孔
昭烜既據禮部題准堪以承襲知照到
部應照例填寫劄付封發衍聖公轉
給該員收執令其赴任事可也須至劄者

右咨

衍聖公

嘉慶貳拾肆年拾貳月貳拾日

衍聖公府爲咨送轉發孔昭烜劄付并取具到任日期事致浙江巡撫部院咨

清嘉慶二十五年二月十五日

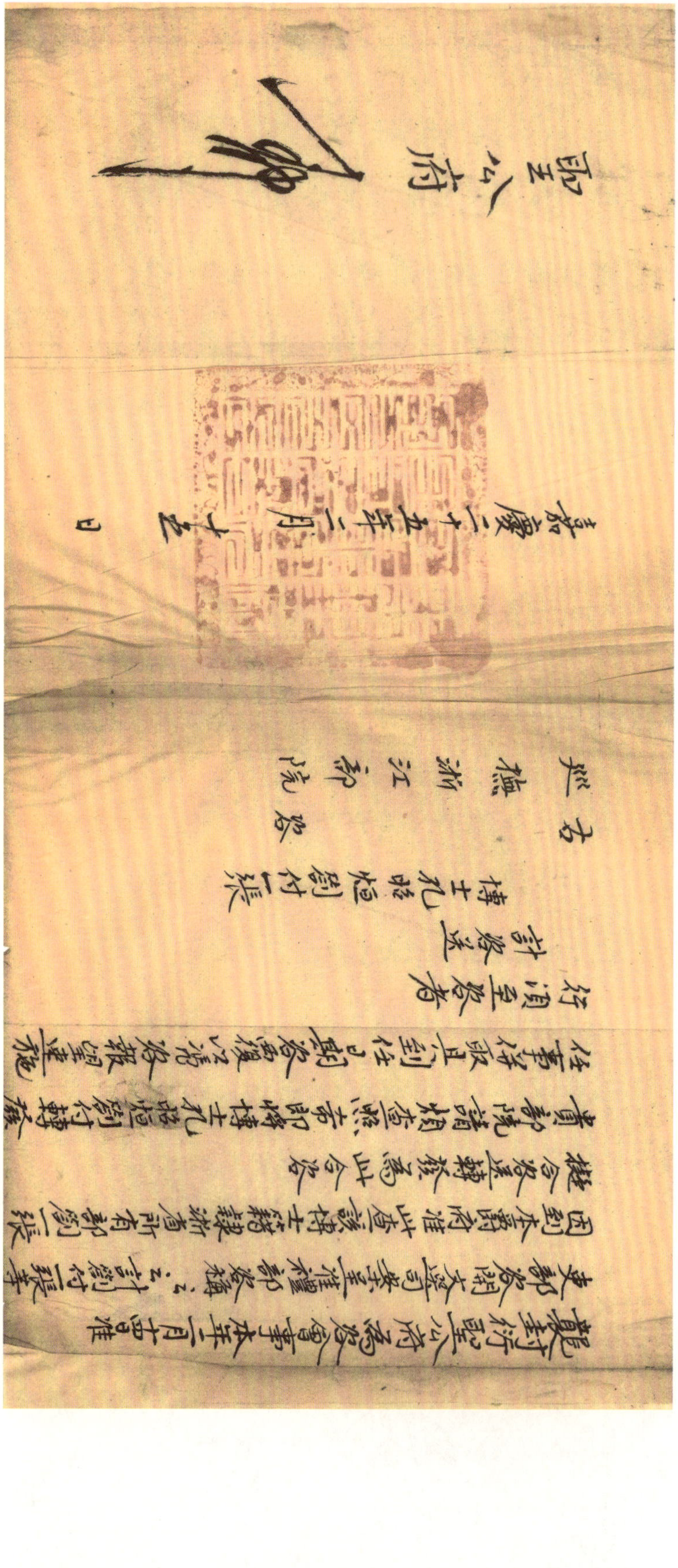

襲封衍聖公府爲咨會事。本年二月十四日准
吏部咨開：文選司案呈，准禮部咨稱云云，劄付一張等
因到本爵府。准此，查該博士孔昭烜籍隸浙省，所有部劄一張，
擬合咨送轉發。爲此合咨
貴部院，請煩查照，希即將博士孔昭烜劄付轉發
任事，并取具到任日期咨覆，以憑咨報。望速施
行。須至咨者。
計咨送
博士孔昭烜劄付一張
右　咨
巡撫浙江部院
嘉慶二十五年二月十五日
衍聖公府

○一一五 ◆ 題授浙江衢州孔氏翰林院五經博士（十）

清道光十三年至十八年

衢州舒宗魯爲報明孔昭烜病故及嫡子孔憲坤丁憂事致衍聖公［孔慶鎔］稟及批

清道光十三年五月

具稟衢州世襲翰林院五經博士孔　家人舒宗魯　爲稟報病故丁憂事。切家主孔昭烜

於嘉慶二十四年承襲世職，於上年冬季染患風症，延醫服藥罔效，今於道光十三年六月

初二日申時身故。家主嫡長子憲坤現年貳拾歲，嫡次子憲堃現年拾壹歲，遵制成服丁憂。

除具稟西安縣詳府通詳咨部外，理合稟報。伏乞

公爺垂鑒。上稟。

道光十三年五月　　日稟

據稟六月初二日病故，爲何填寫五月？

七月初八日到

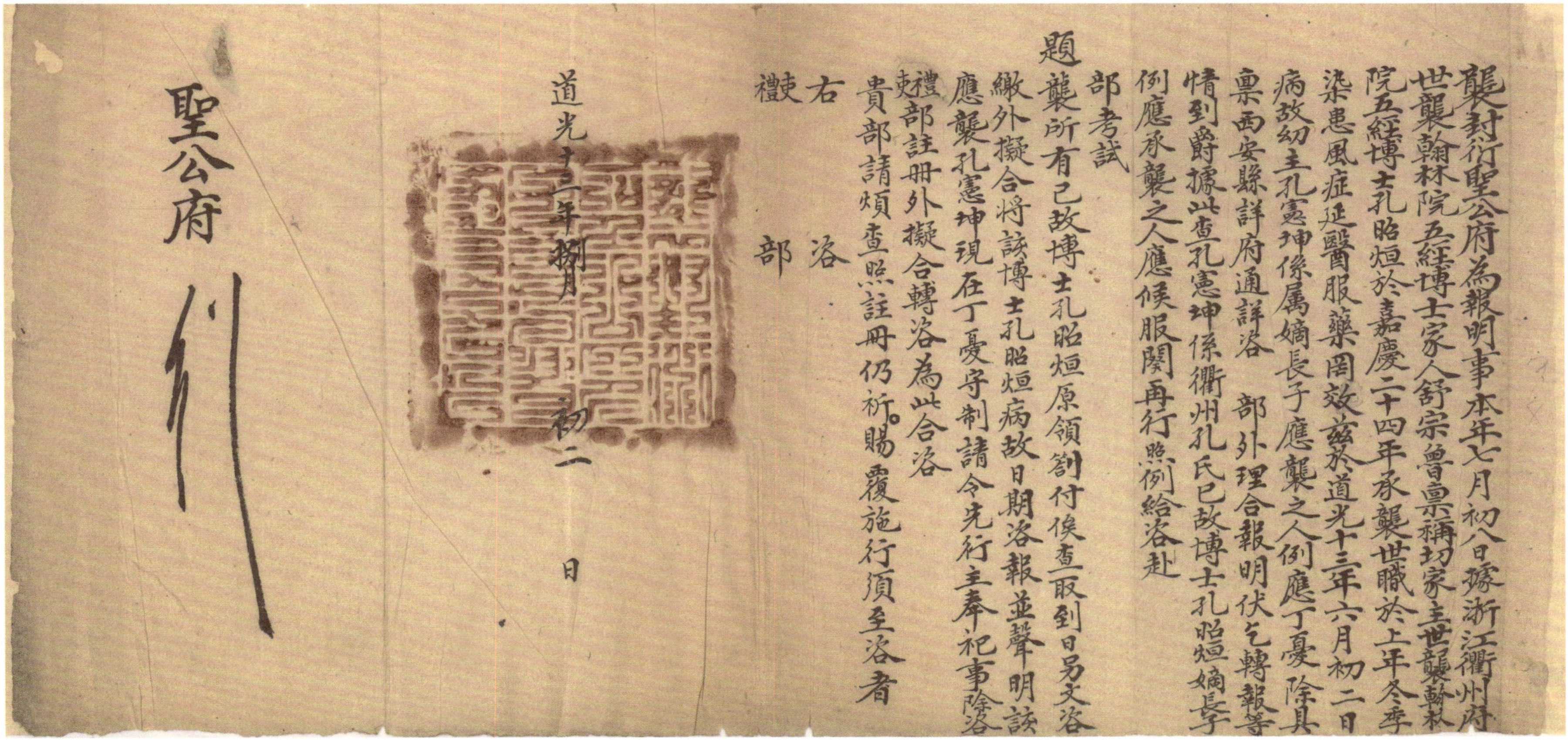
襲封衍聖公府爲報明事本年七月初八日據浙江衢州府
世襲翰林院五經博士家人舒宗魯稟稱切家主世襲翰林
院五經博士孔昭烜於嘉慶二十四年承襲世職於上年冬季
染患風症延醫服藥罔效茲於道光十三年六月初二日
病故幼主孔憲坤係屬嫡長子應襲之人例應丁憂除具
稟西安縣詳府通詳咨　部外理合報明伏乞轉報等
情到爵據此查孔憲坤係衢州孔氏已故博士孔昭烜嫡長子
例應承襲之人應候服闋再行照例給咨赴
部考試
題襲所有已故博士孔昭烜原領劄付俟查取到日另文咨
繳外擬合將該博士孔昭烜病故日期咨報並聲明該
應襲孔憲坤現在丁憂守制請令先行主奉祀事除咨
吏禮部註冊外擬合轉咨爲此合咨
貴部請煩查照註冊仍祈賜覆施行須至咨者
右　咨
吏禮　部
道光十三年捌月初二日
聖公府　行

衍聖公府爲報明孔昭烜病故日期及請令嫡長子孔憲坤先行主奉祀事致吏部、禮部咨

清道光十三年八月初二日

衍聖公府爲追繳孔昭烜原領劄付事致浙江巡撫部院咨

清道光十三年八月初二日

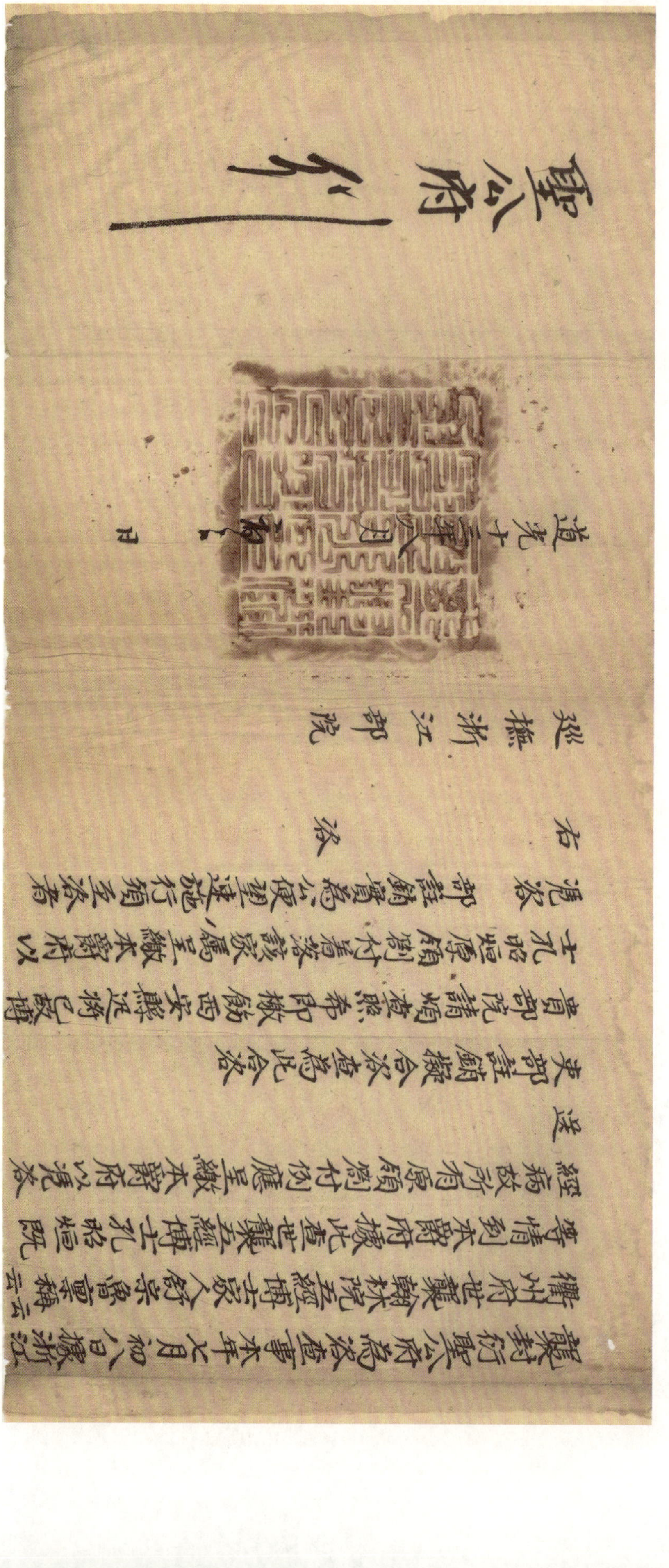
襲封衍聖公府爲咨查事本年七月初八日據浙江
衢州府世襲翰林院五經博士家人舒宗魯稟稱云云
等情到本爵府據此查世襲五經博士孔昭烜既
經病故所有原領劄付例應呈繳本爵府以憑咨
送
吏部註銷擬合咨查爲此合咨
貴部院請煩查照希即檄飭西安縣迅將已故博
士孔昭烜原領劄付着落該家屬呈繳本爵府以
憑咨　部註銷實爲公便望速施行須至咨者
右　咨
巡撫浙江部院
道光十三年八月初二　日
聖公府行

浙江巡撫富[呢揚阿]爲報明孔昭烜病故事致衍聖公府咨

清道光十三年八月十九日

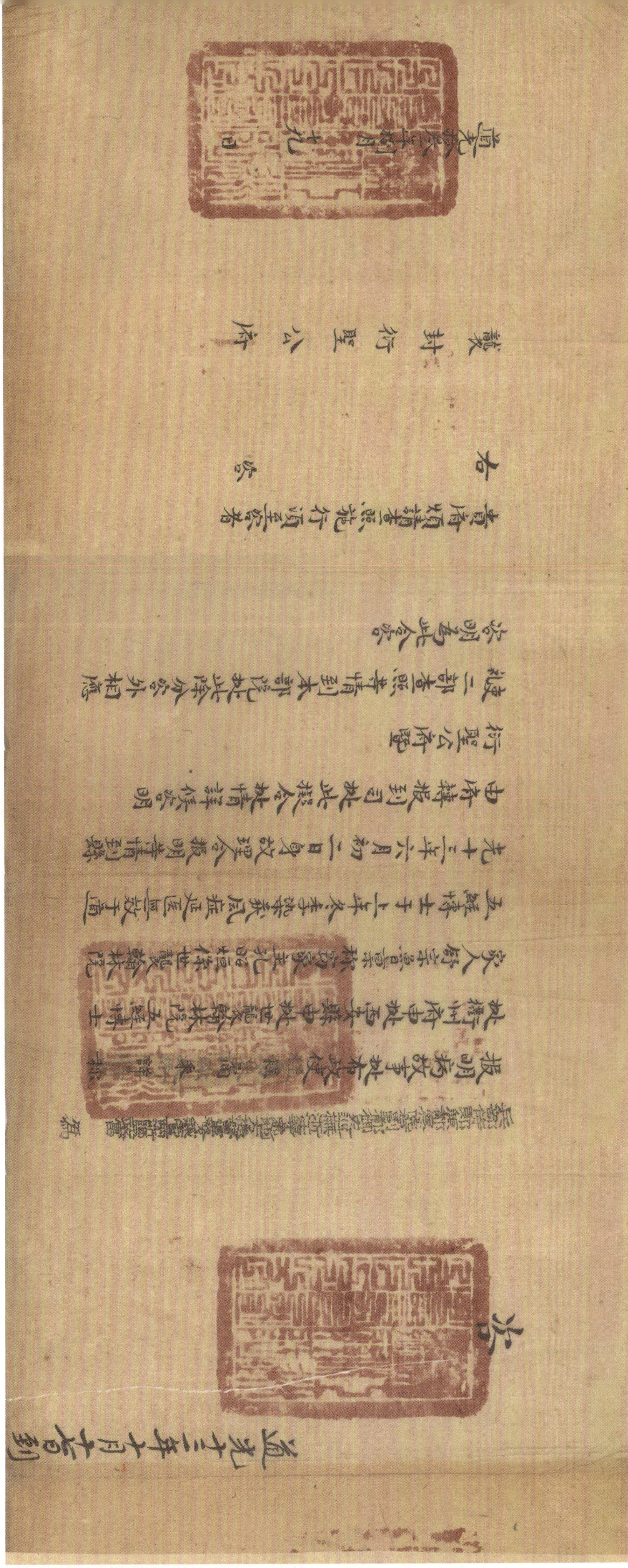
咨

道光十三年十月十二日到

兵部侍郎兼都察院右副都御史巡撫浙江等處地方提督軍務兼管兩浙鹽政富　爲

報明病故事據布政使程矞采詳稱

據衢州府申據西安縣申據世襲翰林院五經博士

家人舒宗魯稟稱家主孔昭烜係世襲翰林院

五經博士于上年冬季染患風症延醫無效于道

光十三年六月初二日身故理合報明並情到縣

由府轉報到司據此擬合據情詳候咨明

衍聖公府暨

吏禮二部查照並情到本部院據此除分咨外相應

咨明爲此合咨

貴府煩請查照施行須至咨者

右　咨

襲封衍聖公府

道光拾叁年捌月十九日

道光十三年十二月廿一日到

咨

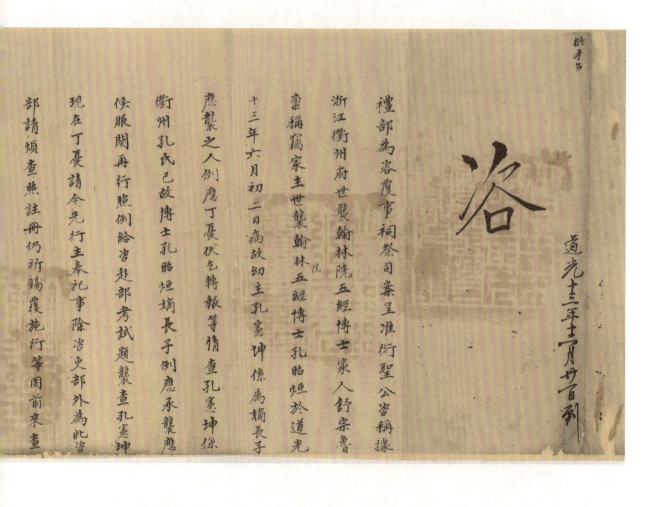

禮部為咨覆事祠祭司案呈准衍聖公咨稱據
浙江衢州府世襲翰林院五經博士家人舒宗魯
禀稱竊家主世襲翰林院五經博士孔昭烜於道光
十三年六月初二日病故幼主孔憲坤係屬嫡長子
應襲之人例應丁憂伏乞轉報等情查孔憲坤係
衢州孔氏已故博士孔昭烜嫡長子例應承襲應
俟服闋再行照例給咨赴部考試題襲查孔憲坤
現在丁憂請令先行主奉祀事除咨吏部外為此咨
部請煩查照註冊仍祈賜覆施行等因前來查

禮部爲准孔憲坤暫行注册主奉祀事致衍聖公［孔慶鎔］咨

清道光十三年十月

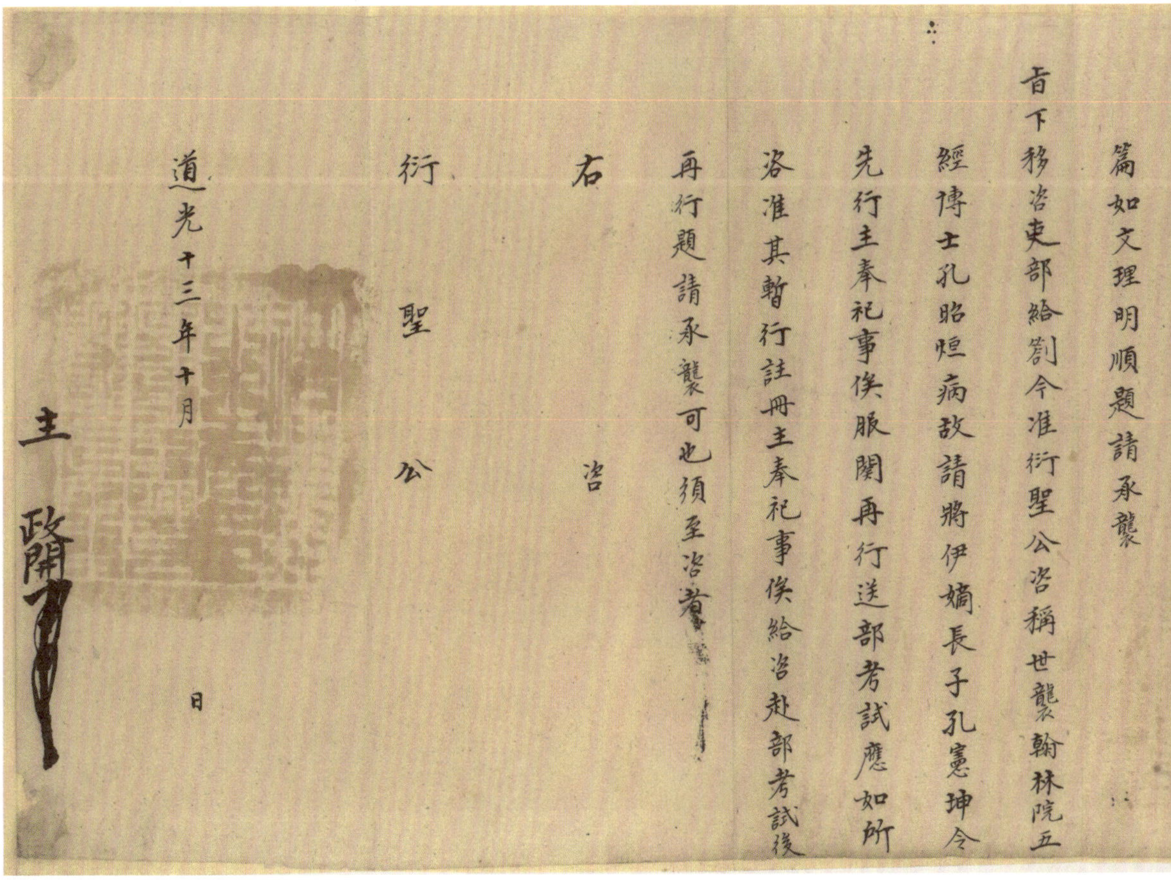
篇如文理明順題請承襲
旨下移咨吏部給劄令准衍聖公咨稱世襲翰林院五
經博士孔昭烜病故請將伊嫡長子孔憲坤令
先行主奉祀事俟服闋再行送部考試應如所
咨准其暫行註冊主奉祀事俟給咨赴部考試後
再行題請承襲可也須至咨者
右　咨
衍聖公
道光十三年十月　日
主政開

道光十四年三月廿四日到

咨

兵部侍郎兼都察院右副都御史巡撫浙江等處地方提督軍務兼理糧餉兼管兩浙鹽政富　為
咨查事據布政使程矞采詳稱案于道光十三
年八月二十二日奉准
襲封衍聖公府咨開本年七月初八日據浙江
衢州府世襲翰林院五經博士家人舒宗曾稟
稱切家主世襲翰林院五經博士孔昭烜于嘉
慶二十四年承襲世職于上年冬季染患風症
延医服藥罔效竟于道光十三年六月初二日
病故幼主孔憲坤係嫡長子應襲之人例應
丁憂除具稟西安縣詳府通詳咨
部外理合据明伏乞轉报施行等情到本爵府
據此查世襲五經博士孔昭烜既經病故所有
原頒劄付例應呈繳本爵府以憑咨送
吏部註銷現合咨查請煩查照希即檄飭西安

浙江巡撫富［呢揚阿］爲咨送孔昭烜原領劄付及其子孔憲坤丁憂供結宗圖事致衍聖公府咨

清道光十四年二月初四日

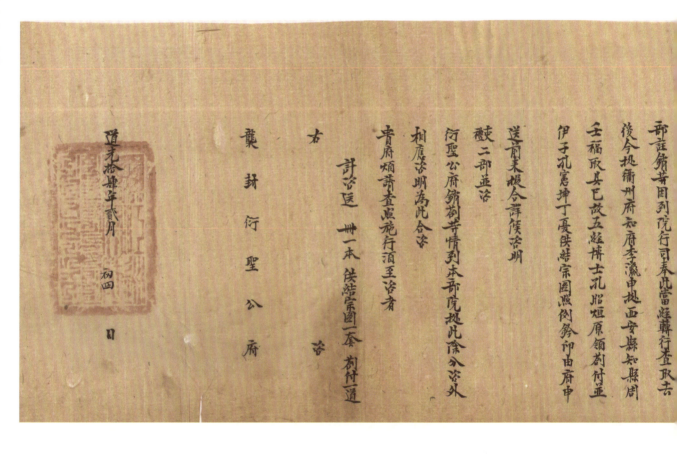

部詳報等因到院行司奉此當經轉行查取去
後今據衢州府知府李瀛申據西安縣知縣周
壬福取具已故五經博士孔昭烜原領劄付並
伊子孔憲坤丁憂供結宗圖照例移司由府申
送前來據合詳候咨明
吏禮二部並咨
衍聖公府錄劄等情到本部院據此除分咨外
相應咨明爲此合咨
貴府煩請查照施行須至咨者
計咨送 冊一本 供結宗圖一套 劄付一道
右 咨
襲封衍聖公府
道光拾肆年貳月 初四 日

衢州府西安縣知縣周壬福造送承襲五經博士孔憲坤三代年歲履歷清册

清道光十三年十一月

衢州府西安縣知縣周壬福造送承襲五經博士孔憲坤三代年歲履歷清册

清道光十三年十一月

同知銜衢州府西安縣

呈為咨查事遵將孔憲坤係已故博士孔昭烜嫡長子例應承

襲丁憂理合造具三代年歲履歷清册呈送

察核施行須至册者

今

開

孔憲坤現年貳拾歲身中面白無鬚曾祖繼濤曾祖

母王氏崔氏祖廣杓祖母程氏余氏以上俱

歿繼祖母勞氏存年陸拾叁歲父昭烜母鄭

氏存年肆拾壹歲坤父昭烜世襲翰林院

衢州府西安縣知縣周壬福造送承襲五經博士孔憲坤三代年歲履歷清册

清道光十三年十一月

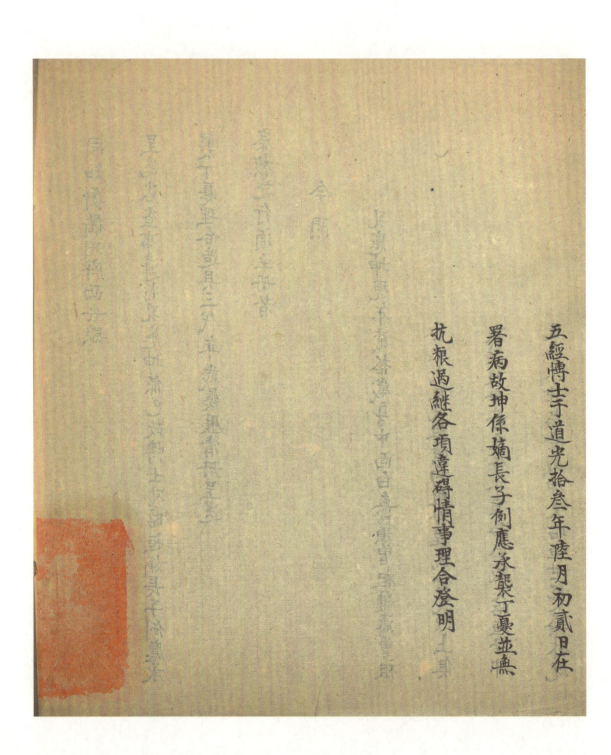

五經博士于道光拾叁年陸月初貳日在
署病故坤係嫡長子例應承襲丁憂並無
抗粮過繼各項違碍情事理合登明

衢州府西安縣知縣周壬福造送承襲五經博士孔憲坤三代年歲履歷清册

清道光十三年十一月

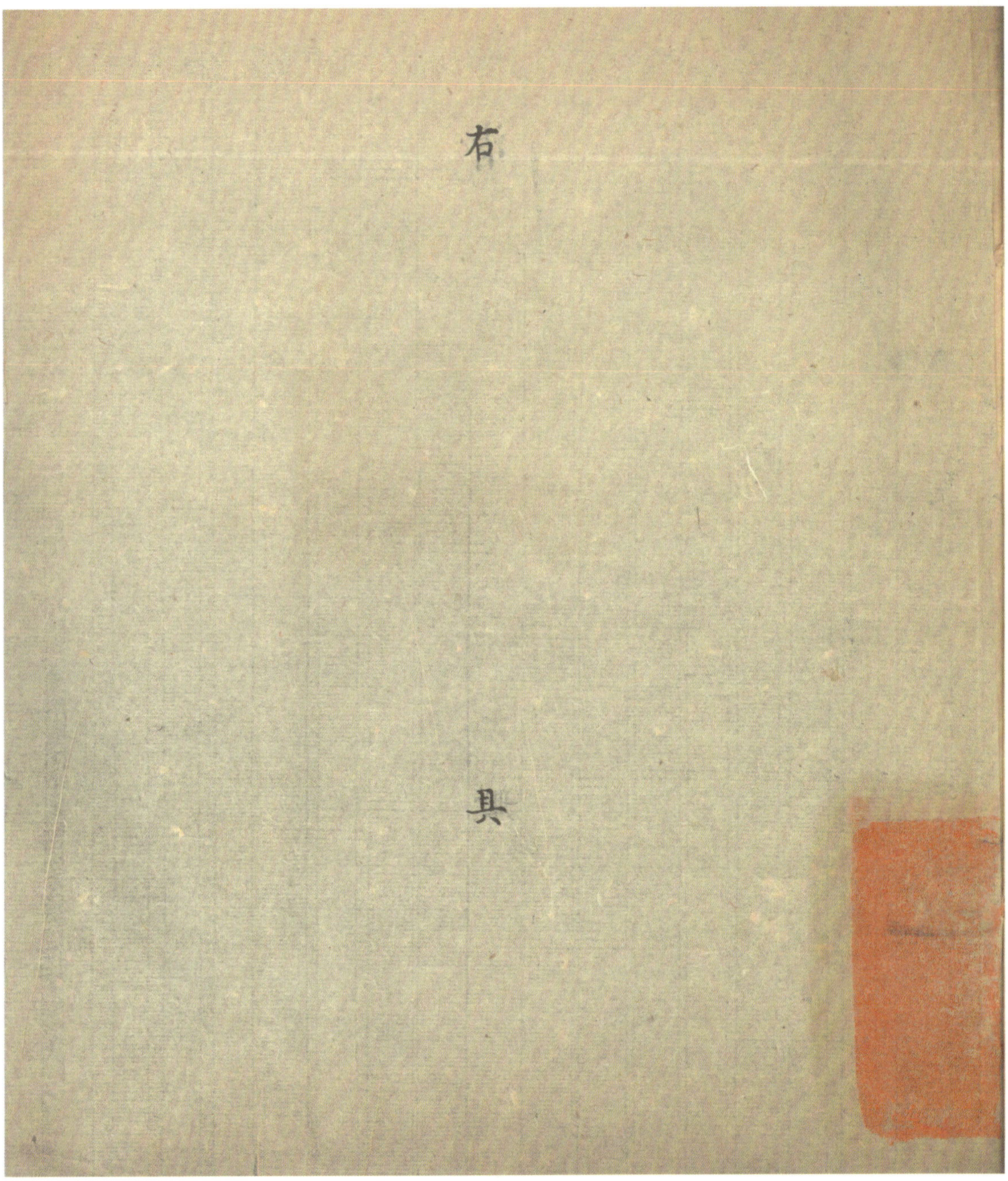
右
具

衢州府西安縣知縣周壬福造送承襲五經博士孔憲坤三代年歲履歷清册

清道光十三年十一月

清

册

衢州府西安縣知縣周壬福造送承襲五經博士孔憲坤三代年歲履歷清册

清道光十三年十一月

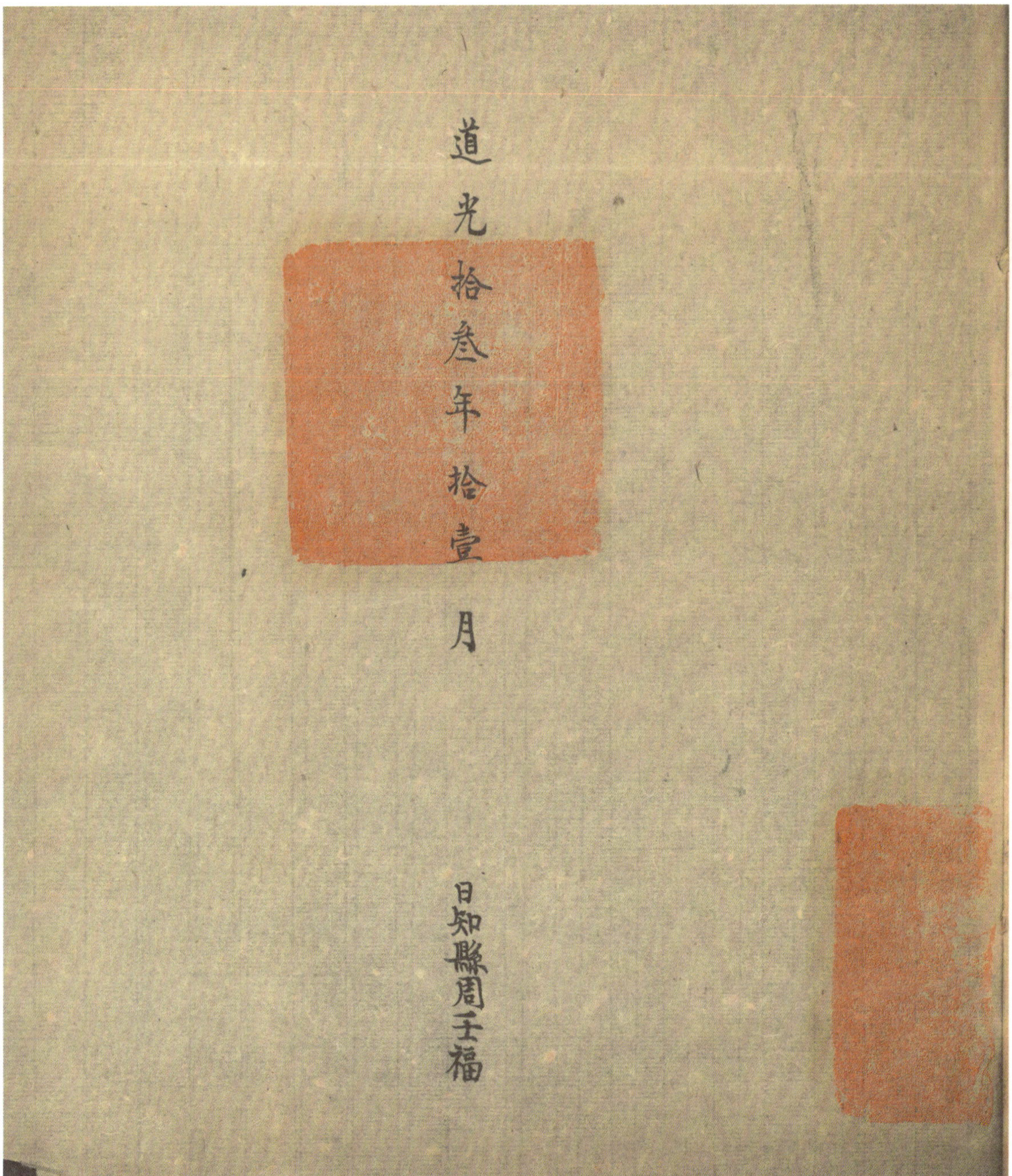

道光拾叁年拾壹月　　日知縣周壬福

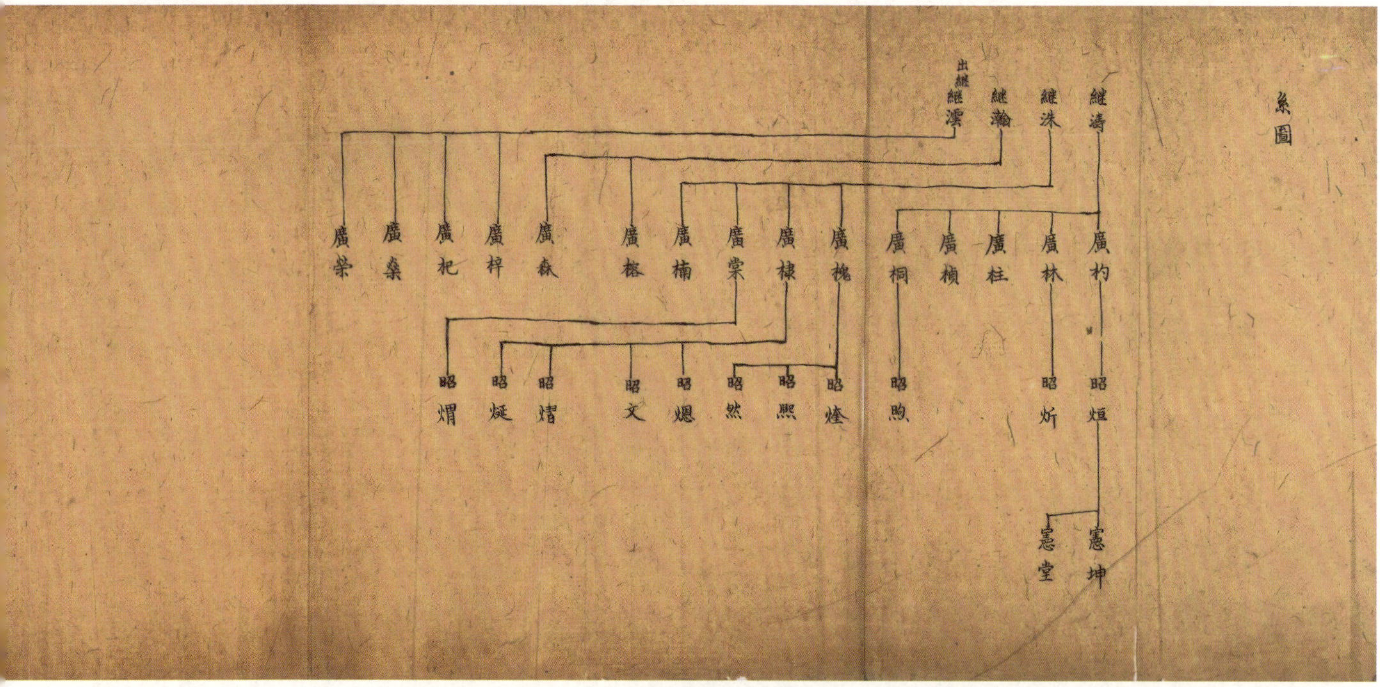
系圖
出繼
繼濤
繼洙
繼瀚
繼潆
廣杓
廣林
廣柱
廣楨
廣桐
廣槐
廣棣
廣棠
廣楠
廣榕
廣森
廣梓
廣杞
廣桑
廣榮
昭烜
昭炘
昭煦
昭熙
昭然
昭文
昭煟
憲坤
憲堂

衢州孔氏六十九代至七十二代系圖（部分）

［清道光十三年至十四年］

親供

具親供承襲五經博士孔憲坤今於

與親供為承襲丁憂事切坤現年貳拾歲身中

面白無鬚曾祖繼濤曾祖母王氏崔氏祖廣杓祖母程氏余氏以上俱殁繼祖母

勞氏存年陸拾叁歲父昭烜母鄭氏存年肆拾壹歲坤父昭烜世襲翰林院五經

博士于道光拾叁年陸月初貳日在署病故坤係嫡長子例應承襲丁憂並無過

繼抗粮各項違碍情事所具親供是實

衢州孔氏應襲翰林院五經博士孔憲坤爲丁父憂事所具親供

清道光十三年十一月

道光拾叁年拾壹月

日具親供承襲五經博士孔憲坤

衢州府西安縣里鄰江聖麒、親族勞思等爲孔憲坤丁父憂事所具結狀

清道光十三年十一月

具結狀衢州府西安縣壹百肆拾貳庄里鄰江聖麒孔廣棻親族勞思孔廣桐今於

與結狀為承襲丁憂事結得承襲五經博士孔憲坤現年貳拾歲身中面白無鬚曾祖繼濤曾祖母

王氏崔氏祖廣杓祖母程氏余氏以上俱殁繼祖母勞氏存年陸拾叁歲父昭烜母鄭氏存年肆拾壹歲坤父昭烜世襲翰林院五經博士于道光拾叁年陸月初貳日在署

病故坤係嫡長子例應承襲丁憂並無過繼抗粮各項違碍情事中間不致扶捏所具結狀是實

道光拾叁年拾壹月　日具結狀

里鄰　江聖麒（押）

孔廣棻（押）

親族　勞思（押）

孔廣桐（押）

衍聖公府爲准其暫行注册主奉祀事致衢州孔氏應襲翰林院五經博士孔憲坤劄付

清道光十四年二月初六日

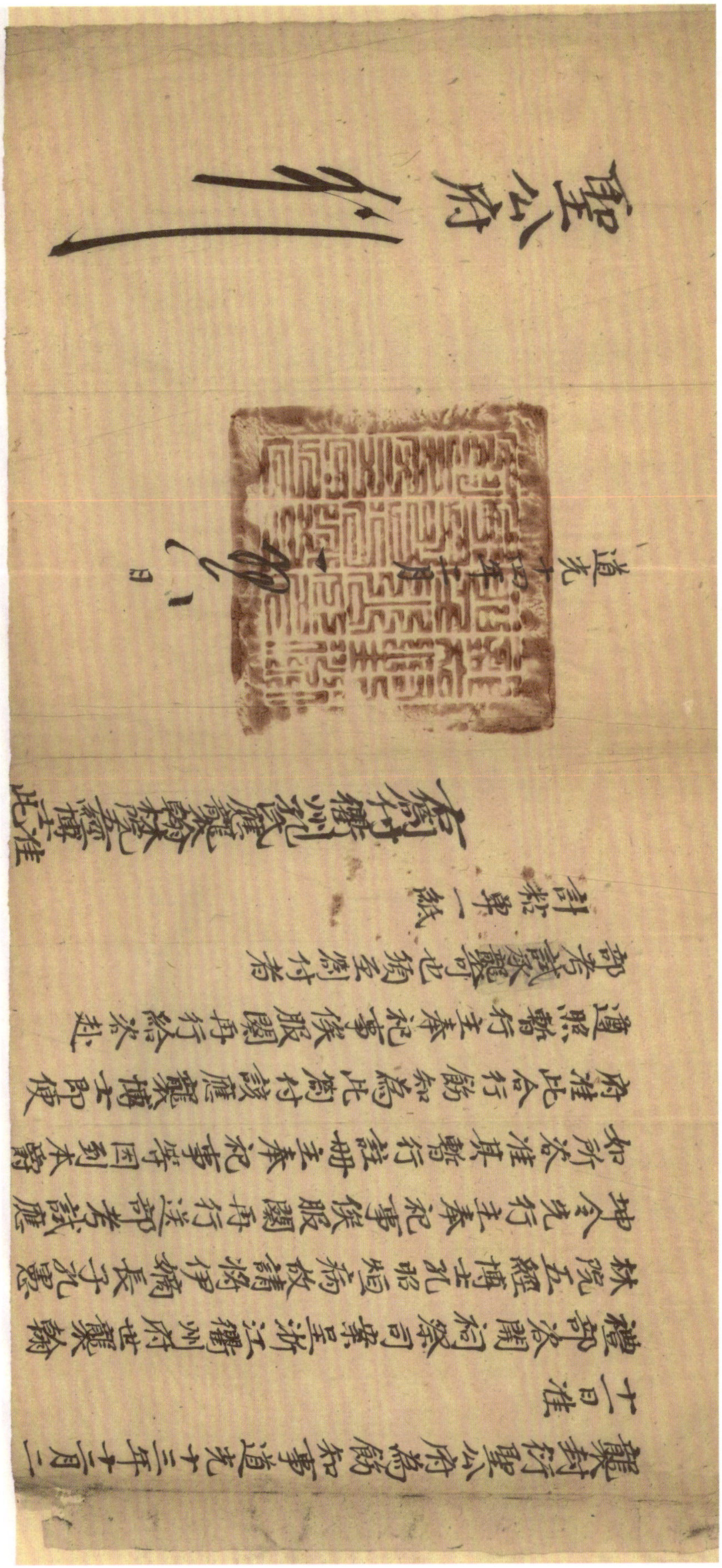
襲封衍聖公府爲飭知事道光十三年十二月二
十一日准
禮部咨開祠祭司案呈浙江衢州府世襲翰
林院五經博士孔昭烜病故請將伊嫡長子孔憲
坤令先行主奉祀事俟服闋再行送部考試應
如所咨准其暫行註册主奉祀事等因到本爵
府准此合行飭知爲此劄付該應襲博士即使
遵照暫行主奉祀事俟服闋再行給咨赴
部考試承襲可也須至劄付者
計粘單一紙
右劄付衢州孔氏應襲翰林院五經博士孔憲坤准此
道光十四年二月初六日
聖公府行

衍聖公府爲繳銷孔昭烜原領劄付事致吏部、禮部咨

清道光十四年四月二十日

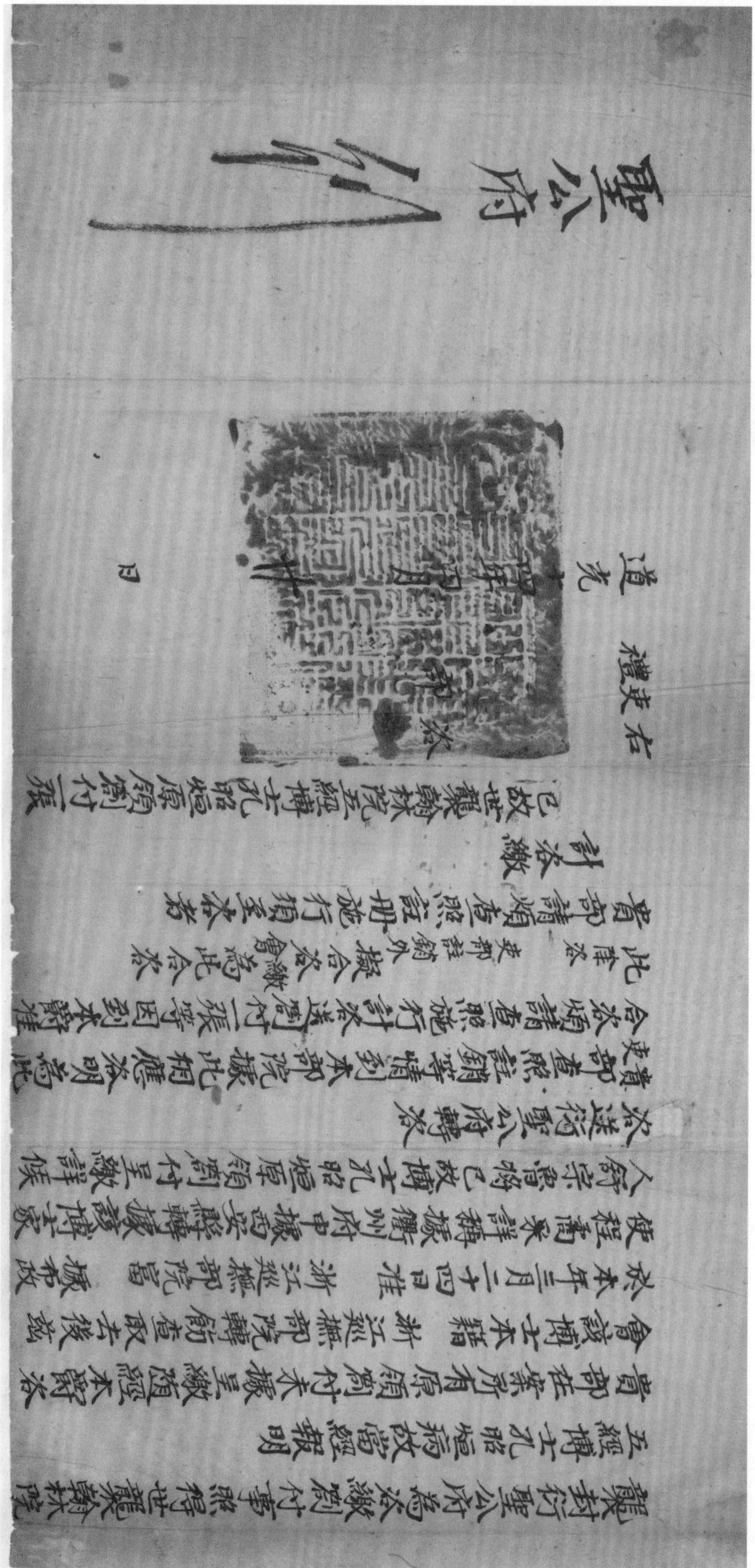
襲封衍聖公府為咨繳劄付事照得世襲翰林院五經博士孔昭烜病故當經報明
貴部在案所有原領劄付未據呈繳隨經本爵咨會該博士本籍　浙江巡撫部院轉飭查取去後茲於本年三月二十四日准　浙江巡撫部院富　據布政使程矞采詳稱據衢州府申據西安縣轉據該博士家人舒宗魯將已故博士孔昭烜原領劄付呈繳詳候咨送衍聖公府轉咨
貴吏部查照註銷等情到本部院據此相應咨明為此合咨煩請查照施行計咨送劄付一張等因到本爵准此除咨　吏部註銷外擬合咨會繳為此合咨
貴部請煩查照註冊施行須至咨者
計咨繳
已故世襲翰林院五經博士孔昭烜原領劄付一張
右咨
吏禮部
道光十四年四月廿　日
聖公府行

家丁王榮爲報明孔憲坤丁繼祖母憂事致衍聖公[孔慶鎔]稟

清道光十四年六月二十日

具稟應襲翰林院五經博士孔家丁王榮爲報明丁憂事切家
主孔憲坤係應襲翰林院五經博士于上年六月初二日丁父孔
昭烜艱未經襲職現在家主繼祖母勞氏于道光十四年六
月十四日未時身故家主孔憲坤係屬嫡長孫家主之祖父孔廣
杓業經身歿例應承重丁憂除具稟西安縣通詳各憲咨部外理
合稟報伏乞
鑒上稟

道光拾肆年六月 貳拾 日稟

七月二十五日到

家丁王榮爲報明孔憲坤丁繼祖母憂事致衍聖公［孔慶鎔］稟

清道光十四年六月二十日

具禀應襲翰林院五經博士孔　家丁王榮　爲報明丁憂事切家
主孔憲坤係應襲翰林院五經博士于上年六月初二日丁父孔
昭烜艱未經襲職現在家主　繼祖母勞氏于道光十四年六
月十四日未時身故家主孔憲坤係屬嫡長孫家主之祖父孔廣
杓業經身殁例應承重丁憂除具禀西安縣通詳各憲咨部外理
合禀報伏乞
公爺轉報

道光拾肆年六月　貳拾　日禀

七月二十五日到

衍聖公府爲報明孔憲坤丁繼祖母憂事致吏部、禮部咨

清道光十四年九月十七日

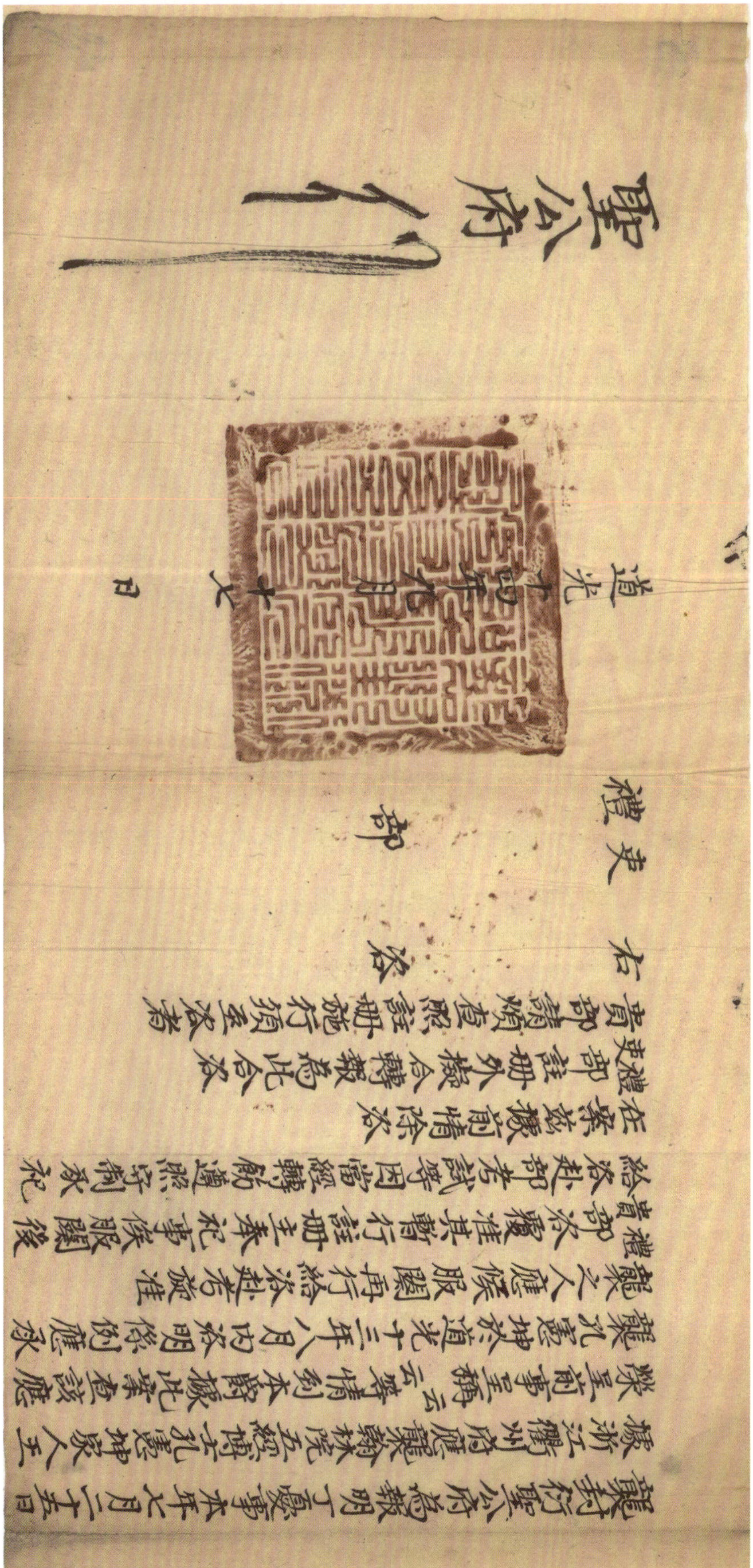

襲封衍聖公府爲報明丁憂事本年七月二十五日
據浙江衢州府應襲翰林院五經博士孔憲坤家人王
榮呈前事呈稱云云等情到本爵據此案查該應
襲孔憲坤於道光十三年八月内咨明俟例應承
襲之人應候服闋再行給咨赴考旋准
禮
貴部咨覆准其暫行註册主奉祀事俟服闋後
給咨赴部考試等因當經轉飭遵照守制承祀
在案茲據前情除咨
吏禮部註册外擬合轉報爲此合咨
貴部請煩查照註册施行須至咨者
右咨
吏
禮
部
道光十四年九月十七日
聖公府行

禮部爲查明孔憲坤是否及歲以便赴部考試事致衍聖公［孔慶鎔］咨

清道光十七年六月

咨

道光十七年六月廿五日到

禮部為咨查事祠祭司案呈道光十三年九
月間准衍聖公咨稱據浙江衢州府世襲五經博
士家人舒宗魯呈稱竊家主世襲翰林院五經
孔昭烜
博士孔昭烜於本年六月初二日病故幼主孔憲坤
係屬嫡長子例應承襲應俟服闋後再行照例給
咨赴部考試題襲請令先行主奉祀事等因前來
當經本部照例准其暫行註冊主奉祀事俟服闋給
咨赴部考試後再行題請承襲等語咨覆在案
查例載聖賢後裔五經博士均由嫡長子孫承襲
年十五歲以上者具文申送給咨赴部試以四書
文一篇如文理明順題請承襲
旨下移咨吏部給劄如年未及歲該處咨部暫行註冊
俟及歲時送試等語今應襲翰林院五經博士孔
憲坤於道光十三年六月初二日丁父昭烜憂連閏
核計服闋已載有餘未見起咨赴部考試前咨亦
未聲明年歲相應移咨衍聖公即速查明該應
襲五經博士孔憲坤現在是否年已及歲應令其起
咨赴部考試之處一併開明咨覆本部以便辦理可
也須至咨者

右咨

衍聖公

道光十七年六月　日

衍聖公府爲轉飭孔憲坤迅速來曲請咨赴部考試事致浙江衢州府正堂移

清道光十七年六月二十七日

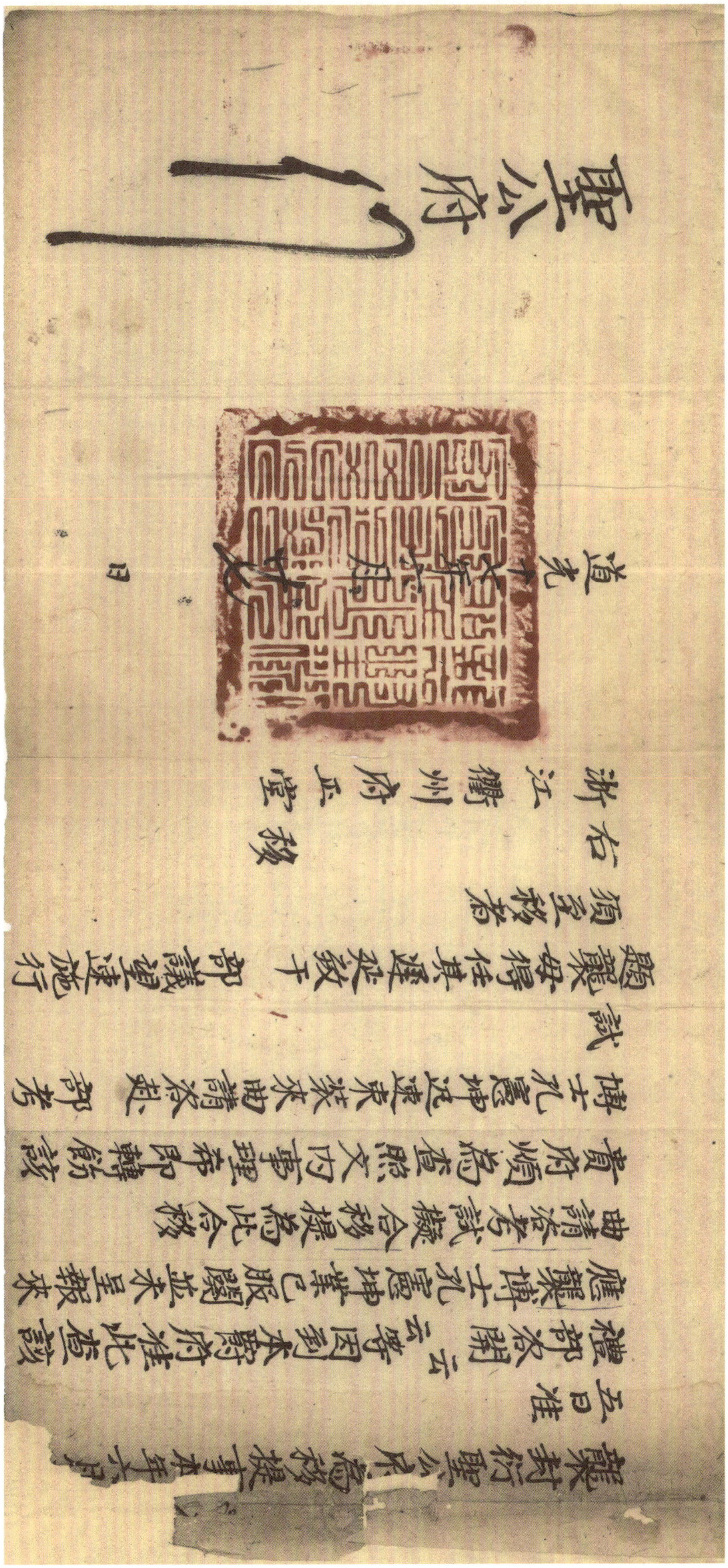

襲封衍聖公府爲移提事本年六月

五日准

禮部咨開云云等因到本爵府准此查試

應襲博士孔憲坤業已服闋並未呈報來試

由請咨考試擬合移提爲此合移

貴府煩爲查照文內事理希即轉飭該

博士孔憲坤迅速束裝來曲請咨赴部考

試

應襲毋得任其遲延致干

部議望速施行

須至移者

右　移

浙江

衢州府正堂

道光十七年六月　日

聖公府

行

衍聖公府爲催速來曲請咨赴部考試事致衢州孔氏應襲翰林院五經博士［孔憲坤］劄付

清道光十七年六月二十七日

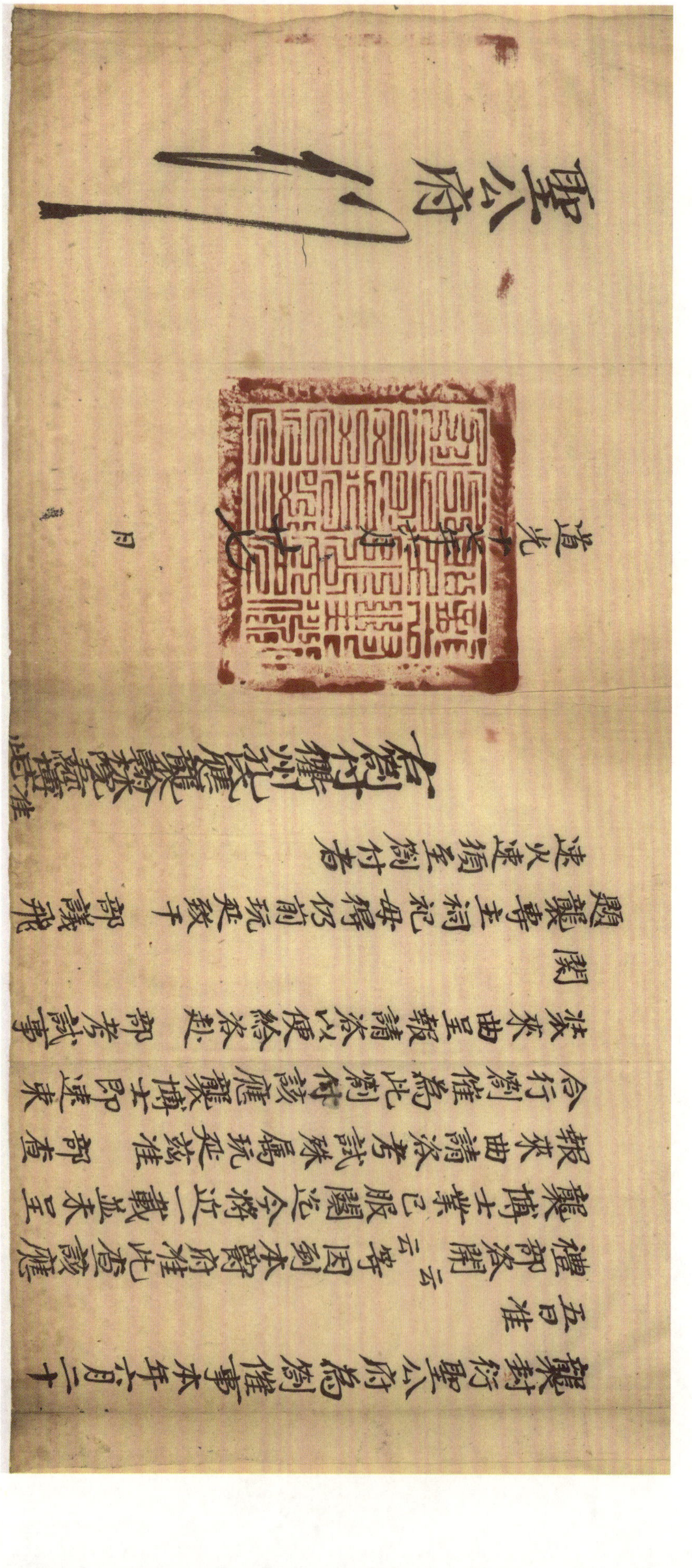

襲封衍聖公府爲劄催事。本年六月二十五日准
禮部咨開：云云等因到本爵府。准此。查該應襲博士業已服闋，迄今將近一載，並未呈報來曲請咨考試，殊屬玩延。茲准
部查，合行劄催。爲此劄付該應襲博士，即速來曲呈報，請咨以便給咨赴
部考試。事關
襲爵主祀，毋得仍前玩延，致干
部議。飛速火速，須至劄付者。
右劄付衢州孔氏應襲翰林院五經博士孔憲坤。准此。
道光十七年六月廿七日
聖公府行

衢州孔氏應襲翰林院五經博士孔憲坤爲因患病未能及時赴東請咨事致衍聖公府申

清道光十七年七月二十五日

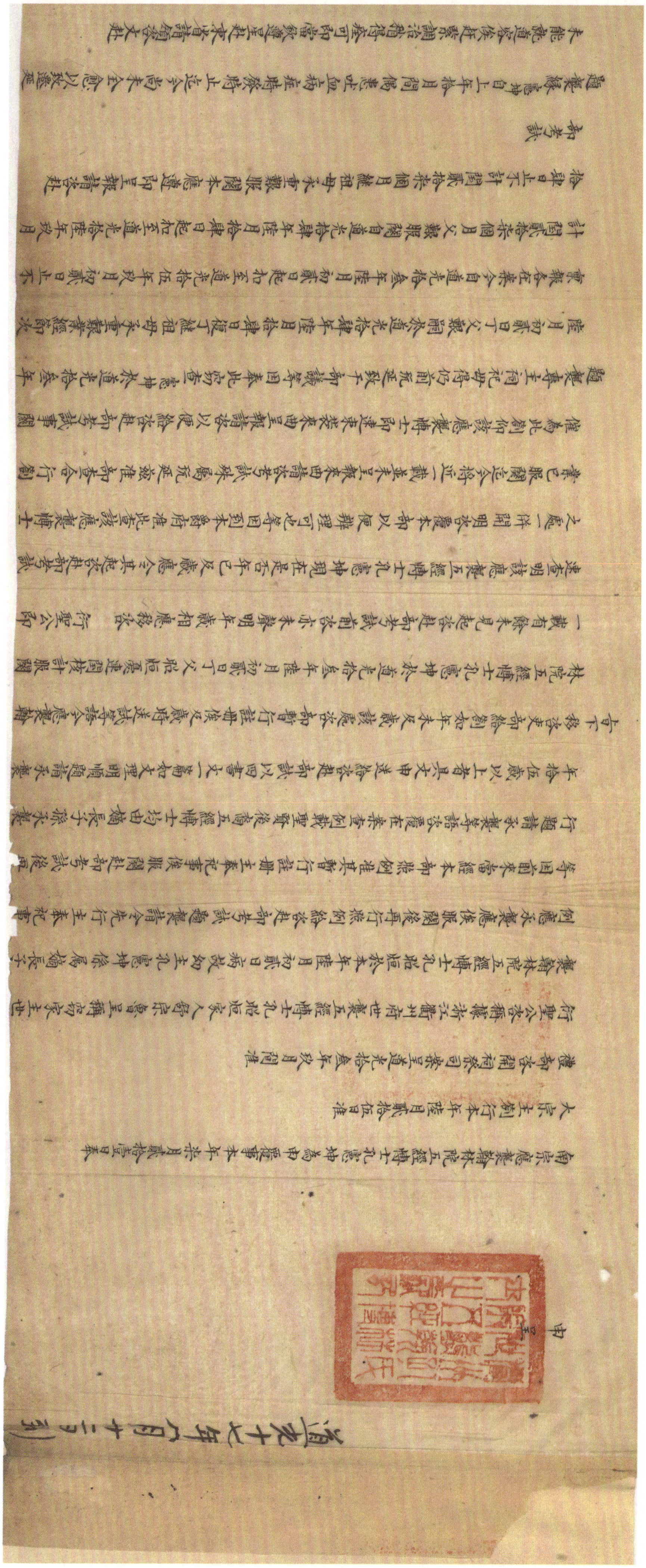

卷〇一一五

衢州孔氏應襲翰林院五經博士孔憲坤爲因患病未能及時赴東請咨事致衍聖公府申

清道光十七年七月二十五日

部考試

題襲察奉

劉催理合將奉到日期暨現在患病緣由先行申覆

大宗主鑒核咨覆

大部以免遲催爲此備由具申伏乞

照驗施行須至申者

右　　申

襲封衍聖公府

道光　　貳拾伍　日申

衍聖公府爲覆明孔憲坤遲未赴部考試緣由事致禮部咨

清道光十七年十月二十六日

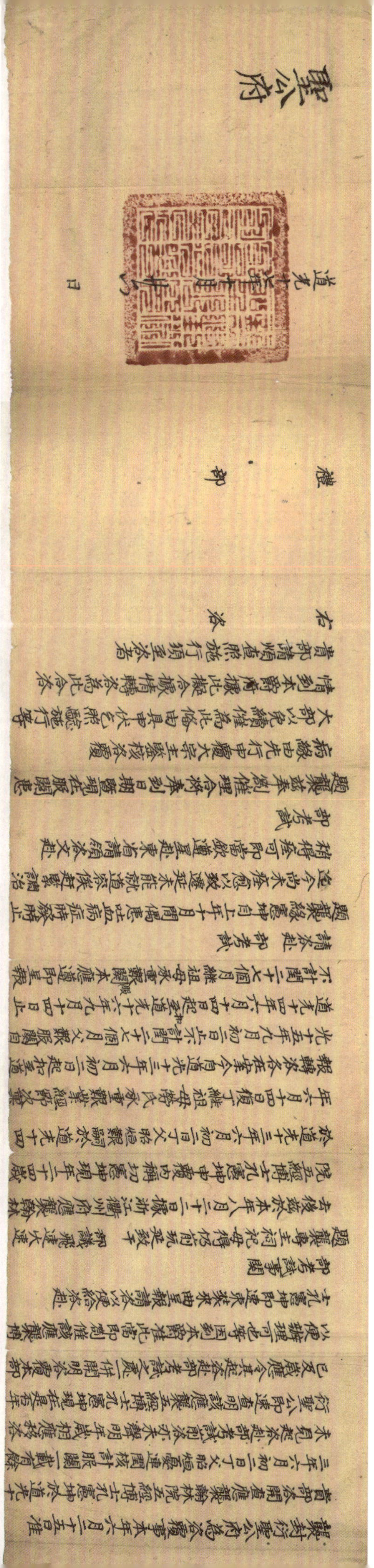

道光十八年正月廿一日到

咨

[illegible]爲

移提事據蕙署布政使事按察使梁萼涵詳稱

據衢州府知府文桂申稱道光十七年七月二

十二日准

襲封衍聖公府　移開本年六月二十五日准

禮部咨開祠祭司案呈道光十三年九月間准

衍聖公咨稱據浙江衢州府世襲五經博士孔

昭烜家人舒宗魯呈稱竊家主世襲翰林院五

經博士孔昭烜於本年六月初二日病故幼主

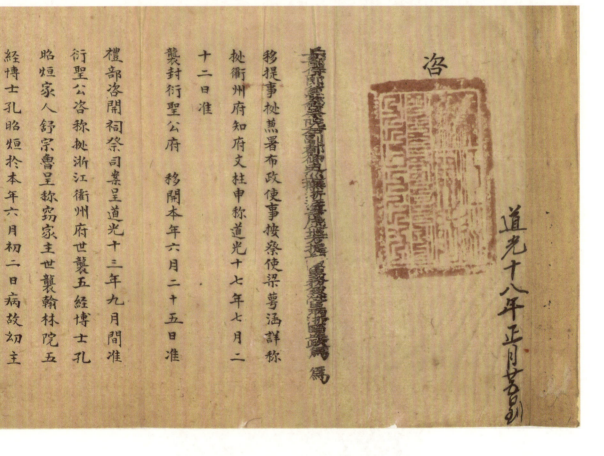

乞恩伸係屬嫡長子列應承襲應俟服闋後再

浙江巡撫烏［爾恭額］爲覆明孔憲坤因患病未能及時赴東請咨事致衍聖公府咨

清道光十七年十二月十九日

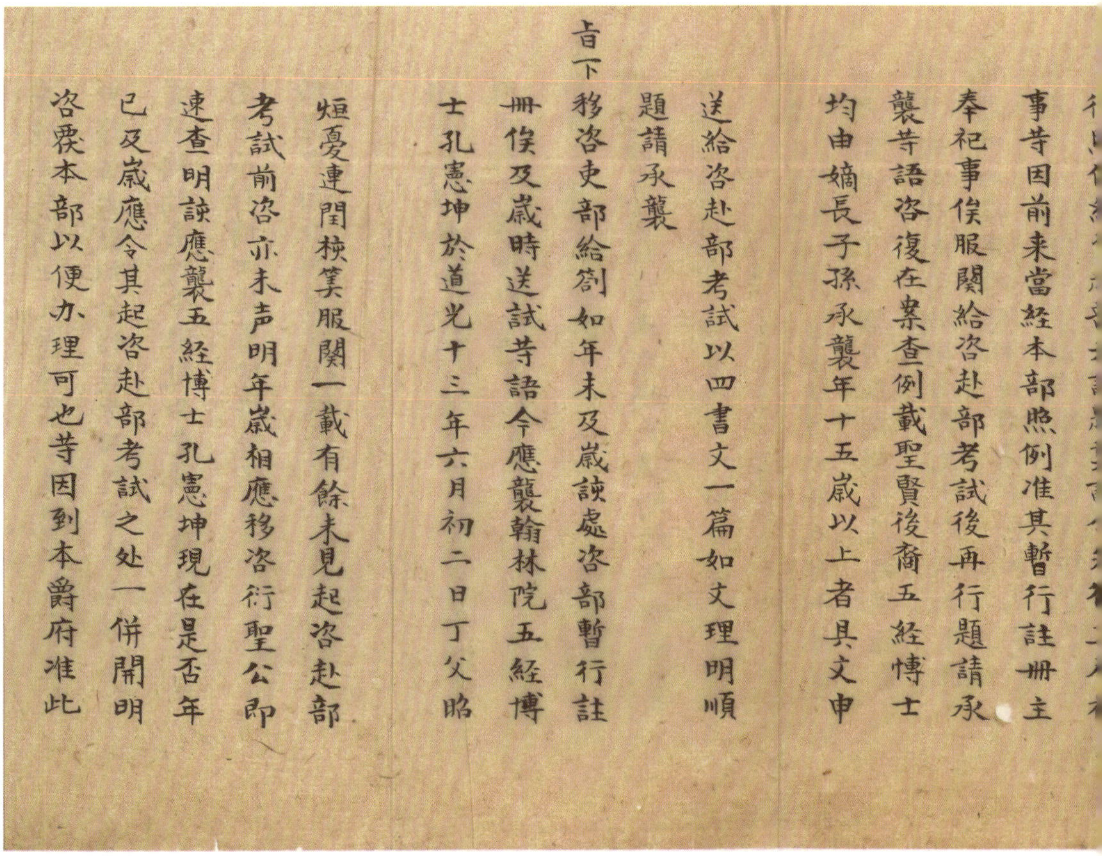

事等因前来當經本部照例准其暫行註冊主
奉祀事俟服闋給咨赴部考試後再行題請承
襲等語咨復在案查例載聖賢後裔五經博士
均由嫡長子孫承襲年十五歲以上者具文申
送給咨赴部考試以四書文一篇如文理明順
題請承襲
旨下移咨吏部給劄如年未及歲該處咨部暫行註
冊俟及歲時送試等語今應襲翰林院五經博
士孔憲坤於道光十三年六月初二日丁父昭
烜憂連閏核筭服闋一載有餘未見起咨赴部
考試前咨亦未声明年歲相應移咨衍聖公即
速查明該應襲五經博士孔憲坤現在是否年
已及歲應令其起咨赴部考試之处一併開明
咨覆本部以便办理可也等因到本爵府准此

查該應襲博士孔憲坤業已服闋並未呈報来
曲請咨考試似合移提等因到府批此即經前
署府轉飭去後今催據西安縣知縣舒恭受申
稱飭准該博士孔憲坤移稱竊坤現年二十四
歲身中面白無鬚曾祖繼濤曾祖母王氏崔氏
祖廣杓祖母余氏續娶繼祖母勞氏父昭烜俱
歿母鄭氏存坤由俊秀於道光十三年丁父昭
烜憂未經襲職旋於十四年六月十四日接丁
繼祖母勞氏憂坤係承重嫡長孫均經報明丁憂
在案今自道光十四年六月十四日接丁繼祖
母勞氏憂之日始至道光十六年九月十四日
止不計閏二十七個月服闋起復援具供結本
應呈報請咨赴考旋因自道光十六年十月間
偶患吐血病症時發時止尚未痊愈以致遷延
未能就道容俟赶緊調治稍得痊可即當赴東
領咨赴試合先備具服闋起復供結移明批情

浙江巡撫烏［爾恭額］爲覆明孔憲坤因患病未能及時赴東請咨事致衍聖公府咨

清道光十七年十二月十九日

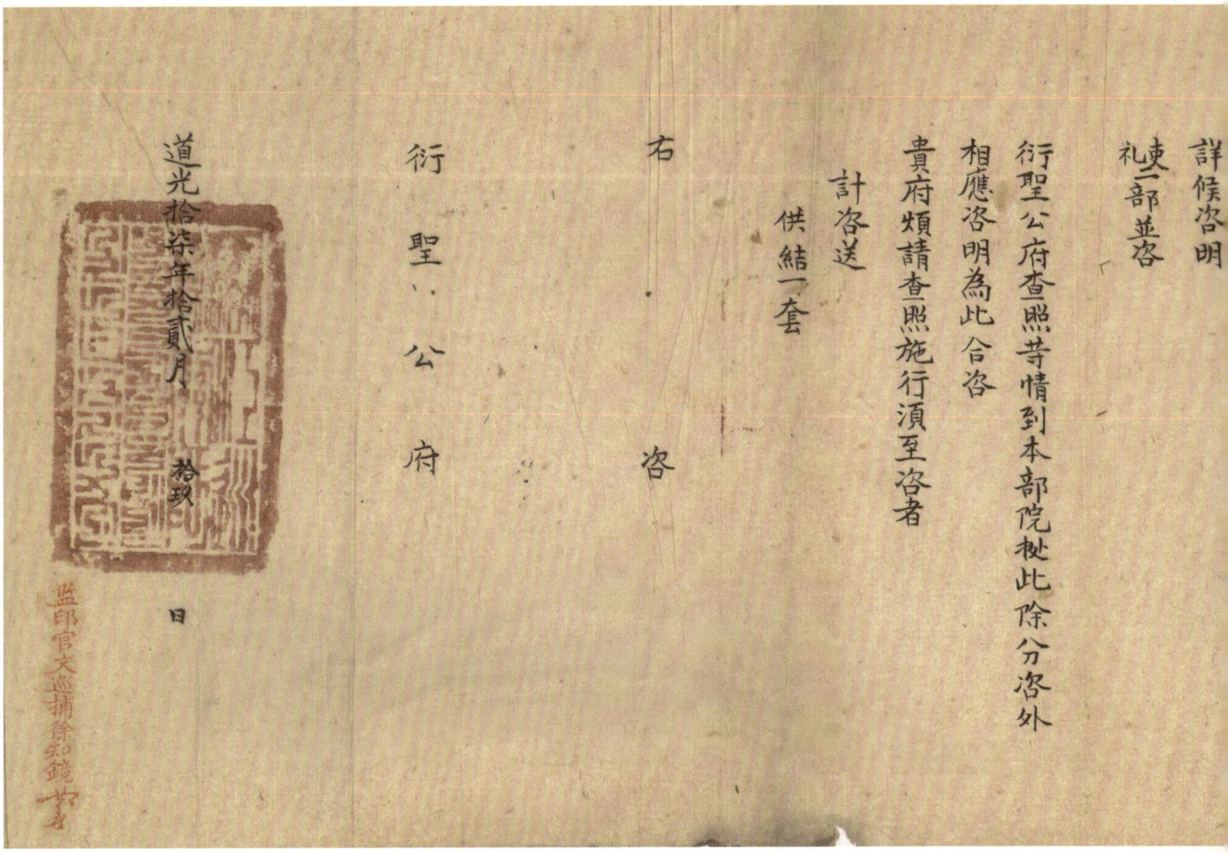
詳候咨明
吏、礼二部並咨
衍聖公府查照等情到本部院據此除分咨外
相應咨明為此合咨
貴府煩請查照施行須至咨者
計咨送
供結一套
右　咨
衍　聖　公　府
道光拾柒年拾貳月　拾玖　日
監印官文巡捕徐知鏡

道光十八年九月廿四到

申呈

南宗應襲翰林院五經博士孔憲坤為請咨赴試事道光拾柒年柒月貳拾壹日奉
大宗主劄行道光拾柒年陸月貳拾伍日准
禮部咨開祠祭司案呈道光拾叁年玖月間准
衍聖公咨稱據浙江衢州府世襲五經博士孔昭烜家人舒宗魯呈稱伊家主世
襲翰林院五經博士孔昭烜於本年陸月初貳日病故幼主孔憲坤係屬嫡長子
例應承襲應俟服闋後再行照例給咨赴　部考試題襲請令先行主奉祀事
等因前來當經本部照例准其暫行註册主奉祀事俟服闋赴　部考試後再
行題請承襲等語咨覆在案查例載聖賢後裔五經博士均由嫡長子孫承襲
年拾伍歲以上者具文申送給咨赴　部試以四書文一篇如文理明順題請承襲
旨下移咨吏部給劄如年未及歲該處咨部暫行註册俟及歲時送試等語今應襲翰
林院五經博士孔憲坤於道光拾叁年陸月初貳日丁父昭烜憂連閏核計服闋
一載有餘未見起咨赴　部考試前咨亦未聲明年歲相應移咨　衍聖公即
速查明該應襲五經博士孔憲坤現在是否年已及歲應令其起咨赴　部考試

衢州孔氏應襲翰林院五經博士孔憲坤爲請咨赴部考試題襲及起程日期事致衍聖公府申

清道光十八年九月初四日

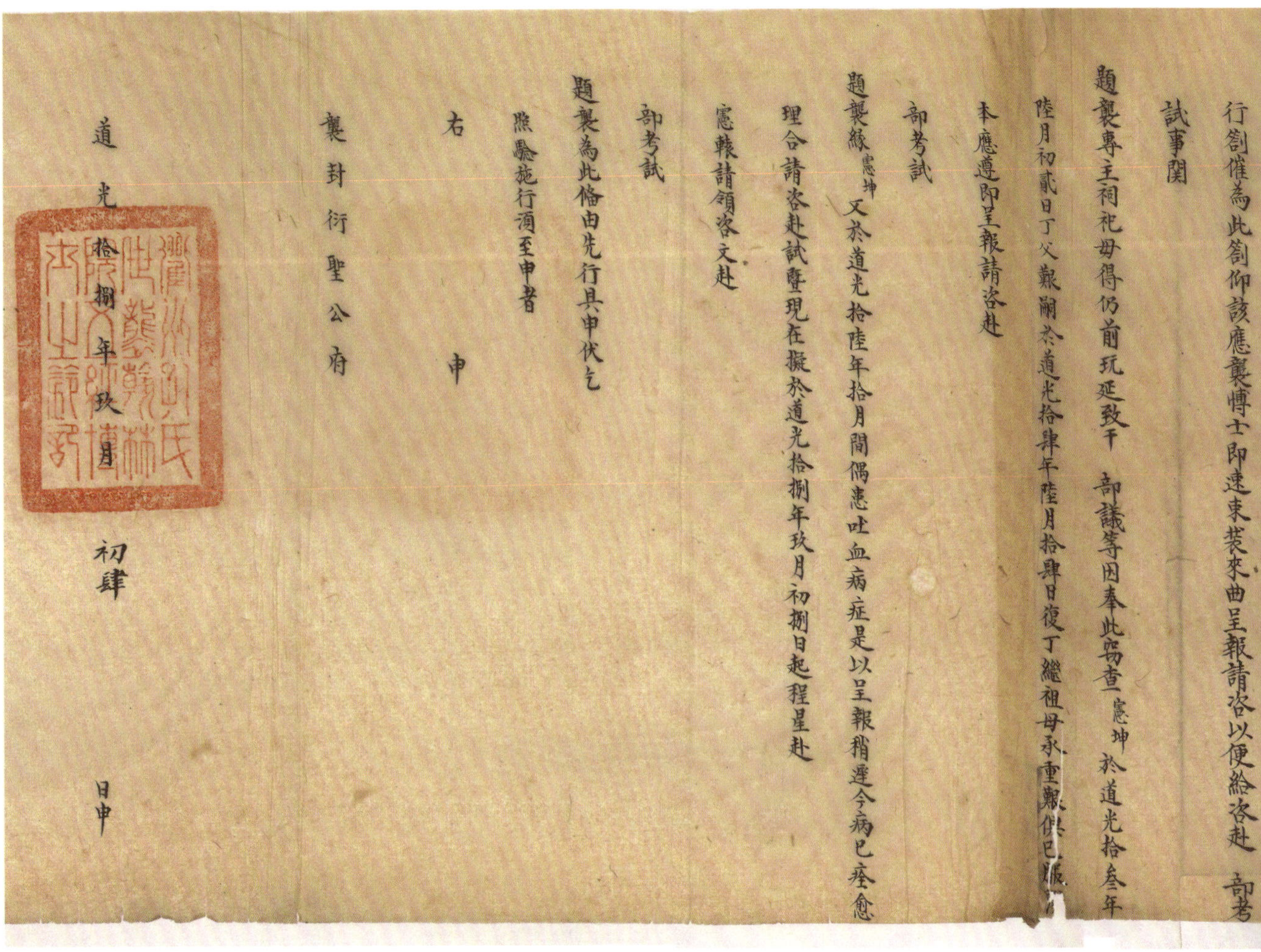

行劄催爲此劄仰該應襲博士即速束裝來曲呈報請咨以便給咨赴 部考
試事閑
題襲專主祠祀毋得仍前玩延致干 部議等因奉此竊查 憲坤 於道光拾叁年
陸月初貳日丁父艱闋於道光拾肆年陸月拾肆日復丁繼祖母承重艱供已服
本應遵即呈報請咨赴
部考試
題襲緣 憲坤 又於道光拾陸年拾月間偶患吐血病症是以呈報稍遲今病已痊愈
理合請咨赴試暨現在擬於道光拾捌年玖月初捌日起程呈赴
憲轅請領咨文赴
部考試
題襲爲此備由先行具申伏乞
照驗施行須至申者
右 申
襲封衍聖公府
道光拾捌年玖月 初肆 日申

親供

具親供應襲翰林院五經博士孔憲坤今於

與親供為報明服闋起復事供得坤

現年貳拾肆歲身中面白無鬚曾祖繼濤曾祖母王氏崔氏祖

廣杓祖母余氏續娶繼祖母勞氏父昭烜俱歿母鄭氏存坤由

俊秀於道光拾叁年丁父孔昭烜憂未經襲職旋於道光拾肆

年陸月拾肆日接丁續娶繼祖母勞氏憂坤係承重嫡長孫均

經報明丁憂在案今因道光拾肆年陸月拾肆日接丁續娶繼

祖母勞氏憂之日為始起至道光拾陸年玖月拾肆日止不計

閏貳拾柒個月服闋例應起復並無過繼捏喪抗報各項違碍

情弊所具親供是實

衢州孔氏應襲翰林院五經博士孔憲坤爲報明丁繼祖母憂服滿起復事所具親供

清道光十七年九月

具結狀壹百肆拾貳庄里隣已上林費復升親族張宗桂孔廣林

母王氏崔氏祖廣杓祖母余氏續娶繼祖母勞氏父貽烜俱殁

接丁續娶繼祖母勞氏憂坤係承重嫡長孫均經報明丁憂在

拾肆日止不計閏貳拾柒個月服闋例應起復並無過繼抗報

道光拾柒年玖月

里鄰巴上林、親族張宗桂等爲孔憲坤丁繼祖母憂服滿起復事所具結狀

清道光十七年九月

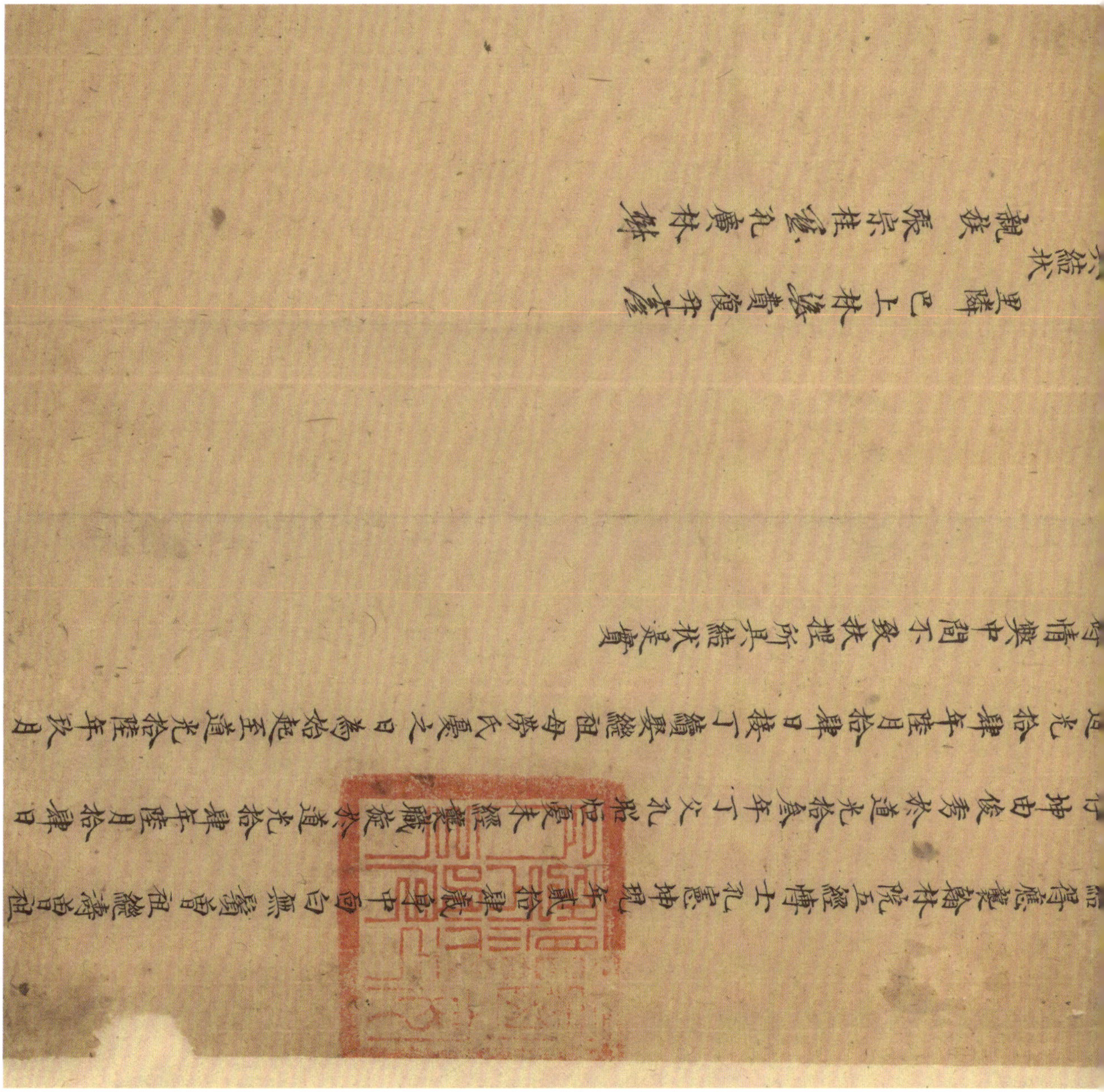

道光十八年十一月初五日

呈

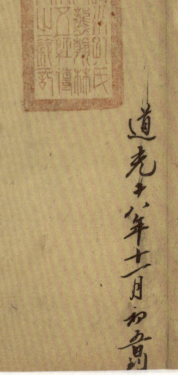

衢州孔氏應襲翰林院五經博士為遵例請咨考試事竊查定例博士之嫡長子應
行承襲者年十五歲以上先行送部等語但職係已故博士孔昭烜之嫡長子例應
承襲之人均經節次禀報丁憂起復在案理合遵例備文申請考試伏乞
大宗主恩准給咨送
部考試實為德便為此備由具申
俯賜給咨送考施行

衢州孔氏應襲翰林院五經博士孔憲坤爲請赴部考試事致衍聖公府申

清道光十八年十一月

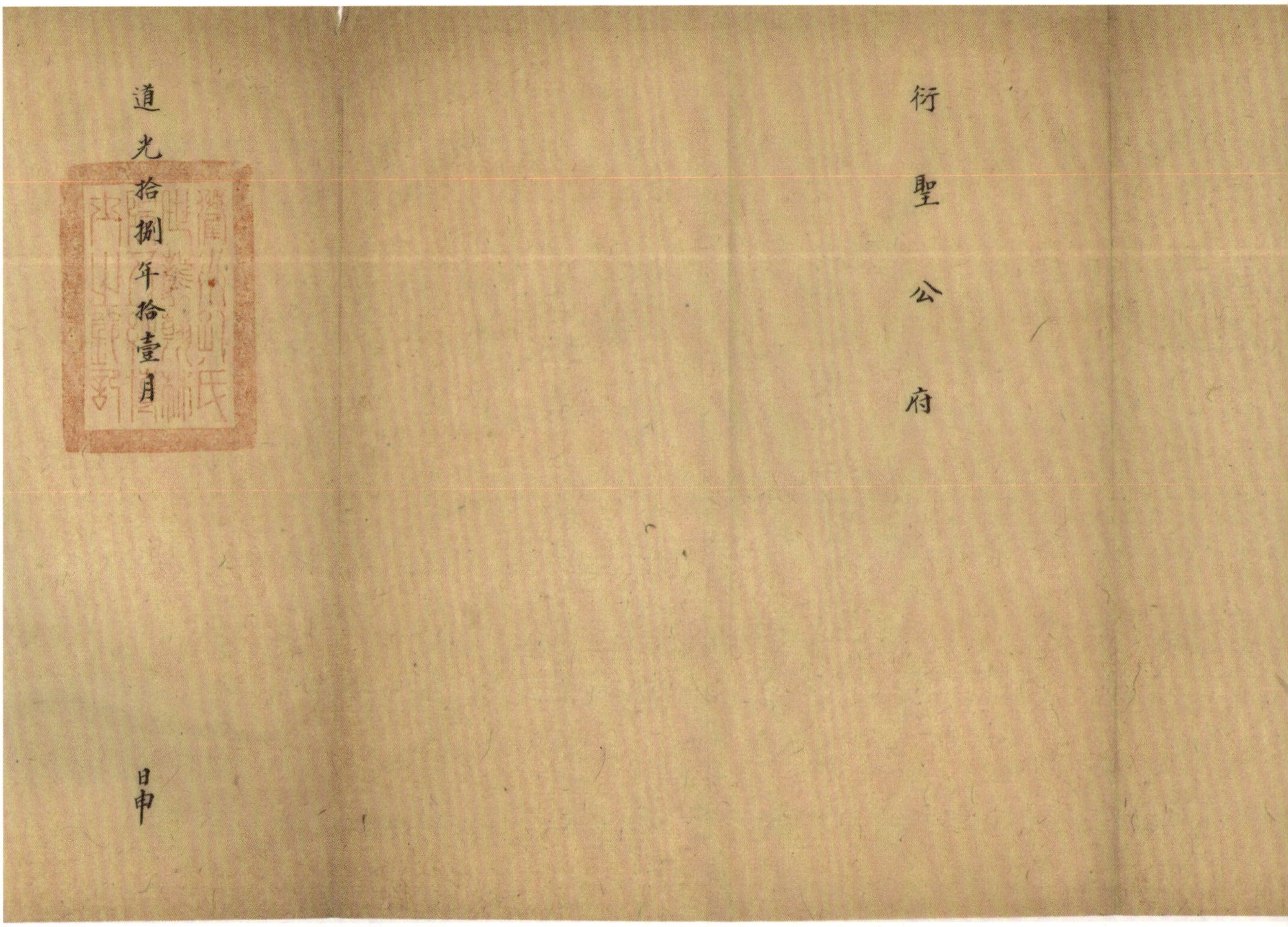

衍聖公府

道光拾捌年拾壹月　日申

襲封衍聖公府為懇請咨送考試
題襲事據衢州孔氏應襲翰林院五經博士孔憲坤呈
前事呈稱切職於道光十三年六月初二日丁親父孔昭
烜憂扣至道光十五年九月初二日不計閏二十七個月
服闋嗣於道光十四年六月十四日復丁繼祖母勞氏
憂扣至道光十六年九月十四日不計閏二十七個月
承重服闋本應遵即呈報請咨赴　部考試
題襲緣職於道光十六年十月間偶患吐血病症時
發時止以致遷延未能就道懇請容俟調治痊
可再行請咨赴　部考試
題襲均經節次報明轉咨各在案今職病已痊愈
例應請咨赴
部考試
題襲理合申請伏乞恩准給咨送　部考試施行
等情到爵據此查孔憲坤係已故博士孔昭烜嫡
長子例應承襲之人業經咨明

衍聖公府爲孔憲坤赴部考試題襲事致禮部咨

清道光十八年十一月初九日

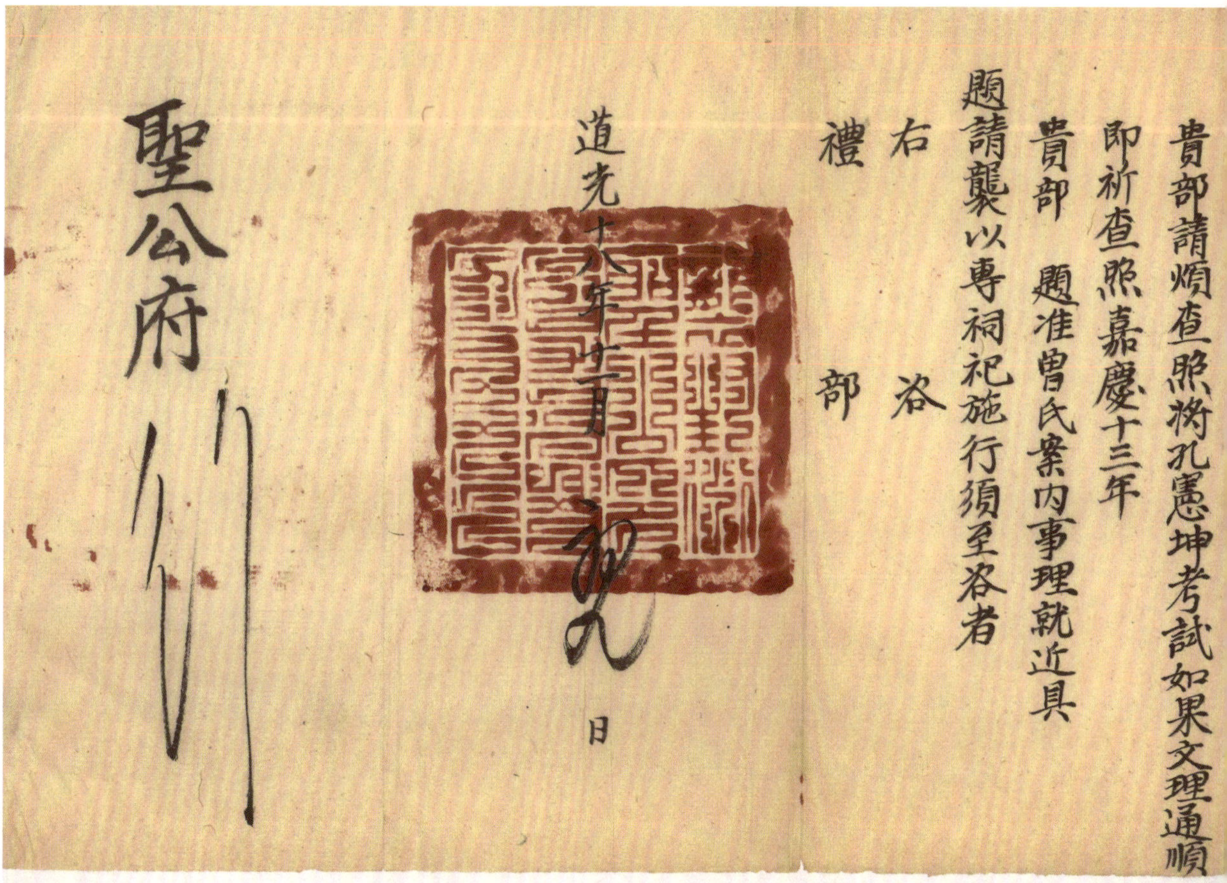

貴部請煩查照將孔憲坤考試如果文理通順
即祈查照嘉慶十三年
貴部　題准曾氏案内事理就近具
題請襲以專祠祀施行須至咨者
右　咨
禮　部
道光十八年十一月初九日
聖公府
行

道光十八年十二月廿

咨

[redacted]

移提事據布政使宋其沅詳稱據衢州府申稱

案准

襲封衍聖公府　移開准

禮部咨開祠祭司案呈道光十三年九月間

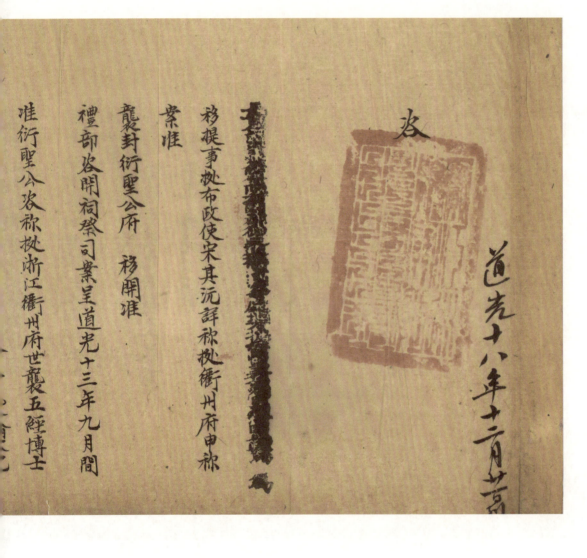

准衍聖公咨稱據浙江衢州府世襲五經博士

浙江巡撫烏［爾恭額］爲孔憲坤起程赴東日期事致衍聖公府咨

清道光十八年十一月初九日

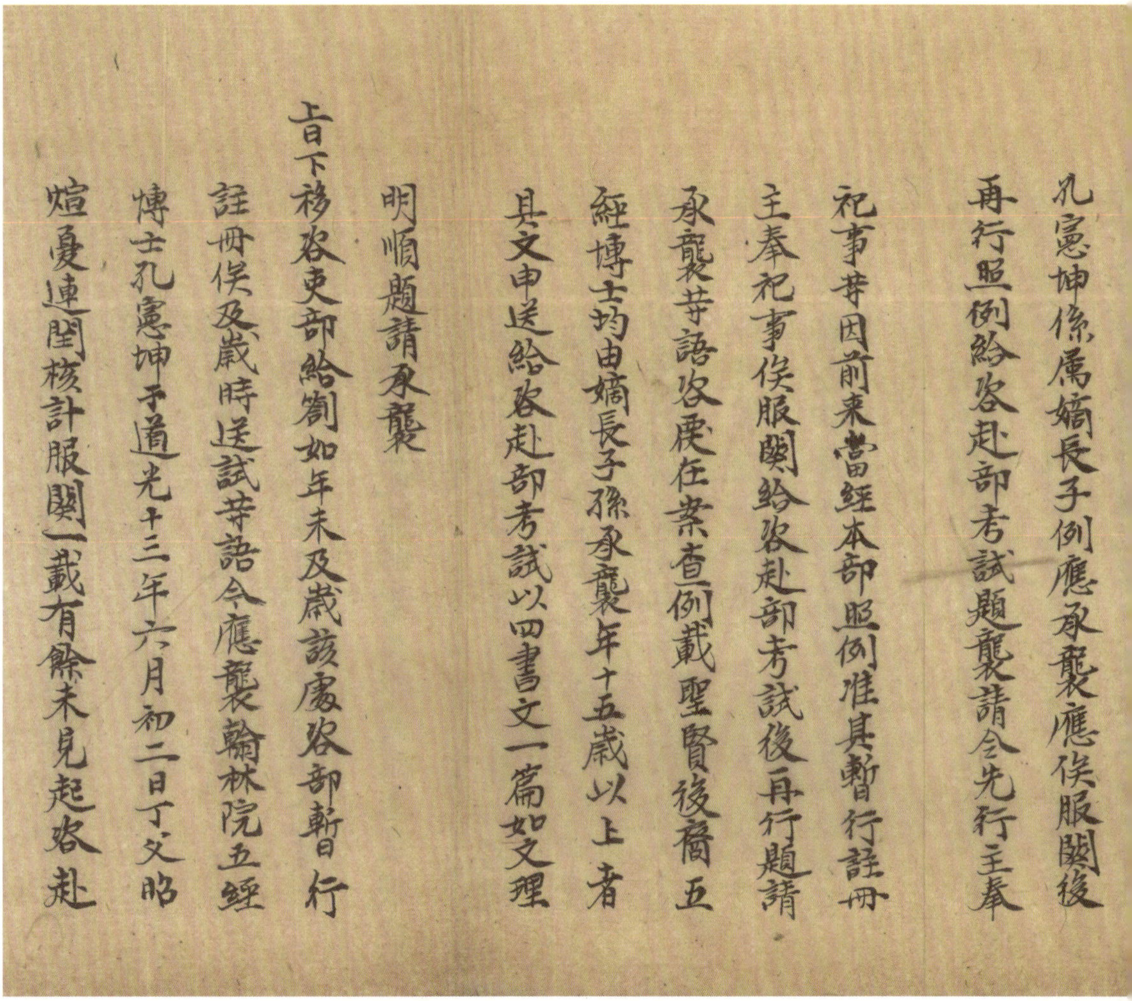
孔憲坤係屬嫡長子例應承襲應俟服闋後
再行照例給咨赴部考試題襲請令先行主奉
祀事等因前來當經本部照例准其暫行註册
主奉祀事俟服闋給咨赴部考試後再行題請
承襲等語咨覆在案查例載聖賢後裔五
經博士均由嫡長子孫承襲年十五歲以上者
具文申送給咨赴部考試以四書文一篇如文理
明順題請承襲
旨下移咨吏部給劄如年未及歲該處咨部暫行
註册俟及歲時送試等語今應襲翰林院五經
博士孔憲坤于道光十三年六月初二日丁父昭
煊憂連閏核計服闋一載有餘未見起咨赴

部考試前咨亦未敘明年歲相應移咨衍聖
公即速查明該應襲五經博士孔憲坤現在是
否年已及歲應令其起咨赴部考試之處一併
開明咨覆本部以便辦理可也等因到本爵府
准此查應襲博士孔憲坤業已服闋並未呈報
起由請咨考試理合移提等因到府准此當經
前府行據該前縣舒令申送該博士孔憲坤服
闋起復供結敘明現患吐血病症時發時止尚
未痊愈俟赶緊調治痊愈即當領咨赴試等
情即經前府申覆在案今據署西安縣知縣萬
啟封申稱准五經博士孔憲坤移明病已痊愈
擬于道光十八年九月初八日起程備具供結請
咨赴試等因過縣准此卑職復查無異合將供
結粘連蓋印申送察轉等情到府轉送請

浙江巡撫烏［爾恭額］爲孔憲坤起程赴東日期事致衍聖公府咨

清道光十八年十一月初九日

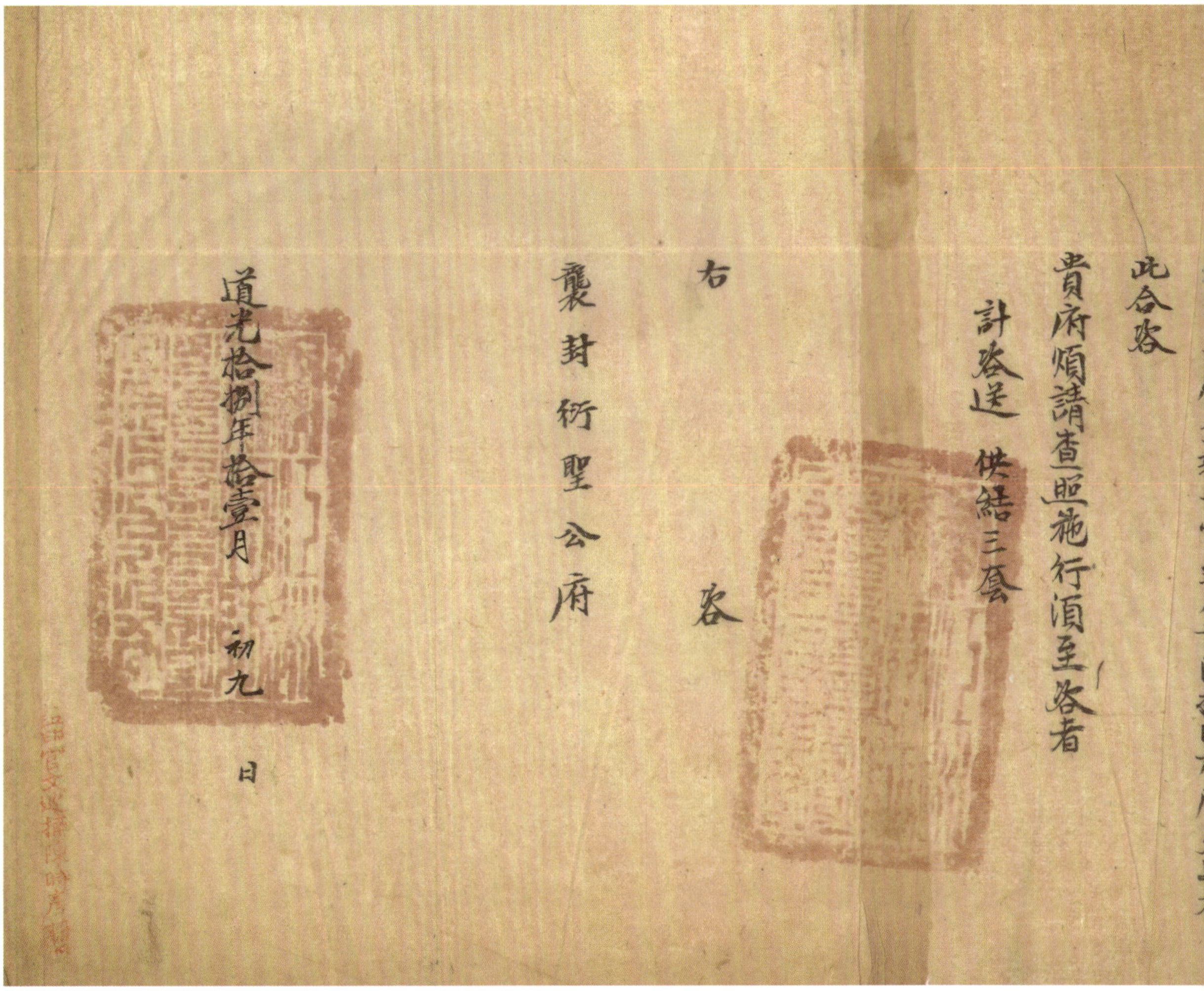
此合咨
貴府煩請查照施行須至咨者
計咨送 供結三套
右 咨
襲封衍聖公府
道光拾捌年拾壹月 初九 日

親供

具親供廕襲翰林院五經博士孔憲坤今於

與親供為請咨赴試事供得坤

現年貳拾伍歲身中面白無鬚曾祖濤曾祖母王氏崔氏祖廣

杓祖母余氏續娶繼祖母勞氏父昭烜俱歿母鄭氏存坤由俊

秀於道光拾叁年丁父孔昭烜憂未經襲職旋於道光拾肆年

陸月拾肆日接丁續娶繼祖母勞氏憂坤由接丁承重嫡長孫

憂之日為始扣至道光拾陸年玖月拾肆日止不計閏貳拾柒

個月服闋均經報明丁憂起復患病各在案今病已痊愈例應

請咨赴試並無抗粮各項違碍情弊所具親供是實

衢州孔氏應襲翰林院五經博士
孔憲坤爲請咨赴試事所具親供

清道光十八年

親供

具親供應襲翰林院五經博士孔憲坤今於

與親供為請咨赴試事供得坤

現年貳拾伍歲身中面白無鬚曾祖濤曾祖母王氏崔氏祖廣

杓祖母余氏續娶繼祖母労氏父昭烜俱殁母鄭氏存坤由俊

秀於道光拾叁年丁父孔昭烜憂未經襲職旋於道光拾肆年

陸月拾肆日接丁續娶繼祖母労氏憂坤由接丁承重嫡長孫

憂之日為始扣至道光拾陸年玖月拾肆日止不計閏貳拾柒

個月服闋均經報明丁憂起復患病各在案今病已痊愈例應

請咨赴試並無抗粮各項違碍情獘所具親供是實

衢州孔氏應襲翰林院五經博士孔憲坤爲請咨赴試事所具親供

清道光十八年

親供

具親供應襲翰林院五經博士孔憲坤今於

與親供為請咨赴試事供得坤

現年貳拾伍歲身中面白無鬚曾祖濤曾祖母王氏崔氏祖廣

杓祖母余氏續娶繼祖母勞氏父昭烜俱歿母鄭氏存坤由俊

秀於道光拾叁年丁父孔昭烜憂未經襲職旋於道光拾肆年

陸月拾肆日接丁續娶繼祖母勞氏憂坤由接丁承重嫡長孫

憂之日為始扣至道光拾陸年玖月拾肆日止不計閏貳拾柒

個月服闋均經報明丁憂起復患病各在案今病已痊愈例應

請咨赴試並無抗粮各項違碍情弊所具親供是實

衢州孔氏應襲翰林院五經博士孔憲坤爲請咨赴試事所具親供

清道光十八年

具結狀壹百肆拾貳庄里隣巴上林費復升親族張宗桂孔廣林今於

與結狀結得應襲翰林院五經博士孔憲坤現年貳拾伍歲身中面白無鬚曾祖壽曾祖母

王氏崔氏祖廣杓祖母余氏續娶繼祖母房氏父昭烜殁母鄭氏存 坤由俊秀於道光拾叁年丁父昭烜憂未經襲職旋於道光拾肆年陸月拾肆日接丁

續娶繼祖母房氏憂坤由接丁承重嫡長孫憂之日爲始扣至道光拾陸年玖月拾肆日止不計閏貳拾柒個月服闋均經報明丁憂起復患病各在案今病

已愈例應請咨赴試並無過繼抗粮各項違碍情弊中間不致扶捏所具結狀是實

道光拾捌年　月　日具結狀

里隣　巴上林　費復升

親族　張宗桂　孔廣林

里鄰巴上林、親族張宗桂等爲孔憲坤請咨赴試事所具結狀

清道光十八年

具結狀壹百肆拾貳庄里隣巳上林費復升親族張宗桂孔廣林今於

與結狀結得應襲翰林院五經博士孔憲坤現年貳拾伍歲身中面白無鬚曾祖濤曾祖母

王氏崔氏祖廣杓祖母余氏續娶繼祖母劳氏父昭烜俱歿母鄭氏存坤由俊秀於道光拾叁年丁父昭烜憂未經襲職旋於道光拾肆年陸月拾肆日接丁

續娶繼祖母劳氏憂坤由接丁承重嫡長孫憂之日為始扣至道光拾陸年玖月拾肆日止不計閏貳拾柒個月服闋均經報明丁憂起復患病各在案今病

已愈例應請咨赴試並無過繼抗粮各項違碍情弊中間不致扶捏所具結狀是實

道光拾捌年　月　日具結狀

里隣　巳上林　費復升

親族　張宗桂　孔廣林

里鄰巴上林、親族張宗桂等爲孔憲坤請咨赴試事所具結狀

清道光十八年

具結狀壹百肆拾貳庄里鄰巴上林費復升親族張宗桂[illegible]今於

與結狀結得應襲翰林院五經博士孔憲坤現年貳拾伍歲身中面白無鬚曾祖濤曾祖母

王氏崔氏祖廣杓祖母余氏續娶繼祖母勞氏父昭烜俱歿母鄭氏存坤由俊秀於道光拾叁年丁父昭烜憂未經襲職旋於道光拾肆年陸月拾肆日接丁

續娶繼祖母勞氏憂坤由接丁承重嫡長孫憂之日爲始扣至道光拾陸年玖月拾肆日止不計閏貳拾柒個月服闋均經報明丁憂起復患病各在案今病

已愈例應請咨赴試並無過繼抗糧各項違碍情弊中間不致扶捏所具結狀是實

道光拾捌年　月　日具結狀

里鄰　巴上林　費復升

親族　張宗桂　孔廣林

里鄰巴上林、親族張宗桂等爲孔憲坤請咨赴試事所具結狀

清道光十八年

〇一一六◆題授浙江衢州孔氏翰林院五經博士（十一）

清道光十九年至二十年

該臣等議得雍正二年臣部等衙門題准五經博士有奉祀
祠廟之職若不事詩書不識禮儀濫膺承襲殊負
聖朝崇儒重道之意請嗣後將應襲之人送部考試四書文一篇如
果文理通順准其註册遇缺題請承襲等語前據衍聖公咨
明世襲五經博士孔昭烜病故將伊嫡長子孔憲坤咨請承襲
到部經臣部核准註册在案後因服闋患病不克赴部考試
等情知照亦在案茲該應襲博士孔憲坤病痊請咨赴部考
試臣等照例將孔憲坤面試四書文一篇文理尚屬通順與承襲
之例相符應如所咨准其承襲五經博士恭俟
命下臣部行文吏部照例給劄臣等未敢擅便謹
題請
旨

咨

道光十九年三月十一日到

禮部爲奉旨准孔憲坤承襲事致衍聖公［孔慶鎔］咨（附原題抄單）

清道光十九年二月

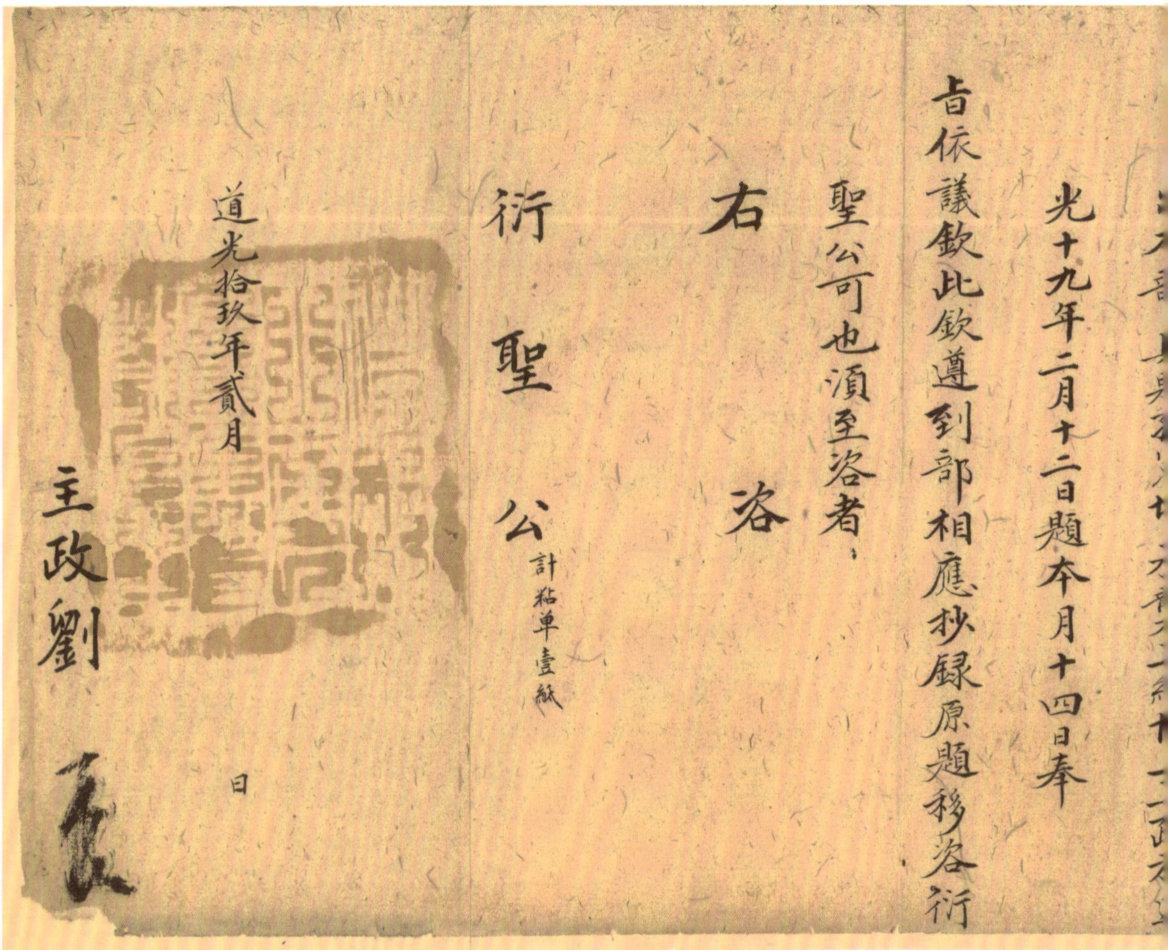
光十九年二月十二日題奉月十四日奉
旨依議欽此欽遵到部相應抄録原題移咨衍
聖公可也須至咨者
右咨
衍聖公 計粘單壹紙
道光拾玖年貳月 日
主政劉

吏部爲給發孔憲坤承襲五經博士劄付事致衍聖公［孔慶鎔］咨

清道光十九年三月二十一日

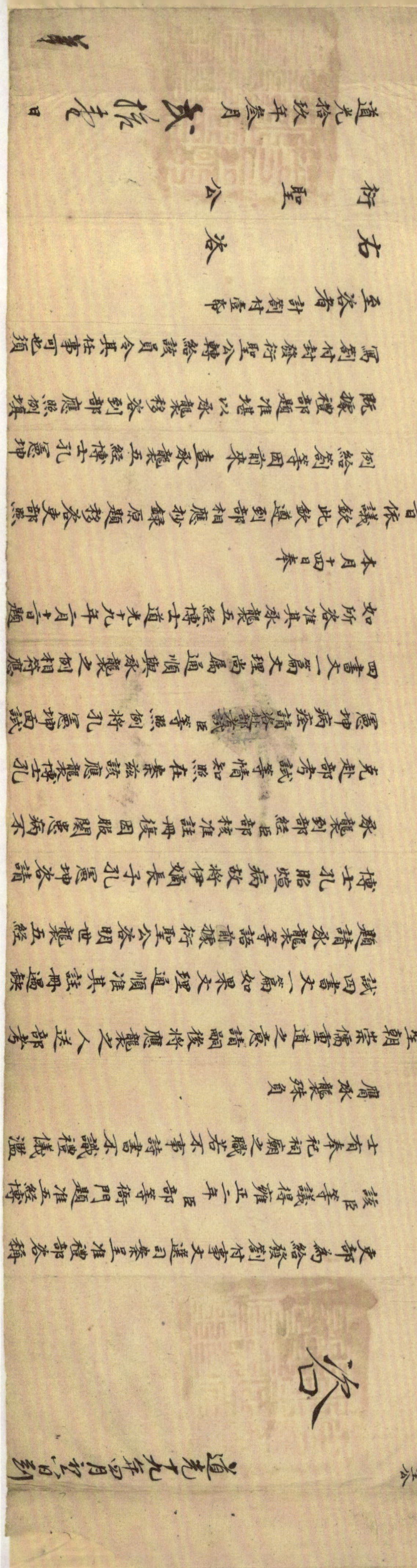
衍聖公

咨

道光十九年四月初七日到

吏部爲給發劄付事文選司案呈准禮部咨稱
該臣等議得雍正二年臣部等衙門題准五經博
士有奉祀祠廟之職若不事詩書不識禮儀濫
膺承襲殊負
聖朝崇儒重道之意請嗣後將應襲之人送部考
試四書文一篇如果文理通順准其註冊遇缺
題請承襲等語前據衍聖公咨明世襲五經
博士孔昭煊病故將伊嫡長子孔憲坤咨請
承襲到部經臣部核准註冊復因服闋患病不
克赴部考試等情知照在案茲該應襲博士孔
憲坤病痊請咨赴部考試臣等照例將孔憲坤面試
四書文一篇文理尚屬通順與承襲之例相符應
如所咨准其承襲五經博士道光十九年二月十三日題
本月十四日奉
旨依議欽此欽遵到部相應抄錄原題移咨吏部照
例給劄等因前來查承襲五經博士孔憲坤
既據禮部題准堪以承襲移咨到部應照例填
寫劄付封發衍聖公轉給該員令其任事可也須
至咨者 計劄付壹帋

右咨

衍聖公

道光拾玖年叁月　日

衍聖公府爲轉發孔憲坤承襲五經博士劄付并取具到任日期事致浙江巡撫部院咨

清道光十九年五月初六日

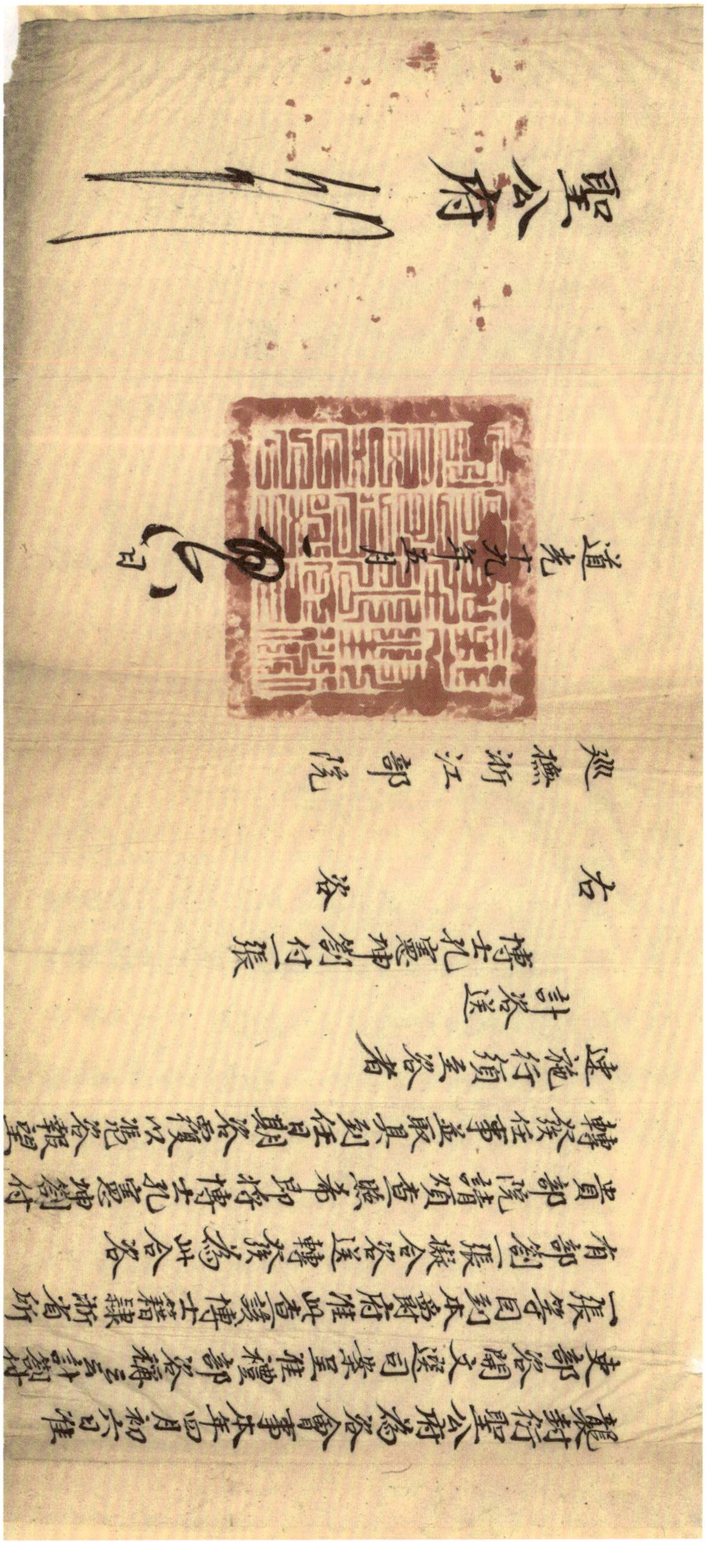
襲封衍聖公府為咨會事本年四月初六日准
吏部咨開文選司案呈准禮部咨稱云云計劄付
一張等因到本爵府准此查該博士籍隸浙省所
有部劄一張擬合咨送轉發為此合咨
貴部院請煩查照希即將博士孔憲坤劄付
轉發任事並取具到任日期咨覆以憑咨報望
速施行須至咨者
計咨送
博士孔憲坤劄付一張
右　咨
巡撫浙江部院
道光十九年五月　初六日
聖公府
行

衍聖公府爲繳銷衢州孔氏翰林院五經博士私雕篆文鈐記事致浙江西安縣劄付

清道光十九年十一月十三日

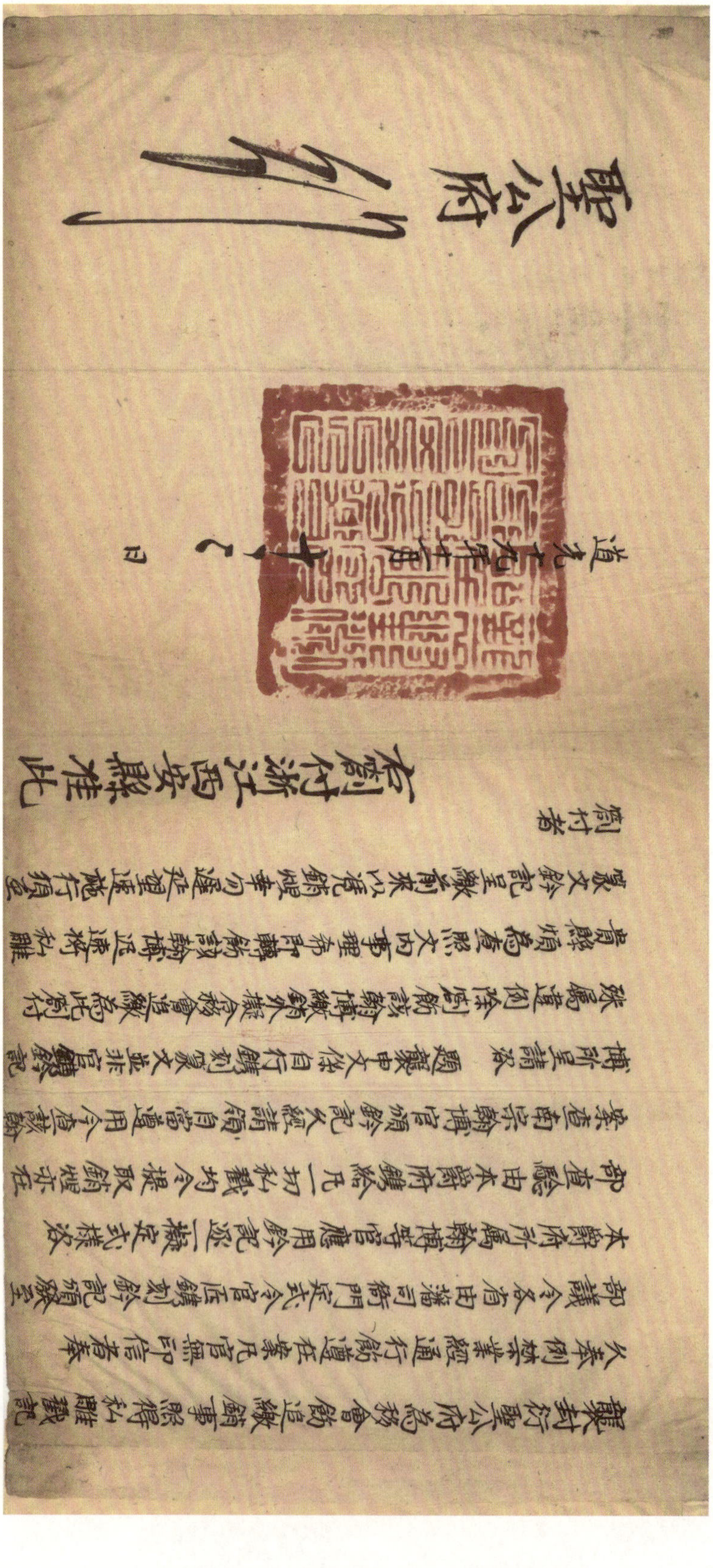

襲封衍聖公府爲移會飭追繳銷事照得私雕戳記
久奉例禁業經通行飭遵在案凡官無印信者奉
部議令各省由藩司衙門定式令官匠鐫刻鈐記頒發至
本爵府所屬翰博等官應用鈐記亟一擬定式樣咨
部查驗由本爵府鐫給凡一切私戳均令提取銷燬亦在
案查南宗翰博官頒鈐記久經請領自當遵用今查該翰
博所呈請咨　題襲申文係自行鐫刻篆文並非官鐫鈐記
殊屬違例除劄飭該翰博繳銷外擬合移會追繳爲此劄付
貴縣煩爲查照文内事理希即轉飭該翰博迅速將私雕
篆文鈐記呈繳前來以憑銷燬幸勿遲延望速施行須至
劄付者
右劄付浙江西安縣准此
道光十九年十一月十三日
聖公府行

衍聖公府爲繳銷私雕篆文鈐記事致衢州孔氏代理翰林院五經博士［孔憲堂］劄付

清道光十九年十一月十三日

襲封衍聖公府爲劄飭繳銷事照得私雕篆記久
奉例禁業經通行飭遵在案云云緣屬遵例合行亟
飭爲此劄付該翰博尔等悉劄到迅將私戳趕緊專差呈
送查驗銷燬倘敢抗違定行提案以憑參處毋違飛速
火速須至劄付者

右劄付衢州孔氏代理翰林院五經博士孔憲堂准此

道光十九年十一月十三日

聖公府行

道光十九年十二月廿四到

咨

兵部侍郎兼都察院右副都御史巡撫浙江等處地方提督軍務兼管兩浙鹽政烏　為
稟報事據布政使宋其沅詳稱據衢州府申據代理
西安縣知縣黃世浚申稱本年八月二十八日據衢
州孔氏世襲翰林院五經博士家丁朱升稟稱切家主
孔憲坤于本年七月二十八日接奉劄付准襲五經
博士隨于八月初六日任事詎家主因吐紅病復發
医治未效于八月二十二日身故繳劄稟送轉報等
情據此合將繳到劄付遵例截角轉繳察轉等情到
府轉詳到司據此本司查病故博士孔憲坤係本年
題襲奉
部填發劄付給執任事在案茲據前情合將該博士

浙江巡撫烏[爾恭額]爲報明孔憲坤病故緣由并轉繳劄付事致衍聖公府咨

清道光十九年十一月二十日

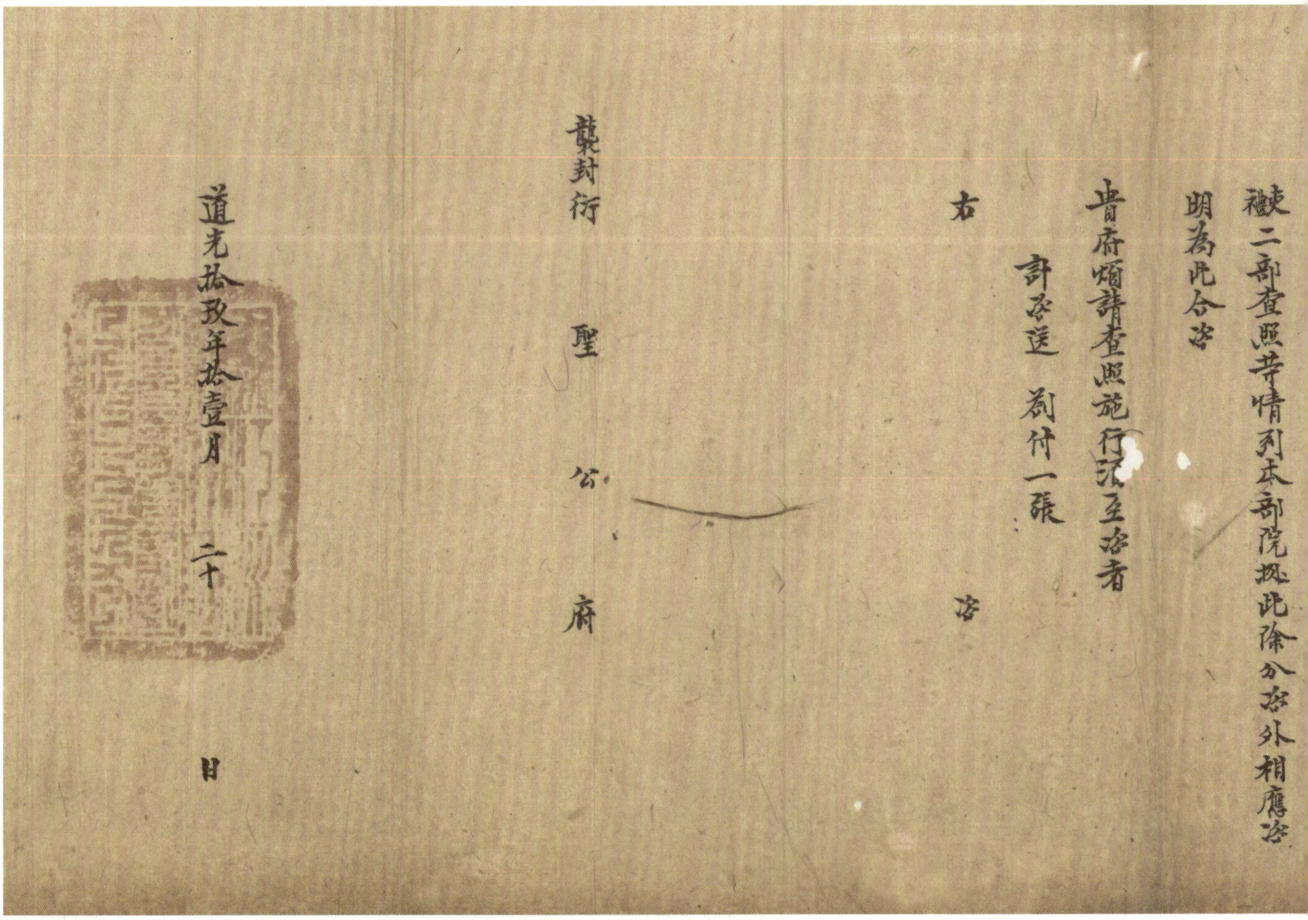
禮吏二部查照并情列本部院據此除分咨外相應咨
明爲此合咨
貴府煩請查照施行須至咨者
計咨送　劄付一張
右　咨
襲封衍　聖　公　府
道光拾玖年拾壹月　二十　日

親供

具親供業儒生孔憲堂今於

與親供為懇請轉詳咨部註册以便襲職事切憲堂現年拾柒歲身

中面白無鬚曾祖繼濤曾祖母王氏崔氏祖廣杓祖母程氏余氏勞氏父昭烜以上俱歿母鄭氏

存憲堂實係已故博士孔昭烜之嫡次子現故博士憲坤之胞弟並無過繼庶出等情所具親

供是實

道光拾玖年拾貳月　日具親供業儒生孔憲堂

業儒生孔憲堂爲襲職事所具親供

清道光十九年十二月

親供

具親供業儒生孔憲堂今於

與親供為懇請轉詳咨部註冊以便襲職事切憲堂現年拾柒歲身

中面白無鬚曾祖繼濤曾祖母王氏崔氏祖廣杓祖母程氏余氏勞氏父昭烜以上俱歿母鄭氏

存憲堂實係已故博士孔昭烜之嫡次子現故博士憲坤之胞弟並無過繼庶出等情所具親

供是實

道光拾玖年拾貳月　日具親供業儒生孔憲堂（押）

業儒生孔憲堂爲襲職事所具親供

清道光十九年十二月

親供

具親供業儒生孔憲堂今於

與親供為懇請轉詳咨部註册以便襲職事切憲堂現年拾柒歲身

中面白無鬚曾祖繼濤曾祖母王氏崔氏祖廣杓祖母程氏余氏勞氏父昭烜以上俱歿母鄭氏

存憲堂實係已没博士孔昭烜之嫡次子現故博士憲坤之胞弟並無過繼庶出等情所具親

供是實

道光拾玖年拾貳月　　日具親供業儒生孔憲堂 [illegible]

業儒生孔憲堂爲襲職事所具親供

清道光十九年十二月

具結狀浙江衢州府西安縣壹百肆拾貳莊親族張宗桂孔廣梓[illegible]今於
與結狀為懇請轉詳咨部註册以便襲職事結得南宗俊秀孔憲堂現年拾叁歲身中面白無鬚曾祖繼濤
曾祖母王氏崔氏祖廣杓祖母程氏余氏勞氏父昭烜以上俱歿母鄭氏存憲堂實係已歿博士孔昭烜之嫡次子現故博士孔憲坤之胞弟並無過繼庶出等情憲坤無嗣憲堂例應襲職
並無違礙等情中間不致扶捏所具結狀是實

道光拾玖年拾貳月　　日具結狀壹百肆拾貳莊

親張宗桂　押　　族孔廣梓　押

里巴上林　押　　鄰孔廣松　押

浙江衢州府西安縣親族張宗桂、里鄰巴上林等爲孔憲堂襲職事所具結狀

清道光十九年十二月

具結狀浙江衢州府西安縣壹百肆拾貳庄親族張宗桂孔廣梓里鄰巳上林孔廣松今於

與結狀爲懇請轉詳咨部註册以便襲職事結得南宗俊秀孔憲堂現年拾柒歲身中面白無鬚曾祖繼濤

曾祖母王氏崔氏祖廣杓祖母程氏余氏勞氏父昭烜以上俱歿母鄭氏存憲堂實係已沒博士孔昭烜之嫡次子現故博士孔憲坤之胞弟並無過繼庶出等情憲坤無嗣憲堂例應襲職

並無違碍等情中間不致扶捏所具結狀是實

道光拾玖年拾貳月　日具結狀壹百肆拾貳庄

親張宗桂

族孔廣梓

里巳上林

鄰孔廣松

浙江衢州府西安縣親族張宗桂、里鄰巴上林等爲孔憲堂襲職事所具結狀

清道光十九年十二月

具結 衢州府西[illegible]百肆拾貳庄親族張宗桂孔廣梓里鄰巴上林孔廣松今於

與結狀為懇請轉詳咨部註册以便襲職事結得南宗俊秀孔憲堂現年拾柒歲身中面白無鬚曾祖繼濤

曾祖母王氏崔氏祖廣杓祖母程氏余氏勞氏父昭烜以上俱歿母鄭氏存憲堂實係已沒博士孔昭烜之嫡次子現故博士孔憲坤之胞弟並無過繼庶出等情憲坤無嗣憲堂例應襲職

並無違碍等情中間不致扶捏所具結狀是實

道光拾玖年拾貳月　日具結狀壹百肆拾貳庄

親張宗桂　押　族孔廣梓　押

里巴上林　押　鄰孔廣松　押

浙江衢州府西安縣親族張宗桂、里鄰巴上林等爲孔憲堂襲職事所具結狀

清道光十九年十二月

衍聖公

道光二十年三月廿到

咨

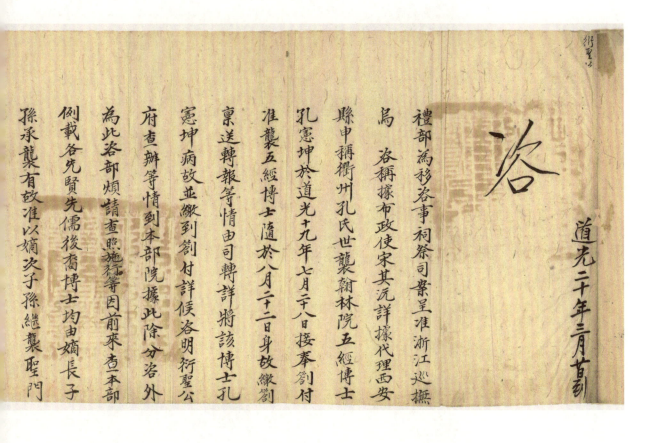

禮部為移咨事祠祭司案呈准浙江巡撫
烏　咨稱據布政使宋其沅詳據代理西安
縣申稱衢州孔氏世襲翰林院五經博士
孔憲坤於道光十九年七月二十八日接奉劄付
准襲五經博士隨於八月二十二日身故繳劄
稟送轉報等情由司轉詳將該博士孔
憲坤病故並繳到劄付詳候咨明衍聖公
府查辦等情到本部院據此除分咨外
為此咨部煩請查照施行等因前來查本部
例載各先賢先儒後裔博士均由嫡長子
孫承襲有故准以嫡次子孫繼襲聖門

禮部爲查明衢州孔氏翰林院五經博士應襲之人咨部注册事致衍聖公［孔慶鎔］咨

清道光二十年三月

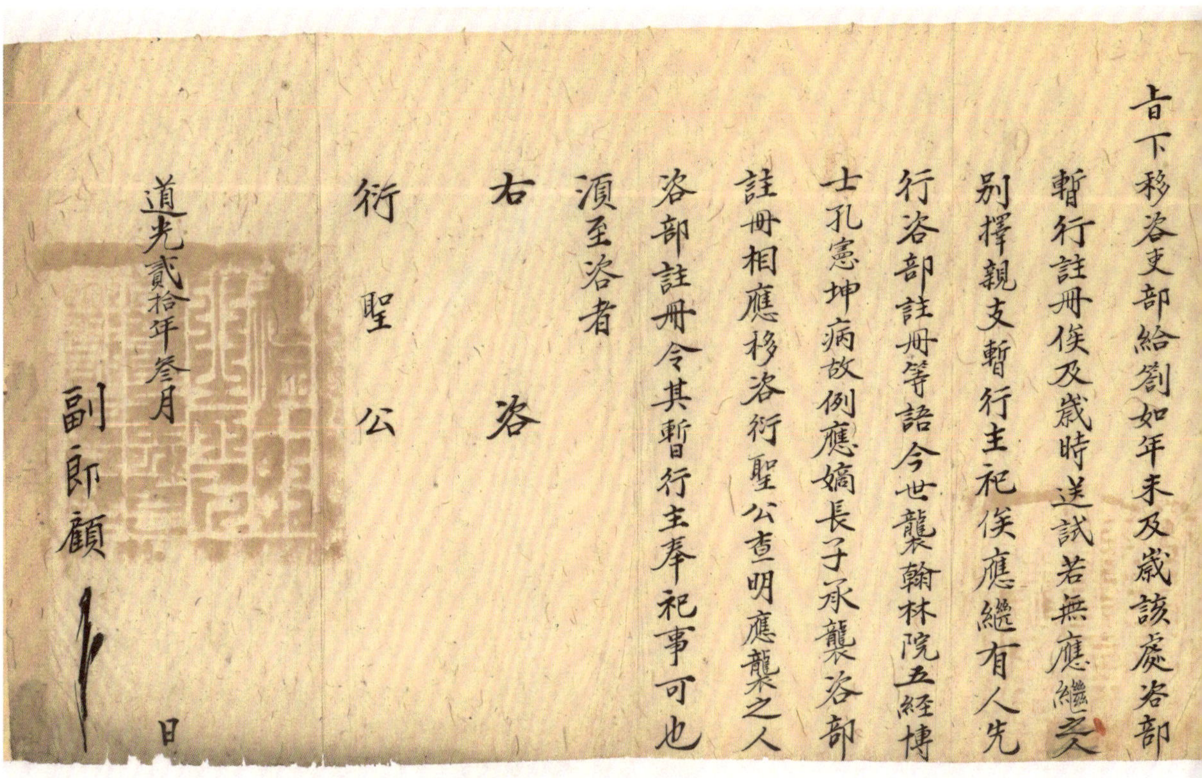
旨下移咨吏部給劄如年未及歲該處咨部
暫行註册俟及歲時送試若無應繼之人
別擇親支暫行主祀俟應繼有人先
行咨部註册等語今世襲翰林院五經博
士孔憲坤病故例應嫡長子承襲咨部
註册相應移咨衍聖公查明應襲之人
咨部註册令其暫行主奉祀事可也
須至咨者
右咨
衍聖公
道光貳拾年叁月　日
副郎顧

襲封衍聖公府為報明事道光十九年十二月二十八日准
巡撫浙江部院烏　咨開據布政使宋　詳稱據衢州府申
據代理西安縣知縣黄世俊申稱據衢州孔氏世襲翰
林院五經博士家人朱升禀稱切家主孔憲坤於本年六月
二十八日接奉劄付准襲五經博士隨於八月初六日任事
詎家主因吐紅病復發醫治未效於八月二十二日身故繳
劄禀送轉報等情據此合將繳到劄付遵例截角轉繳
察轉等情到府轉詳到司據此本司查病故博士孔憲坤
係本年
題襲奉　部填發劄付給執任事在案茲據前情合將
該博士孔憲坤病故緣由並繳到劄付詳候咨明衍聖公
府查辦暨咨
吏禮二部查照等情到本部院據此除分咨外相應咨明煩
請查照計咨送劄付一張等因到本爵准此正在咨報間旋
據南宗世襲翰林院五經博士胞弟童生孔憲堂禀稱切胞
兄孔憲坤於上年十一月恭請公府請襲世職仰蒙給咨
赴　部考試襲職事畢回南於道光十九年二月十四日
抵衢七月二十八日旋奉
大部給劄謹領在案即於八月初六日抱病謁　廟承襲
任事不料胞兄憲坤吐紅舊病加重醫藥不愈自知不起遺
命以本身尚無嗣育族内又無昭穆相當應繼之人身後令
憲堂叩禀大宗咨明

衍聖公府爲報明孔憲坤到任、病故日期及胞弟孔憲堂代襲事致吏部、禮部咨

清道光二十年四月十五日

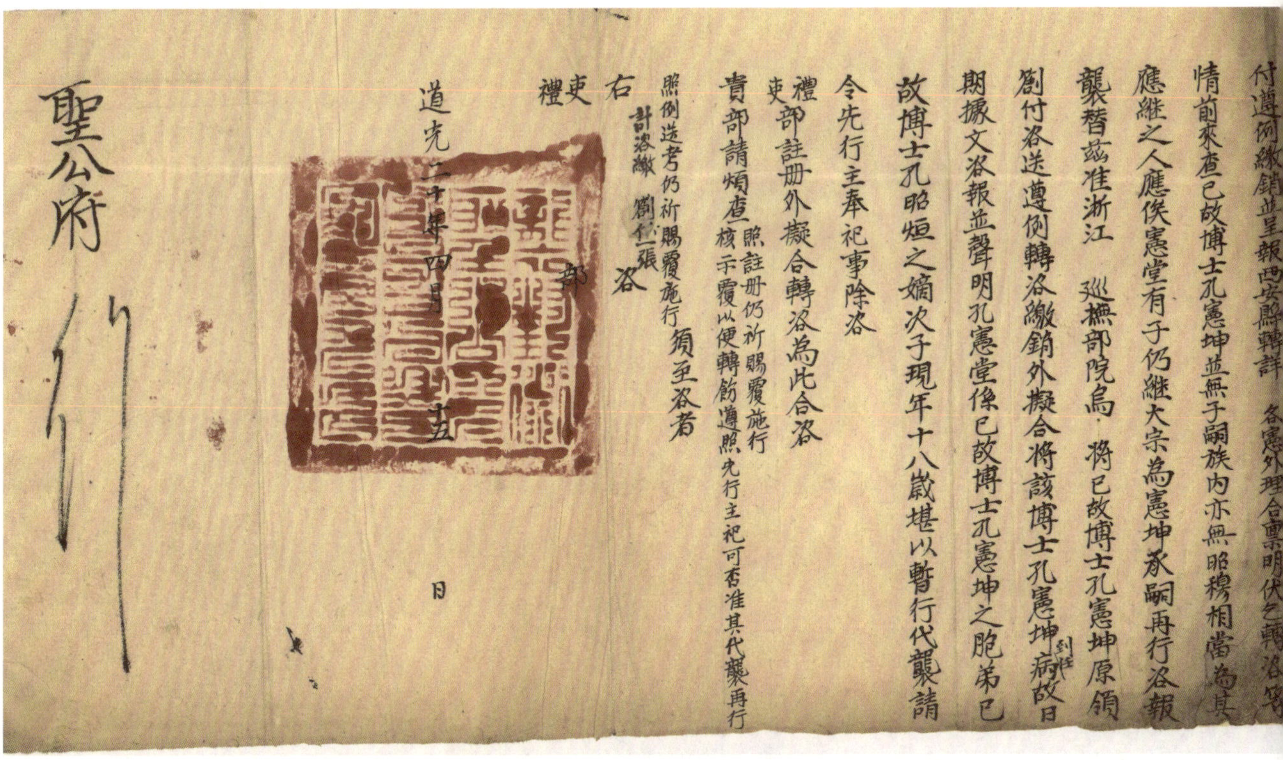
付遵例繳銷並呈報巴安縣轉詳　各憲外理合稟明伏乞轉咨
情前來查已故博士孔憲坤並無子嗣族内亦無昭穆相當為其
應繼之人應俟憲堂有子仍繼大宗為憲坤承嗣再行咨報
襲替茲准浙江　巡撫部院烏　將已故博士孔憲坤原領
劄付咨送遵例轉咨繳銷外擬合將該博士孔憲坤到任病故日
期據文咨報並聲明孔憲堂係已故博士孔憲坤之胞弟已
故博士孔昭烜之嫡次子現年十八歲堪以暫行代襲請
令先行主奉祀事除咨
禮
吏部註册外擬合轉咨為此合咨
貴部請煩查照註册仍祈賜覆施行
核示覆以便轉飭遵照先行主祀可否准其代襲再行
照例送考仍祈賜覆施行　須至咨者
計咨繳　劄付一張
右　咨
吏
禮　部
道光二十年四月十五日
聖公府　行

道光二十年四月十六日到

咨

兵部侍郎兼都察院右副都御史巡撫浙江等處地方提督軍務兼管兩浙鹽政烏　爲
咨會事據布政使宋其沅詳稱竊照西安縣五經
博士孔憲坤病故奉院批飭查明應行接襲之人
照例詳辦等因奉經轉飭去後茲據衢州府申據
西安縣申據南宗孔氏族長孔興富等呈稱遵查已
故博士孔昭烜生有嫡長子憲坤嫡次子憲堂今
憲坤承襲後病故並無子嗣例應其胞弟憲堂承
襲以奉祭祀查憲堂現年十七歲文理清順禮貌
整肅並無濫冒情弊等情粘送宗圖供結前來
[illegible]

浙江巡撫烏［爾恭額］爲孔憲堂代襲事致衍聖公府咨

清道光二十年三月十三日

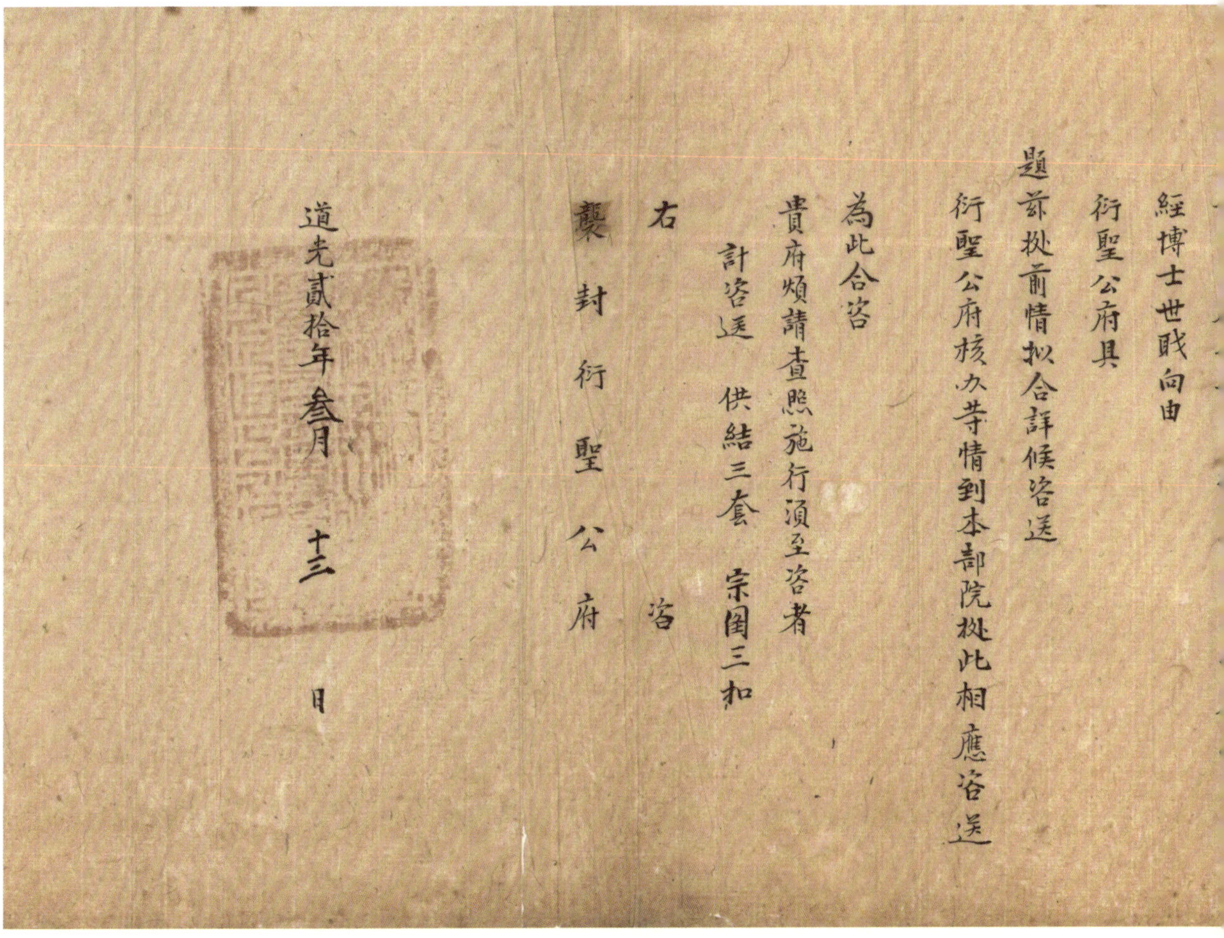

經博士世職向由
衍聖公府具
題茲據前情擬合詳候咨送
衍聖公府核辦等情到本部院據此相應咨送
為此合咨
貴府煩請查照施行須至咨者
計咨送　供結三套　宗圖三扣
右　　咨
襲封衍聖公府
道光貳拾年叁月十三日

衢州孔氏六十九代至七十二代系圖（部分）

［清道光十九年至二十年］

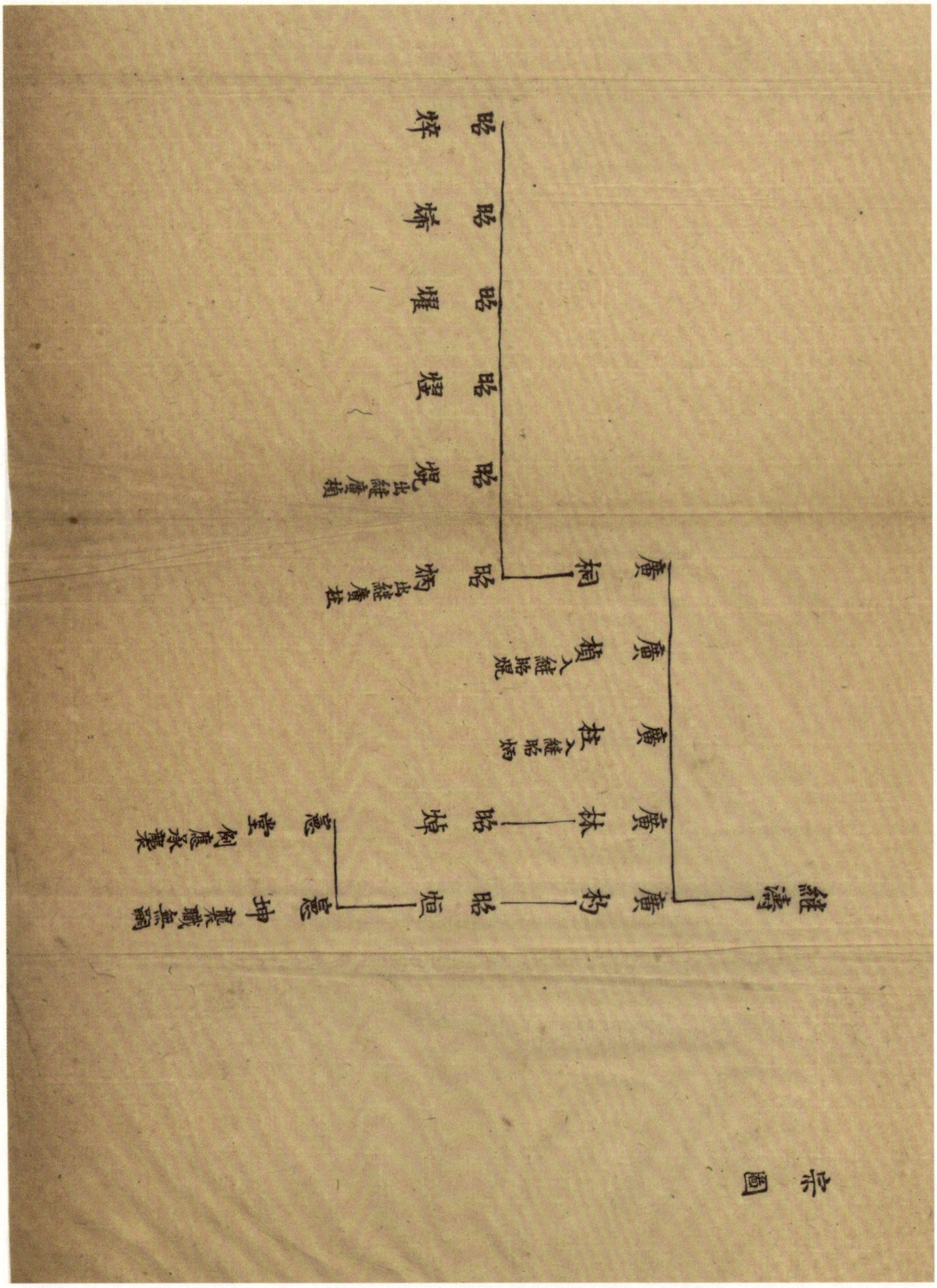

衢州孔氏六十九代至七十二代系圖（部分）

［清道光十九年至二十年］

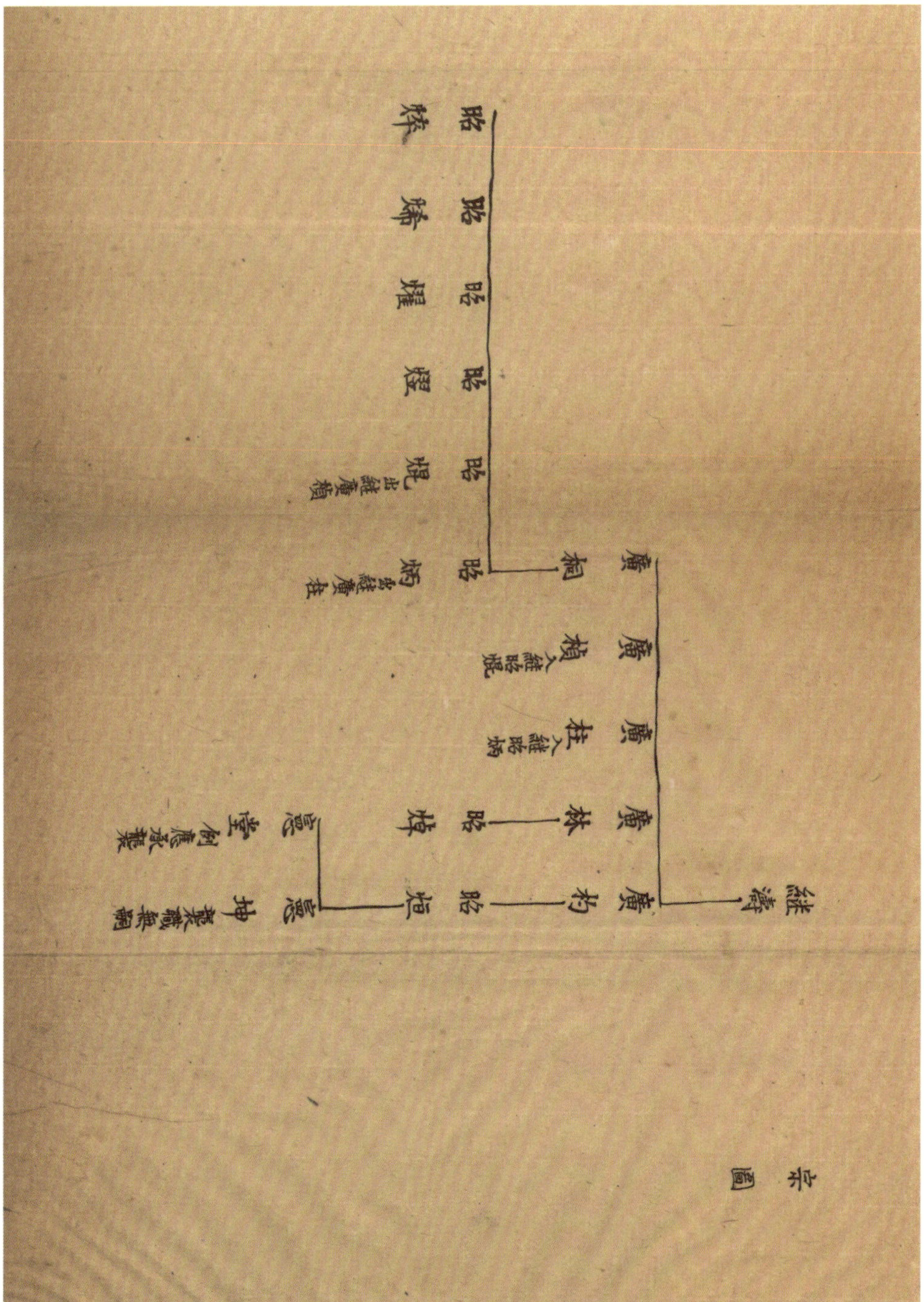

衢州孔氏六十九代至七十二代系圖（部分）

［清道光十九年至二十年］

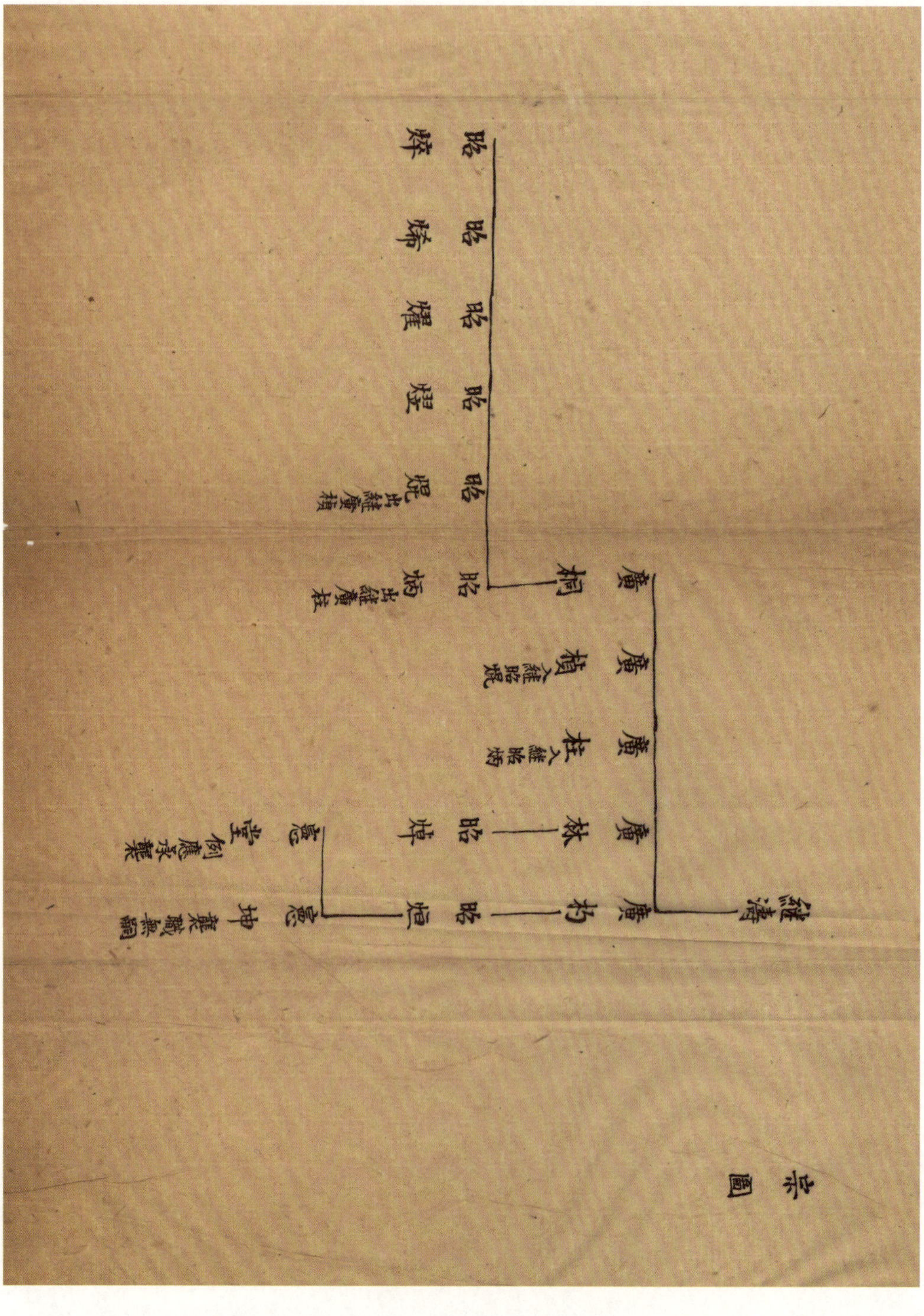

宗圖

繼濤

廣杓 — 昭烜 — 憲坤 襲職無嗣

廣林 — 昭焯 — 憲堂 例應承襲

廣柱 入繼昭炳

廣楨 入繼昭焜

廣桐 — 昭炳 出繼廣柱

昭焜 出繼廣楨

昭煜

昭燿

昭烯

昭焠

衢州孔氏童生孔憲堂爲報明孔憲坤病故并遺命以其代襲事致衍聖公［孔慶鎔］稟

清道光十九年八月

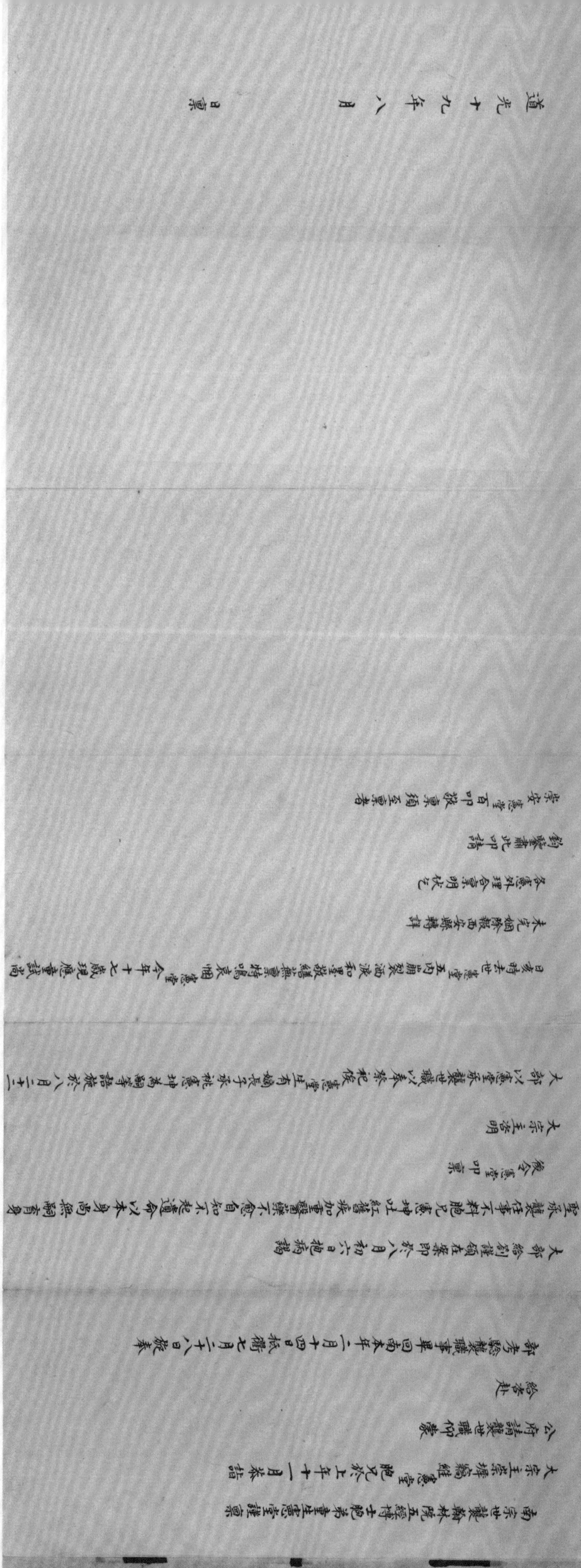
南宗世襲翰林院五經博士胞弟童生孔憲堂謹稟
大宗主宗撫鈞繼憲堂胞兄於上年十一月恭詣
公府請襲世職仰蒙
給咨赴
部考驗襲職事畢回南本年二月十四日抵衢七月二十八日欽奉
大部給劄催領在案即於八月初六日抱病稍
聖承襲任事不料胞兄憲坤以經營疾加重醫藥不愈自知不起遺命以本身尚無嗣育身
後令憲堂叩稟
大宗主咨明
大部以憲堂承襲世職以奉祭祀後憲堂生有嫡長子承祧憲坤爲嗣等語旋於八月二十二
日亥時去世憲堂五內崩裂涕淚和墨擬繕具稟特鳴哀悃憲堂今年十七歲現應童試尚
未完畢俟報西安縣轉詳
各憲外理合稟明伏乞
鈞鑒肅此叩請
崇安 憲堂百叩 謹稟 須至稟者
道光十九年八月 日稟

衢州孔氏童生孔憲堂爲報明孔憲坤病故并遺命以其代襲事致衍聖公「孔慶鎔」稟

清道光十九年八月

禮部爲孔憲堂代襲并赴部考試事致衍聖公［孔慶鎔］咨

清道光二十年八月

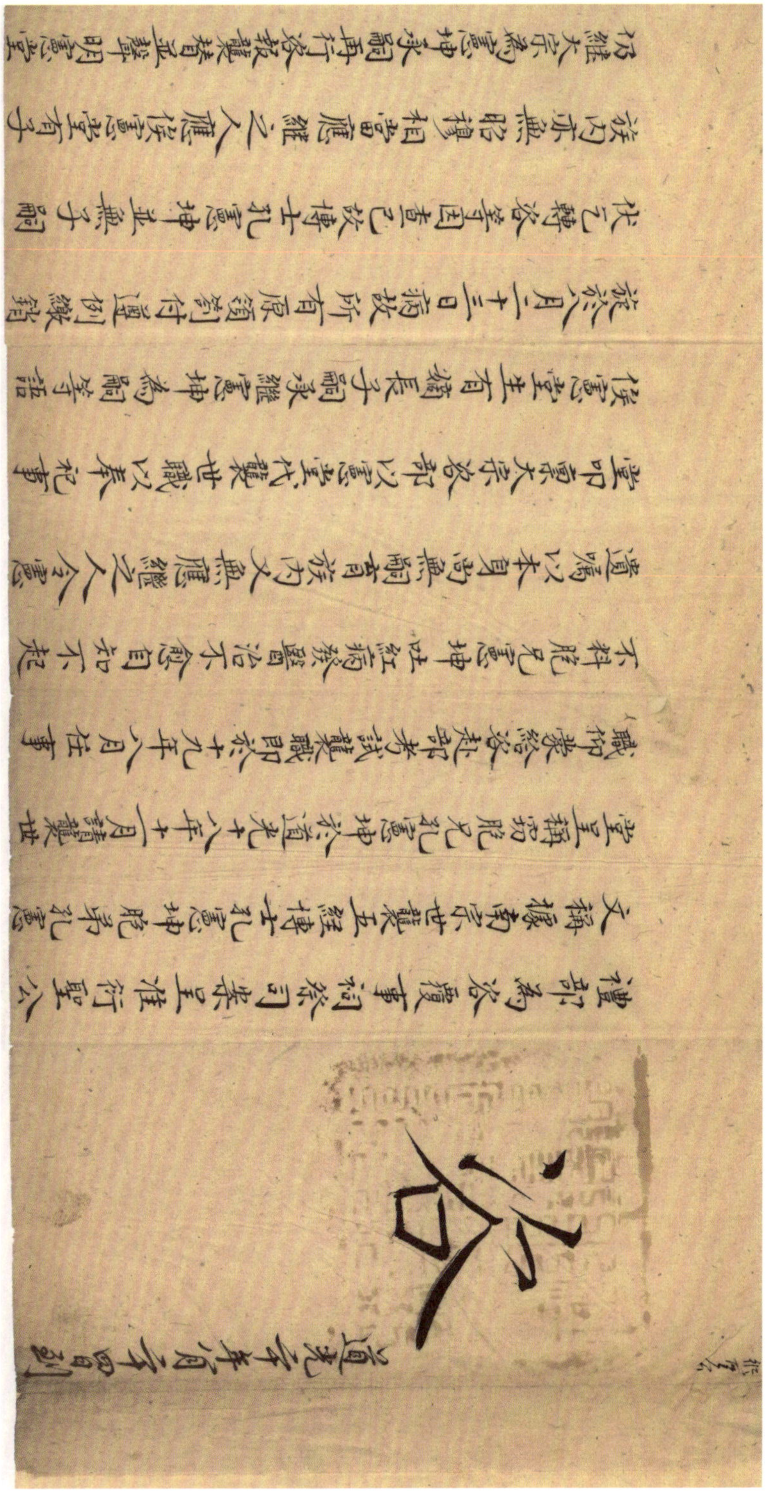
咨

道光廿年八月廿四日到

禮部爲咨覆事祠祭司案呈准衍聖公
文稱據南宗世襲五經博士孔憲坤胞弟孔憲
堂呈稱竊胞兄孔憲坤於道光十八年十一月請襲世
職仰蒙給咨赴部考試襲職即於十九年八月任事
不料胞兄憲坤吐紅病發醫治不愈自知不起
遺囑以本身尚無嗣育族内又無應繼之人令憲
堂叩稟大宗咨部以憲堂代襲世職以奉祀事
俟憲堂生有嫡長子嗣承繼憲坤爲嗣等語
旋於八月二十三日病故所有原領劄付遵例繳銷
伏乞轉咨等因查已故博士孔憲坤並無子嗣
族内亦無昭穆相當應繼之人應俟憲堂有子
仍繼大宗爲憲坤承嗣再行咨報襲替並聲明憲堂

清道光二十年八月

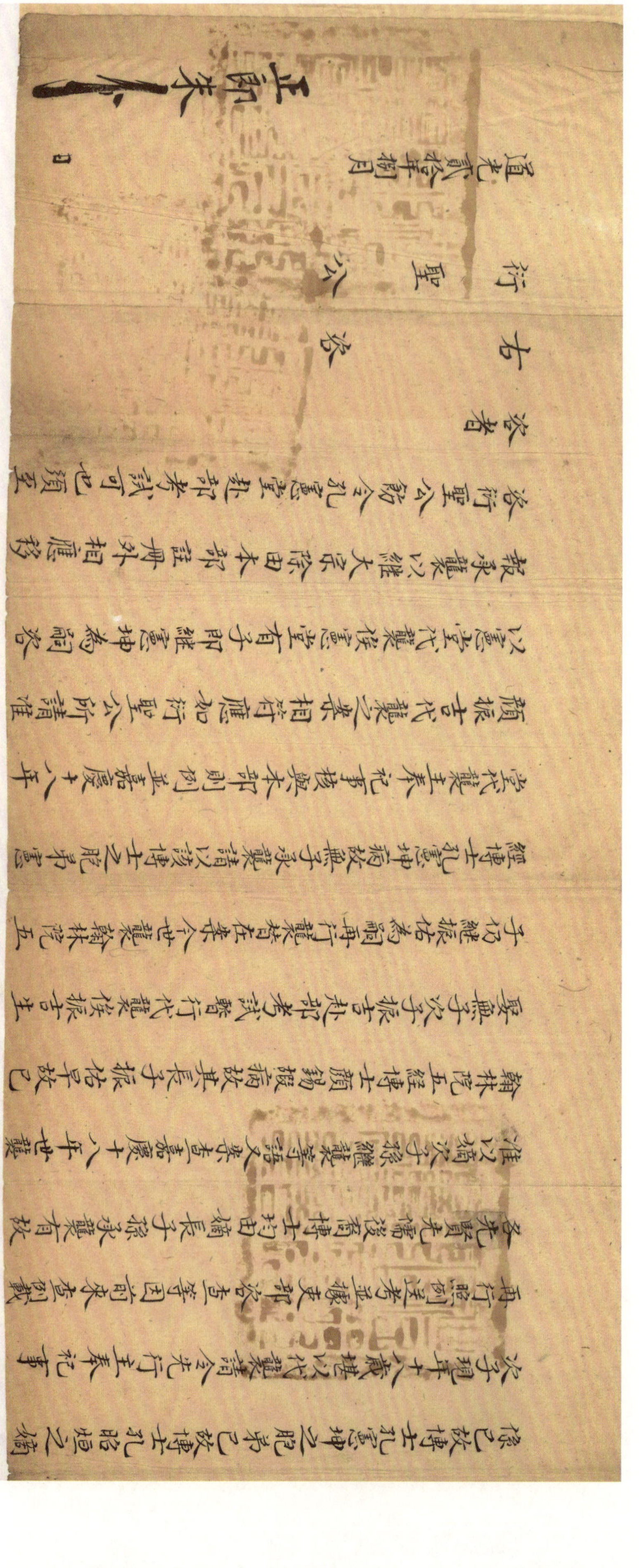

係已故博士孔憲坤之胞弟已故博士孔昭烜之嫡
次子現年十八歲堪以代襲請令先行主奉祀事
再行照例送考並據吏部咨查等因前來查例載
各先賢先儒後裔博士均由嫡長子孫承襲有故
准以嫡次子孫繼襲等語又案查嘉慶十八年世襲
翰林院五經博士顏錫嘏病故其長子振佑早故已
娶無子次子振吉赴部考試暫行代襲俟振吉生
子仍繼振佑為嗣再行襲替在案今世襲翰林院五
經博士孔憲坤病故無子承襲請以該博士之胞弟憲
堂代襲主奉祀事核與本部則例並嘉慶十八年
顏振吉代襲之案相符應如衍聖公所請准
以憲堂代襲俟憲堂有子即繼憲坤為嗣咨
報承襲以繼大宗除由本部註冊外相應移
咨衍聖公飭令孔憲堂赴部考試可也須至
咨者

右　咨

衍　聖　公

道光貳拾年捌月

正郎朱

衍聖公府爲來曲請咨赴部考試事致衢州孔氏代襲翰林院五經博士［孔憲堂］劄付

清道光二十年八月二十五日

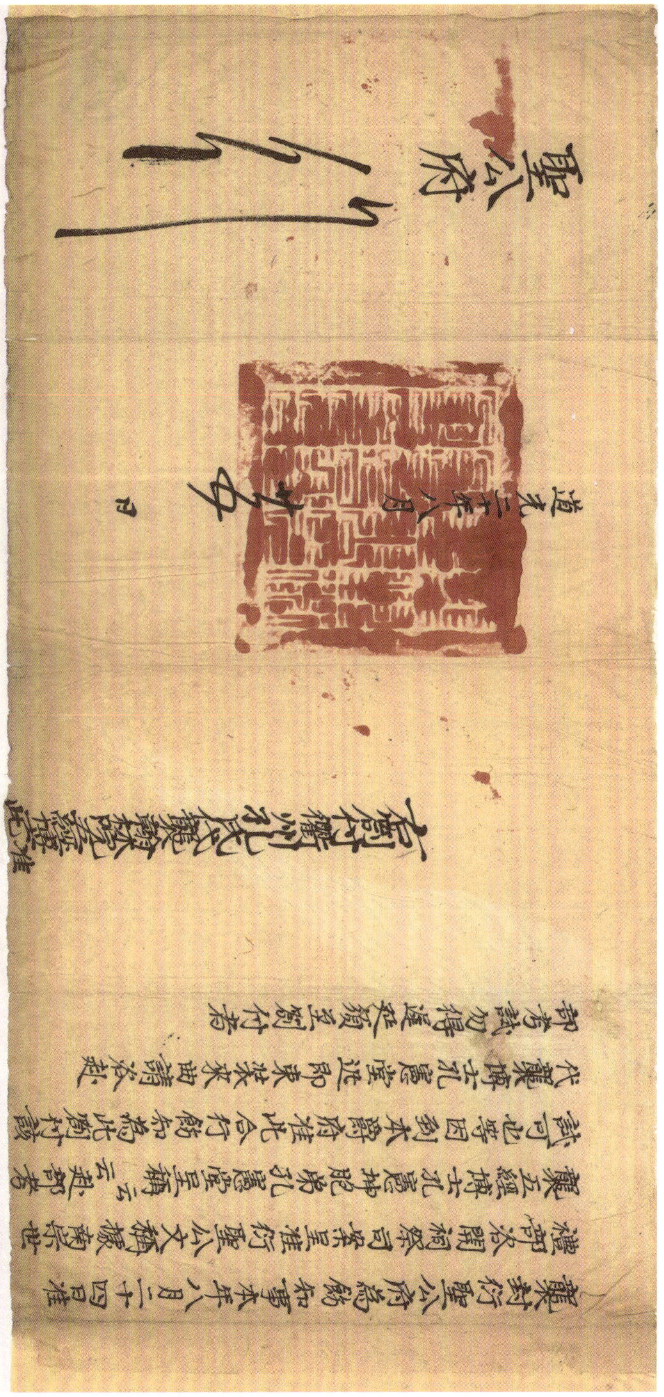